CB081322

Direito em Debate

Direito em Debate

VOLUME 1

2020

Maria Helena Diniz
Coordenadora

ALMEDINA

DIREITO EM DEBATE
VOLUME 1
© Almedina, 2020
COORDENADORA: Maria Helena Diniz
EDITORA: Manuella Castro
DIAGRAMAÇÃO: Almedina
DESIGN DE CAPA: Roberta Bassanetto
ISBN: 978-85-8493-640-3

Dados Internacionais de Catalogação na Publicação (CIP)
(Câmara Brasileira do Livro, SP, Brasil)

Direito em debate : volume 1 / Maria Helena Diniz,
coordenadora. -- São Paulo : Almedina, 2020.
Vários autores.

Bibliografia.
ISBN 978-85-8493-640-3

1. Direito 2. Direito - Brasil I. Diniz, Maria
Helena.

20-35723 CDU-34

Índices para catálogo sistemático:

1. Direito 34

Cibele Maria Dias - Bibliotecária - CRB-8/9427

Este livro segue as regras do novo Acordo Ortográfico da Língua Portuguesa (1990).

Todos os direitos reservados. Nenhuma parte deste livro, protegido por copyright, pode ser reproduzida, armazenada ou transmitida de alguma forma ou por algum meio, seja eletrônico ou mecânico, inclusive fotocópia, gravação ou qualquer sistema de armazenagem de informações, sem a permissão expressa e por escrito da editora.

Junho, 2020

EDITORA: Almedina Brasil
Rua José Maria Lisboa, 860, Conj.131 e 132, Jardim Paulista | 01423-001 São Paulo | Brasil
editora@almedina.com.br
www.almedina.com.br

SOBRE A COORDENADORA

Detentora de inúmeros prêmios desde os tempos de seu bacharelado na PUC-SP, **Maria Helena Diniz** ostenta brilhante carreira acadêmica, com cursos de especialização em Filosofia do Direito, Teoria Geral do Direito, Direito Administrativo, Tributário e Municipal. Fez o Mestrado na Faculdade de Direito da USP e o Doutorado na PUC-SP, tendo nesta última obtido os graus de Mestre, Doutora, Livre-Docente e Titular, por concurso de provas e títulos.

A autora é Professora Titular de Direito Civil na PUC-SP, onde leciona essa matéria nos cursos de graduação e pós-graduação. É também coordenadora do Núcleo de Pesquisa em Direito da PUC-SP. Leciona ainda Direito Civil Comparado, Filosofia do Direito e Teoria Geral do Direito nos cursos de pós-graduação (mestrado e doutorado) em Direito da PUC-SP.

Parecerista e autora de mais de trinta títulos que se tornaram referência na área jurídica, a autora também traduziu consagradas obras do direito italiano, e escreveu mais de cem artigos em importantes revistas jurídicas nacionais e internacionais.

É membro da Academia Paulista de Direito (Cadeira 62 – patrono Oswaldo Aranha Bandeira de Mello), da Academia Notarial Brasileira (Cadeira 16 – patrono Francisco Cavalcanti Pontes de Miranda) e do Instituto de Direito Comparado Luso-brasileiro. Presidente do Instituto Internacional de Direito – IID, com sede em São Paulo.

É incontestável a importância do trabalho desta autora, sem dúvida uma das maiores civilistas de todos os tempos.

A editora

SOBRE OS AUTORES

Adelino Borges Ferreira Filho

Mestre em Direito Negocial pela Universidade Estadual de Londrina. Especialista em Direito Empresarial pela PUC-PR. Advogado.

Ana Cláudia Corrêa Zuin Mattos do Amaral

Doutora em Direito das Relações Sociais pela PUC-SP. Professora da Graduação e do Programa de Mestrado em Direito Negocial da Universidade Estadual de Londrina.

Arturo Caumont

Professor Catedrático da Faculdade de Direito da *Universidad de la República* – UdelaR – Uruguai. Professor Honorário da Faculdade de Direito e Ciências Políticas da *Universidad Inca Garcilaso de La Vega* – Peru e da *Universidad Peruana de Los Andes* – Peru. Professor Visitante da *Universidad Nacional de Lomas de Zamora* – Argentina.

Cláudia Mara de Almeida Rabelo Viegas

Pós-doutoranda em Direito pela UFBA – Universidade Federal da Bahia. Doutora e Mestre em Direito pela PUC-MG. Bacharel em Administração de Empresas e em Direito pela Universidade FUMEC. Servidora Pública Federal do TRT-MG – Assistente do Desembargador Corregedor. Professora universitária.

Domingos Vieira

Doutor em Teologia e História. Professor do Departamento de Gestão da Escola Superior de Gestão do Instituto Politécnico do Cávado e do Ave em Barcelos.

Éverton Willian Pona

Mestre em Direito Negocial pela Universidade Estadual de Londrina. Juiz de Direito em São Paulo.

Felipe Chiarello de Souza Pinto

Doutor e Mestre em Direito pela PUC-SP. Membro do Conselho Técnico Científico, do Conselho Superior e do Comitê da Área do Direito da CAPES-MEC. Diretor da Faculdade de Direito da Universidade Presbiteriana Mackenzie. Professor do Programa de Mestrado e Doutorado em Direito Político e Econômico da Universidade Presbiteriana Mackenzie. Membro da Comissão de Revisão da Matriz Curricular da Graduação em Direito no Brasil (Convidado Externo CNE). Membro do Comitê da Área do Direito no Programa SciELO/ FAPESP. Membro do Conselho Editorial da Revista da Procuradoria-Geral do Banco Central. Membro Titular da Academia Paulista de Letras Jurídicas. Parecerista na Área do Direito da CAPES-MEC. Secretário Adjunto do CONPEDI.

Gustavo Silveira Siqueira

Coordenador do Laboratório Interdisciplinar de História do Direito da UERJ. Professor de História do Direito da UERJ e da UNESA. Pesquisador da FAPERJ e Bolsista de Produtividade do CNPQ.

Irene Maria Portela

Doutora em Direito Público. Professora Coordenadora do Departamento de Direito da Escola Superior de Gestão do Instituto Politécnico do Cávado e do Ave em Barcelos.

Jonathan Barros Vita

Especialista em Direito Tributário pelo IBET. Doutor e Mestre em Direito pela PUC-SP. Estágio de pós-doutorado como *Senior visiting research fellow* na WU (Wirtschaftsuniversität Wien – Viena – Áustria. Coordenador e professor do Mestrado e Doutorado em Direito da UNIMAR. Conselheiro do Conselho Municipal de Tributos de São Paulo. Ex-Conselheiro do CARF. Ex-Juiz do Tribunal de Impostos e Taxas do Estado de São Paulo. Advogado, Consultor Jurídico e Contador.

Julcira Maria de Mello Vianna Lisboa

Doutora, Mestre e Especialista em Direito Tributário pela PUC-SP. Professora da PUC-SP. Coordenadora do Juizado Especial Civil, vinculado à Faculdade de Direito da PUC-SP. Advogada.

Jussara Borges Ferreira

Doutora em Direito pela PUC-SP. Professora do Programa de Doutorado e Mestrado da UNIMAR e do Programa de Mestrado em Direito e Cidadania da UNIPAR. Advogada.

Marcelo Amorín

Doutor em Direito e Ciências Sociais pela *Universidad de la República* – UdelaR – Uruguai. Mestre em Direito pela *Universidad de Montevideo* – Uruguai. Profesor da Faculdade de Direito da *Universidad de la República* – UdelaR – Uruguai.

Maria Garcia

Procuradora do Estado de São Paulo (IPESP). Ex-Assistente Jurídico da Reitoria da USP. Professora Associada Livre-Docente da PUC/São Paulo. Professora de Direito Constitucional, Direito Educacional e Biodireito Constitucional. Professora de Biodireito/Bioética/Biopolítica do Centro Universitário Assunção – UNIFAI. Membro da CoBi – Comitê de Bioética do HCFMUSP. Membro do Instituto dos Advogados de São Paulo/ IASP. Membro fundador e atual Diretora-Geral do Instituto Brasileiro de Direito Constitucional (IBDC). Coordenadora da Revista de Direito Constitucional e Internacional (Editora Revista dos Tribunais). Membro da Academia Paulista de Letras Jurídicas (Cadeira Enrico T. Liebman). Associada Honorária do CONPEDI. Membro do Conselho Superior de Direito da Federação do Comércio – FECOMERCIO. Membro do Conselho Editorial da Revista da Escola Superior da Procuradoria-Geral do Estado de São Paulo. Membro do Conselho Editorial da Revista De Jure, do MPMG – Ministério Público de Minas Gerais.

Maria Helena Marques Braceiro Daneluzzi

Doutora e Mestre em Direito Civil pela PUC-SP. Professora da Faculdade de Direito da PUC-SP. Coordenadora Acadêmica do Curso de Especialização em Direito de Família e Sucessões do COGEAE/ PUCSP. Procuradora do Estado de São Paulo.

Maria Ligia Coelho Mathias

Doutora e Mestre em Direito Civil pela PUC-SP. Professora da Faculdade de Direito da FAAP. Vice Coordenadora Acadêmica do Curso de Especialização em Direito de Família e Sucessões do COGEAE/ PUCSP. Advogada.

Mariana Ribeiro Santiago

Pós-doutora em Direito pela *Justus-Liebig-Universität Giessen*. Doutora e Mestre em Direito pela PUC-SP. Bacharel em Direito pela Universidade Federal da Bahia. Professora do Programa de Mestrado e Doutorado em Direito da Universidade de Marília. Editora-chefe da Revista *Argumentum*. Advogada.

Mário Luiz Delgado

Doutor em Direito Civil pela USP. Mestre em Direito Civil Comparado pela PUC-SP. Especialista em Direito Processual Civil pela Universidade Federal de Pernambuco. Professor Titular do programa de mestrado e doutorado da FADISP. Professor dos cursos de especialização em Direito Privado da EPD – Escola Paulista de Direito. Membro do Conselho Superior de Assuntos Jurídicos e Legislativos da FIESP. Conselheiro da Câmara de Mediação e Arbitragem do IASP. Advogado.

Nacoul Badoui Sahyoun

Mestre em Direito Civil pela Universidade Estadual Paulista. Pós-graduado em Filosofia do Direito pela Universidade Estadual de Londrina. Juiz de Direito.

Najla Pinterich Sahyoun

Mestre em Direito pela PUC-SP. Pós-graduada em Direito Processual Civil pela Escola Paulista da Magistratura.

Peter Häberle

Doutor em Direito pela Universidade de Freiburg – Alemanha. Doutor *Honoris Causa* pelas seguintes universidades: Universidade Aristóteles de Tessalônica, Universidade de Granada, Pontifícia Universidade Católica do Peru, Universidade de Brasília, Universidade de Lisboa e Universidade de Buenos Aires.

Regnoberto Marques de Melo Júnior

Doutor e Mestre em Direito pela PUC-SP. Professor da Faculdade de Direito da UFC.

Renato Afonso Gonçalves

Doutorando em Ciências Histórico-Jurídicas na Faculdade de Direito da Universidade de Lisboa. Mestre em Direito das Relações Sociais pela PUC-SP. Professor da Universidade Paulista – UNIP. Advogado.

Rodolfo Pamplona Filho

Doutor e Mestre e Direito pela PUC-SP. *Máster em Estudios en Derechos Sociales para Magistrados de Trabajo de Brasil* pela Universidad de Castilla-La Mancha – Espanha. Presidente Honorário da Academia Brasileira de Direito do Trabalho. Presidente da Academia de Letras Jurídicas da Bahia. Presidente do Instituto Baiano de Direito do Trabalho.

Juiz de Direito em Salvador-BA. Professor universitário.

Rosa Maria Barreto Borriello de Andrade Nery

Professora Livre-Docente de Direito Civil da Faculdade de Direito da PUC-SP

Sergio Ferraz

Professor Titular de Direito Administrativo da PUC-RJ. Procurador Aposentado do Estado do Rio de Janeiro. Membro da Academia Brasileira de Letras Jurídicas. Foi decano do Conselho Federal da OAB, presidente do Instituto dos Advogados Brasileiros e consultor jurídico do Ministério da Justiça. Advogado.

Sergio Iglesias Nunes de Souza

Doutor e Mestre em Direito pela PUC-SP. Professor da Faculdade de Direito de São Bernardo do Campo. Professor convidado da Escola Superior da Advocacia, da Escola Paulista de Direito e da FAAP. Advogado.

Sidney Guerra

Pós-Doutor em Direitos Humanos pela Universidade de Coimbra. Pós-Doutor pelo Programa Avançado em Cultura Contemporânea da Universidade Federal do Rio de Janeiro. Pós-Doutorando em *Environmental*

International Law pela Universidade Presbiteriana Mackenzie. Doutor e Mestre em Direito pela Universidade Gama Filho. Professor Associado da Universidade Federal do Rio de Janeiro. Professor Titular da Universidade do Grande Rio. Professor Adjunto da Faculdade Presbiteriana Mackenzie-Rio. *Visiting Researcher* pela Stetson University Law School.

Secretário Municipal de Administração de Duque de Caxias – RJ (2013 -2016). Advogado.

Yara Diwonko

Doutora e Mestre em Direito Civil Comparado pela PUC-SP. Bacharel em Direito pela Faculdade de Direito de São Bernardo do Campo. Mediadora judicial.

APRESENTAÇÃO

Há vinte anos abracei uma carreira duplamente jurídica e editorial, e nessa jornada como profissional do livro aprendi preciosas lições. Uma das mais relevantes, sem dúvida, foi que ser convidado para escrever a apresentação de uma obra é uma das maiores honras que alguém pode receber.

Pois bem. Entre pesquisas para o doutorado e a elaboração de pareceres editoriais, fui surpreendida com um convite da consagrada jurista Maria Helena Diniz para escrever a apresentação de uma nova série, coordenada por ela. Na hora pensei "como vou introduzir um livro de uma autora tão profícua, que publicou mais títulos do que, tristemente, muitas pessoas já leram?". Mas, como sempre gostei de desafios, eis aqui o resultado.

Sempre tive pra mim que transferir pensamentos para o mundo concreto é uma arte, e isso pode se dar por diversas formas, inclusive por meio das palavras faladas e das palavras escritas. Penso que escrever é a maneira mais generosa, significativa e corajosa de perpetuar ideias, e, claro, de se expor a críticas. É atitude reservada aos que não temem o bom combate. E esse é justamente o caso da coordenadora desta inovadora coleção.

Nesta era em que "mudança" tornou-se palavra de ordem, o Direito tem sido chamado para apresentar soluções rápidas e, por vezes, milagrosas. Em congruência com esse cenário, a série *Direito em Debate* convida o leitor a refletir sobre temas atuais por meio de estudos consistentes, plurais e dinâmicos, que percorrem temas relevantes e interdisciplinares, lançando mão de explanações lúcidas e consistentes. Como resultado, os artigos aqui apresentados conduzem o estudioso à construção do arcabouço da doutrina exposta, bem como o incentiva a navegar pela estrada, por vezes tortuosa, de alternativas práticas.

Em seu compromisso com a difusão do conhecimento, a editora Almedina, conhecida e respeitada casa portuguesa de publicações jurídicas, que agora também expande suas fronteiras além-mar, nos brinda com essa primorosa coleção, que se destina para estudiosos e docentes da área jurídica, além de advogados especializados e pesquisadores de áreas fronteiriças com o Direito, interessados no desenvolvimento do pensamento jurídico reflexivo.

Para fechar essa breve nota gostaria de deixar registrado meu orgulho e minha satisfação pessoal por contar com a amizade da querida autora. Esta série reflete mais um resultado decorrente de suas qualidades como estudiosa do Direito, e o convite para escrever esta apresentação é uma demonstração da generosidade infindável com que abraça seus alunos.

São Paulo, outono de 2020.

Manuella Santos de Castro
Editora Jurídica e Advogada.
Doutoranda em Direito Civil pela USP.
Mestre em Direito Civil Comparado pela PUC-SP.
Bacharel em Direito pela PUC-SP.
Cursa Faculdade de História na USP.
Professora convidada de cursos de pós-graduação *lato sensu* em Direito.

SUMÁRIO

O MOVIMENTO DAS PEÇAS NO XADREZ COM A MORTE EM TRIBUNAIS ESTADUNIDENSES: CONTRIBUIÇÃO PARA O DEBATE SOBRE DIRETIVAS ANTECIPADAS DE VONTADE

Ana Cláudia Corrêa Zuin Mattos do Amaral*
Éverton Willian Pona**

INTRODUÇÃO

No clássico filme, *The Seventh Seal* (O Sétimo Selo), de Ingmar Bergman[1], o cavaleiro medieval Antonius Block, retornando das cruzadas para sua casa, se depara com a Morte em pessoa. Na Europa, a peste se espalhava e devastava os países e, no mesmo contexto, inúmeras pessoas eram condenadas à fogueira acusadas de bruxaria.

Quando Antonius Block se encontra com a Morte não há uma surpresa. Como ela mesma afirmara, acompanhava o cavaleiro há muito tempo, o que ele revela já ter consciência – afinal estava lutando nas cruzadas. O seu corpo estava preparado para morrer – revela Antonius – porém ele não. Na tentativa, então, de adiar o encontro final e definitivo, o protagonista propõe à Morte que joguem uma partida de xadrez e, se ele vencesse, poderia continuar vivo.

* Doutora em Direito das Relações Sociais pela PUC-SP.
Professora da Graduação e do Programa de Mestrado em Direito Negocial da Universidade Estadual de Londrina.

** Mestre em Direito Negocial pela Universidade Estadual de Londrina.
Juiz de Direito em São Paulo.

[1] THE SEVENTH SEAL. Direção: Ingmar Bergman. Produção: Allan Ekelund. Intérpretes: Max von Sydow, Bengt Ekerot, Gunnar Björnstrand, Nils Poppe, Bibi Andersson, Inga Gill, Maud Hansson, Inga Landgré. Roteiro: Igmar Bergman. Suécia: Svenk Filmindustri 1957. Preto e branco. 96 min.

A Morte aceita o desafio e as angústias do cavaleiro, que o acompanham durante o filme, intercalam-se com as cenas em que ambos aparecem no desenvolver da partida. Não surpreende que a Morte, embora preparada para consigo levar Antonius Block, tenha aceitado a proposta do cavaleiro. Ainda que a coroa real negra fique sem movimento no jogo – a Morte joga com as peças pretas –, a inevitabilidade da finitude humana não permitiria que a vitória do cavaleiro muito durasse. O seu regozijo seria temporário, passageiro. A análise pode parecer pessimista, negativa. Entretanto, apenas reflete o que muitos parecem não interiorizar: a vida termina. Mais cedo para uns, repentinamente para outros. Algumas vezes de forma indolor, ao passo que em outras acompanhada de processo doloroso e degradante.

A atitude de Antonius Block diante da Morte – de encontrar um meio, no caso uma partida de xadrez – para adiar o seu passamento reproduz-se, na atualidade, na conduta de muitas pessoas, sejam ou não elas mesmas o sujeito do processo de morrer. Há os que, debilitados e acometidos por uma grave situação clínica, aceitam que vida siga o curso rumo ao fechamento da existência, mas encontram a resistência dos médicos que lhes dispensam cuidados, de familiares que se recusam a abrir mão da presença do ente querido, do Estado que pretende justificar a proteção da santidade da vida. São vários atores sociais que, como Antonius Block, não se encontram preparados e procuram evitar a morte, prolongar a vida.

Em decorrência dessa ausência de preparação, muitas situações limítrofes são judicializadas. Na falta de consenso entre família, equipe médica e, também, entre aqueles responsáveis por exteriorizar os interesses do Estado, questões relativas à retirada ou suspensão de tratamentos que proporcionam o indefinido prolongamento do processo vital de pessoas incapacitadas de expressarem a própria vontade alcançam as bancadas do Poder Judiciário, chamado a decidir entre a prevalência da escolha do paciente (nem sempre claramente expressa) e da família e a defesa incondicional da vida por parte do Estado, a oposição ao suicídio, a proteção em relação a terceiros e a manutenção dos padrões de ética médica.

Muito se tem escrito sobre essa temática e, com o passar dos anos, procurou-se desenvolver técnicas de decisão ou instrumentos legislativos que facilitassem a tomada de decisão em situações que tais. As diretivas antecipadas (*advance directives*) afiguram-se como um dos instrumentos que se mostraram adequados a mediar o processo de tomada de decisão relativa a tratamentos médicos de pessoas em situação de atual incompetência.

Por se tratar de uma declaração prévia de vontade, por meio da qual um indivíduo estabelece seus desejos e interesses relativos a tratamentos médicos que deseja ou não se submeter caso alcance situação de impossibilidade de expressão autônoma, uma diretiva antecipada de vontade fornece o substrato para equipe médica e familiares atingirem o consenso e respeitarem a autonomia do paciente no tocante a aspectos da própria vida e saúde (*living will*) ou então indica a pessoa responsável pela tomada da decisão (*durable power of attorney for health care*).

Na parcela da ambiência acadêmica dedicada ao estudo das diretivas antecipadas não se encontra registro de outra origem ou primeva manifestação diversa dos Estados Unidos. Entretanto, este escrito não trata especificamente das *advance directives*. Não se trata de descrever suas características de forma minuciosa ou esclarecer as distinções entre as modalidades existentes. O objetivo revela-se em demonstrar os elementos jurisprudenciais que fomentaram o debate e forneceram combustível para o desenvolvimento do instituto, nos Estados Unidos e de lá para diversos países.

Dois casos decididos por Cortes americanas serão analisados. A escolha não foi aleatória. Ambos apresentam ligação contextual e histórica com as *advance directives* e influenciaram os rumos das discussões sobre o assunto nos Estados Unidos. O primeiro, datado de 1976 e decidido no mesmo ano, porém antes da entrada em vigor da primeira norma regulamentando o testamento vital (*living will*), no estado da Califórnia (*California's Natural Death Act*, de 1976). O segundo, julgado pela *Supreme Court of the United States of America*[2] no ano da aprovação do *Patient Self-determination Act*, de 1990, a lei federal norte-americana que institucionalizou as *advance directives* a serem compulsoriamente observadas por profissionais e instituições de saúde em relação a tratamentos médicos.

In Re Quinlan. Assim ficou conhecido nos Estados Unidos o caso de Karen Ann Quinlan, julgado em última instância pela *Supreme Court of New Jersey* (Suprema Corte de Nova Jersey)[3], em 1976. *Cruzan v. Director, Missouri Department of Health*. Eis o *leading case* decidido pela *US Supreme Court* a respeito da existência constitucionalmente assegurada de um direito à recusa de tratamento médico, ainda que a consequência dessa recusa seja a morte do paciente.

[2] A partir deste ponto referida apenas como *US Supreme Court*.

[3] A partir deste ponto referida apenas como *NJ Supreme Court*

Nas linhas que seguem serão analisadas duas decisões do caso Quinlan. A primeira da *Superior Court of New Jersey* (Corte Superior de Nova Jersey)[4], que denegou a pretensão do pai de Karen de remoção do respirador que mantinha a vida da filha; a segunda, da *NJ Supreme Court*, que acolheu o pedido e permitiu a nomeação do pai de Karen como seu curador tanto para interesses patrimoniais como pessoais, incluída nos últimos a possibilidade de retirada do respirador. Outrossim, será detalhada a decisão da *US Supreme Court* no caso de Nancy Cruzan, recolhendo os argumentos invocados pelo mais importante tribunal dos Estados Unidos na questão do direito de morrer.

Para tanto, serão apresentados os elementos descritivos dos casos, retirados diretamente das decisões, analisando-se o processo decisivo realizado pelas Cortes, seus argumentos e conclusões. Ao final, demonstra-se como essas decisões abriram caminho para o desenvolvimento da doutrina e da ascensão de diversos instrumentos legislativos que reconheceram a validade jurídica do testamento vital e da nomeação de um procurador para cuidados de saúde e, também, como forneceram substrato para a defesa desses documentos como garantia da liberdade, autonomia e privacidade dos indivíduos, permitindo a condução livre e a escolha própria dos rumos dos seus tratamentos de saúde.

1. KAREN ANN QUINLAN: O MOVIMENTO INICIAL DA JURISPRUDÊNCIA

1.1. ELEMENTOS DESCRITIVOS DO CASO *IN RE QUINLAN*[5]

Karen Ann Quinlan nasceu em 24 de abril de 1954, filha de Joseph e Julia Quinlan. Foi batizada na Igreja Católica e frequentou escolas primária e secundária afiliadas à Igreja. Ela se mudou da casa dos pais no final de 1974 ou começo de 1975 e sua última moradia foi no Condado de Sussex (*Sussex County*), em Nova Jersey, nos Estados Unidos.

Em 15 de abril de 1975, durante a noite, Karen foi atendida pela polícia local e pela equipe de resgate, chamados por seus amigos, e levada para o *Newton Memorial Hospital*. O exato processo causal que culminou com a

[4] A partir deste ponto referida apenas como *NJ Superior Court*.

[5] Todas as informações contidas nesta seção e não expressamente referenciadas foram retiradas da decisão da *NJ Superior Court*: NEW JERSEY. Superior Court of New Jersey, Chancery Division. *In Re Quinlan*. 137 N. J. Super. 227 (1975). 348. A.2d 801. Trenton, 10 nov 1975.

sua ida ao hospital permaneceu uma incógnita. Sabe-se que ela, aparentemente, ficou sem respirar por ao menos dois intervalos de 15 minutos. Procedimentos de respiração boca-a-boca foram desempenhados tanto pelos amigos como pela equipe de resgate. O tempo exato durante o qual ela permaneceu sem respirar, entretanto, não foi estabelecido.

Testes de sangue e urina foram realizados logo na sua entrada no hospital, identificando a presença de quinina, aspirina, barbitúricos em níveis normais, além de traços de *valium* e *librium*. Segundo apurou-se, as drogas presentes nos exames eram compatíveis com níveis de tratamento regular, e a quinina, consistente com uma mistura comum em drinques. A causa da inconsciência e da cessação da respiração não foi determinada, porém a interrupção da respiração causou anoxia, ou seja, ausência de oxigênio no sangue, resultando na condição em que deu entrada no hospital.

Por ocasião de sua admissão no hospital, constatou-se a normalidade seus sinais vitais, porém as pupilas não reagiam e Karen não apresentava reação à dor, além de estar com as pernas rígidas e curvadas, em postura decorticada. Os níveis de oxigênio do sangue estavam baixos e Karen foi ligada a um respirador artificial.

Em 16 de abril de 1975, às dez horas da noite, Karen foi examinada pelo Dr. Morse, o qual constatou o estado comatoso. Ela não respirava espontaneamente, então o respirador era necessário. A despeito do coma, constatou-se que Karen apresentava os reflexos oculocefálico e oculovestibular normais, a pupila agora reagia à luz nos dois olhos. Contudo, não foi possível um diagnóstico em razão da ausência de fatos anteriores a Karen entrar em coma.

Depois de transferida para a Unidade de Tratamento Intensivo do *Saint Claire's Hospital*, Karen foi submetida a uma série de exames de sangue, todos normais, mesmo com ela ligada ao respirador artificial. Exames de imagem como eletroencefalograma e angiogramas também foram realizados e nada de incomum para uma pessoa em coma foi encontrado e indicaram atividade cerebral normal. Karen passou a receber alimentação oral, pois a intravenosa se mostrou insuficiente em sua mantença. Sobreveio durante a internação inevitável perda de peso e havia o constante risco de infecção.

A descrição realizada por enfermeiras que a acompanhavam 24 horas por dia anotou, dentre outras, as seguintes características: pele pálida, porém aquecida, com constante suor; reação a estímulos dolorosos; presença de contrações e espasmos; pupilas oscilando entre a normalidade e a dilatação; as vezes o respirador era acionado por ela, outras não; extremidades rígidas; no dia 07 de maio de 1975 ela piscou duas vezes e moveu os olhos, porém não houve outros sinais como esses no tempo seguinte de internação.

O respirador chegou a ser removido pelo Dr. Javed, o qual afirmou ser o problema respiratório decorrente do neurológico, e sem a resolução deste, o respirador não poderia ser retirado, pois Karen não manteria seus sinais vitais sem a assistência artificial. A mudança do estado de Karen foi retratada pelo Dr. Morse como sendo a passagem de um estado comatoso em sono para um estado comatoso acordado, considerado normal para pacientes nessa condição e, mesmo acordada, Karen permanecia inconsciente. Além do Dr. Morse e Dr. Javed, Karen foi analisada pelos Drs. Stuart Cook, Eugene Lesser, Fred Plum, Sidney Diamond e Julius Korein. Todos chegaram à conclusão de ausência de morte cerebral, porém com a configuração de um estado vegetativo persistente, a despeito de não afirmarem a irreversibilidade do quadro.

Em 31 de julho de 1975 os pais de Karen assinaram a autorização para a remoção das medidas extraordinárias, incluindo o respirador. Com a negativa da equipe médica, o caso chegou ao Poder Judiciário e, nos meandros da jurisdição, alcançou a Corte Superior do Estado de Nova Jersey[6]. Os contornos do debate instaurado serão analisados no tópico seguinte.

[6] Neste ponto apresenta-se necessário breve esclarecimento sobre o Poder Judiciário de Nova Jersey. Com a Constituição de 1947, o Poder Judiciário passou a ser regulamentado no *article VI,* o qual estabelece ser constituído pela *Supreme Court, Superior Court,* e outras cortes com jurisdição limitada. A *Supreme Court* seria o equivalente no Brasil aos Tribunais de Justiça. De acordo com o *article VI, Section II, 2,* é responsável por exercer a jurisdição final em todas as causas mencionadas na Constituição Estadual. A *Superior Court,* também denominada de *trial court,* é responsável pelos julgamentos propriamente ditos. Compõe-se ao menos 2 juízes, designados para atuar em cada condado (divisão administrativa) do Estado de Nova Jersey. Sua jurisdição engloba todas as causas e abrange todo o estado (*article VI, Section III, 2*). Divide-se em *Appellate Division, Law Division* (que julga casos cíveis e criminais) e *Chancery Division* (que julga casos em que se busca a condenação da outra parte a fazer ou deixar de fazer algo diverso do pagamento em dinheiro), cuja organização e competência é delimitada por normas da *Supreme Court* (*article VI, Section III, 3*). De acordo com o *The New Jersey Courts: guide to the judicial process* (<https://njcourts.gov/forms/12246_guide_judicial_process.pdf>), há 460 *Superior Judges* em Nova Jersey. A *Appellate Division* julga recursos de apelação tanto da *Law Division* como da *Chancery Division.* Além disso, recebe apelações da *Tax Court* e das *Municipal Courts,* outras divisões do sistema judiciário de Nova Jersey.

1.2. AS DECISÕES DA *NEW JERSEY SUPERIOR COURT (CHANCERY DIVISION)* E DA *NEW JERSEY SUPREME COURT*[7]

A disputa judicial iniciada por Joseph Quinlan, pai de Karen, foi proposta perante a *NJ Superior Court*. Eis os pedidos e os argumentos do genitor: (i) requerimento de autorização da corte para suspensão do respirador e injunção para prevenção quanto ao risco de prisão e sofrer acusação criminal; (ii) com base na doutrina do julgamento substituto a Corte poderia agir na defesa dos melhores interesses de Karen e autorizar a retirada do respirador; (iii) Karen tem direito a autodeterminação em decorrência do direito constitucional de privacidade, o que se estenderia para a suspensão de tratamento extraordinário (*futile use of extraordinary medical measures*); (iv) a autorização também se fundamenta no direito constitucional de livre exercício de religião e liberdade contra punição cruel e desumana.

Contrariamente à pretensão do pai, argumentava-se a inexistência de um direito de morrer assegurado constitucionalmente e que o Estado tinha legítimo interesse em favor da preservação da vida humana. Invocou-se a decisão proferida no caso *John F. Kennedy Memorial Hospital v. Heston*, de 1971.

No processo, entretanto, não havia requerimentos apenas da família de Karen. A Procuradoria instou a *NJ Superior Court* por uma decisão que abordasse a questão do homicídio e o dever do Estado em processar os responsáveis caso a autorização pretendida por Joseph Quinlan fosse concedida. O hospital, a seu turno, pugnava pela declaração de que os critérios do *Ad Hoc Comittee of the Harvard Medical School to Examine of Definition of Brain Death* deveriam ser os critérios ordinários para a determinação da morte cerebral.

A questão a ser decidida pela *NJ Superior Court* foi formulada a partir da premissa se, considerando a situação de Karen (uma pessoa incompetente em estado vegetativo persistente, apresentada para tratamento médico com o pedido do emprego de todos os recursos para mantê-la viva e que fora submetida a técnicas artificiais de suporte da vida), a Corte teria o

[7] Todas as informações e contidas nesta seção e não expressamente referenciadas foram retiradas das decisões da *NJ Superior Court*: NEW JERSEY. Superior Court of New Jersey, Chancery Division. *In Re Quinlan*. 137 N. J. Super. 227 (1975). 348. A.2d 801. Trenton, 10 nov 1975, e da *NJ Supreme Court:* NEW JERSEY. Supreme Court of New Jersey. *In Re Quinlan*. 70 N. J. 10 (1976). 355 A.2d 647. Trenton, 31 march 1976. Por isso, não há expressa indicação da fonte em cada afirmação.

poder e o direito, com base no exercício de jurisdição equitativa (em julgamento por equidade, no sentido equivalente à justiça), e fundamentado nos direitos constitucionais de livre exercício de religião, direito à privacidade e proibição da punição cruel e desumana, autorizar a retirada dos meios artificiais de manutenção da vida.

Alcançada e exposta nas palavras do *Judge* Muir, a resposta a esse questionamento foi negativa. A partir da advertência inicial característica do minimalismo jurídico norte-americano[8], registrou-se que o julgamento centrava-se apenas nos fatos do caso e os problemas por ele apresentados, sem objetivo de oferecer uma *advisory opinion,* ou seja, ofertar uma interpretação sobre o problema jurídico em questão e resolver problemas de natureza cível e criminal provenientes do prolongamento da vida e transplante de órgãos.

A análise da *NJ Superior Court* não partiu diretamente da apreciação das questões jurídicas suscitadas pelo requerente e pai de Karen. Reafirmou-se, de antemão, a competência da *NJ Superior Court* para decidir a respeito de pessoas incapacitadas, invocando-se dois precedentes, um envolvendo a autorização concedida para o transplante de rim de um paciente incompetente de 27 anos para seu irmão (*Strunk v. Strunk*) e outro, o transplante de rim de uma criança de 7 anos para seu irmão gêmeo (*Hart v. Brown*).

Afirmando que a autoridade da *NJ Superior Court* e o poder de fazer justiça no caso concreto (*power of equity*) lida com uma consciência judicial e com a moralidade da comunidade, afirmou-se que, como Karen Ann estava viva sob a perspectiva médica e nenhum dos médicos ouvidos indicaram ser irreversível o seu estado de coma, a natureza, extensão e duração do cuidado a ela destinado seriam responsabilidade de um médico. A moralidade e consciência da sociedade, segundo *Judge* Muir, coloca essa responsabilidade nas mãos de um médico. Se há de se continuar o tratamento

[8] O minimalismo judicial trata-se de técnica de decisão muitas vezes utilizada pela *US Supreme Court* quando julga questões polêmicas e complexas. Diz-se ser o "uso construtivo do silêncio". Juízes minimalistas procuram deixar os julgamentos "tão estreitos e tão incompletamente teorizados quanto possível, conscientes, unicamente, com a obrigação de fundamentá-los, de modo a se evitar discussões de questões constitucionais. Gostam do uso de doutrinas de justiciabilidade e prezam a possibilidade de limitar sua autoridade de modo a não invadirem áreas politicamente contenciosas. [...] Tal técnica visa minimizar os riscos de erros causados por regras amplas e teorias abstratas, maximizando espaço para a deliberação democrática sobre política básica em questões morais" (SÁ, Maria de Fátima Freire de; MOUREIRA, Diego Luna. *Autonomia para morrer:* eutanásia, suicídio assistido, diretivas antecipadas de vontade e cuidados paliativos. 2. ed. rev. atual. e ampl. Belo Horizonte: Del Rey, 2015, p. 143-144).

de suporte à vida, segundo os médicos, essa orientação deve ser seguida, assentou a *NJ Superior Court*.

Ao examinar a vontade de Karen que, segundo seus pais e amigos, não queria ser mantida em respiração artificial numa situação como a que se encontrava, a *NJ Superior Court* considerou ter sido essa vontade expressa quando ela tinha apenas 20 anos, diante do sofrimento de outras pessoas, em conversas hipotéticas. Karen, por si própria, enquanto estava em controle de suas faculdades mentais, registrou a Corte, não tomou uma decisão e não se configurava uma situação de existência de um *living will*.

Ao argumento de que seria esse o desejo da paciente, a *NJ Superior Court* considerou não haver prova persuasiva o suficiente de ser essa a ação adotada por Karen caso pudesse expressar sua vontade. Ademais, reassentou sua responsabilidade de proteger os melhores interesses de Karen e a autorização buscada, caso concedida, permitiria a morte dela o que, segundo a *NJ Superior Court*, não caracteriza proteção num sentido temporal da expressão.

No entender da *NJ Superior Court*, o julgamento por equidade não pode contrariar leis positivas e motivos humanitários não justificam a retirada de uma vida humana, assim como o fato de o indivíduo estar próximo à morte não é defesa para o homicídio.

Quanto ao argumento de que o direito à privacidade seria equivalente ao direito à autodeterminação e justificaria o pedido, a Corte não ingressou nessa seara, reafirmando que o direito à privacidade se trata de criação jurisprudencial, sobretudo com os precedentes *Griswold v. Connecticut* e *Roe v. Wade*. No entender da Corte, essa identificação não seria relevante, mas sim determinar em que extensão esse direito se submete ao interesse estatal e se pode ser exercido por um pai representando seu filho.

A conclusão alcançada foi de que o interesse estatal ausente em *Roe v. Wade*, *Griswold* e *Stanley* estava presente na situação de Karen, manifestado no interesse do Estado na preservação da vida e na proteção, pela Corte, dos interesses de pacientes incompetentes. Destacou a *NJ Superior Court* que mesmo em *Roe v. Wade* não foi reconhecido um direito absoluto de controle corporal. "There is no constitutional right to die that can be asserted by a parent for his incompetent adult child"[9]. No que tange ao

[9] Tradução livre: Não há um direito constitucional de morrer que possa ser exercido por um genitor para um filho adulto incompetente.

argumento do livre exercício de religião, a Corte entendeu não se tratar a diferença entre tratamento ordinário e extraordinário um dogma da fé católica e, por isso, o pedido não teria base em crenças religiosas. Ademais, a preservação da vida seria um interesse de ordem superior e há presunção de que um indivíduo sempre escolheria continuar vivendo, o que não foi afastado pelas declarações prévias de Karen. Por fim, em relação ao pleito com base na proibição de punição cruel, a Corte entendeu que a cláusula é destinada ao Estado e à seara penal, não cível.

Pelo julgamento da *NJ Superior Court*, o pai de Karen foi apontado como seu guardião, porém apenas para questões patrimoniais; para questões relativas à pessoa de Karen, foi apontado Daniel Coburn, que havia figurado como seu curador *ad litem*.

Desse julgamento Joseph Quinlan recorreu à *NJ Supreme Court*. Admitido o caso, a decisão da *NJ Supreme Court* foi apresentada pelo *Chief Justice* Hughes, o qual em seu voto rememorou as circunstâncias fáticas delineadas alhures, no item "2.1". Após a reconstrução factual do caso, inclusive considerando as ponderações relativas à fé da família Quinlan e da retidão moral de Joseph Quinlan, a *NJ Supreme Court* pautou sua *opinion* na análise de três pontos: (i) se a corte inferior estava correta ao negar a autorização para a suspensão do aparato de prolongamento da vida; (ii) se a corte inferior agiu corretamente ao negar a Joseph Quinlan a custódia total de sua filha, nomeando um terceiro; (iii) se a *NJ Supreme Court*, a partir das respostas anteriores, deveria conceder o pedido do pai.

A *NJ Supreme Court* primeiro estabeleceu que Joseph Quinlan litigava não apenas em nome da filha, mas de si próprio, com vistas a assegurar uma posição ligada à sua condição de genitor, assentando a sua legitimidade no caso concreto. Em seguida, analisou o argumento do livre exercício de religião e, nos moldes da *NJ Superior Court*, registrou que o direito a crenças religiosas é absoluto, porém os atos praticados com base nessas crenças não são totalmente imunes à intervenção estatal. Como exemplo, relembrou os casos de transfusões de sangue ordenados em testemunhas de Jeová. Desse modo, afastou o argumento e não reconheceu um direito parental independente de liberdade religiosa que sustentasse o pedido de Joseph Quinlan. Quanto ao argumento da proibição de punição cruel, tanto quanto a corte inferior, a *NJ Supreme Court* o rejeitou em razão da adstrição ao campo de imposição de sanções penais por parte do Estado.

A mais relevante contribuição do julgamento repousa na análise feita pela *NJ Supreme Court* acerca do direito à privacidade. Pelas palavras do *Justice* Hughes, a *NJ Supreme Court* ponderou não haver dúvidas de que se Karen, durante um intervalo de lucidez, tomasse ciência de sua condição de permanente inconsciência vegetativa, para a qual retornaria no momento seguinte, ela poderia escolher por fim ao suporte artificial de sua vida. Não haveria interesse estatal relevante o suficiente que pudesse compeli-la a suportar o insuportável, a permanecer em estado vegetativo sem possibilidade real de reassumir o controle de sua vida consciente. Carece de lógica distinguir, no entender da *NJ Supreme Court,* entre a escolha de Karen e a de uma pessoa que faça a mesma opção quando, apesar de competente, está em estágio terminal de uma enfermidade. A vontade desse paciente seria observada se ele não quisesse ser ressuscitado ou ligado a um respirador artificial.

Embora a Constituição Americana não preveja expressamente o direito à privacidade, a *US Supreme Court* já reconheceu a existência de áreas de privacidade garantidas pela Carta, proibindo ingerências estatais em alguns aspectos da vida e das decisões dos indivíduos, como em relação à contracepção e sua relação com a vida e decisão familiar (*Griswold v. Connecticut*) e à decisão da mulher em abortar dentro de determinado período de tempo (*Roe v. Wade*).

Com esse paralelo, *Justice* Hughes relevou repousarem os interesses estatais no caso de Karen Ann na preservação e santidade da vida humana e na defesa do direito dos médicos de administrarem o tratamento de acordo com seu melhor julgamento. Os médicos de Karen aduziam ser contra suas opiniões profissionais a retirada do respirador, ao passo que Joseph Quinlan ressaltou a distinção entre meios ordinários e extraordinários de tratamento, entre aqueles os quais promovem a cura do paciente e os que são somente responsáveis pelo prolongamento das funções vitais, evitando a morte. Essa distinção foi considerada de relevância pela maior instância do Judiciário de Nova Jersey.

À medida que diminui a prognose de cura e aumenta a invasão corporal por parte dos tratamentos, o direito à privacidade se fortalece frente aos interesses do Estado, até um ponto em que os ultrapassa, registrou a *NJ Supreme Court*, não sem notar que a escolha de Karen seria sindicável caso ela estivesse competente para fazê-la.

Embora não tenha ignorado para a conclusão do argumento que, estando Karen incapacitada, não se afigura possível discernir a suposta escolha com base nos testemunhos de conversas prévias com amigos, dada a ausência de suficiente peso probatório (com o que concorreu com o julgamento de primeira instância), a *NJ Supreme Court* concluiu que o direito à privacidade de Karen pode ser exercido em seu benefício pelo seu guardião nas condições delineadas pela Corte.

> If a putative decision by Karen to permit this non-cognitive, vegetative existence to terminate by natural forces is regarded as a valuable incident of her right of privacy, as we believe it to be, then it should not be discarded solely on the basis that her condition prevents her conscious exercise of the choice. The only practical way to prevent destruction of the right is to permit the guardian and family of Karen to render their best judgment, subject to the qualifications hereinafter stated, as to whether she would exercise it in these circumstances. If their conclusion is in the affirmative this decision should be accepted by a society the overwhelming majority of whose members would, we think, in similar circumstances, exercise such a choice in the same way for themselves or for those closest to them. It is for this reason that we determine that Karen's right of privacy may be asserted in her behalf, in this respect, by her guardian and family under the particular circumstances presented by this record[10].

Desse argumento extrai-se que, mesmo na ausência de direito constitucional à privacidade atribuído diretamente ao pai de Karen para buscar o fim do tratamento – como destacado pelo *Judge* Muir e com o que concorda a *NJ Supreme Court*, pois o reconhecimento desse direito aos pais sempre se deu no contexto de preservação da vida dos filhos – o direito à privacidade de Karen poderia ser defendido por seu pai, como seu guardião.

[10] Tradução livre: Se uma suposta decisão de Karen de permitir que essa existência não-cognitiva e vegetativa termine é considerada como uma manifestação valiosa do seu direito à privacidade, como acreditamos que seja, então não deve ser descartada somente com base na sua condição que impede o seu exercício consciente de escolha. A única maneira prática de impedir a destruição desse direito é permitir que o guardião e a família de Karen façam o seu melhor julgamento, sujeito às qualificações descritas a seguir, a respeito do que ela faria nessas circunstâncias. Se a conclusão deles for afirmativa, essa decisão deve ser aceita por uma sociedade na qual a maioria esmagadora de seus membros, em circunstâncias semelhantes fariam, pensamos, a mesma escolha para si mesmos ou para aqueles próximos a eles. É por essa razão que nós concluímos que o direito à privacidade de Karen pode ser exercido em seu nome e em seu favor, a esse respeito, pelo seu guardião e sua família de acordo com as particulares circunstâncias apresentadas neste registro.

A importância do julgamento, evidenciada pela admissão da recusa do tratamento médico como extensão do direito à privacidade, não se limita a essa nuance.

Consta ainda na decisão a crítica à confusão entre recusa de tratamento de prolongamento da vida com o suicídio e, também, à conclusão de que estaria na exclusiva seara da discricionariedade médica a definição de (quando e se retirar) os tratamentos de prolongamento vital. A responsabilidade dos médicos na definição do tratamento e a sua preocupação com a responsabilização civil e criminal por suas decisões não pode impedir uma corte de justiça de oferecer a resposta àqueles que a procuram.

Assim, embora o *Judge* Muir estivesse certo ao negar a retirada de tratamento à luz dos *standards* médicos aplicáveis ao caso, faz essencial a busca por consistência e racionalidade internas na aplicação desses *standards* para aferir se eles deveriam ser uma barreira inafastável para a declaração de um direito buscado perante a corte de justiça. A despeito de os médicos que testemunharam nos casos não estarem, como ressaltou a *NJ Supreme Court*, motivados pelo medo de serem responsabilizados criminal ou civilmente, a proliferação de processos por má prática médica e os problemas de responsabilização legal posicionam-se entre as bases para a elaboração desses *standards* médicos.

Se as orientações seguem em um caminho, como testemunhou um dos médicos ouvidos no caso, mostra-se comum o respeito aos desejos de pacientes e da família em casos muito distantes de morte cerebral, quando se caracteriza a fase terminal de uma enfermidade e a distinção, por parte dos médicos, entre a cura de uma enfermidade e o conforto e alívio do processo de morrer. Por isso, a *NJ Supreme Court* exortou que:

> Nevertheless, there must be a way to free physicians, in the pursuit of their healing vocation, from possible contamination by self-interest or self-protection concerns which would inhibit their independent medical judgments for the well-being of their dying patients. We would hope that this opinion might be serviceable to some degree in ameliorating the professional problems under discussion[11].

[11] Tradução livre: No entanto, deve haver uma maneira de liberar os médicos, na busca de sua vocação de cura, de possível contaminação por interesses próprios ou preocupação de autoproteção que inibiriam seus julgamentos médicos independentes para o bem-estar de seus pacientes em estágio terminal. Esperamos que essa decisão possa ser útil em algum grau na melhoria dos problemas profissionais em discussão.

Como sugestão, a *NJ Supreme Court* encampa a ideia de comitês de ética com vistas ao compartilhamento da responsabilidade das decisões relativas aos tratamentos de saúde. Para o caso de Karen, a passagem pelo comitê foi uma das condições para a retirada da respiração artificial. Confira-se:

> Some time has passed since Karen's physical and mental condition was described to the Court. At that time her continuing deterioration was plainly projected. Since the record has not been expanded we assume that she is now even more fragile and nearer to death than she was then. Since her present treating physicians may give reconsideration to her present posture in the light of this opinion, and since we are transferring to the plaintiff as guardian the choice of the attending physician and therefore other physicians may be in charge of the case who may take a different view from that of the present attending physicians, we herewith declare the following affirmative relief on behalf of the plaintiff. Upon the concurrence of the guardian and family of Karen, should the responsible attending physicians conclude that there is no reasonable possibility of Karen's ever emerging from her present comatose condition to a cognitive, sapient state and that the life-support apparatus now being administered to Karen should be discontinued, they shall consult with the hospital "Ethics Committee" or like body of the institution in which Karen is then hospitalized. If that consultative body agrees that there is no reasonable possibility of Karen's ever emerging from her present comatose condition to a cognitive, sapient state, the present life-support system may be withdrawn and said action shall be without any civil or criminal liability therefor on the part of any participant, whether guardian, physician, hospital or others[12].

[12] Tradução livre: Algum tempo se passou desde que a condição física e mental de Karen foi descrita para a Corte. Naquela época, sua contínua deterioração foi claramente projetada. Como o registro não foi atualizado, supomos que ela está agora ainda mais frágil e mais próxima da morte do que naquela época. Uma vez que seus médicos assistentes atuais podem reconsiderar sua postura atual à luz desta decisão e já que estamos transferindo para o requerente, como guardião, a escolha do médico assistente e, portanto, outros médicos podem ser responsáveis pelo caso e adotar uma postura distinta dos médicos atuais, nós concedemos a seguinte autorização para o requerente. Com a concordância do guardião e da família de Karen, se os médicos responsáveis concluírem que não há possibilidade razoável de Karen algum dia sair da presente condição comatosa para um estado cognitivo e sapiente e que o aparato de prolongamento da vida de Karen deva ser descontinuado, eles devem consultar o Comitê de Ética do Hospital ou outro corpo consultivo da instituição em que Karen se encontre hospitalizada. Se esse corpo consultivo concordar que não há possibilidade razoável de

Diante da reversão do julgamento da *NJ Superior Court*, o guardião que havia sido apontado para a defesa dos interesses de Karen Ann Quinlan foi dispensado e Joseph Quinlan foi nomeado em substituição, com poderes para decidir em relação aos médicos e tratamentos de sua filha, observadas as condições estabelecidas pela *NJ Supreme Court*.

2. O PESADELO DE UMA NOITE DE INVERNO: NANCY BETH CRUZAN, UM ACIDENTE E A LONGA ESPERA PELA PARTIDA[13]

Numa noite do inverno americano do ano de 1983, aos 11 de janeiro, Nancy Beth Davis, nascida Cruzan, morreu ao se envolver em um acidente automobilístico no *Jasper County*, Missouri. Às 00:54 da manhã, *Missouri Highway Patrol* enviou a *Trooper Dale Penn* para o local do acidente, que lá chegou 6 minutos depois e encontrou Nancy com o rosto para baixo em uma vala, numa posição em que não podia respirar, pouco distante do veículo capotado. Naquele momento, a equipe de resgate constatou a ausência de função cardíaca ou respiratória. Às 1:09 da manhã, os paramédicos chegaram à cena do acidente e empreenderam esforços para reviver Nancy, de modo que 1:12 da manhã ela recobrou sua função cardíaca e respiração autônoma. Ela foi transportada inicialmente para o *McCune Brooks Hospital Emergency Room* e, posteriormente, para o *Freeman Hospital* onde se verificou uma laceração no fígado; não havia anormalidades no seu cérebro.

Assim como Karen Ann Quinlan, Nancy experimentou a ausência de oxigênio no cérebro (anoxia) por uma duração incerta, mas provavelmente de 12 a 14 minutos. Ela permaneceu em coma por 3 semanas após o acidente e evoluiu para um estado de inconsciência do qual nunca saiu. Para facilitar a alimentação, um tubo gástrico foi implantado em 7 de fevereiro de 1983, com o consentimento do marido de Nancy, que posteriormente dela se divorciou.

Durante muito tempo, diversos esforços foram empregues na tentativa de reabilitar Nancy, todos infrutíferos. Após ter sido levada para casa pelo esposo, onde recebia os cuidados médicos necessários, e retornado

Karen sair do coma para um estado cognitivo e sapiente, o aparato de prolongamento da vida pode ser retirado e essa ação não está sujeita a qualquer responsabilidade civil ou criminal por parte de qualquer participante, seja o guardião, médico, hospital ou outros.

[13] A referências factuais adiante mencionadas foram retiradas da decisão da *Missouri Supreme Court*: MISSOURI. Supreme Court of Missouri. *Cruzan by Cruzan v. Harmon*. 760 S. W. 2d 408 (1988). Jefferson City, 16 nov 1988.

em algumas oportunidades para o hospital, ela ingressou no *Mount Vernon State Hospital* em 19 de outubro de 1983, onde permaneceu desde então, sendo alimentada e hidratada pelo tubo gástrico, em estado vegetativo persistente.

Em 1988 os pais de Nancy requereram aos médicos a suspensão dos procedimentos de alimentação e hidratação artificiais, porém o hospital se negou a fazê-lo sem uma ordem judicial. Os pais dela, então, ingressaram com uma ação judicial e a *trial court* (o juízo de primeira instância), concluiu que Nancy não gostaria de continuar com a nutrição e hidratação, concedendo autorização para a retirada dos aparelhos. A decisão foi tomada considerando que: (i) a respiração e circulação não estavam sendo artificialmente mantidos; (ii) Nancy estava em um estado de completa desconexão com seu ambiente, exceto talvez por respostas reflexivas a sons e estímulos dolorosos; (iii) ela sofreu anoxia e seu cérebro foi severamente danificado; (iv) ela podia sentir dores e reagia a som; (v) ela estava tetraplégica; (vi) seus membros estavam contraídos com lesão irreversível dos músculos e dos tendões; (vii) ela não tinha qualquer capacidade cognitiva ou reflexiva para engolir comida ou água para manter suas necessidades diárias e nunca recuperaria essas habilidades de forma satisfatória; (viii) ela não estava cerebralmente morta e nem terminalmente doente e poderia viver dessa maneira por 30 anos; (ix) ela expressou em uma conversa que poderia ser considerada séria que não gostara de continuar sua vida a menos que fosse minimamente normal.

Da decisão houve apelação à *Missouri Supreme Court* pelo guardião *ad litem* nomeado (o qual registrou que seu recurso era apenas pelo que se poderia denominar "dever de ofício", pois ele estava convencido ser a decisão da *trial court* a melhor solução para o caso, atendendo aos interesses de Nancy[14]) e pelo Estado.

A redação da decisão da *Missouri Supreme Court* coube ao *judge* Robertson. Aderiram à sua posição os *judges* Billings, Rendlen e Reinhard. Divergiram os *judges* Blackmar[15], Higgins[16] e Welliver[17], os quais apresentaram

[14] GAUDIN, Anne Marie. Cruzan v. Diretor, Missouri Department of Heatlh; to die or not to die: that is the question – but who decides? *Lousiana Law Review*, v. 51, n. 6, p. 1307-1345, july, 1990, p. 1309, nota de rodapé 12.

[15] A dissidência aberta pelo *judge* Blackmar recusa importância aos interesses do Estado no caso e reconhece aos mais próximos do paciente a capacidade para resguardas os melhores interesses daquele que está sujeito aos tratamentos médicos; argumenta que a existência de

votos separados. Há uma crítica, feita pelo *judge* Welliver e destacada pela doutrina, pois a Corte não estava com sua composição completa. Um dos votos que formou a maioria vencedora proveio de um membro convocado temporariamente[18].

Os argumentos dos guardiães de Nancy repousaram no direito à recusa de tratamento, no direito à privacidade, no fato de ser irreversível a condição médica e na presença de prova dos desejos de Nancy. No voto que representa a *opinion of the court* o *judge* Robertson primeiro se referiu às circunstâncias fáticas do caso sedimentadas pela primeira instância; procurou delimitar a questão a ser decidida pela Corte; resgatou os precedentes pertinentes à matéria, relembrando a decisão do caso Quinlan pela *NJ Supreme Court;* analisou os argumentos do direito à recusa de tratamento médico, do direito à privacidade, dos interesses do Estado; ponderou os direitos dos pacientes com os interesses do Estado de forma abstrata, para então se voltar para os fatos do caso concreto; analisou os problemas da curadoria e concluiu que os guardiães de Nancy não detém autoridade para ordenar a retirada de hidratação e nutrição artificiais; ressaltou não

pena de morte demonstra a relatividade dos valores do Estado, que reconhece com a pena que algumas vidas não devem ser preservadas; afirma o Estado não está disposto a financiar a todos que necessitam de tratamento extraordinário e caro o que demonstra não ser absoluto o interesse estatal em preservar a vida; defende a necessidade de se considerar a qualidade de vida nas decisões como as do caso; refuta a afirmação de que o precedente poderia servir para sustentar a eutanásia porque as cortes estão posicionadas justamente para evitar abusos (Cruzan v. Harmon, 760 S.W. 2d. 408 (1988), voto do *judge* Blackmar).

[16] Também divergindo da decisão da Corte, o *judge* Higgins apresentou voto separado no qual ponderou que: a Corte citou mais de 50 decisões de 16 jurisdições que validam o julgamento da primeira instância no caso e, ainda assim, reverteu o resultado; houve uma errônea reavaliação fática pela Corte em relação à natureza da alimentação e hidratação; a Corte afirmou não haver evidências concretas dos desejos de Nancy, mas a primeira instância considerou, exercendo seu poder de julgar a credibilidade das testemunhas, que havia clara e convincente evidência; a Corte não apontou um precedente sequer a sustentar a sua conclusão (e então faz uma análise de diversos precedentes); embora a Corte não tenha reconhecido a autoridade dos guardiães para a retirada de tratamento, a lei não permite uma intervenção sem o consentimento dos guardiães de um paciente incompetente (Cruzan v. Harmon, 760 S.W. 2d. 408 (1988), voto do *judge* Higgins).

[17] O *judge* Welliver, outro dissidente, constou em seu voto que o *Missouri Living Will Statute* tem sido uma fraude desde o seu início e deve ser considerado inconstitucional porque não permite a retirada de nutrição, hidratação e medicamentos e não se aplica ao caso de Nancy Cruzan (Cruzan v. Harmon, 760 S.W. 2d. 408 (1988), voto do *judge* Welliver).

[18] GAUDIN, Anne Marie. Cruzan v. Director...cit., p. 1309.

haver evidência suficiente que justifique o pedido ou ônus significativos para Nancy com a continuidade de seu tratamento e, portanto, o interesse do Estado em preservação da vida se sobrepõe aos interesses invocados em prol de Nancy.

Embora tenha reconhecido a existência do direito à recusa de tratamento com base na doutrina do consentimento informado, a Corte afastou a aplicação do direito à privacidade como fundamento para a recusa de tratamento diante da ausência de previsão na constituição estadual e por considerar que o reconhecimento pela *US Supreme Court* desse direito não engloba a recusa de alimentação e hidratação.

Diante da evidência de que Nancy jamais recobraria sua prévia condição, a Corte ponderou que repousar no prognóstico conduz a discussão à qualidade da vida da paciente e, por menor que seja a qualidade da vida vivida, não se autoriza a causação da morte. Em relação à invasividade do tratamento, a Corte registrou não ser a continuidade de alimentação e hidratação heroicamente invasivo. Além disso, afirmou que as evidências apresentadas não eram suficientes para provar os desejos de Nancy.

Registrando a existência de quatro interesses estatais a serem sopesados no caso (preservação da vida, prevenção ao homicídio e suicídio, proteção dos interesses de terceiros inocentes e manutenção da integridade ética da profissão médica), a *Missouri Supreme Court* restringiu o caso ao primeiro dos interesses enumerados, o qual jugou válido em relação à vida de Nancy Cruzan porque ela não estava em situação terminal ou em iminente risco de morte. Afirmou-se que:

> [...] this is not a case in which we are asked to let someone die. Nancy is not dead. Nor is she terminally ill. This is a case in which we are asked to allow the medical profession to make Nancy die by starvation and dehydration. The debate here is thus not between life and death; it is between quality of life and death. We are asked to hold that the cost of maintaining Nancy's present life is too great when weighed against the benefit that life conveys both to Nancy and her loved ones and that she must die[19].

[19] *Cruzan v. Harmon*. 760 S.W. 2d. 408 (1988). Tradução livre: Este não é um caso em que somos convidados a deixar alguém morrer. Nancy não está morta. Ela também não está em estágio terminal. Este é um caso em que somos convidados a permitir que a profissão médica faça Nancy morrer de fome e desidratação. O debate aqui não é, assim, entre vida e morte; é entre qualidade de vida e morte. Somos solicitados a sustentar que o custo de manter a presente

Segundo a *Missouri Supreme Court*, o interesse do Estado na preservação da vida independe de sua qualidade e o estado do Missouri adota forte predisposição em favor da preservação da vida desde o seu início, mesmo a pessoas ainda não nascidas. Destacou a Corte as previsões constantes no *Missouri Living Will Statute* as quais não consideram a alimentação e hidratação como tratamentos médicos passíveis de serem retirados por não estarem relacionados ao simples prolongamento indefinido da vida (ainda que a lei não se aplique ao caso por ser posterior ao acidente de Nancy e por ela não ter feito um *living will*). Afirmou também que os guardiães não dispunham de autoridade para requerer a suspensão de tratamento médico, ressaltando que o direito de recusa ao tratamento não é absoluto, pois se interpretado ao extremo poderia gerar a aprovação judicial do suicídio.

Portanto, a autorização concedida pelo juiz de primeira instância foi revogada. O caso foi levado à *US Supreme Court*, que concordou em julgá-lo, concedendo o *certiorari* à *Missouri Supreme Court.*

Do julgamento da *US Supreme Court*[20] emergem duas interpretações possíveis. Isso porque a maioria, formada pelo *Chief Justice* Rehnquist (o responsável pela *opinion of the court*) e *Justices* White, O'Connor, Scalia e Kennedy chegou à conclusão de que o Missouri poderia exigir a comprovação dos desejos de Nancy Cruzan por meio de uma regra de prova de *clear and convincing evidence* sem com isso ofender direitos constitucionais de Nancy. Contudo, os *Justices* Rehnquist, Scalia, White e Kennedy não afirmaram categoricamente a existência de um direito constitucional à recusa de tratamento ou, mais propriamente, um direito de morrer. Por outro lado, ainda que tenha formado a maioria no julgamento, *Justice* O'Connor expressamente assentou em seu voto a constitucionalidade do direito à recusa de tratamento médico, incluindo alimentação e hidratação artificiais.

Diante do posicionamento da *Justice* O'Connor, embora ela tenha se alinhado à maioria quanto ao julgamento de Nancy, concorreu com a minoria formada pelos *Justices* Brennan, Marshall, Blackmun e Stevens, formando, assim, uma maioria em defesa do reconhecimento do fundamento cons-

vida de Nancy é muito alto quando comparado com o benefício que a vida fornece tanto a Nancy quando aos seus entes queridos e que ela deve morrer.

[20] UNITED STATES. Supreme Court of the United States. *Cruzan v. Director, Missouri Department of Health.* 497 U. S. 261 (1990). Washington, 25 june 1990.

titucional da recusa a tratamento médico. O raciocínio desenvolvido pela *US Supreme Court* difere da maneira como as cortes inferiores trataram o tema. A principal questão posta em julgamento limitou-se a examinar se o estado do Missouri poderia adotar a regra por ele selecionada para regular a matéria (exigir clara e convincente evidência dos desejos do paciente incompetente para a retirada de tratamento médico). O julgamento, pelas palavras do *Chief Justice* Rehnquist, pontuou algumas bases para a análise do caso:

(i) na doutrina do *common law*, até mesmo tocar uma pessoa sem justificativa legal é considerado errado;
(ii) a *US Supreme Court* já considerou que um dos direitos mais sagrados protegidos pela *common law* trata-se do direito de um indivíduo à posse e controle do próprio corpo, livre de restrições ou interferência de terceiros, a menos que ajam por clara e inquestionável autorização da lei;
(iii) consentimento informado é necessário para tratamento médico;
(iv) a doutrina do consentimento informado logicamente inclui, também, a possibilidade de recusa de tratamento médico;
(v) no caso Quinlan o direito de recusa de tratamento se embasou no direito à privacidade, porém após essa decisão muitas Cortes se embasarem exclusivamente no direito ao consentimento informado ou, então, em ambos;
(vi) a partir de referências a inúmeras decisões de cortes estaduais, extrai-se que a doutrina do consentimento informado oferece substrato suficiente para a defesa do direito de uma pessoa competente recursar tratamento médico;
(vii) em casos dessa natureza não se deve procurar uma regra geral e abstrata que cubra todas as possibilidades;
(viii) o princípio de que uma pessoa competente tem um interesse de liberdade constitucionalmente protegido pode ser inferido de outras decisões da *US Supreme Court* (*Jacobson v. Massachusetts, Breithaupt v. Abram, Washington v. Harper, Vitek v. Jones, Parham v. J.R*);
(ix) ainda que cortes inferiores tenham assinalado o fundamento em um direito constitucional à privacidade, a *US Supreme Court* entende que o assunto é melhor analisado nos termos da XIV Emenda à Constituição dos Estados Unidos relativos aos interesses ligados à liberdade;

(x) determinar se houve violação dos interesses de uma pessoa depende do balanceamento de suas liberdades contra os interesses relevantes do Estado;
(xi) para o caso, admite-se que a Constituição dos Estados Unidos garanta a uma pessoa competente o direito de rejeitar alimentação e hidratação artificiais;
(xii) o Estado do Missouri admitiu que, preenchidas certas condições, um representante pode exercer o direito de recusa de tratamento para uma pessoa incompetente, mas estabeleceu um procedimento para esse fim, exigindo evidências claras e convincentes (*clear and convincing evidence*);
(xiii) para analisar se a evidência exigida pelo Estado do Missouri viola a Constituição, é preciso identificar quais interesses o Estado busca resguardar.

Considerando esses apontamentos, a *US Supreme Court* afirmou que o interesse protegido pelo Estado se trata da preservação da vida humana, compartilhado por várias nações ao definirem homicídio e assistência ao suicídio como crime.

Embora reconheça ser a decisão sobre vida e morte uma escolha pessoal, a Corte entende que o Estado do Missouri pode salvaguardar essa escolha por meio da imposição de requerimentos de evidências mais severos para proteger aqueles que não têm família ou em situações nas quais haja conflitos com os interesses do paciente.

Em consequência dessa possibilidade, a Corte destacou que o Estado, na busca de proteção para seu interesse em manutenção da vida, pode desconsiderar julgamentos a respeito da qualidade de vida e simplesmente se basear em um interesse não qualificado de proteção da vida a ser posto em contraponto com direitos constitucionalmente assegurados do indivíduo.

A *US Supreme Court* concordou com a afirmação da *Missouri Supreme Court* em relação à distribuição do ônus do erro entre os litigantes, por ser a decisão irrevogável. Ademais, muitos estados proíbem a prova oral em litígios menos importantes, o que justifica a posição do Missouri no caso de Nancy Cruzan. Assim, a *US Supreme Court* considerou insuficiente a prova dos autos, concordando com a *Missouri Supreme Court* em negar a retirada da hidratação e alimentação artificiais de Nancy Cruzan.

Independente da decisão denegatória da requisição dos pais de Nancy Cruzan, como alhures apontado, a decisão da *US Supreme Court,* considerada a partir dos votos dissidentes, associados à declaração de voto da *Justice* O'Connor, permite a conclusão da existência efetiva, e não apenas suposta para a solução do caso – como constou no voto vencedor – do proteção constitucional da possibilidade de recusa e retirada de tratamento médico. Das afirmações da *Justice* O'Connor extraem-se passagens de elevada importância nas quais ela afirma que

> [...] the liberty interest in refusing medical treatment flows from decisions involving state's invasion into the body [...]. Because our notions of liberty are inextricably entwined with our ideia of physical freedom and self-determination, the Court has often deemed state incursions into the body repugnant to the interests protected by de Due Process Clause. [...] Requiring a competent adult to endure such procedures against her will burdens the patient's liberty, dignity, and freedom to determine the course of her own treatment. Accordingly, the liberty guaranteed by the Due Process Clause must protect, if it protects anything, an individual's deeply personal decision to reject medical treatment, including the artificial delivery of food and water[21].

Em seu voto, *Justice* O'Connor destaca a compreensão de que o apontamento de um representante para a tomada de decisão médica pelo paciente também está protegido constitucionalmente e, portanto, o Estado deve respeitar essa escolha. *Justice* O'Connor enfatiza a necessidade de os estados reconhecerem outras evidências que não apenas instruções explícitas deixadas pelo paciente sobre seu tratamento, sob pena de desrespeitarem os desejos do próprio paciente. Assim, destaca a utilização do representante para cuidados de saúde (*power of attorney for health care*), anotando que 13 estados, ao tempo da decisão, dispunham de regulamentação sobre o ins-

[21] *Cruzan v. Director, Missouri Department of Health.* 497 U. S. 261 (1990), voto concorrente da *Justice* O'Connor. Tradução livre: O interesse de liberdade em recusar tratamento médico decorre de decisões envolvendo a invasão corporal por parte do estado [...]. Como nossas noções de liberdade são ligadas com a nossa ideia de liberdade física e autodeterminação, a Corte muitas vezes considerou incursões estatais no corpo como repugnantes aos interesses protegidos pela cláusula do devido processo. [...] Exigir de um adulto competente que suporte tais procedimentos contra sua vontade sobrecarregará a liberdade do paciente, dignidade e liberdade de determinar o curso de seu próprio tratamento. Desse modo, a liberdade garantida pela cláusula do devido processo deve proteger, se protege algo, a decisão profundamente pessoal do indivíduo em rejeitar tratamento médico, incluindo a alimentação e hidratação artificias.

tituto e todos os estados americanos apresentavam uma previsão geral de *durable power of atttorney*[22].

A decisão da *US Supreme Court* – destacou *Justice* O'Connor –, não impede uma futura determinação de que os Estados obedeçam às escolhas feitas por um procurador regularmente indicado pelo paciente para tal mister, haja vista não haver, até o aquele momento, um consenso nacional sobre o assunto. *Justice* Brennan, com quem concordaram os *Justices* Marshall e Blackmun, apresentou longo voto dissidente, resumido nas seguintes colocações:

(i) há uma zona de penumbra entre o início da morte e o fim da vida criada pelo desenvolvimento tecnológico, porém alguns pacientes não desejam a manutenção da vida por esses meios; Nancy Cruzan está nessa zona há 6 anos;
(ii) é classificado como fundamental o direito recusar alimentação e hidratação;
(iii) esse direito não é superado por nenhum interesse estatal;
(iv) a decisão acerca de tratamentos que prolongam a vida é pessoal e deve ser tomada tendo por base os valores individuais, informada por realidades médicas e tendo por base a lei;
(v) se um requerimento imposto por um Estado interfere de maneira significativa com o exercício de um direito fundamental, somente se sustenta se for baseado em um interesse deveras importante e se for destinado a preservar somente esse interesse;
(vi) direitos fundamentais são protegidos não apenas contra ataques diretos, mas também contra sutis intervenções governamentais que desnaturem esse direito;
(vii) se de fato há um direito decorrente da proteção à liberdade contida na *due process clause*, de recusar tratamento médico, como

[22] Como apontado em PONA, Éverton Willian. *Testamento vital e autonomia privada*: fundamentos das diretivas antecipadas de vontade. Curitiba: Juruá, 2015, p. 49-50, "nos Estados Unidos, a expressão *durable power of attorney* é utilizada em oposição ao regular *power of attorney*. Ambos representam documentos por meio dos quais uma pessoa concede a outra o poder para representá-la (no Brasil, corresponderiam à procuração); a distinção essencial reside na circunstância de que, enquanto o último tem seu limite na incapacidade do representante, o primeiro subsiste a essa incapacidade, por isso é chamado de *durable power* (poder durável, ou duradouro). Por essa razão advertia-se ser inicialmente necessário garantir que a regulamentação estatal permitisse que o *durable power of attorney* abrangesse situações de intervenções médicas".

reconheceu a Corte em prévias decisões e assumiu para o caso de Nancy, esse direito deve ser considerado fundamental;

(viii) o direito de estar livre de qualquer procedimento médico sem consentimento está fundamentado nas tradições da nação;

(ix) está bem sedimentado que é o paciente – e não o médico – o responsável pelas decisões relativas a tratamentos médicos que serão ou não empregues;

(x) todo adulto competente pode recusar tratamento ou mesmo cura se implicar em algo que, para essa pessoa, sejam consequências ou riscos intoleráveis, ainda que isso não pareça correto para outras pessoas;

(xi) nutrição e hidratação são, sem dúvidas, tratamentos médicos;

(xii) o fato de uma pessoa estar incompetente não lhe retira os direitos fundamentais;

(xiii) o processo de morrer é pessoal e o estado deve considerar, no cumprimento de seu dever de preservar a vida, o direito do indivíduo de evitar circunstâncias nas quais ele próprio julga degradante para sua humanidade;

(xiv) no caso de Nancy, não há interesse estatal que justifique a manutenção do tratamento; nenhum bem advirá à sociedade como um todo; nenhum terceiro será prejudicado ou será beneficiado com a decisão;

(xv) o único interesse do Estado no caso de Nancy é a preservação da vida, mas o Estado não tem interesse legítimo na preservação da vida de uma pessoa específica contrariamente aos interesses dessa própria pessoa em rejeitar tratamentos médicos;

(xvi) é necessário que o interesse estatal repouse em mais do que simples discordância em relação à escolha do indivíduo;

(xvii) o Estado pode exigir evidências da escolha do paciente incompetente, porém a exigência de disposição específica sobre o tratamento significa a imposição de uma regra de evidência assimétrica já que nenhuma prova é necessária para a assunção de que o paciente deseja continuar com o tratamento;

(xviii) regras de evidências claras e convincentes (*clear and convincing evidence*) em geral são impostas para a defesa de um direito fundamental; no caso de Nancy, foi imposta para obstar o exercício de um desses direitos;

(xix) pelos padrões da Corte, somente um testamento vital (*living will*) ou outra diretiva formal seria aceita como evidência e quando Missouri regulamentou o testamento vital, especificamente constou que a ausência do documento não implicaria em presunção de desejo de continuidade dos tratamentos;

(xx) a regra (*clear and convincing evidence*) transforma seres humanos em sujeitos passivos da tecnologia médica e os desrespeita como indivíduos;

(xxi) a família é mais qualificada do que o Estado para o julgamento substituto em favor dos interesses dos pacientes

Com a citação de uma frase de *Justice* Bradeis, o voto encerra destacando que "experience should teach us to be most on our guard to protect liberty when the government's purposes are beneficent [...] The greatest danger to liberty lurk in insidious encroachment by men of zeal, well-meaning but without understanding"[23].

A dissidência termina com o voto do *Justice* Stevens, no qual ele também evidencia a constitucionalidade do direito à recusa de tratamento médico como um aspecto da liberdade garantida na Constituição; destaca que a maioria da Corte reconheceu a possibilidade de um representante exercer esse direito por um incompetente caso preenchidas certas exigências probatórias e ressalta a importância do Estado se importar com a vida de uma pessoa de uma maneira que respeite os próprios interesses desse indivíduo.

Ao ressaltar a posição do *judge* Blackmar, integrante da *Missouri Supreme Court*, assentou que a regulação estatal no caso de Nancy correspondia a uma intrusão não razoável em assuntos privados protegidos pela liberdade da *due process clause* e a exigência probatória confinava o direito à recusa de tratamentos àqueles pacientes que tivessem feito uma declaração prévia dos desejos quando competentes.

Justice Stevens relembra a importância dada pela *US Supreme Court* à proteção da vida privada, integrante do conceito de liberdade, bem como à proteção da integridade corporal, consignando que o desrespeito a esses

[23] *Cruzan v. Director, Missouri Department of Health.* 497 U. S. 261 (1990), voto dissidente do *Justice* Brennan. Tradução livre: [a] experiência deveria nos ensinar a estar mais em guarda para proteger a liberdade quando as intenções do governo são beneficentes. [...] O maior perigo à liberdade se espreita na invasão insidiosa por homens de zelo, bem-intencionados, mas sem compreensão.

direitos viola a dignidade humana e que toda violação à integridade corporal de um indivíduo configura uma violação de sua liberdade. Segundo ele, escolhas sobre a vida e morte tocam o coração da liberdade e, pouco pode ser dito sobre o significado constitucional da morte que não provenha da fé, o que demonstra, desde logo, razões para proteger essas escolhas e garantir sejam de acordo com a consciência individual.

A atitude do Estado de Missouri, na concepção do *Justice* Stevens, trata-se mais de uma tentativa de definir o conceito de vida do que de protegê-la, dado a discussão existente sobre se a condição de Nancy representa a vida como protegida na Constituição e na Declaração de Independência dos Estados Unidos, diante do estado vegetativo persistente e sem perspectiva de cura. Consoante prossegue *Justice* Stevens em sua dissidência, vida, normalmente é entendida como as experiências que compõem a história de uma pessoa e se configura na e a partir da integração dos interesses individuais com o corpo social. Vida não é dissociada de uma pessoa vivente.

Ainda que o interesse do Estado repousasse em fundamento teológico ou filosófico, segundo *Justice* Stevens, não haveria autorização constitucional para que um governo secular circunscrevesse as liberdades das pessoas por leis cujo objetivo é estabelecer uma definição sectária de vida. Por fim, argumenta que a Constituição demanda a prevalência do interesse vital de um indivíduo relativo à sua liberdade sobre uma política geral de preservação da vida pelo Estado, especialmente uma política que faça distinção errônea entre a vida de uma pessoa, de um lado e a liberdade ou felicidade dessa pessoa, de outro. A prevalência dessa interpretação conduziria à negação da personalidade das pessoas cujas vidas são definidas pelos interesses estatais ao invés dos próprios indivíduos.

A decisão da *US Supreme Court* manteve, pois, a exigência feita pela corte estadual, o que implicou na continuidade do tratamento de Nancy. Depois de descobrir novas evidências, a família de Nancy apresentou novo pedido perante a *Jasper Court Probate Judge* Charles Teel, o qual julgou que havia *clear and convincing evidence* da intenção de Nancy em não ser mantida naquele estado e autorizou a retirada do tubo que provia alimentação e hidratação e a mantinha viva desde 1983. Não houve apelação e Nancy morreu em 26 de dezembro de 1990[24].

[24] GAUDIN, Anne Marie. Cruzan v. Director..., cit, p. 1308, nota de rodapé 8.

3. DA PRIVACIDADE À LIBERDADE E AS CONTRIBUIÇÕES PARA O DESENVOLVIMENTO DAS DIRETIVAS ANTECIPADAS DE VONTADE: (DES)ATUALIZAÇÃO DE UM FUNDAMENTO

O caso de Karen Ann Quinlan revestiu-se de excepcional importância por ter sido o primeiro no qual se afirmou a existência de um direito constitucional à recusa de tratamento médico amparado pelo que a *NJ Supreme Court* reconheceu como sendo o direito à privacidade[25].

A doutrina destaca que os anos de 1960 e 1970 foram décadas de emergência do debate a respeito do consentimento informado e do direito à recusa de tratamento, em verdadeira inflexão em relação ao que antes se considerava como regra central na tomada de decisões relativas a tratamentos médicos: o médico sabe o que é melhor para o paciente[26]. Essa foi, inclusive, uma das conclusões do *Judge* Muir, da *NJ Superior Court*, ao negar o pedido do pai de Karen[27]. A postura reflete as cores do caráter

[25] A decisão do caso Quinlan, embora não se negue sua relevância, não foi isenta de críticas tais como a que atribuiu a sua ocorrência ao estado vegetativo de Karen Ann, o que indica seria distinta se Karen tivesse a chance de recobrar a consciência (SMITH, Willian F. In Re Quinlan...cit., p. 154). Observação no mesmo sentido consta em: FALCK, David P. In Re Quinlan...cit., p. 296, nota de rodapé 53. Além disso, afirma-se que a análise da *NJ Supreme Court* do direito à privacidade justifica a conclusão de permitir a recusa de tratamento médico, porém não autoriza que esse direito seja exercido por terceiros. A autorização para a ação de terceiros em nome do direito à privacidade, sem admissão da existência de prova da prévia manifestação dos desejos pelo paciente, configuraria uma contradição com a própria ideia de privacidade. Somente em casos nos quais se admite a presença de evidências dos desejos do paciente se justificaria a realização do direito à privacidade por intermédio da ação de terceiros (SMITH, Willian F. In Re Quinlan...cit., p. 160-164). O problema do exercício por terceiros também é mencionado em: FALCK, David P. In Re Quinlan...cit., p. 299, porém com a admissão de que a interpretação ofertada pela *NJ Supreme Court* configura um "quantum leap [...] large but necessary one". Além disso, registra o autor que o exercício do direito à privacidade por um representante fora admitido no precedente *Commonwealth v. Wiseman*. Ainda que não relativamente a tratamentos médicos, Quinlan não seria o primeiro caso a autorizar o exercício de um direito pessoal por terceiros.

[26] Afirma-se que antes da década de 1970 os médicos estavam pouco atentos à necessidade de obtenção do consentimento do paciente antes da performance de determinado procedimento médico, salvo em casos específicos como cirurgias, doação de órgãos, exame de angiografia e foi em meados dessa década que surgiram diversos casos nos tribunais e comentários doutrinários envolvendo o consentimento informado (BEAUCHAMP, Tom L. The right to die as the triumph of autonomy. *Journal of Medicine and Philosophy*, n. 31, p. 643-654, 2006, p. 644).

[27] Eis o que se retira da decisão do *Judge* Muir: "The nature, extent e duration of care by societal standards is the responsibility of a physician. The morality and conscience of our Society places this responsibility in the hands of the physician.[...] There is a duty to continue

eminentemente paternalista que tingiam a relação médico-paciente[28], revertido pela decisão da *NJ Supreme Court* ao assegurar que os direitos da paciente em situação de fim de vida[29] prevalecessem sobre as decisões dos médicos.

A despeito de os argumentos do debate se relacionarem a um longo e antigo antagonismo filosófico e moral quanto à discussão sobre eutanásia, afirma-se que a decisão da *NJ Supreme Court* no caso Quinlan se consolidou como um marco na discussão porque ofereceu outra perspectiva, a partir da qual novas ideias surgiram de modo a se considerar a ocorrên-

life-assisting apparatus, if, within the treating physician's opinion". Tradução livre: A natureza, extensão e duração do cuidado por padrão social é responsabilidade do médico. A moralidade e consciência de nossa sociedade coloca essa responsabilidade nas mãos do médico [...]. Há um dever de continuar com o aparato de manutenção da vida se estiver de acordo com a opinião do médico assistente. (*In re Quinlan* 137 N.J Super. 227).

28 "The chancery court's decision was obviously the product of a time when the medical profession held great sway. The court's view of physicians as god-like figures who controlled and protected society's morality and conscience through their life-and-death decision-making for their patients is a rather remarkable example of the strength and reach of medical paternalism only three decades ago" (CLARK, Annete E. The right to die: the broken road from Quinlan to Schiavo. *Loyola University Chicago Law Review*, v. 37, p. 383-403, 2006, p. 387). Ainda sobre o assunto, afirma-se que "o paternalismo se baseia na premissa de que os médicos, tal como os magos, exercem o poder divinatório de curar, pelo que lhes é concedida a faculdade para não apenas diagnosticar a moléstia mas, sobretudo, para determinar a conduta terapêutica a ser observada pelo paciente. As determinações dos médicos são mandamentos a serem observados sem discussão pelos pacientes, ignorando-se que têm e podem exercer direitos, como seres capazes e autônomos, para aceitar ou rejeitar o que lhes fora recomendado, nada obstante o tom ditatorial da recomendação" (SZTAJN, Rachel. *Autonomia privada e direito de morrer*: eutanásia e suicídio assistido. São Paulo: Cultural Paulista, 2002, p. 9). A posição começou a mudar no ritmo da percepção das pessoas que, como cidadãos, têm direito a serem esclarecidas sobre os tratamentos e a receberem informações precisas acerca das moléstias em razão das quais são tratadas. O paciente, ser dotado de vontade, passa a interferir no paternalismo da relação médico-paciente valendo-se de sua autonomia e autodeterminação. "La fructífera y tradicional relación médico-paciente basada en el modelo paternalista del primero, va dejando paso en las últimas décadas al predominio de la autonomía del segundo, de modo que actualmente la regulación de la toma de decisiones en el proceso clínico se basa de manera fundamental en el respeto a la dignidad humana, la autonomía de la voluntad y a las resoluciones libremente adoptadas por las personas en el ámbito de su salud (MAZUECOS, Francisco Angora. Voluntades anticipadas vs. Instrucciones previas o testamento vital en atención primaria de salud. *Revista Clínica de Medicina de Familia*, Albacete, v. 2, n. 5, p. 210-215, oct. 2008, p. 211).

29 BEAUCHAMP, Tom L. The right...cit., p. 645.

cia de uma constante escalada do movimento sobre o direito de morrer desde os anos de 1970[30].

Dois são os fatos que tornaram a década de 1970 tão importante para o debate: além da decisão do caso Quinlan, em março de 1976 ocorreu, no estado da Califórnia, a aprovação da Lei nº. 3.600, *Natural Death Act*, preparada pela Faculdade de Direito da Universidade de Yale e assinada pelo então Governador Edmund G. Brown Jr., em 30 de agosto de 1976, e em vigor a partir de 1º de janeiro de 1977[31], a qual foi o primeiro instrumento legislativo a reconhecer validade jurídica ao testamento vital (*living will*), permitindo ao paciente estabelecer, antecipadamente, a orientação que pretendia ver seguida em seu tratamento médico caso adviesse situação na qual não lhe fosse possível a expressão autônoma de sua vontade.

A literatura especializada identificou precedentes que trataram de recusa de tratamento médico nas decisões de cortes americanas antes do caso Quinlan. *Palm Springs General Hospital Inc. v. Martinez* (1971)[32], *In Re Osborne* (1972)[33] e *In Re Yetter* (1973)[34]. Em todos esses casos as Cortes se negaram a invalidar a oposição de um paciente a um tratamento médico. A diferença significativa: nenhum dos casos lidava com um paciente em estado vegetativo persistente; a vontade fora manifestada pelos próprios

[30] BEAUCHAMP, Tom L. The right...cit., p. 643-644.

[31] VARGA, Andrew C. *Problemas de bioética*. Trad. Pe. Guido Edgar Wenzel. São Leopoldo: Editora Unisinos, 1998, p. 242.

[32] No caso *Palm Springs General Hospital Inc. v. Martinez* a corte da Flórida manteve a recusa de uma senhora de 72 anos em estado anêmico terminal em se submeter a uma cirurgia que poderia prolongar sua vida, porém não oferecer uma cura à doença, destacando que um paciente adulto e competente tinha o direito de recusar tratamento médico, mesmo contrariamente à opinião médica de que a intervenção era essencial para salvar sua vida (FALCK, David P. In Re Quinlan: one's court's answer to the problem of death with dignity. *Washington and Lee Law Review*, v. 34. n.1, p. 285-308, 1977, p. 295).

[33] *In Re Osborne* tratou de um caso de recusa a transfusão de sangue por um paciente competente. A decisão baseou-se no livre exercício de religião, porém o voto de um juiz se fundou também na liberdade de escola (*freedom of choice*) (FALCK, David P. In Re Quinlan...cit., p. 294-295).

[34] Nesse caso, a corte da Pensilvânia entendeu que a recusa de uma paciente de 60 anos, interna de uma instituição para tratamento mental, em se submeter a uma biopsia para o diagnóstico de câncer de mama foi feita de forma autônoma e que o direito à privacidade incluía o direito de morrer, com o qual o Estado não deveria intervir quando não haja menores ou gravidez e, ainda, claro e presente perito para a saúde pública, bem-estar ou moral (FALCK, David P. In Re Quinlan...cit., p. 294)

pacientes em exercício claro de sua autonomia. Além disso, três precedentes do ano de 1972 são destacados pela doutrina como responsáveis pela reconfiguração do enfoque sobre o consentimento informado: *Canterburry v. Spense, Cobbs v. Grant* e *Wilkinson v. Vesey*[35]. A despeito desses precedentes, comumente se afirma que o caso Quinlan foi o mais importante e gerador das mais significativas consequências para o debate acerca dos direitos dos pacientes[36] pois, como dito, a partir dele se passou a considerar prevalente o julgamento do paciente sobre a decisão médica quanto aos tratamentos a serem adotados.

Após a decisão Quinlan e a aprovação do *California's Natural Death Act*, ambos no ano de 1976, muitos dos demais estados americanos se engajaram no debate e aprovaram leis regulamentando instrumentos de tomada de decisão sobre tratamentos médicos para futuras situações de incompetência. Em 1976, apenas 1 estado editou legislação específica. O número sobe para 7 no ano de 1977. Entre 1979-1981, outros 3 estados aprovaram a lei, ao passo que entre 1982-1984, novos 12 somaram-se à lista. Dezesseis novas leis foram aprovadas no período entre 1985-1986 e de 1987 a 1989, outros 2, totalizando 41 aprovações. Em 1977, foram apresentados 61 modelos de testamento vital nos Estados Unidos, em 42 estados, o que significa que em alguns estados existiam, por óbvio, mais de um modelo. Hodiernamente, segundo informações, todos os 50 estados e o Distrito de Columbia possuem leis reconhecendo o direito dos cidadãos de outorgarem uma procuração para cuidados de saúde (*durable power of attorney for health care*) ou confeccionarem um testamento vital (*living will*). A maioria reconhece ambas as diretivas. New York, Massachusetts e Michigan reconhecem oficialmente apenas o procurador para cuidados de saúde e o Alaska prevê somente o testamento vital[37].

Afigura-se admissível a conclusão de que o desenvolvimento de inúmeras leis regulando os direitos de os pacientes decidirem sobre o próprio tratamento em determinadas circunstâncias foi estimulado pelas dificul-

[35] BEAUCHAMP, Tom L. The right...cit., p. 644.

[36] BEAUCHAMP, Tom L. The right...cit., p. 645.

[37] PONA, Éverton Willian. *Testamento vital*...cit., p. 58. Em 1977 estimava-se que 750.000 modelos de *living wills* foram distribuídos por médicos, igrejas e escolas nos Estados Unidos, número que não incluía pessoas que haviam feito os documentos por si mesmas (STRAND, John G. The living will: the right to die with dignity? *Case Western Reserve Law Review*, v. 26, n. 2, p. 485-526, 1976, p. 486, nota de rodapé 3).

dades enfrentadas no caso Quinlan. Karen Ann se tornou incompetente sem ter deixado expressos, de forma clara e evidente, seus desejos em relação ao tratamento médico que gostaria de receber caso alcançasse situação em estado vegetativo persistente. E na situação em que se encontrava quando o julgamento teve lugar ela não dispunha de capacidade para se expressar de forma livre. As evidências trazidas aos autos não permitiam concluir qual teria sido a vontade dela se estivesse em condições de decidir. Por isso a *NJ Supreme Court* entendeu viável a decisão substituta, a ser tomada pela família, não sem impor o controle procedimental da passagem por um comitê de ética e do acordo dos médicos quanto à irreversibilidade da condição de saúde.

Diante da ausência de manifestação autônoma do paciente, a *NJ Supreme Court* transferiu a terceiros (a família) o poder de tomada de decisões. Embora estivesse sendo exercido em prol de Karen, não se tratava, sem dúvidas, do exercício de sua direta vontade – a qual não se fez conhecida de maneira aceitável pelas cortes judiciais. Por isso, o crescente interesse em preservar, por meio de diretivas antecipadas, a autonomia do paciente e permitir a escolha da terapêutica mais adequada aos interesses de cada indivíduo tornado sujeito dos cuidados médicos.

A decisão evidencia como a existência de uma *advance directive* poderia ter dado outro rumo ao debate e evitado a dependência da conclusão de juízes absolutamente estranhos à intimidade da vida de Karen e de seu convívio familiar. De todo modo, a maior contribuição para o debate foi o reconhecimento do direito à recusa de tratamento com base constitucional assentada no direito à privacidade.

A *US Supreme Court* vinha admitindo a existência de um direito à privacidade protegido constitucionalmente, fundamentado no que se referia como zonas de penumbra entre as I, IV, V, IX e XIV Emendas à Constituição norte-americana[38]. Por exemplo, em *Griswold v. Connecticut,* uma lei do Estado de Connecticut que proibia o uso de contraceptivos por pessoas casadas e a distribuição de informação e mecanismos de controle de natalidade foi considerada inconstitucional por violar o direito à pri-

[38] Afirma-se que a privacidade como pensada pelos *Founding Fathers* dos Estados Unidos não corresponde com a amplitude dada pela Suprema Corte, cuja compreensão alinha-se à ideia de proteção dos indivíduos contra qualquer intromissão indevida na vida privada (Souto, João Carlos. *Suprema Corte dos Estados Unidos:* principais decisões. 2.ed. São Paulo: Atlas, 2015, p. 115).

vacidade conjugal[39]. Em *Roe v. Wade*, a Suprema Corte Americana autorizou o aborto (julgando inconstitucional uma lei texana que o proibia) desde que atendidas certas condições, com o fundamento de que a privacidade da gestante sobrepõe-se ao interesse estatal na preservação da vida do feto (que somente se concretiza de forma suficiente quando o feto é viável e capaz de sobreviver fora da vida da mãe)[40]. Chegou-se a afirmar, em 1976, que quando chegasse até àquela Corte um caso referindo-se à recusa de tratamento, a tendência era a aplicação do direito à privacidade para validar essa possibilidade – o que o caso Cruzan mostrou estar incorreto[41].

Baseada nesses precedentes, a *NJ Supreme Court* reconheceu pela primeira vez[42], dado o progressivo elastecimento pela *US Supreme Court*, que a proteção à privacidade incluía a possibilidade de recusa de tratamento médico, ainda que isso pudesse implicar na morte de Karen Ann Quinlan. Essa privacidade, a corte estadual registrou, repousa entre os por muitos definidos como direitos de personalidade[43].

O fundamento, pois, se altera. Deixa de ser a doutrina do consentimento informado ou o direito à autodeterminação provenientes do *common law*, e ganha contornos constitucionais. Diz-se que o direito à privacidade se sustenta na afirmação do *Justice* Brandeis no seu voto dissidente em *Olmstead v. United States*: "the makers of our Constitution [...] sought to protect Americans in their beliefs, their thoughts, their emotions and their sensations. They conferred, as against the Government, the right to be let

[39] FALCK, David P. In Re Quinlan...cit., p. 289, nota de rodapé 15.

[40] FALCK, David P. In Re Quinlan...cit., p. 293, nota de rodapé 36.

[41] STRAND, John G. The living will...cit., p. 508. Quando John G. Strand escreveu o artigo aqui referido, o caso Quinlan ainda não havia sido julgado pela *NJ Supreme Court*. A referência que o autor faz ao caso na nota de rodapé 23 apenas retrata a posição do Judge Muir, responsável pela primeira análise do pedido feito pelo pai de Karen. O argumento da privacidade não havia sido utilizado para essa finalidade e o autor, em sua análise, prenunciava que "a further expansion of the right of privacy to include the right to choose to obtain medical treatment appears imminent" (STRAND, John G. The living will...cit., p. 503). Vale ressaltar que antes do julgamento do caso Cruzan, a *US Supreme Court* havia negado *certiorari* a diversos outros casos e que a composição da Corte alterou-se desde o início do debate sobre a retirada de tratamentos médicos com a decisão da *NJ Supreme Court* no caso Karen Ann Quinlan (STRAND, John G. The living will...cit., p. 501, nota de rodapé 76).

[42] Como destacado em FALCK, David P. In Re Quinlan...cit., p. 294.

[43] *In Re Quinlan*. 70 N.J. 10 (1976), nota de rodapé 7.

alone – the most comprehensive of rights and the right most valued by civilized men"[44].

Por consequência, com a garantia de um novo fundamento ao debate sobre o direito de morrer, as diretivas antecipadas retiram sua força de validade também dessa mesma fonte, a partir do direito à privacidade, em valorização do princípio da autodeterminação, ou seja, não interferência com a liberdade de ação[45]. A expectativa de que a privacidade fosse invocada por ocasião da chegada do primeiro caso a respeito do direito à retirada e tratamentos médicos à Suprema Corte Americana foi frustrada. Como visto no item "3", supra, o argumento não foi invocado, nem mesmo pelos votos dissidentes.

Antes do julgamento da *US Supreme Court* sobre o caso Cruzan chegou-se a afirmar que a base jurisprudencial formada por *Roe v. Wade* e pelo caso Quinlan (seguido por uma série de outras decisões das cortes estaduais) estaria em jogo. Embora a *US Supreme Court* houvesse negado *certiorari* e outros inúmeros casos tratando do assunto, nos anos próximos ao julgamento do caso Cruzan a maioria conservadora da Corte vinha demonstrando desconforto com a expansão do direito à privacidade, e o julgamento de Nancy oferecia uma chance de aparar as arestas do assunto sem precisar recorrer à questão do aborto[46].

Como explicação para a recusa da *US Supreme Court* em utilizar o direito à privacidade aventaram-se, além da referida intenção da maioria conservadora em limitar o crescente espectro do direito à privacidade (considerada a mais plausível explicação), outras duas razões. A primeira, no sentido de que as invocações desse direito pela Corte sempre se deram em situações mais conectadas com questões familiares (contracepção, casamento, procriação, educação de filhos e aborto) e que os *Justices* não desejavam expandir o direito à privacidade além dessa seara. A segunda explicação repousa na indisposição da Corte em caracterizar o direito à

44 STRAND, John G. The living will...cit., p. 502. Tradução livre: Os nossos constituintes [...] procuraram proteger os americanos em suas crenças, pensamentos, emoções e sensações. Eles conferiram, contra o governo, o direito de ser deixado sozinho – o mais abrangente dos direitos e o direito mais valorizado pelos homens civilizados.

45 SMITH, Willian F. In Re Quinlan: defining the basis for terminating life support under the right of privacy. *Tulsa Law Review*, v. 12, n. 1, p. 150-167, 1976, p. 165.

46 NANKIVELL, Ross. This far and no further: is there a constitutional right to die? *ABA Journal*, April 1990, p. 67.

recusa de tratamento como objeto de proteção substantiva, material, já que as consequências são mais sérias do que as nuances da privacidade já protegidas pelos precedentes[47].

A caracterização de proteção substantiva implicaria na impossibilidade de limitação desse direito sem provocar uma violação à constituição[48]. Por isso, a Corte, para justificar a recusa ou retirada de tratamento médico, preferiu invocar um interesse tutelado sob a ótica procedimental da liberdade prevista na *due process clause*. Essa cláusula estatui que "no person shall [...] be deprived of life, liberty, or property, without due process of law"[49] (V Emenda) e "nor shall any State deprive any person of life, liberty, or property, without due process of law"[50] (XIV Emenda). Isso porque, desse modo, os interesses abrigados sob a liberdade ali prevista podem ser objetos de limitação caso o devido processo seja obedecido e determinadas condições estejam presentes. Por outro lado, o direito à privacidade como vinha sendo interpretado pela Corte conferia à *due process clause* o conteúdo substantivo[51], gerando direitos os quais, em grande extensão, estavam imunes à proscrição ou regulamentação estatal[52].

Entre as decisões de *Roe v. Wade* (1973), do caso Quinlan (em 1976, pela *NJ Supreme Court*) e do caso Cruzan (em 1990, pela *US Supreme Court*) a

[47] GAUDIN, Anne Marie. Cruzan v. Director...cit., p. 1318.

[48] "Framed in privacy terms, the abortion right seems not to outweigh the state's interest but to reject it altogether: asserting a constitutional right to privacy is precisely a declaration that the state may not legitimately be interested. To be private is, after all, not to be public" (GREENE, Jamal. The so-called right to privacy. *Univesity of California Davis Law Review*, v. 43, p. 715-747, 2010, p. 724). Tradução livre: Baseado em termos de privacidade, o direito ao aborto parece não superar o peso de um interesse estatal, mas afastá-lo completamente: afirmar um direito constitucional à privacidade é precisamente a declaração de que o estado não pode legitimamente estar interessado.

[49] Tradução livre: nenhuma pessoa [...] será privada de sua vida, liberdade ou propriedade sem o devido processo legal.

[50] Tradução livre: nenhum Estado privará qualquer pessoa de sua vida, liberdade ou propriedade sem o devido processo legal.

[51] "[...] a interpretação do 'substantive due process' sofreu um alargamento no direito norte-americano a depender das circunstâncias conjunturais. A cláusula perdeu seu caráter aberto para figurar, fundamentalmente, no âmbito dos direitos pessoais fundamentais que não permeassem a seara econômica" (FACHIN, Melina Girardi; LIMA, Lídia Suellen Noronha. Notas sobre a magnitude do devido processo legal. In. FACHIN, Zulmar; LIMA, Jairo Neia; PONA, Éverton Willian. *Magna Carta:* 800 anos de influência no constitucionalismo e nos direitos fundamentais. Curitiba: Juruá, 2016, p. 149).

[52] GAUDIN, Anne Marie. Cruzan v. Director...cit., p. 1319.

doutrina do direito à privacidade perdeu significativa força. Isso porque passou a ter diversos significados entre os quais inclusos o direito à proteção ao próprio nome, trabalhos criativos ou imagem fotográfica, de não ser submetido a escutas ou buscas ilegais por agentes estatais, de associação sem injusta intrusão ou exposição pelo Estado ou de exercer a liberdade sexual ou reprodutiva[53].

No ímpeto de expansão, passou-se a invocar a privacidade para suportar o conteúdo de decisões para as quais, aparentemente, o ônus argumentativo não apresentou justificativa adequada[54]. Embora fosse compreensível fundamentar a inconstitucionalidade da proibição do uso contraceptivos na privacidade da escolha do casal de correr o risco ou não da gravidez (como em *Griswold v. Connecticut*) ou de pessoas solteiras usarem contraceptivos (cf. *Eisenstadt v. Baird*) – afinal, em uma sociedade liberal, essa decisão deve ser individual e não da comunidade[55] –, quando a *US Supreme Court* admitiu a privacidade para justificar o aborto, porém permitindo o balanceamento com outros interesses estatais, desenvolveu raciocínio antagônico, pois contrariou justamente a proteção substantiva oferecida à privacidade (que em *Griswold v. Connecticut* afastou da possibilidade de intervenção estatal). Ao fundamentar o aborto na privacidade, assim, estaria retirando, em verdade, o interesse estatal na questão – se seguidas as mesmas consequências das decisões prévias sobre o tema –, não permitindo a oposição de qualquer outro interesse socialmente relevante.

Diante dessa conformação, sustenta-se ter a *US Supreme Court* percebido o seu erro em *Roe v. Wade* com a doutrina da privacidade; não se recorreu, desde então, a esse direito, com exceção do caso *Carey v. Population Services International*, quando expandiu a interpretação de *Griswold v. Connecticut* para a distribuição de contraceptivos a menores. A proteção substantiva dada pela Corte à *due process clause* construiu-se com base na liberdade

[53] GREENE, Jamal. The so-called right...cit., p. 720.

[54] "Assim, insinua-se que a privacidade é um termo que se presta a ser funcionalizado para finalidades nem sempre diretamente relacionáveis entre si. Não raro dela se utiliza para suprir necessidades estruturais do ordenamento jurídico, assumindo sentido em função de demandas e características de um dado momento e dificultando ainda mais a sua redução a um sentido comum" (DONEDA, Danilo. Privacidade, vida privada e intimidade no ordenamento jurídico brasileiro. Da emergência de uma revisão conceitual e da tutela de dados pessoais. *Âmbito Jurídico*, Rio Grande, XI, n. 51, mar 2008).

[55] GREENE, Jamal. The so-called right...cit., p. 724.

(*liberty*) e não mais na privacidade. Casos como *Cleveland Board of Education v. LaFleur, Moore v. City of East* são citados como sendo exemplos nos quais a privacidade poderia ter sido invocada – se seguidas as bases do raciocínio que vinha sendo desenvolvido –, porém a ela não houve referência e em seu lugar a liberdade foi a condutora da proteção garantida pela Corte[56]. E o caso Cruzan, aqui analisado, também pontuou que a questão da recusa de tratamento médico deveria ser analisada sob a ótica de interesses de liberdade e não – ainda que muitas Cortes inferiores o tivessem feito – com base no direito à privacidade. Afirma-se que "the right to set one's own fundamentally significant projects and plans – in short, to control one's destiny – has succeeded "privacy" as the limiting frame for the Court's substantive due process decisions"[57].

A despeito de não ter invocado o mesmo fundamento do caso Quinlan, a decisão do caso Cruzan também permitiu se reconhecesse relevância às diretivas antecipadas, especialmente àquela que permite a nomeação de um procurador para os cuidados de saúde (*power of attorney for health care*). Isso porque *Justice* O'Connor registrou em voto a falha dos estados que não admitem outra evidência dos desejos do paciente exceto instruções orais ou escritas a respeito de sua pretensão em recusar tratamento médico em caso de incompetência. Para ela, essa falha seria evitada se os estados considerassem a indicação de um procurador para a tomada de decisões médicas, que se tornava um método comum de planejamento para o futuro. Ela destacou que muitos estados haviam regulamentado a questão e as cortes estaduais haviam reconhecido a extensão de poderes de um *power of attorney* regular para decisões sobre tratamentos médicos[58].

O clamor público em volta do caso, afirmando que o estado do Missouri poderia manter Nancy Cruzan viva porque ela não havia apontado um procurador para decidir sobre questões médicas caso ela ficasse incompetente e não havia expressado ela mesma seus desejos de uma maneira

[56] GREENE, Jamal. The so-called right...cit., p. 725-726.

[57] GREENE, Jamal. The so-called right...cit., p. 728. Tradução livre: o direito de o indivíduo fixar seus próprios projetos e planos fundamentalmente significativos – em resumo, de controlar seu próprio destino – sucedeu à privacidade como o fundamento para as decisões da Corte sobre o devido processo substantivo.

[58] *Cruzan v. Director, Missouri Department of Health*. 497 U.S 261 (1990), voto dissidente da *Justice* O'Connor.

clara, estimulou muitos estados a criarem ou atualizarem suas legislações sobre *living will* e *durable power of attorney for health care*[59].

Hodiernamente, no direito norte-americano, os debates acerca das diretivas antecipadas dedicam-se a outras preocupações pois, como dito, depois da decisão do caso Quinlan e da iniciativa do Estado da Califórnia, diversos outros estados trataram da matéria na seara legislativa e hoje todos dispõem de leis regulamentando as diretivas antecipadas. Além disso, em 1990, o *Patient Self-determination Act* institucionalizou as diretivas antecipadas nacionalmente. A relevância da discussão sobre os possíveis fundamentos do instituto reduziu na proporção do aumento de sua regulamentação.

No direito brasileiro, entretanto, as diretivas antecipadas são pouco conhecidas. O debate ainda requer o esclarecimento conceitual prévio, muitas vezes a própria apresentação do instituto. Não se tem conhecimento de quem faça a defesa da validade das diretivas antecipadas tendo por base o direito à privacidade.

Embora a Constituição brasileira assegure, no art. 5º, X, a proteção da vida privada; o art. 15, do Código Civil proteja o indivíduo contra intervenção médica indesejada e o art. 21, do mesmo código, reforce a inviolabilidade da vida privada, a doutrina tradicionalmente não insere o direito à recusa de tratamento médico ou o direito de morrer como escorado sob a sombra do direito à privacidade.

Se nos Estados Unidos a Constituição não previu expressamente a proteção à privacidade e esse direito fundamental emergiu a partir de esforço interpretativo da *US Supreme Court*, no Brasil a Constituição deixou evidente a relevância dos interesses relativos à privacidade, decomposta em diversos bens jurídicos tutelados especificamente, como a intimidade, vida privada, honra, imagem (art. 5º, X), a casa como espaço de garantia contra a intromissão indevida (art. 5º, XI), a correspondência, as comunicações e dados (art. 5º, XII) e a reunião e associação (art. 5º, XV e XVI). Afigura-se possível concluir, assim, pela existência do direito constitucional à privacidade, abrangendo, por certo, os aspectos antes enumerados.

Quando se trata sobre o direito à privacidade no Brasil, em geral se reconhece a proeminência da doutrina americana, especialmente com Warren e Brandeis[60], no desenvolvimento da perspectiva de estar e ficar

[59] CLARK, Annete E. The right to die...cit., p. 399.

[60] WARREN, Samuel D; BRANDEIS, Louis D. The right to privacy. *Harvard Law Review*, v. 4, n. 5, p. 193-220, 15 dec 1890. Reconhecendo a origem recente do direito à privacidade com esse

sozinho (*to be left alone*), porém se refere à expansão da ideia para englobar a proteção de informações a respeito do titular em relação a terceiros e a existência pessoal com uma palheta de diversas cores, como escolhas políticas, sexuais, religiosas[61].

Entre nacionais tem-se enfatizado a inerência da intimidade e da privacidade à pessoa humana, a identificação de vida privada e intimidade justamente como outra denominação do direito de estar só[62]. Ao mesmo tempo, reconhece-se a distinção entre intimidade e privacidade (ou vida privada)[63]: a primeira referindo-se a relações íntimas e pessoais do indivíduo, suas amizades, laços familiares e de companheirismo junto àqueles os quais interagem e participam da sua vida pessoal; a segunda, a seu turno, engloba todos os relacionamentos do sujeito, incluindo os comerciais, laborais, escolares e de convívio diário[64]. Outrossim, sustenta-se que intimidade resguarda o indivíduo da publicidade, representada por um círculo menor e interior ao maior, da privacidade[65].

Possível constatar, desse modo, a conformação de uma esfera de atuação reservada ao indivíduo e retirada da intervenção externa. Atuam dire-

marco: SCHREIBER, Anderson. *Direitos da personalidade*. 2. ed. São Paulo: Atlas, 2013, p. 134-135, para quem o sentido essencialmente individualista da perspectiva do direito à privacidade tem como razão de ser justamente o fato de ter sido escrito como reação ao destaque exagerado dado pelos jornais de Boston à vida pessoal da esposa de Samuel Warren, um dos autores.

61 TEPEDINO, Gustavo et all. *Código Civil interpretado conforme a Constituição da República*: Parte geral e obrigações. 3.ed. rev. e atual. Rio de Janeiro: Renovar, 2014, v. 1, p. 60-65. Há referência ao direito de morrer dignamente ou organizar a própria morte no comentário ao art. 5º, X, da Constituição Federal feita por José Adércio Leite Sampaio in CANOTILHO, J. J. Gomes et all. *Comentários à Constituição do Brasil*. São Paulo: Saraiva, 2018, p. 292.

62 BULOS, Uadi Lammêgo. *Curso de direito constitucional*. São Paulo: Saraiva, 2011, p. 553.

63 ARAÚJO, Luiz Alberto David de; NUNES JÚNIOR, Vidal Serrano. *Curso de direito constitucional*. São Paulo: Saraiva, 2010, p. 173. Para diversos conceitos de intimidade e vida privada cf. CANCELIER, Mikhail V. de L. O direito à privacidade hoje: perspectiva histórica e o cenário brasileiro. *Sequência*, Florianópolis, n. 76, p. 213-240, ago 2017, p. 220-222. Maria Helena Diniz (*Curso de Direito Civil brasileiro*: teoria geral do direito civil. 26.ed. São Paulo: Saraiva, 2009, p. 136) destaca que "a privacidade não se confunde com a intimidade, mas esta pode incluir-se naquela. Por isso a tratamos de modo diverso, apesar de a privacidade voltar-se a aspectos externos da existência humana – como recolhimento na própria residência sem ser molestado, escolha do modo de viver, hábitos, comunicação epistolar ou telefônica etc, – e a intimidade dizer respeito a aspectos íntimos do viver da pessoa, como segredo pessoal, relacionamento amoroso, situação de pudor, etc".

64 BULOS, Uadi Lammêgo. *Curso*...cit., p. 553.

65 ARAÚJO, Luiz Alberto David de; NUNES JÚNIOR, Vidal Serrano. *Curso*...cit., p. 174.

tamente apenas os sujeitos integrados a essa órbita pelo próprio titular, assegurando-se a ele a liberdade de acomodação do conteúdo dessa esfera de sua vida. Direito à privacidade concretiza, pois, aspecto da liberdade abstrata e natural do ser humano[66]. Um espaço de não exposição pública se forma como manifestação igualmente da personalidade individual[67]. Todavia, tem-se afirmado não ser a publicidade essencial para caracterizar algo como digno de proteção por força da privacidade: a importância repousa na natureza da exposição, o destino da informação exposta[68] e a expectativa de privacidade nas circunstâncias concretas[69].

No Brasil, portanto, vê-se o direito à privacidade (englobante da intimidade e vida privada)[70] com assento constitucional – diferente dos Estados Unidos – e também sob proteção infraconstitucional na principal norma de direito civil. Ao mesmo tempo, pois, apresenta-se como direito fundamental e direito da personalidade. Essa conjuntura indica não ser transferível para terras nacionais as críticas à utilização do direito à privacidade como fundamento para a recusa de tratamento médico nos Estados Unidos. Aqui não se faz necessário recorrer à interpretação baseadas em zonas de penumbra constitucional para proteger a privacidade dos cidadãos.

A proteção da liberdade garantidora – de acordo com os *Justices* O'Connor, Stevens, Blackmun, Brennan Jr e Marshal no julgamento do

[66] "Privacidade, então, deve ser vista antes de tudo como exercício de uma liberdade da pessoa, uma necessidade humana. Parte-se para uma visão da privacidade que é interna ao sujeito, faz parte dele, formando-o como ser humano" (Cancelier, Mikhail V. de L. O direito à privacidade...cit., p. 220).

[67] "Ter privacidade é fundamental ao indivíduo, não apenas em oposição ao público, mas numa relação interna, visto que não será possível a assunção de seus desejos sem a construção de seu espaço íntimo" (Cancelier, Mikhail V. de L. O direito à privacidade...cit., p. 220).

[68] Cancelier, Mikhail V. de L. O direito à privacidade...cit., p. 229-230.

[69] Schreiber, Anderson. *Direito s da personalidade*...cit., p. 145.

[70] "Os termos 'vida privada' e 'intimidade' fazem menção específica a determinadas amplitudes do desenvolvimento da proteção da privacidade, como a teoria dos círculos concêntricos de Hubmann, que apresentaram maior importância em um determinado contexto e momento histórico. Aplicá-las à atual problemática dos dados pessoais, por exemplo, somente poderia ser feito com um raciocínio extensivo – o que, por si só, mitigaria os pressupostos de sua existência. Utilizar o termo privacidade parece a opção mais razoável e eficaz. O termo é específico o suficiente para distinguir-se de outros termos com os quais eventualmente deve medir-se, como a imagem, honra ou a identidade pessoal; e também é claro bastante para especificar seu conteúdo, efeito da sua atualidade. Mas esta escolha não surge somente da fragilidade das demais; ela revela-se por si só a mais adequada – por unificar os valores expressos pelos termos intimidade e vida privada" (Doneda, Danilo. Privacidade...cit.).

caso Cruzan – da possibilidade de uma pessoa recusar tratamento médico ainda que ao custo de abreviação da vida repousa, segundo se tem afirmado, na *liberty* defendida por Ronald Dworkin (distinta da liberdade considerada como *freedom* – o direito de se fazer o que quiser sem a intervenção do Estado). Trata-se da liberdade substancial cuja interferência estatal configura uma violação e denegação da igual importância e proteção em relação aos demais, incluindo-se a possibilidade de fazer escolhas fundamentais sobre o significado e importância da vida para cada um[71].

E, como destacou *Justice* Stevens em seu voto dissidente no caso Cruzan, a morte é assunto profundamente pessoal e, em alguns caso, a sua continuação pode significar um insulto à vida ao invés de uma deferência; caracteristicamente a morte tem seu lugar principal de discussão na casa dos cidadãos e a esfera familiar já foi diversas vezes reconhecida como espaço no qual o Estado não pode ou deve adentrar; as decisões sobre a vida privada são fundamentais à liberdade, substancialmente conectada às noções de ausência de restrições físicas e de autodeterminação e a proteção da privacidade individual é também fundamental para o respeito à liberdade[72].

Precisamente por ser um assunto pessoal, relacionado a escolhas existenciais, com vida e morte, a escolha de tratamento médico (e, por consequência a recusa ou suspensão) pode ser reivindicada a partir da proteção à privacidade individual, porém não no sentido de evitar a publicidade ou a divulgação, mas de deslegitimar qualquer intervenção contrária aos aspectos íntimos do indivíduo. O direito de estar sozinho reclama o direito a ser deixado sozinho para decidir questões atinentes à própria saúde, agora entendida como "uma esfera de liberdade da pessoa humana que lhe faculta modificar a própria saúde, para tratá-la da forma como acredita mais adequado para si. Para tanto, todos devem se abster de intervir nas condições atreladas à integridade psicofísica, de modo a não opor obstáculos às escolhas que se referem ao 'se' e ao 'como' gozar da própria saúde, uma vez que está é uma opção pessoal, que não deve sofrer influências de terceiros, salvo no que tange à informação médica"[73].

[71] PONA, Éverton Willian. *Testamento vital*...cit., p. 208.

[72] *Cruzan v. Director, Missouri Department of Health*. 497 U.S 261 (1990), voto dissidente do *Justice* Stevens.

[73] TEIXEIRA, Ana Carolina Brochado. *Saúde, corpo e autonomia privada*. Rio de Janeiro: Renovar, 2010, p. 70-71.

Embora as abordagens sobre o direito à recusa de tratamento e as diretivas antecipadas de vontade no Brasil não recorram normalmente à privacidade para conferir fundamento ao instituto, invocando-se autonomia privada, consentimento informado, dignidade humana[74] o assento constitucional da previsão de tutela confere elemento de segurança à admissão, no Brasil, das diretivas antecipadas.

CONCLUSÕES

Diretivas antecipadas de vontade e direito à privacidade como em geral se os conhece no Brasil nasceram nos Estados Unidos. Nas terras norte-americanas, entretanto, questões ligadas à tradição jurídica daquele país distanciaram a proteção de escolhas existenciais relativas a tratamentos e cuidados médicos de um direito a estar sozinho, a salvo da intervenção pública.

Embora a recusa de tratamento médico tenha sido assentada, no caso Quinlan, no direito constitucional à privacidade, a *US Supreme Court* não abordou a questão sob essa ótica no caso Cruzan. A atividade doutrinária e jurisprudencial norte-americana que expandia as esferas de abrangência do direito à privacidade arrefeceu e deu espaço à defesa da liberdade protegida na cláusula do devido processo legal.

Essa mudança pode ser creditada à dificuldade interpretativa advinda da afirmação de um direito constitucional não expressamente previsto na Constituição Americana. O direito à privacidade foi extraído de zonas de penumbra de previsões de direitos fundamentais. E a partir dessa construção prosseguia-se expandindo a sua cobertura por meio de decisões judiciais. Embora a jurisprudência tenha inegável proeminência nos Estados Unidos, sustentar a proteção de inúmeras (e diversas) situações sob a perspectiva do direito à privacidade não exigia ônus argumentativo maior.

No Brasil, ao contrário, desde a Constituição de 1988 – pode-se afirmar – a proteção à privacidade vem se expandido. O assento constitucional expresso e explícito do direito torna sua existência praticamente inquestionável. A dúvida pode recair, então, sobre o conteúdo desse direito.

A ideia ampla de liberdade por vezes se apresenta deveras abstrata. Defender uma atitude ou a abstenção do agir com base no argumento

[74] Cf. Pona, Éverton Willian. *Testamento vital*...cit.; Dadalto, Luciana. *Testamento vital.* 4. ed. Indaiatuba: Foco, 2018.

genérico de proteção da liberdade pode não convencer uma audiência. Em situações que tais, a especificação dos aspectos da liberdade auxilia na proteção do sujeito concreto. A privacidade pode ser reconduzida a um dos aspectos da liberdade. Liberdade para estar só, viver a vida sem a interferência do público, não expor as escolhas íntimas e, pois sim, decidir sobre os rumos da própria vida (incluindo a morte).

Reconhecer que a privacidade protege o indivíduo de ser compelido a aceitar um tratamento ou a prosseguir com uma terapêutica com a qual não concorde, mesmo nos casos em que não pode expressar autonomamente sua vontade, sustenta as diretivas antecipadas de vontade como instrumento do exercício prospectivo da autonomia, também aspecto parcelar da liberdade.

O reconhecimento das diretivas antecipadas de vontade resguarda, assim, não apenas a observância do aspecto autônomo do ser, mas também previne que a inconsciência signifique a renúncia à proteção de seu corpo, sua imagem, seus desejos e suas crenças afirmadas durante sua trajetória. Questões de vida e morte normalmente não são discussões feitas em público. A ausência de reflexão sobre elas pode, entretanto, torná-las fonte de notícias como ocorrido com Karen Ann Quinlan e Nancy Beth Cruzan. Suas vidas e famílias foram expostas ao escrutínio público como se fossem figuras de fama reconhecida. Para cada movimento, olhos atentos e opiniões prontas para serem desfechadas. Sem dúvida, uma violação da privacidade.

Nem todos os casos semelhantes ganham a mesma notoriedade. Mas quando não se admite que o indivíduo disponha sobre sua saúde, seus tratamentos médicos, ainda que sem os holofotes, transfere-se a decisão sobre a sua vida à sociedade, ao outro desconhecido e desconhecedor da vivência do sujeito. Insere-se na vida da pessoa o estranho decisor externo, e sozinha já não mais se lhe permite estar. As diretivas antecipadas de vontade permitem a seleção e valoração dos relevantes interesses críticos da pessoa no tocante a sua vida e seu corpo, além de lhe facultar repousar em ombro amigo para lhe proteger o querer. Afinal, privacidade significa que todos podem permanecer na praça, mas apenas aos escolhidos se permite adentrar no jardim.

REFERÊNCIAS

ARAÚJO, Luiz Alberto David de; NUNES JÚNIOR, Vidal Serrano. *Curso de direito constitucional.* São Paulo: Saraiva, 2010.

BEAUCHAMP, Tom L. The right to die as the triumph of autonomy. *Journal of Medicine and Philosophy,* n. 31, p. 643-654, 2006.

BULOS, Uadi Lammêgo. *Curso de direito constitucional.* São Paulo: Saraiva, 2011.

CANCELIER, Mikhail V. de L. O direito à privacidade hoje: perspectiva histórica e o cenário brasileiro. *Sequência,* Florianópolis, n. 76, p. 213-240, ago 2017.

CANTOR, Norman L. Twenty-five years after Quinlan: a review of the jurisprudence of death and dying. *Journal of Law, Medicine and Etichs,* v. 29, n. 2, p. 182-196, 2001.

CLARK, Annete E. The right to die: the broken road from Quinlan to Schiavo. *Loyola University Chicago Law Review,* v. 37, p. 383-403, 2006.

DADALTO, Luciana. *Testamento vital.* 4. ed. Indaiatuba: Foco, 2018.

DINIZ, Maria Helena. *Curso de Direito Civil brasileiro*: teoria geral do direito civil. 26.ed. São Paulo: Saraiva, 2009.

DONEDA, Danilo. Privacidade, vida privada e intimidade no ordenamento jurídico brasileiro. Da emergência de uma revisão conceitual e da tutela de dados pessoais. *Âmbito Jurídico,* Rio Grande, XI, n. 51, mar 2008. Disponível em: <http://www.ambito-juridico.com.br/site/index.php?n_link=revista_artigos_leitura&artigo_id=2460>. Acesso em: jun 2019.

FACHIN, Melina Girardi; LIMA, Lídia Suellen Noronha. Notas sobre a magnitude do devido processo legal. In. FACHIN, Zulmar; LIMA, Jairo Neia; PONA, Éverton Willian. *Magna Carta:* 800 anos de influência no constitucionalismo e nos direitos fundamentais. Curitiba: Juruá, 2016.

FALCK, David P. In Re Quinlan: one's court's answer to the problem of death with dignity. *Washington and Lee Law Review,* v. 34. n.1, p. 285-308, 1977.

GAUDIN, Anne Marie. Cruzan v. Diretor, Missouri Department of Heatlh; to die or not to die: that is the question – but who decides? *Lousiana Law Review,* v. 51, n. 6, p. 1307-1345, july 1990.

GREENE, Jamal. The so-called right to privacy. *University of California Davis Law Review,* v. 43, p. 715-747, 2010.

MARTYN, Susan R.; BOURGUIGNON, Henry J. Coming to terms with death: the Cruzan case. *Hastings Law Journal,* v. 42, n. 3, p. 871-858, 1991.

MAZUECOS, Francisco Angora. Voluntades anticipadas vs. Instrucciones previas o testamento vital en atención primaria de salud. *Revista Clínica de Medicina de Familia,* Albacete, v. 2, n. 5, p. 210-215, oct. 2008.

MISSOURI. Supreme Court of Missouri. *Cruzan by Cruzan v. Harmon.* 760 S. W. 2d 408 (1988). Jefferson City, 16 nov 1988.

NANKIVELL, Ross. This far and no further: is there a constitutional right to die? *ABA Journal,* April 1990.

NEW JERSEY. Superior Court of New Jersey, Chancery Division. *In Re Quinlan.* 137 N. J. Super. 227 (1975). 348. A.2d 801. Trenton, 10 nov 1975.

NEW JERSEY. Supreme Court of New Jersey. *In Re Quinlan.* 70 N. J. 10 (1976). 355 A.2d 647. Trenton, 31 march 1976.

PONA, Éverton Willian. *Testamento vital e autonomia privada*: fundamentos das diretivas antecipadas de vontade. Curitiba: Juruá, 2015.

SÁ, Maria de Fátima Freire de; MOUREIRA, Diego Luna. *Autonomia para morrer:* eutanásia, suicídio assistido, diretivas antecipadas de vontade e cuidados paliativos. 2. ed. rev. atual. e ampl. Belo Horizonte: Del Rey, 2015.

SAMPAIO, José Adércio Leite. Comentários ao art. 5º, X. in: CANOTILHO, J. J. Gomes et all. *Comentários à Constituição do Brasil.* São Paulo: Saraiva, 2018, p. 285-303.

SCHREIBER, Anderson. *Direitos da personalidade.* 2. ed. São Paulo: Atlas, 2013.

SMITH, Willian F. In Re Quinlan: defining the basis for terminating life support under the right of privacy. *Tulsa Law Review,* v. 12, n. 1, p. 150-167, 1976.

SOUTO, João Carlos. *Suprema Corte dos Estados Unidos:* principais decisões. 2.ed. São Paulo: Atlas, 2015.

STRAND, John G. The living will: the right to die with dignity? *Case Western Reserve Law Review,* v. 26, n. 2, p. 485-526, 1976.

SZTAJN, Rachel. *Autonomia privada e direito de morrer*: eutanásia e suicídio assistido. São Paulo: Cultural Paulista, 2002.

TEIXEIRA, Ana Carolina Brochado. *Saúde, corpo e autonomia privada.* Rio de Janeiro: Renovar, 2010.

TEPEDINO, Gustavo et all. *Código Civil interpretado conforme a Constituição da República*: Parte geral e obrigações. 3.ed. rev. e atual. Rio de Janeiro: Renovar, 2014, v. 1.

THE SEVENTH SEAL. Direção: Ingmar Bergman. Produção: Allan Ekelund. Intérpretes: Max von Sydow, Bengt Ekerot, Gunnar Björnstrand, Nils Poppe, Bibi Andersson, Inga Gill, Maud Hansson, Inga Landgré. Roteiro: Igmar Bergman. Suécia: Svenk Filmindustri 1957. Preto e branco. 96 min.

UNITED STATES. Supreme Court of the United States. *Cruzan v. Director, Missouri Department of Health.* 497 U. S. 261 (1990). Washington, 25 june 1990.

VARGA, Andrew C. *Problemas de bioética.* Trad. Pe. Guido Edgar Wenzel. São Leopoldo: Editora Unisinos, 1998.

WARREN, Samuel D; BRANDEIS, Louis D. The right to privacy. *Harvard Law Review,* v. 4, n. 5, p. 193-220, 15 dec 1890.

LA CAUSA DEL SISTEMA EN LA CONEXIDAD CONTRACTUAL

ARTURO CAUMONT*
MARCELO AMORÍN**

"La granada es corazón que late sobre el sembrado, un corazón desdeñoso donde no pican los pájaros, un corazón que por fuera es duro como el humano, pero da al que lo traspasa olor y sangre de mayo"[1]

La realidad que en el presente Estudio se aborda posee como externalidad valiosa la constitución de un desafío intelectual para los cultores del Derecho Civil, como la connotada homenajeada, Prof. María Helena Diniz y sus investigaciones ius civilistas exigen.

Comporta el emprendimiento la construcción de marcos explicativos del particular fenómeno de la conexidad negocial dotándolo de la necesaria impronta de inexorable rigor técnico, línea que requiere la constante

* Professor Catedrático da Faculdade de Direito da *Universidad de la República* – UdelaR – Uruguai. Professor Honorário da Faculdade de Direito e Ciências Políticas da *Universidad Inca Garcilaso de La Vega* – Peru e da *Universidad Peruana de Los Andes* – Peru. Professor Visitante da *Universidad Nacional de Lomas de Zamora* – Argentina.

** Doutor em Direito e Ciências Sociais pela *Universidad de la República* – UdelaR – Uruguai. Mestre em Direito pela *Universidad de Montevideo* – Uruguai. Profesor da Faculdade de Direito da *Universidad de la República* – UdelaR – Uruguai.

1 Fragmento del Poema "Canción Oriental" de Federico García Lorca.

formulación de proposiciones teóricas que se sometan a la debida contrastación por la comunidad académica para obtener avances en la investigación o para rectificar rumbos y formular nuevos planteos de intelección, con la consistencia científica de las maneras pensantes con que los problemas se abordan para seguir navegando: *navigarenecesseest, vivere non necesse.*[2]

Como es sabido, el Derecho Civil constituye una categoría histórica, dinámica, cambiante, producto de la experiencia jurídica, en contacto permanente con la realidad social. Su historicidad constituye una de sus principales notas caracterizantes y ello configura asimismo un desafío de actualización y redimensionamiento desde que, especialmente en los últimos treinta años, se ha tornado inexorable faena para el pensamiento la redefinición de normas jurídicas, en el sentido de asignación de significado a los enunciados normativos, así como también la emisión de nuevos enunciados normativos, tareas que constituyen la construcción de nuevos contenidos conceptuales en el área de lo que con el tiempo ha constituido el cerno o médula central de las disciplinas ius privatistas en general y del Derecho Civil en particular.

Con criterio diacrónico, es observable que en Derecho Civil han existido procesos de aparición y consolidación de fenómenos jurídicos que antes requerían el transcurso de siglos, como de ello dan cuenta el Ius Civile incorporado luego de muy extenso lapso al Corpus Iuris Civile de Justiniano o lo transcurrido desde la obra de Jean Domat hasta su recepción por el Código de Napoleón. Con la misma impronta analítica es detectable empírica y contemporáneamente la aparición y consolidación contemporánea de fenómenos con fuerte marca de innovación aun cuando se refieran a institutos no desconocidos en tiempos pasados.

[2] En los últimos años se ha estudiado el fenómeno de la conexidad negocial en Uruguay por parte de Santiago Carnelli, en "Contratos Coligados", Anuario de Derecho Civil Uruguayo, FCU, Montevideo, Tomo XXVIII, página 493 y "El Coligamiento Contractual en nuestra Jurisprudencia", Anuario de Derecho Civil Uruguayo, FCU, Montevideo, Tomo XXVIII, página 698; Gamarra, Jorge, en "Operación Económica, Coligamiento Negocial e Interpretación", Anuario de Derecho Civil Uruguayo, FCU, Montevideo, Tomo XXXVI, página 617; y Caumont, Arturo, en Doctrina General del Contrato. Proposiciones Teóricas de Innovación, Editorial La Ley Uruguay, Thomson Reuters, Montevideo, 2014, Capítulo XVI, página 201, así como en "La Conexidad Contractual desde una Matriz Sígnico Discursiva para Analizar Nuevas Maneras de Contratación. Causa. Finalidad Supranegocial y Objeto en Negocios Jurídicos Coligados".

Como expresa el Profesor Francisco Amaral, citado por la Profesora paranaense María Carneiro,[3]"para algunos cultores de la obra postmoderna y postpositivista del Derecho, el sistema no se presentaría más como una estructura lógico deductiva tradicional, sino como una estructura en red (thenetworkmodel) en la que el movimiento del sistema no sería ascendente o descendente, sino circular; presuponiendo, ya no la relación simple de consecuencia, de causa y efecto, sino la interrelación entre sus elementos. El avance de las clasificaciones, la profundización teórica y la precisión cada vez mayor que la civilística alcanza en la apreciación de los hechos permiten inferencias cada vez más nítidas respecto de las refinadas simetrías y del equilibrio móvil alcanzados en el desenvolvimiento de los contextos obligacionales".[4]

Ello acaece en tiempos en que se suceden las reformas legislativas, muchas de ellas sin vocación de permanencia al conjuro de la coyuntura económica o de los dictados de la Unión Europea, que van trasvasándose a Sudamérica con relativa inmediatez, mientras los litigios se incrementan de modo exponencial generándose un volumen impensado de fallos de contenido diverso, a veces fundados si considerar una debida explicación al perdidoso para que comprenda las bases conceptuales sobre las que se erige la decisión desfavorable.

En los modelos de codificación del Derecho Privado en el Siglo XIX, los tipos contractuales fueron la resultante jurídica correspondiente a las maneras económicas, sociales y culturales en vigor al momento de su promulgación y con el respaldo de las vertientes romanas y francesas que referían históricamente a comunidades de baja complejidad en sus intervínculos de fondo patrimonial.

Mientras los intereses y las necesidades de los individuos fueron de escasa complejidad, con prevalencia de la cultura agrícola ganadera con poco desarrollo industrial, la tipología contractual consignada como con-

[3] Carneiro, María F., "Sobre la presencia de elementos estéticos en la Teoría Civilista: el Derecho como Ciencia y como Arte" en Derecho Privado. Libro Homenaje al Profesor Alberto Bueres, Oscar J. Ameal, Director – Dora Gesualdi, Coordinadora Editorial Hammurabi, Buenos Aires, 2001, p. 27.

[4] Amaral, Francisco, A., "Descodificacao do Direito Civil Brasileiro" en Direito e Justicia, Revista da Faculdade de Direito de Universidades Católica Portuguesa, Lisboa, 1999, T. I, Volumen XIII, separata comentando la obra de Viola, Franceso, Il Diritto como Prática Sociale, Edizioni Universitarie Jaca, Milano 1990, p. 59.

tenido del diseño de ingeniería negocial no ofrecía perfiles intrincados ni aristas multidimensionales y se erigía sobre pilares de singularidad y de linealidad abarcativa con plenitud de las exigencias de satisfacción y cobertura de aquellos intereses y necesidades de los componentes de la comunidad. Así, la técnica de tipificación contractual resultó ser simple, dirigida a la regulación de vínculos de nivel prevalentemente individual con referencia directa a situaciones singulares y, a situaciones jurídicamente efímeras propias de las convenciones en las que el tiempo se instalaba más como distancia que como duración y el segmento de ejecución de las obligaciones emergentes de los pactos poseían también carácter prevalentemente instantáneo o, en variable meramente temporal cuantitativa, diferido.

Este planteo resultaba adecuado a las maneras sociales y económicas predominantes en las comunidades civiles a las cuales sus reglas y arquetipos estaban dirigidos esto es a la actuación interindividual de las personas contrayentes respecto de operaciones económicas también limitadas a la linealidad de los intereses y de las necesidades en juego.

A pesar del reconocimiento expreso de la posibilidad de composición plurisubjetiva de las partes, el rastro semiótico de los Códigos alumbrados durante el Siglo XIX demuestra que la habitualidad negocial se refería a los individuos en su unisubjetividad. Así se trasunta directamente en la redacción de las formulaciones tipológicas clásicas y, derivadamente, con la sencillez básica de la correlativa básica simplicidad de la operación económica que con el mismo se abarca. La variante referible a la pluralidad compleja, esto es, a la que no solo acaece en el plano de los componentes personales, apareció en los Códigos de Derecho Privado, por ejemplo, en situaciones específicas como la Cesión de Crédito, la Cesión de Contrato, la Subcontratación o contratación derivada, pero la constante de referencia legal se mantuvo del lado de la contratación unisubjetiva.

Los codificadores civiles, empero, no dejaron de advertir que el planteo tipológico lineal no era el único teóricamente posible a la época conceptual del correspondiente Código, de lo cual da especial cuenta la contratación de garantía accesoria a relaciones principales, desde cuya accesoriedad se procura el aseguramiento de la ejecución de una obligación emergente de una fuente diferente, esto es, la sindicada como principal.

La formulación de intervinculación Principal/Accesorio resulta ser una clara hipótesis de avance en la complejidad tipológica, por cuanto ambas figuras se interconectan -incluso a nivel de interdependencia recíproca, si bien se observa- para abarcar, con su asociación no societaria, una operación económica también compleja en tanto presupone, la implementación de mecanismo contractuales en pro de la satisfacción del interés de reforzamiento de la posibilidad de ejecución de las obligaciones aseguradas en garantía.

He ahí un claro antecedente del fenómeno de la combinación tipológica que progresivamente fue adquiriendo manifiesta trascendencia como respuesta de técnica contractual a las profundas transformaciones en las estructuras sociales, económicas y financieras. Estas acaecieron de manera especial en trascendentes cambios de paradigmas y en la corolaria y consecuencial influencia que se registran en las prácticas contractuales con derivaciones en el campo de la Teoría Contractual como matriz sistemática de justificación y de explicación técnica.

Las combinaciones tipológicas en la práctica negocial contractual responden en la actualidad a nuevas maneras que los individuos y los grupos de personas con intereses homogéneos adoptan para intervincularse económica y financieramente, derivándose ello transitivamente hacia la concatenación de tipos negociales -nominados o no-con cuya interconexión cubren -a la manera en que en la moderna Teoría Lingüística se constituyen los planos discursivos emergentes de modo autonómico de los signos que configuran una cadena de oraciones- que viabilizan el denominado fin práctico de los contrayentes que por sí solos los contratos aislado no logran viabilizar. En el plano técnico, el fenómeno de concatenación o coligamento o conexidad contractual o, aún mejor, los sistemas contractuales por conexidad, comportan como fenómeno jurídico con manifiesto grado de complejidad, la necesidad científica de postulaciones de innovación en Teoría General del Contrato porque conlleva una transformación cualitativa que amerita la respuesta teorizadora de los ius pensadores doctrinarios.

Un sistema contractual por conexidad conforma una concatenación de negocios jurídicos cuya relevante trascendencia consiste en que el resultado de esa concatenación de actos negociales -concatenación construida por elementos configurativos en sí mismos de un plano sígnico en una explicación teórico lingüística- constituye un plano diferenciado, vale decir, el plano discursivo -también en un modelo lingüístico jurídico de explicación- que -como tal- trasciende a sus eslabones, vale decir, a los negocios que particularmente la integran. En un sistema contractual por conexidad, por consiguiente, la reunión sistémica de contratos se erige en resultado emergente de la integración de distintas entidades: pero tal resultado emerge con caracteres cualitativamente diferentes a los de los componentes que la constituyen, componentes que no pierden su valor propio de significación, vale decir, sin perder su individualidad y, consecuentemente,manteniendo su valor intrínseco de significación técnica en sí propio.[5]

[5] Respecto de la aplicación de un modelo explicativo de los sistemas contractuales por conexidad, Arturo Caumont y Santiago Mirande han propuesto y afirmado: "En esta línea de pensamiento la detección empírica directa muestra que los Contratos individualmente considerados no son per se suficientes sino para satisfacer intereses y necesidades lineales o simples de los individuos, siendo sus contenidos obligacionales delineados precisamente sobre tal base o supuesto. Así, por ejemplo, la Compraventa es una estructura de tecnología jurídica contractual preordenada para cumplir la función satisfactiva de los intereses individuales de vendedor y comprador mediante el intercambio definitivo de precio por objeto. El radio de alcance de ese Contrato se ciñe estrictamente a la función satisfactiva lineal y no compleja de la correlativa necesidad –por consiguiente biunívocamente lineal y no compleja- del vendedor por obtener dinero y del comprador de conseguir un objeto para ingresar a su acervo patrimonial. Pero la Compraventa en si y por si no es suficiente para abarcar un campo mayor al preindicado, lo cual la convierte en inhábil para satisfacer situaciones como las constituidas por estados subjetivos de mayor complejidad al nivel de necesidades e intereses, como las situaciones configuradas contemporáneamente por hipótesis conjuradas por unión calificada de tipos negociales tal como sucede, por ejemplo no taxativo, en el caso de las denominadas Tarjetas de Crédito o de Débito que presuponen una base compleja de intrincados intereses y relacionamientos interindividuales e interempresariales constituyentes de una instancia de conexidad contractual configurada por la concatenación sistematizada de tipos negociales nominados o innominados en una estructura asociativa no societaria preordenada a satisfacer jurídicamente multiplicidad diversa de intereses y de necesidades económicas de una pluralidad de sujetos unidos alrededor de un propósito finalístico supranegocial que trasciende a la finalidad de cada una de las figuras contractuales individuales que componen la estructura sistémica, figuras estas últimas que no son hábiles por sí solas para satisfacer la totalidad de los intereses y necesidades de los sujetos componentes personales del precitado sistema. El abordaje jurídico cognoscente por el cual es posible captar la esencia de cada una de las dos situaciones referidas precedentemente -Contratación mediante Tipos Negociales Sociales Anglosajones y Sistemas Contractuales por Conexidad- es susceptible de llevarse a cabo a través de un modelo de investigación que posee su génesis en la Teoría del Lenguaje, específicamente radicado en los campos sintácticos y semánticos así como en la diferencia perceptible entre Signo y Discurso. En esta dirección metodológica debe observarse que en la Teoría del Lenguaje, esto es, en su Semiótica, resulta por completo relevante el ámbito relacional o vincular de los signos entre sí (sintáctica), el de los Signos con sus Significados (Semántica) y el campo atingente a la especial relación entre Signo y Discurso. Resulta demostrada sin ambages la importancia que posee el orden o secuencia en

La combinación voluntaria de tipos contractuales posee un valor significacional, que trasciende el significado individual de los contratos que lo integran, situación que permitiría la metáfora de la granada "fruta integrada por pequeños frutos"; un sistema con sentido propio, que está más allá del valor semántico de los eslabones que los configuran.

El resultado integral de esa combinación de negocios tiene un significado netamente discursivo por sobre el valor de de los componentes específicos coligados. Esto resulta decisivo para conducir la asignación de significado a la construcción de las normas que emanan del sistema creado para la comprensión e internalización de los tipos contractuales individualmente considerados pues la percepción del resultado final de la coligación por sobre la percepción de los elementos que la conforman está dada por el particular orden secuencial de sus componentes individuales.

La idea central refiere a un fenómeno de conexión de tipos contractuales, apelando a las herramientas de la Semiótica discursiva, los tipos contractuales individuales ordenados en una secuencia asociativa constituyen los signos mientras que el resultado derivado de la asociación es el discurso.

Así cada contrato mantiene su significado particular en tanto sea conceptualizado en su individualidad. El sistema asume un contenido de

que los signos se colocan en toda instancia comunicacional, en especial escrita, al extremo de ser correcto el enunciado por el cual se afirma que una alteración en el orden secuencial de ubicación de los signos acarrea una variación en el sentido del mensaje por variación del valor significacional semántico sin que, por su parte, se transforme el valor de significación de cada uno de los signos empleados tanto en la secuencia originaria de ordenación cuanto en la siguiente en la que acaece la modificación secuencial. Y resulta asimismo, por derivación corolaria del precedente aserto, que tal nivel sígnico difiere del nivel discursivo en tanto el valor de significación del Discurso se independiza del valor de significación de cada uno de los signos que constituyen la cadena secuencial, comportándose de esa manera la diferenciación significacional de ambos niveles –el propiamente sígnico y el propiamente discursivo- no obstante la misma configuración estructural a partir de una secuencia de igual ordenación sígnica en términos patentes. Expresado en otros términos, resulta ostensible desde la Teoría del Lenguaje que la ordenación secuencial (sintáctica de un conjunto legible de signos es susceptible de engendrar un nivel significacional trascendente y autónomo (Discurso) independiente de los significados propios de cada signo per se (Semántica de los Signos) y perceptible precisamente por su condición y cualidad autonómica (Semántica del Discurso) (Véase: Caumont, Arturo y Mirande, Santiago, "Un Modelo de Investigaciónpara el Derecho de los Contratos a Partir de la Teoría del Lenguaje", Ponencia presentada a la Jornada que la Institución Brasileña CONPEDI (Conselho Nacional de Pesquisa e Pos Graduacao em Direito) organizó en la Facultad de Derecho de la Universidad dela República (Uruguay) y publicada en su Sitio Web www.conpedi.org.br.

significación, diferente al de los signos singularmente considerados si es abordado comocomposición estructurada sobre sobre la ordenación secuencial organizada de aquellos elementos particulares y como resultante trascendente y emergente de la misma. El abordaje sistémico de la conexión de tipos contractuales destinada a abarcar una operación económica que no es pasible de cubrirse con negocios jurídicos aislados debe fijar su atención en los resultados de la composición y solo en ellos.

La cadena contractual por la que se conectan los tipos singularmente considerados se constituye para abarcar la operación económica subyacente cuya extensión y complejidad no es posible abarcar hogaño con un único tipo contractual aislado como antaño. En intramuros de la cadena contractual es posible apreciar, asimismo, un entrelazamiento de los eslabones ya no solo a nivel de los negocios entre sí sino de aquéllos con el todo que ellas configuran y componen.

El ámbito de la regulación de las nuevas realidades que aquella cadenasintetizaasí como la retroalimentación entre sus partes y el todo, es constante, resultando decisivo el particular orden con que se organizan los elementos negociales que la componen, vale decir,los elementos individuales, los cuales son permeables a las vicisitudes e incidencias de la cadena en sí misma considerada como un todo.

Esta interacción entre el discurso y el signo entre la cadena y los eslabones es relevante en sede de presupuestos de existencia, de elementos esenciales y de elementos accidentales de los negocios jurídicos que en la visión clásica solo inciden en los tipos aislados y ahora deben examinarse en cuanto componentes de un sistema, lo cual -debe recordarse- ya era perceptible en la intervinculación sistémica entre Contrato Principal y Contrato Accesorio, intervinculación constitutiva, como se expresara, de un sistema negocial por conexidad que ya desde antaño se diseñaba como tal por los codificadores decimonónicos que abrevaron en el Derecho Romano, entre otros regímenes.

Así, la existencia de una estructura contractual autónoma puede decaer ante la inexistencia de otra a la cual accede. Ello marca la constatación de un particular estado de intervinculación que surge por la existencia de un sistema que se diferencia técnicamente de los elementos que lo conforman y que ejerce sobre ellos una particular fuerza de condicionamiento. La explicación solo puede alcanzar cabalidad si, y sólo si, se le ubica dentro del contexto sistémico compuesto por las partes a las que ella precisamente vincula, entre sí y con el propio sistema que dichas partes conforman. La realidad jurídica configurada por la conexión contractual presenta fundamentalmente dos perfiles de análisis que marcan su presencia de modo diferenciado

Uno determina la existencia del negocio jurídico, que es habitual pero no excluyentemente una convención en tanto intervienen al menosdos partes y que, también habitualmente, es un contrato en tanto de ella emergen obligaciones, contrato por el cual las partes intervinientes pactan la constitución de una conexión intercontractual y que tiene como efecto consecuencial la instalación de una cadena negocial. De esta manera, pues, el encadenamiento se logra mediante un negocio jurídico que antecede al sistema de concatenación considerado en sí mismo y que en perspectiva funcional comportará la ejecución del pacto de constitución. Así, el encadenamiento es funcionalmente un acto ejecutorio o de cumplimiento del pacto instaurativo y, en tanto acto, uno de características complejas dada la pluralidad de negocios que lo componen.

El segundo determina, la existencia de una entidad diferenciada, en estructura y en función, de aquel pacto instaurativo y que resulta ser el encadenamiento negocial en sí mismo al que, precisamente, dio génesis la convención constitutiva.

Los eslabones singularmente considerados mantienen entre sí y con la cadena que componen, así como ésta con ellos, un permanente estado dinámico de interrelacionamiento que exige, de modo inexorable, un rol prevalente del tiempo como duración y que requiere la existencia de un equilibrio duradero imprescindible para la regulación y gobierno del sistema conformado.

Esto impacta en el paradigma de la relatividad negocial jurídica, plasmada en el Código Civil Uruguayo en el enunciado por el Artículo 1293 que edicta "los contratos no pueden oponerse a terceros ni invocarse por ellos, sino en los casos de los Artículos 1254 a 1256" disposiciones éstas que se refieren al contrato celebrado por representante, al celebrado por quien no lo es pero que se ratifica a posteriori por el sujeto del interés y a la estipulación para otro.

El Principio de Relatividad de los Contratos, connotado por el bocardo*"res inter alios acta"* se ha tornado, en sí mismo, relativo, en paradoja que resulta importante comprender. Este pilar del sistema negocial clásico tiene un punto de partida para desarrollar su diseño, el régimen de tipificación por contratos aislados, salvo situaciones como la que liga de forma lineal a los negocios accesorios con los principales.

La gradual complejidad socio económica acarreó de manera inexorable un giro copernicano en sede tipológica en general y, en particular, en el ámbito de los diseños de programas contractuales específicos la variable interconexión convoca el debilitamiento extremo de la relatividad contractual puesto que la cadena negocial no puede concebirse sin el factor esencial a la propia cadena que es la intercomunicación de los elementos que la componen.

Los sujetos que consintieron uno de los tipos negociales que configuran el sistema no pueden ser considerados terceros respecto de quienes consintieron otro de los tipos contractuales constitutivos del mismo sistema, con el concepto tradicional de tercero referido históricamente a una realidad diversa porque el Principio de Relatividad de los Contratos no puede regir en instancias en las que precisamente resulta imprescindible lo contrario, la intercomunicación de los distintos segmentos que configuran el sistema contractual por conexidad. Lo que implica la erosión de las bases sobre las que se erige el régimen tradicional caracterizado por la ausencia de conexidad dada la suficiencia de cada tipo contractual en sí mismo para obtener el estado de satisfacción de intereses y de necesidades propios de otros tiempos.

Un sistema contractual por conexión regido internamente por el Principio de Relatividad de los Contratos no podrá sin dudas sostenerse como tal; resultaría una mera sumatoria cuantitativa de tipos negociales que descuidarían los intereses y necesidades comprometidos en la instancia, en franco desmedro de los derechos subjetivos de los contrayentes concretados en el negocio que determinó justamente la forma en que se vincularían los contratos integrantes de la cadena.

El Principio de Relatividad se mantendrá enhiesto como funcionalmente fuera concebido por las maneras clásicas de regulación de los Contratos solo si, y solamente si, el mismo se concibe en función de la cadena contractual sistémica por conexidad y a ella -y ya no a sus negocios jurídicos que en particular la configuran, como su referente. La relatividad se evanesce en el ámbito interno de la cadena para los negocios que -como eslabones- la componen.

Pero persistirá como Principio a ella aplicable en tanto es ella el relevante nuevo resultado final sistémico obtenido por el encadenamiento.

De tal modo, pues, la cadena posee en sí misma, y como tal, un resultado diferenciado de los negocios que la componen y ella per sé no será oponible a terceros ajenos ni podrán éstos invocarla, en los términos conceptuales que oponibilidad e inoponibilidad poseen en Derecho de Obligaciones y Contratos. Por consiguiente, la relatividad de un sistema contractual por conexidad, que es en sí propio poseedor de incuestionable unidad, poseerá de manera inexorable el mismo señorío de regencia que, por su parte, posee en lo que concierne a los contratos individual y particularmente considerados.

La conexión intercontractual provoca cambios también en sede de presupuestos de existencia y de requisitos esenciales de validez porque la inserción de la variable sistémica revierte la problemática de los presupuestos y de los elementos estructurales hacia el resultado obtenido mediante la coligación negocial constitutiva de una cadena.

La indagación científica llevada hasta ahora a cabo muestra la influencia cierta de la conexidad en el elemento estructural Causa,de forma que coexiste dicho elemento en cada uno de los componentes individuales del encadenamiento negocial con una Causa propia del sistema, que posee identificabilidad diferenciada al ser distinguible de aquellas particulares propias de los negocios integrantes de la coligación. Este aserto, implica que podrá predicarse de inexistente, o ilícita, la causa del sistema con independencia de la de cada negocio que lo conforma.

Cabe preguntase si es concebible el análisis de licitud o ilicitud de la causa del sistema sin un aparente soporte legal expreso. No obstante ello, debe advertirse que el sustento legal necesario al respecto lo constituye el Código Civil y su requerimiento respecto a los elementos de los contratos y a las notas de las que es posible predicarlos, en tanto la conformación de una concatenación contractual de origen voluntario comporta, sin ambages, ejercicio pleno de señorío volitivo, esto es, manifestación intencional de voluntad secundada por el ordenamiento jurídico, y emanada de más de un sujeto resulta ser una convención de la cual, sin duda,surgen obligaciones sistémicas, más allá de las obligaciones de los diversos tipos contractuales que la integran, a partir de lo cual el resultado final de dicha situación jurídica es subsumible y encarta en la definición de contrato per se, lo que implica de manera lógicamente corolaria y derivada transitivamente que, en función del secundamiento del ordenamiento, expresado el consentimiento, con un determinado objeto, se debe necesariamente determinar cuál es la causa.

Por lo tanto, con el mismo método, deberán analizarse los eslabones de una cadena por una parte y a la cadena en sí misma, por otra, con igual requisitoria de existencia y de validez para ambos referentes de análisis, "los contratos" y "el contrato". Deberán obviamente excluirse de este ámbito, los casos de mera acumulación de contratos; quedará de modo indefectible extramuros de la situación bajo análisis, por ello, la pluralidad de negocios jurídicos pactados entre las partes sin que exista coligación en el sentido conceptual por el que ella es definida.

La Causa en el Pacto (oneroso) por el cual se establece una cadena negocial es la ventaja que cada parte le procura a la otra u otras por la instauración del sistema; la finalidad supranegocial es el objetivo o propósito teleológico de abarcar, con elementos contractuales interconectados, una operación económica insusceptible de cubrirse a cabalidad con un solo negocio o, aún con varios, pero no organizados en términos de sistema. Y en esta dirección de razonamiento y articulación argumentativa, es posible incluir por el pacto instaurativo correspondiente una finalidad asociativa no societaria, lo cual para algún autor, como consecuencia de ello, en relación inmediata con el elemento estructural Causa será materia de averiguación si el régimen jurídico uruguayo admite la posibilidad de averiguar a nivel de causa la finalidad económica concretamente pretendida por las partes, esto es, entendida como causa concreta, puesto que tal régimen jurídico positivo consagra claramente tiene una definición estipulativa de causa en sentido abstracto, lo cual por tal abstracción excluye aquella posibilidad de pesquisa para los contratos unilaterales y bilaterales dado que, para estas categoría negociales, la causa será inexorablemente la determinada por la Ley.

Y también en el caso de los fenómenos asociativos societarios la causa es siempre la obtención de lucro. Es en el terreno de los negocios asociativos no societarios exclusivamente donde podría plantearse una eventual admisibilidad de causa en tono de concreción, aunque con ello se arriesgaría contrariar el signo y el discurso del Código Civil.

En el caso del pacto oneroso, el origen del sistema, la causa del contrato que lo crea, es la ventaja o provecho que a una parte genera la prestación a cargo de la otra, Pero la delimitación conceptual entre Causa del Pacto por el cual el sistema se instaura y finalidad (supracontractual) del propio sistema no significa que sus ámbitos de incumbencia sean compartimentos estancos desde que la Causa abarca necesariamente constituyentes jurídicos y económicos que están objetivamente presentes en toda finalidad sistémica desde que el propósito finalístico de la conexidad reconoce siempre una operación económica que solo puede llevarse a cabo como emprendimiento a través del entrelazado contractual organizado , precisamente, en sistema.

Ahora bien, es posible reconocer el elemento Causa del sistema independientemente de la Causa del negocio que lo instaura y de la finalidad supracontractual que obra de objetivo teleológico del encadenamiento. En este sentido, es posible identificar como Causa del propio sistema, per se considerado, es decir, en si propio, la determinación asociativa no societaria que cada parte procura en convergencia con y a la otra u otras de modo tal que el rédito o ventaja asociativa solo puede concebirse por la efectiva conjunción asociacionista.

La distinción entre Causa del pacto instaurativo de la conexidad contractual y Causa del sistema constituido a partir de la ejecución del pacto con la conformación del propio sistema es perfectamente discernible. La calificación coincidirá si el pacto instaurativo tiene en la causa prestaciones convergentes propias de un contrato asociativo no societario y deberá distinguirse con sutileza técnica imperiosa en caso que el pacto constitutivo responda a la clásica causa onerosa -definida estipulativamente en el derecho uruguayo- y el sistema en tanto tal presente elementos (contratos) que dan cuenta de un fenómeno asociativo no societario.

La civilística contemporánea distingue en este sentido, las denominadas obligaciones de protección y las de prestación, identificando a la cadena, incluso con la titularidad de un interés colectivo. Esta perspectiva asociativa no societaria tendrá trascendencia, en situación de exigibilidad no seguida de cumplimiento de un contrato, integrante del sistema, la entidad del incumplimiento en relación con el contrato individualmente considerado en perspectiva asociativa no societaria, y de este modo solo un incumplimiento que, considerando la complementariedad y el interés colectivo impida la consecución de la finalidad, podrá ambientar el cese de la eficacia de todo el sistema, para lo que deberá ponderarse el reflejo de ese incumplimiento en la actividad de la cadena considerada como tal.

Se coloca así en ámbitos clásicamente ajenos a los fenómenos asociativos, la postura de conservación de los mismos que informa casi todos los ordenamientos, la consistencia temporal sustentable de los vínculos obligacionales que involucran a centros de interés unidos en y por un emprendimiento común pero sin alcanzar el status societario. Esto no deberá sorprender cuando es clásico señalar esta forma de relacionarse por ejemplo a través de los denominados pactos parasociales para lograr la finalidad económica más allá de las regulaciones percibidas como rígidas de ciertos tipos societarios.

A QUEBRA DA ORDEM DE VOCAÇÃO SUCESSÓRIA EM FACE DA FORMAÇÃO DE UMA FAMÍLIA ANAPARENTAL

CLÁUDIA MARA DE ALMEIDA RABELO VIEGAS*
RODOLFO PAMPLONA FILHO**

INTRODUÇÃO

Em uma legislação marcada por alternâncias entre regimes fechados e democráticos, é importante observar os efeitos que tal evolução social traz como demandas jurídicas para o Brasil. Quer-se dizer que, em um país marcado historicamente pela diversidade, não analisar as mudanças paradigmáticas pode significar um retrocesso, e, consequentemente, uma enorme perda para todos os que o habitam, sobretudo, pela falta de reflexão dos parâmetros sociais, necessários para combater a intolerância e discriminação em relação aos novos institutos do direito.

* Pós-doutoranda em Direito pela UFBA – Universidade Federal da Bahia.
Doutora e Mestre em Direito pela PUC-MG.
Bacharel em Administração de Empresas e em Direito pela Universidade FUMEC.
Servidora Pública Federal do TRT-MG – Assistente do Desembargador Corregedor.
Professora universitária.
** Doutor e Mestre e Direito pela PUC-SP.
Máster em Estudios en Derechos Sociales para Magistrados de Trabajo de Brasil pela Universidad de Castilla-La Mancha – Espanha.
Presidente Honorário da Academia Brasileira de Direito do Trabalho.
Presidente da Academia de Letras Jurídicas da Bahia.
Presidente do Instituto Baiano de Direito do Trabalho.
Juiz de Direito em Salvador-BA.
Professor universitário.

Nessa perspectiva de evolução, com o passar dos anos e a partir do desenvolvimento da própria sociedade, necessárias foram as reformas legais que buscaram atender as necessidades da população. Dentre várias tentativas de acerto, cada uma movida por uma ideologia social, promulgou-se a Constituição da República de 1988 que, apesar de já obsoleta e insuficiente à época, foi a que mais se aproximou ao preenchimento das lacunas na legislação do Direito de Família.

A Carta Magna consagrou a família como base da sociedade, conferiu-lhe especial proteção do Estado nas suas mais diversas modalidades, especialmente, levando a efeito a lógica inclusiva estabelecida pelos princípios da promoção da dignidade humana, autonomia privada e pluralidade familiar. A afetividade tornou-se valor jurídico e a promoção da dignidade humana, por meio da livre escolha da modalidade de família que melhor atenda ao indivíduo, passaram a ser elementos conformadores das entidades familiares contemporâneas.

Seguindo essa perspectiva, novas famílias já constituídas por laços alheios aos tradicionais matrimoniais ou consaguíneos, especialmente, formadas por meio da livre escolha de seus membros, passaram a demandar a mesma proteção conferida às entidades familiares listadas de forma exemplificativa na Constituição da República de 1988, quais sejam: o casamento civil ou religioso com efeitos civis, a união estável e a família monoparental.

Não obstante tal paradigma jurídico, observa-se que o caminho das famílias socioafetivas têm sido árduo, prova disso foi a saga vivida pela família homoafetiva, que teve o seu reconhecimento como entidade familiar apenas em 2011, por meio da manifestação do Judiciário brasileiro, no julgamento de Ação Direta de Inconstitucionalidade – ADI 4277 pelo Supremo Tribunal Federal.

Na oportunidade, a Corte Superior, com fundamento nos princípios da dignidade da pessoa humana, da igualdade, da liberdade, da intimidade e privacidade, estendeu às Uniões Homoafetivas a mesma proteção destinada à União Estável heterossexual, restabelecendo os direitos fundamentais até então negados aos casais formados por pessoas do mesmo sexo, privilegiando-se, assim, a proteção contra quaisquer tipos de discriminação.

Observa-se, então, que a legislação brasileira relacionada ao Direito de Família se mostra incompleta, bastando observar as lacunas existentes em relação às novas conformações familiares existentes na sociedade, como por exemplo, as famílias anaparental, poliafetiva e outras não tradicionais, as quais dependem de interpretação conforme a constituição pelos Tribunais, circunstância que, por si só, traz insegurança jurídica às partes.

Embora a hermenêutica constitucional inclusiva, materializada pelos princípios da dignidade humana, pluralidade familiar, solidariedade e autonomia privada, legitime a formação de novas entidades familiares, ainda não há legislação específica que ampare as famílias anaparentais, consolidadas pela manifestação de afeto e solidariedade entre irmãos ou amigos, que pretendem se constituir com objetivo de formar família.

Dessa forma, por meio de técnica bibliográfica e jurisprudencial, apresenta-se o instituto da família, identificando-se os princípios que a norteiam e permitem a formação de novas conformações familiares. Em seguida, verificar-se-á os efeitos jurídicos do reconhecimento da família anaparental, sobretudo, a possibilidade de quebra da ordem de vocação hereditária em razão da formação de tal entidade familiar. Diante do exposto, passa-se ao texto.

1. O DIREITO DE FAMÍLIA NO DIREITO BRASILEIRO

O Direito de Família Brasileiro passou por profundas modificações tanto estruturais quanto funcionais ao longo dos anos. Quer-se dizer que, sob o ponto de vista do ordenamento jurídico, o Direito de Família se moldou por diversas vezes, levando em conta a realidade fática vivida pela sociedade a qual o mesmo versava. Nessa senda, passa-se a breve evolução histórica do instituto de família no Brasil.

1.1. A EVOLUÇÃO DA FAMÍLIA NO BRASIL: DO PATRIARCALISMO À AFETIVIDADE

Definir a família no Brasil Colonial também não é tarefa fácil. A diversidade de padrões familiares encontrados e suas transformações ao longo do tempo demonstram o caráter dinâmico e histórico da entidade familiar.

Nesse sentido, Leila Mezan Algranti, no livro "A História da Vida Privada no Brasil", relata que, nos primeiros séculos da colonização, a distância da Metrópole, que distanciava os membros das famílias, a falta de mulheres brancas, a presença da escravidão negra e indígena, a constante expansão do território e a escassez de recursos marcaram a formação da organização familiar brasileira[1].

[1] ALGRANTI, Leila Mezan. Famílias e vida doméstica. In: NOVAIS, Fernando A. (Coord.); MELLO E SOUZA, Laura de (Org.). **História da vida privada:**cotidiano e vida privada na América portuguesa. São Paulo: Companhia das Letras,1997.

A autora ainda descreve que o caráter estratificado da sociedade – brancos e negros, livres e escravos – dificultava a fixação de padrões de organização familiar. Tratou, então, da "vida doméstica na Colônia", no seu sentido mais estrito, como sendo o espaço de convivência da intimidade, sobrepondo-se à família. Justifica que as famílias se constituíram de diferentes tipos de uniões – sacramentadas ou não – frequentemente dispersa e detalha:

> Ora era o pai que se ausentava a serviço da Coroa ou em virtude de suas atividades, ora era a filha que se casava fora do local de seu domicilio, ou o filho que partia numa expedição ao sertão. Isso sem contar esposas e maridos que abandonavam a família para viver com outros companheiros, além, é claro, das repetidas interrupções dos laços familiares casadas por mortes prematuras.
>
> É o espaço do domicílio que reúne, assim, em certos casos, apenas pessoas de uma mesma família nuclear e um ou dois escravos; em outros, somavam-se a essa composição agregados e parentes próximos, como mães viúvas ou irmãs solteiras. Por vezes encontramos domicílios compostos de padres com suas escravas, concubinas e afilhadas, ou então comerciantes solteiros com seus caixeiros. Em alguns domicílios verificamos a presença de mulheres com seus filhos, porém sem maridos; também nos deparamos com situações em que um casal de cônjuges e a concubina do marido viviam sob o mesmo teto. Isso sem falar nos filhos naturais e ilegítimos que muitas vezes eram criados com os legítimos. Tantas foram às formas que a família colonial assumiu, que a historiografia recente tem explorado em detalhe suas origens e o caráter das uniões, enfatizando-lhe a multiplicidade e especificidades em função das características regionais da colonização e da estratificação social dos indivíduos[2].

A partir do relato de Algranti, pode-se verificar que existia, no Brasil Colônia, uma multiplicidade de arranjos que muito se parece com a pós-moderna, vislumbra-se a família unipessoal, monoparental, anaparental, simultânea, e, até mesmo, a presença da família poliafetiva. Vainfas concorda aduzindo que num território extenso e culturalmente diverso como

[2] ALGRANTI, Leila Mezan. Famílias e vida doméstica. In: NOVAIS, Fernando A. (Coord.); MELLO E SOUZA, Laura de (Org.). **História da vida privada:**cotidiano e vida privada na América portuguesa. São Paulo: Companhia das Letras,1997, p. 86-87.

era o das colônias portuguesas, seria ingênuo considerar que existiu apenas um tipo de organização familiar[3].

Segundo Iraci del Nero da Costa, na obra "A estrutura familial e domiciliar em Vila Rica no alvorecer do século XIX", no Brasil Colônia, "o estudo da estrutura familiar vincula-se, necessariamente, àquele relativo aos domicílios"[4]. Por outro lado, conquanto tenha havido famílias de várias espécies, não se pode negar a importância do casamento no projeto colonizador, a bem dizer, restrito, primordialmente à elite, em busca de status e segurança para o seu patrimônio. Segundo Algranti:

> O casamento sacramentado conferia status e segurança aos colonos, tornando-o desejável tanto pelos homens como pelas mulheres, o que não significa que o simples fato de um indivíduo pertencer às camadas mais baixas implicasse necessariamente uniões consensuais. Pessoas de origem humilde, inclusive escravos, uniram-se em matrimônio perante a Igreja, conforme indicam vários estudos. A prática de oferecer dotes a moças órfãs e desprotegidas institucionalizou-se na Colônia mediante doações, reveladoras de que o casamento dignificava as pessoas.

Como consequência direta da colonização portuguesa, resta evidente a influência do Direito Romano, Germânico e Canônico nas famílias brasileiras formada pelo casamento sacramentado. Mary Del Priore, na obra "História do amor no Brasil", declara que, durante todo o período colonial e Império, "o casamento arranjado e o casamento por interesse"[5], como contratos sociais solenes, eram mais importantes do que o amor entre elites.

Quanto ao sistema normativo, na época em que ainda era colônia de Portugal, o direito brasileiro se resumia ao que era posto pelas Ordenações do Reino de Portugal, ou seja, o Brasil se submeteu ao sistema normativo do seu colonizador por árduos 300 anos. Na verdade, havia três Ordenações do Reino de Portugal, mas apenas as Filipinas, publicadas no ano de 1603, vigeram, no Brasil, desde o desde o período de colonização até o

[3] VAINFAS, Ronaldo (direção). **Dicionário do Brasil imperial**, 1822-1889. RJ: Ed. Objetiva, 2002.

[4] COSTA, Iraci del Nero da. **A estrutura familial e domiciliar em Vila Rica no alvorecer do século XIX**. Revista da IEB, nº 79, 1971. p. 21.

[5] PRIORE, Mary del. Ritos da vida privada. **In História da vida privada**: cotidiano e vida privada na América portuguesa. SP: Cia. das Letras, 1997. p. 159.

advento do Código Civil de 1916. Cuidava-se de uma compilação jurídica fortemente influenciada pelo Direito Romano, Canônico e Germânico e, como não poderia deixar de ser, mantinha o tom patriarcalista e patrimonialista do período medieval[6].

Proclamada à independência do Brasil, não houve qualquer ruptura com o sistema jurídico português. Isso porque, em 20 de outubro de 1823, D. Pedro I, editou uma lei[7], que determinou a manutenção das Ordenações Filipinas no Brasil, bem como demais formas normativas emanadas dos imperadores portugueses.

Sobre as características das Ordenações Filipinas, Francisco Amaral[8] destaca que a legislação portuguesa aplicada no Brasil Colônia era "atrasada e retrograda", com regras vigentes no século XV. E, seguindo essa perspectiva, o modelo de família patriarcalista começou a se formar logo no primeiro século da colonização, a partir da herança cultural portuguesa, cujas raízes ibéricas foram fortemente vinculadas ao passado medieval europeias.

[6] DANTAS, San Tiago. Rui Barbosa e o Código Civil, in San Tiago Dantas. **Dois momentos de Rui Barbosa**. Rio de Janeiro, Casa de Rui Barbosa, 1949.

[7] LEI DE 20 DE OUTUBRO DE 1823. "Declara em vigor a legislação pela qual se regia o Brazil até 25 de Abril de 1821 e bem assim as leis promulgadas pelo Senhor D. Pedro, como Regente e Imperador daquella data em diante, e os decretos das Cortes Portuguezas que são especificados.
D. Pedro I, por Graça de Deus e Unanime Acclamação dos Povos, Imperador Constitucional e Perpetuo Defensor do Brazil, a todos os nossos Fieis Subditos Saude. A Assembléa Geral Constituinte e Legislativa do Impero do Brazil tem Decretado o seguinte.
A Assembléa Geral Constituinte e Legislativa do Imperio do Brazil Decreta.
Art. 1o As Ordenações, Leis, Regimentos, Alvarás, Decretos, e Resoluções promulgadas pelos Reis de Portugal, e pelas quaes o Brazil se governava até o dia 25 de Abril de 1821, em que Sua Magestade Fidelissima, actual Rei de Portugal, e Algarves, se ausentou desta Côrte; e todas as que foram promulgadas daquella data em diante pelo Senhor D. Pedro de Alcantara, como Regente do Brazil, em quanto Reino, e como Imperador Constitucional delle, desde que se erigiu em Imperio, ficam em inteiro vigor na pare, em que não tiverem sido revogadas, para por ellas se regularem os negocios do interior deste Imperio, emquanto se não organizar um novo Codigo, ou não forem especialmente alteradas.
Art. 2o Todos os Decretos publicados pelas Côrtes de Portugal, que vão especificados na Tabella junta, ficam igualemnte valiosos, emquanto não forem expressamente revogados. Paço da Assembléa em 27 de Setembro de 1823". BRASIL. **Lei de 20 de Outubro de 1823.** Disponível em: < http://www2.camara.leg.br/legin/fed/lei_sn/anterioresa1824/lei-40951-20-outubro-1823-574564-publicacaooriginal-97677-pe.html. Acesso em 21 nov. 2018.

[8] AMARAL, Francisco. **Direito Civil**: Introdução. 7. ed. Rio de Janeiro: Renovar, 2008.

Afora isso, o Brasil ficou por muito tempo sujeito as normas portuguesas, arraigadas de contornos religiosos, absorvendo, com isso, as leis, os costumes, as tradições e as imposições sacras advindas do Estado-Eclesiático. Diante de tal contexto, a família era sacralizada com mera finalidade meramente procriativa. Marise Soares Corrêa explica a influência histórica sofrida pela família brasileira, nos primórdios:

> A família brasileira guardou as marcas de suas origens: da família romana, a autoridade do chefe de família; e da medieval, o caráter sacramental do casamento. Desta maneira, a submissão da esposa e dos filhos ao marido, ao tornar o homem o chefe de família – que, fincada na tradição, vem resistindo, na prática, a recente igualdade legal que nem a força da Constituição conseguiu sepultar – encontra a sua origem no poder despótico do *pater familias* romano. Ainda, o caráter sacramental do casamento advém do Concílio de Trento, do século XVI[9].

Naquele momento, a família patriarcal foi se instalando no Brasil, sobretudo, em decorrência da influência da família romana, da autoridade do chefe de família; e da medieval, o caráter sacramental do casamento. Seguindo essa perspectiva, o homem exercia o poder absoluto do controle e comando da casa, devendo a mulher e filhos prestar-lhe obediência e imensurável respeito[10].

No campo legislativo, a Constituição Brasileira de 1824, inspirada na ideologia liberal, ignorou o Direito de Família e o instituto do casa-

[9] CORRÊA, Marise Soares. **A história e o discurso da lei:** o discurso antecede à história. Porto Alegre: PUCRS, 2009. Tese (Doutorado em História), Faculdade de Filosofia e Ciências Humanas, Pontifícia Universidade Católica do Rio Grande do Sul, 2009, p. 81.

[10] Eni de Mesquita Samara, professora Titular do Departamento de História da Faculdade de Filosofia, Letras e Ciências Humanas da Universidade de São Paulo, ressalva: "a família sempre foi pensada na História do Brasil como a instituição que moldou os padrões da colonização e ditou as normas de conduta e de relações sociais desde o período colonial. No entanto, até a algumas décadas atrás ainda pouco conhecíamos sobre o perfil dessa família, predominando na literatura uma imagem vinculada ao modelo patriarcal extraído da obra de Gilberto Freyre, Casa Grande e Senzala (Freyre, 1987), escrita no início do século XX. E assim, para várias gerações de estudiosos, esse modelo funcionou como critério e medida de valor para entendermos a vida familiar brasileira ao longo do tempo. SAMARA, Eni de Mesquita. O que mudou na família brasileira? (da colônia à atualidade). **Revista Psicologia USP,** v. 13, n. 2, São Paulo, 2002. Disponível em: <http://www.revistas.usp.br/psicousp/article/view/53500/57500>. Acesso em: 19 dez. 2018.

mento civil, notadamente, porque, em face do vínculo estreito entre Igreja e Estado, apenas o casamento religioso era considerado meio formal de família. Assim, considerando que, até o ano de 1861, quem disciplina os direitos matrimoniais era a Igreja, o casamento eclesiástico era o mais praticado, em função, principalmente, do grande o número de católicos existentes à época[11].

No entanto, a influência dos países protestantes e de seus imigrantes que vieram Brasil e o consequente aumento dos cidadãos não católicos geraram reações às imposições da Igreja, e, em 11 de setembro de 1861, foi promulgado o Decreto nº 1.144, conferindo efeitos civis ao casamento religioso realizado por outras religiões que não a católica. Tal instituto foi regulamentado pelo Decreto n. 3.069, de 1863, que permitiu o registro de outras formas de celebração do casamento diferente da do Estado, ou seja, além do realizado pela Igreja Católica.

Em março de 1888, mesmo antes da proclamação da República, o regime Imperial, por meio do Decreto nº 9.886, instituiu a obrigatoriedade de registro dos nascimentos, casamentos e óbitos, fazendo "cessar os efeitos civil dos registros eclesiásticos". Segundo Neder e Cerqueira Filho, na passagem do Império à República, travou-se, nos bastidores, acirrada disputa entre conservadores clericais e republicanos em relação ao domínio dos registros civis. A Igreja que mantinha todos os registros eclesiásticos em seus domínios perde tal prerrogativa para o Estado[12].

A instituição do casamento civil, conforme já demonstrado neste estudo, fez com que a Igreja perdesse grande parte de seu poder, e, no ano de 1890, com a proclamação da República Brasileira, apartaram-se, formalmente, os poderes religiosos e estatais. Com a edição do Decreto nº 181, de 24 de janeiro de 1890, introduziu-se, no Brasil, o casamento civil, demonstrando que o matrimônio exclusivamente religioso não tinha qualquer valor jurídico no país.

Em sequência, a Constituição Republicana de 1891, redigida por Rui Barbosa, seguindo o cunho liberal do modelo americano combinado com o ideal republicano, cuidou de reconhecer apenas as uniões fundadas no

[11] Giorgis, José Carlos Teixeira. A natureza jurídica da relação homoerótica. **Seleções Jurídicas.** São Paulo. Jul. 2007.

[12] Neder, Gizlene; Cerqueira Filho, Gisálio. Os filhos da lei. **Revista brasileira de Ciências Sociais**, vol.16. n.45 São Paulo, 2001.

casamento civil de celebração gratuita, desvinculando, de vez, a instituição matrimonial dos ditames da Igreja. Ressalta-se que o fato causou certa reação na sociedade, pois, mesmo enfraquecida, a Igreja ainda tinha o poder de disseminar a ideia de que a união civil seria considerada uma heresia.

Por outro lado, em busca de uma legislação civil pátria, sobreveio da Constituição Imperial de 1824, no art. 179, XVIII, o comando, *in verbis*: "organizar-se-á, quanto antes, um Código Civil e um Criminal, fundados nas sólidas bases da justiça e da eqüidade"[13].

A determinação de elaborar um Código Civil "quanto antes", contudo, demorou a ser cumprida. Fruto de um longo processo de aprovação legislativa[14], o primeiro Código Civil Brasileiro, instituído pela Lei n° 3.071, somente em 1º de janeiro de 1916, ou seja, ficou muito tempo para ser elaborado e, com isso, nasceu velho, retratando a realidade individualista do século XVIII. Na concepção de Gustavo Tepedino:

> O Código Civil de 1916 é fruto de uma doutrina individualista e voluntarista que, consagrada pelo Código de Napoleão e incorporada pelas codificações posteriores, inspiraram o legislador brasileiro, quando na virada do século, redigiu o nosso primeiro Código Civil[15].

[13] BRASIL. Constituição (1824). **Constituição Política do Império do Brasil**. Disponível em:< http://www.planalto.gov.br/ccivil_03/constituicao/constitui%C3%A7ao24.htm>. Acesso em: 27 dez. 2018.

[14] Ao analisar sobre a lentidão na regulamentação jurídica das relações de família no Brasil, Maria Celina Bodin e Moraes e Ana Carolina Brochado Teixeira, na obra "Comentários à Constituição do Brasil", organizado por Canotilho, Gilmar Mendes Inglo Sarlet e Lênio Streck justificam que: "A regulamentação das relações de família no Brasil foi deixada, durante quase 300 anos, às Ordenações do Reino que, por força de lei de 1823 – seguida à Independência – foram mantidas em vigor até o advento do Código Civil, em 1916, muito tempo depois, portanto, de sua revogação em Portugal (pelo Código Seabra, em 1865). A razão desse aparente descaso é simples: até o início do século XX, as relações familiares no Brasil eram consideradas como um assunto exclusivamente privado (na verdade, essencialmente escolástico), cuja autoridade máxima – o pai de família, dotada de poder absoluto, não podia ser contestada por quem quer que fosse, não cabendo, por esta razão, ao Poder Público ali imiscuir-se, além do mínimo necessário. Isto explica também o laconismo constitucional sobre a matéria até 1988, especialmente nas Constituições ditatoriais de 1967 e 1969, que, diferentemente das Constituições de 1934, 1937 e 1946, aboliram por completo qualquer referência aos filhos" (CANOTILHO; MENDES; SARLET; STRECK, 2013, p.266).

[15] TEPEDINO, Gustavo. **Temas de direito civil**. 2ª ed. rev. atual., Rio de Janeiro: Renovar, 2001. p. 02.

Ante a superveniência de um Código Civil calcado em realidade pretérita, não houve qualquer mudança substancial na realidade fática da família brasileira. Sendo assim, o casamento continuou indissolúvel e a família, consagrada pela lei, permanecia naquele modelo conservador, considerado como uma entidade matrimonial, patriarcal, patrimonial, indissolúvel, hierarquizada e heterossexual. O vínculo que nascia da livre vontade dos nubentes era mantido, independente e até contra a vontade dos cônjuges. A família nuclear composta por homem, mulher e filhos habitando em um ambiente comum era praticamente a única existente.

Portanto, a legislação da República limitou-se ao casamento civil como única forma de matrimônio. O Código Civil de 1916 disciplinou o instituto do casamento em diversos artigos, consolidando-o como imprescindível para a constituição da família legítima[16], sem fazer qualquer alusão ao casamento religioso. Ficou patente, então, que o casamento civil tinha como efeito jurídico principal a legitimação da família, deixando de lado as uniões de fato que já eram existentes de forma numerosa à época. É importante ressaltar que a união sem casamento era fenômeno estranho ao Direito de Família, gerando apenas efeitos obrigacionais.

Ademais, o mesmo *Codex*, permitia-se o término da sociedade conjugal somente por via do desquite, amigável ou judicial. A sentença do desquite autorizava a separação dos cônjuges, colocava termo ao regime de bens, todavia, sem extinguir o vínculo matrimonial. A enumeração das causas de desquite era taxativa: adultério, tentativa de morte, sevícia ou injúria grave e abandono voluntário do lar conjugal (art. 317). Foi mantido o desquite por mútuo consentimento dos cônjuges (art. 318), se forem casados por mais de 02 anos[17].

O casamento civil, como única forma de constituição legítima da família, perdurou até 1934. Neste ano, o Estado Social, inaugurado pela Constituição de 1934, voltou a admitir a celebração religiosa do casamento como apta à produção de efeitos civis, desde que cumpridos os requisitos legais. Ao mesmo tempo, influenciado pela Igreja, o legislador constituinte reconheceu o casamento indissolúvel como único modelo de entidade familiar.

[16] Art. 229, CC/16: "Criando a família legítima, o casamento legitima os filhos comuns, antes dele nascidos ou concebidos". BRASIL. **Lei n. 3.071, de 01 de janeiro de 1916**. Código Civil. Disponível em: <http://www.planalto.gov.br/CCIVIL/leis/L3071.htm>. Acesso em: 03 dez 2018.

[17] BRASIL. **Lei n. 3.071, de 01 de janeiro de 1916**. Código Civil. Disponível em: <http://www.planalto.gov.br/CCIVIL/leis/L3071.htm>. Acesso em: 03 dez 2018.

A Constituição de 1937, influenciada pela Constituição Polonesa e pelos ideiais facistas, reconheceu a igualdade entre filhos naturais e legítimos, bem como reiterou que a família seria constituída pelo casamento indissolúvel, sem se referir à sua forma[18]. O mesmo preceito foi repetido nas Constituições de 1946 e de 1967.

Com o passar dos anos, a sociedade veio a sofrer transformações em várias esferas, não ficando a família alheia a isso. A inserção da mulher no mercado de trabalho, a conquista do direito ao voto e a busca de direitos iguais foram os grandes marcos de uma sociedade que sempre foi machista e feudalista. Fiúza considera que a Revolução Sexual foi um marco importante na evolução da família: "O golpe fatal ocorre nos idos de 1960, com a chamada Revolução sexual, em que a mulher reclama, de uma vez por todas, posição de igualdade perante o homem"[19].

E somando-se às mudanças advindas da industrialização, Eni de Mesquita Samara explicita que a expectativa de vida das brasileiras superior à dos homens -"no período de 1872 a 1996, a porcentagem de mulheres em relação ao total variou de 48,40% para 50,70%, com um decréscimo do número de homens de 51,60% para 49,30%" – também gerou reflexos no quadro de organização das famílias e domicílios[20].

Seguindo esse processo de transformação, a industrialização, o aumento de número de mulheres, a revolução feminista, a evolução filosófica e dos costumes e os avanços da ciência, notadamente, em relação às formas de concepção artificial, ensejaram o enfraquecimento do patriarcalismo, de modo a abrir espaço para o surgimento de um modelo familiar descentralizado, democrático e igualitário, regido pelo afeto, solidariedade social e felicidade.

Em resposta aos anseios da sociedade, foram editadas normas com o objetivo de flexibilizar a rigidez dos dispositivos constantes do Código Civil de 1916, corrigindo situações fáticas de evidente injustiça. Em 1942, o reconhecimento dos filhos naturais após o desquite foi permitido por

[18] BRASIL. Constituição (1937). **Constituição dos Estados Unidos do Brasil**. Disponível em: <http://www.planalto.gov.br/CCIVIL/Constituicao/Constitui%C3%A7ao37.htm>. Acesso em: 27 nov. 2018.

[19] FIUZA, César. **Direito civil – curso completo**. 12. ed. Belo Horizonte: Del Rey, 2008, p. 944.

[20] SAMARA, Eni de Mesquita. O que mudou na família brasileira? (da colônia à atualidade). **Revista Psicologia USP,** v. 13, n. 2, São Paulo, 2002. Disponível: 12 nov. 2018. <http://www.revistas.usp.br/psicousp/article/view/53500/57500>. Acesso em: 19 nov. 2018

meio do Decreto Lei n. 4.737. Na sequência, a Lei nº 883/49 permitiu esse reconhecimento em qualquer caso de dissolução da sociedade conjugal.

Afora isso, seguindo a linha da evolução do Direito Civil, a Lei nº 6.515/77, no art. 51, estatui o reconhecimento dos filhos ilegítimos durante a vigência da sociedade conjugal, desde que em testamento cerrado, além de permitir a ação de alimentos pelos mesmos, garantindo seu direito à herança, ainda que de forma limitada.

Entretanto, somente pela Emenda Constitucional nº 9, de 28 de junho de 1977, que o divórcio foi oficialmente instituído, posteriormente, regulamentado pela Lei nº 6.515 de 26 de dezembro de 1977 (Lei do Divórcio), de autoria do senador Nelson Carneiro. O fato de o divórcio permitir a extinção total do vínculo do casamento, de forma a autorizar novo casamento, gerou polêmica, principalmente, em face da influência religiosa que ainda pairava sobre o Estado naquela ocasião. Afinal, "novas núpcias", em tempos pretéritos, eram totalmente rechaçadas pela Igreja. Tanto é assim que até o ano de 1977, o vínculo jurídico do casamento não podia ser dissolvido.

Em caso de convivência insuportável, a única opção seria o desquite, instrumento capaz de interromper os deveres conjugais, todavia, sem por fim à sociedade conjugal, ou seja, se finda a convivência sob mesmo teto, os bens partilhados, entretanto não era permitido novo casamento. Vale dizer que inexistiam, naquela época, leis que resguardassem os direitos daqueles que viviam juntos informalmente.

Desse modo, a Lei do Divórcio concedeu a possibilidade de extinção da sociedade conjugal, com permissão para novo casamento, todavia, somente por uma vez. O desquite deu lugar à separação, que continuou sendo um estágio intermediário da dissolução da sociedade conjugal até a obtenção do divórcio. Apenas com o advento da Constituição da República de 1988, que o divórcio passou a ser permitido mais de uma vez.

Aliás, o texto constitucional foi divisor de águas na evolução da família brasileira. A valorização da pessoa humana, princípio constitucional auto-executável, passa a exigir uma nova interpretação dos institutos do Direito Privado, iniciando a era da constitucionalização do Direito Civil, definida por Paulo Luiz Netto Lôbo[21] como sendo "o processo de elevação

[21] LÔBO, Paulo Luiz Netto. A constitucionalização do Direito Civil. In: FIUZA, César; SÁ, Maria de Fátima Freire de; NAVES, Bruno Torquato de Oliveira (Coords.). **Direito civil: atualidades**. Belo Horizonte: Del Rey, 2003, p.199.

ao plano constitucional dos princípios fundamentais do direito civil, que passam a condicionar a observância pelos cidadãos, e a aplicação pelos tribunais, da legislação infraconstitucional.".

Segundo Tepedino, "o fenômeno da constitucionalização do Direito Civil ensejou profunda modificação nos métodos de interpretação do Direito Privado"[22], tornando necessária a releitura do Código Civil à luz da Constituição da República de 1988, de forma a adequar e funcionalizar as relações jurídicas privadas patrimoniais e existenciais, visando à promoção do bem comum e o interesse coletivo. Dessa forma, o caráter individualista e patrimonialista, que permeou o Código Civil de 1916, fora substituído pela inserção de princípios e regras constitucionais, fundados na proteção da dignidade da pessoa humana, princípio que impôs a despatrimonialização e personalização das relações jurídicas privadas.

Trilhando essa linha, a Constituição da República de 1988, adotando um modelo democrático de família, inaugurou no ordenamento jurídico brasileiro a igualdade entre os cônjuges e filhos, as liberdades e as garantias da mulher, a autonomia individual, enfim, a observância da dignidade de todos os membros da família. A partir desse momento, o casamento deixa de ser o único bem jurídico tutelado, passando a ser dever do Estado assegurar a proteção da família, independente da sua forma de constituição. O legislador constituinte elevou a união estável à categoria de entidade familiar, regulando as uniões informal, facilitando, inclusive, a sua conversão ao casamento. A família monoparental também recebeu atenção constitucional.

Apesar de tais mudanças terem sido essenciais para a sociedade, algumas questões ficaram à margem de regulamentação, desconsiderando que todas as espécies de família são faces de uma mesma realidade: o afeto. O casamento e a união estável permaneceram limitados ao vínculo entre duas pessoas, homem e mulher, ignorando a relação homoafetiva, poliafetiva e anaparental, presentes na sociedade pós-moderna.

Não há como ignorar que as transformações sociais induziram o surgimento de novos arranjos, ficando no passado a noção de que o vínculo biológico seria o único elemento caracterizador da família. Saiu de cena a

[22] TEPEDINO, Gustavo. A constitucionalização do Direito Civil: perspectivas interpretativas diante do novo código. In: FIUZA, César; SÁ, Maria de Fátima Freire de; NAVES, Bruno Torquato de Oliveira (Coords.). **Direito Civil: atualidades**. Belo Horizonte: Del Rey, 2003, p.115.

família patriarcal, hierarquizada, patrimonialista e matrimonial para tomar o seu lugar à nova entidade familiar democrática, plural, socioafetiva, inspirada nos valores constitucionais da isonomia, solidariedade e dignidade da pessoa humana, cada vez mais destinada à promoção da felicidade de seus membros. É a família eudemonista.

Segundo Maria Berenice Dias: "o eudemonismo[23] é a doutrina que enfatiza o sentido de busca pelo sujeito de sua felicidade. A absorção do princípio eudemonista pelo ordenamento altera o sentido da proteção jurídica da família, deslocando-o da instituição para o sujeito"[24].

Assim, a família evoluiu, recebeu novos contornos, transformando-se em relações ligadas aos sentimentos de afeto, felicidade e amor familiar. Ao outorgar a proteção à família, independentemente da celebração do casamento, a Constituição da República de 1988 criou um novo conceito de entidade familiar, albergando novas configurações de vínculos afetivos. De acordo com Paulo Lobo "o *caput* do art. 226 é, consequentemente, cláusula geral de inclusão da família, não sendo admissível excluir qualquer entidade que preencha os requisitos de afetividade, estabilidade e ostensibilidade"[25]. Diante da nova perspectiva da família, o modelo tradicional – o casamento – passou a ser mais uma forma de constituir o núcleo familiar. A Constituição da República de 1988 alargou o conceito de família elencando, exemplificativamente, como entidades familiares o casamento, a união estável e a família monoparental, deixando em aberto a possibilidade de novos arranjos familiares.

Nessa esteira, em maio de 2011, o Supremo Tribunal Federal, proferindo julgamento da ADIn 4277 e da ADPF 132, alargou ainda mais o conceito de família ao conceder aos casais homoafetivos o direito de formarem famí-

[23] O eudemonismo – *eudaimonismo* provém do grego *eudaimonia* – a felicidade como objetivo da vida humana, o agir segundo a virtude. Aristóteles, na obra "Ética a Nicômaco", pontua que "a felicidade é um princípio; é para alcançá-la que realizamos todos os outros atos; ela é exatamente o gênio de nossas motivações." ARISTÓTELES. **Ética a Nicômaco.** São Paulo: Martin Claret, 2012. A concepção da família como uma organização subjetiva fundamental para a construção individual da felicidade se instala na pós-modernidade.

[24] DIAS, Maria Berenice. **Manual de Direito das Famílias – Princípios do Direito de Família.** 5ª edição revista, atualizada e ampliada. 2ª tiragem. São Paulo Revista dos Tribunais, 2009

[25] LÔBO, Paulo Luiz Netto. Entidades familiares constitucionalizadas: para além do numerus clausus. In: **JusNavigandi**, Teresina, ano 6, n. 53,, jan. 2002. Disponível em <http://jus.com.br/artigos/2552>. Acesso em 27 dez. 2018.

lia por meio da união estável. A Suprema Corte brasileira entendeu que a união homoafetiva é uma entidade familiar, sendo que dela decorrem todos os direitos e deveres que emanam da união estável entre homem e mulher.

O reconhecimento da família homoafetiva demonstra, claramente, que o direito não pode ignorar as relações fáticas existentes na sociedade. No contexto da pluralidade familiar, não há justificativa para o não reconhecimento dos direitos das famílias ás entidades anaparentais. A proteção à família plural, o respeito à dignidade humana, à liberdade, à garantia aos direitos fundamentais, impõe a aceitação de novas modalidades de família, sendo plenamente viável, portanto, conferir proteção às famílias anaparentais. Passa-se às novas entidades familiares.

1.2. AS NOVAS CONFORMAÇÕES FAMILIARES

A sociedade vem passando por transformações significantes ao longo dos anos, com destaque ao Direito de Família que, até então, era considerado um dos mais fechados e conservadores institutos da legislação brasileira. A família composta pela figura do pai, da mãe e de sua prole deixou de ser o modelo a ser seguido e passou a ser apenas uma das conformações familiares reconhecidas, atualmente, pelo Direito brasileiro.

Nesse sentido, Gatto[26] apresenta a reflexão sobre os aspectos ligados à valoração da pessoa humana e sua mútua proteção entre as conformações familiares afetivas:

> A nova estrutura familiar busca a promoção da pessoa humana, com o desenvolvimento da personalidade de seus membros, avançando assim para uma compreensão socioafetiva de sua formulação, onde se abandona o casamento como forma de instituição principal e necessária, para se buscar a proteção de seus membros, unidos pela afeição.
>
> Consequentemente, em decorrência da nova função social dos núcleos familiares, surgem novos arranjos em sua composição, que cumpriam igual função, antes exercida preferencialmente pela família tradicionalmente reconhecida. O afeto tornou-se o elemento essencial à sua instituição, tornando seus membros unidos como cúmplices de amor e felicidade. Daí, fundadas

[26] GATTO, Gabriela. As novas modalidades de famílias do direito civil brasileiro no século XXI e, os aspectos da multiparentalidade. Disponível em: <https://gabiggatto.jusbrasil.com.br/artigos/527805537/as-novas-modalidades-de-familias-do-direito-civil-brasileiro-no-seculo-xxi-e-os-aspectos-da-multiparentalidade?ref=topic_feed>. Acesso em: 02 nov.2018.

essencialmente pelo afeto, diversas entidades passaram a se fortalecerem, ainda que não tuteladas pelo direito.

Ressalta-se, desse modo, que as famílias contemporâneas são caracterizadas pela diversidade, derivando-se não apenas dos laços consanguíneos e genéticos, mas, notadamente, por laços criados a partir da convivência e do afeto. As transformações sociais induziram o surgimento de novos arranjos, ficando no passado a noção de que o vínculo biológico seria o único elemento caracterizador da família. Saiu de cena a família patriarcal, hierarquizada, patrimonialista e matrimonial, tomando o seu lugar à nova entidade familiar democrática, plural, socioafetiva, inspirada nos valores constitucionais da isonomia, solidariedade e dignidade da pessoa humana, cada vez mais destinada à promoção da felicidade de seus membros. É a família eudemonista[27], ou seja, a concepção de que a família como uma organização subjetiva fundamental para a construção individual da felicidade se instala na pós-modernidade.

Ao tratar do pluralismo das entidades familiares, Lôbo[28] exemplifica as novas conformações familiares como sendo: a) homem e mulher com vínculo de casamento, com filhos biológicos; b) homem e mulher, com vínculo de casamento, com filhos biológicos e filhos não biológicos, ou somente com filhos não biológicos; c) homem e mulher, sem casamento, com filhos biológicos (união estável); d) homem e mulher, sem casamento, com filhos biológicos e não biológicos ou apenas não biológicos (união estável); e) pai ou mãe e filhos biológicos (monoparental); f) pai ou mãe e filhos biológicos e adotivos ou apenas adotivos (monoparental); g) união de parentes e pessoas que convivem em interdependência afetiva, sem pai ou mãe que a chefie, como no caso de grupo de irmãos, após falecimento ou abandono dos pais, ou de avós e netos, ou de tios e sobrinhos; h) pessoas sem laços de parentesco que passam a conviver em caráter permanente, com laços de afetividade e de ajuda mútua, sem finalidade sexual ou econômica; i) uniões homoafetivas, de caráter afetivo e sexual; j) uniões concubinárias,

[27] O eudemonismo – *eudaimonismo* provém do grego *eudaimonia* – a felicidade como objetivo da vida humana, o agir segundo a virtude. Aristóteles, na obra "Ética a Nicômaco", pontua que "a felicidade é um princípio; é para alcançá-la que realizamos todos os outros atos; ela é exatamente o gênio de nossas motivações". ARISTÓTELES. **Ética a Nicômaco.** São Paulo: Martin Claret, 2012.

[28] LÔBO, Paulo. **Direito Civil: Famílias.** 4. ed. São Paulo: Saraiva, 2011. p.78-79.

quando houver impedimento para casar de um ou de ambos companheiros, com ou sem filhos; k) comunidade afetiva formada com "filhos de criação", segundo generosa e solidária tradição brasileira, sem laços de filiação natural ou adotiva regular, incluindo, nas famílias recompostas, as relações constituídas entre padrastos e madrastas e respectivos enteados, quando se realizem os requisitos da posse de estado de filiação.

No entanto, das conformações familiares supracitadas, o Código Civil de 2002 trata expressamente do casamento (artigos 1.511 e seguintes), da união estável (artigos 1.723 a 1.726) e do concubinato (artigo 1.727). As demais entidades familiares, apesar de principiologicamente reconhecidas, ainda não estão positivadas.

Carlos Roberto Gonçalves, a seu turno, reconhece a família matrimonial – decorrente do casamento, a família decorrente da união estável, a família monoparental – constituída por um dos genitores e seus filhos, a família anaparental – constituída somente pelos irmãos, a família homoafetiva – formada por pessoas do mesmo sexo, e, em suma, a família eudemonista – caracterizada pelo vínculo afetivo[29].

Das considerações realizadas, é possível identificar junto às novas conformações familiares alguns elementos comuns, tais quais: a afetividade, valor jurídico que afasta a supremacia do direito patrimonial, enfatizando o direito existencial; a estabilidade das relações afetivas, elemento importante que exclui do âmbito familiar os relacionamentos meramente casuais, e, por fim, a convivência pública – a qual pressupõe uma unidade familiar reconhecida publicamente pela sociedade[30].

Assim, a afetividade, esquecida pelo mundo jurídico, em decorrência do racionalismo e do positivismo que separava a razão do sentimento, passa a ter papel fundamental nos tempos pós-contemporâneos, alterando, por completo, a realidade até então vivida no âmbito familiar. Conforme já enfatizado, a família secular patriarcal cedeu lugar à família eudemonista, a qual se vincula e se mantém, preponderantemente, por laços afetivos.

Conclui-se, portanto, que a afetividade é um valor moral, um sentimento juridicamente relevante, sobretudo, quando manifestado no âmbito da convivência familiar, constituindo-se, nesses casos, um dos elementos configuradores da família moderna, ao lado da estabilidade e ostensibilidade.

[29] GONÇALVES, Carlos Roberto. **Direito Civil Brasileiro: Direito de Família**. Volume 6. 14. ed. São Paulo: Saraiva, 2017. p. 39-40. Versão eletrônica.

[30] LÔBO, Paulo. **Direito Civil: Famílias**. 4. ed. São Paulo: Saraiva, 2011. p.80.

Partindo de tais premissas, pode-se afirmar que a manifestação de afetividade recíproca, pode ser o elemento capaz de legitimar as famílias anaparentais, sobretudo, se somados à estabilidade e ostensibilidade, elementos que escancaram a existência de uma família. Não obstante a importância das famílias constantes no limbo legislativo, o estudo se limita às unidades anaparentais, as quais se passa a discorrer.

1.2.1. AS FAMÍLIAS ANAPARENTAIS

Conforme já dito, as constantes mudanças sociais levaram à formação de novas modalidades de famílias, constituídas não só pelos laços consanguíneos ou matrimoniais, mas, sobretudo, pautadas na afetividade de uns em relação aos outros. Estes novos arranjos são denominados famílias socioafetivas, figurando, dentre elas, a família anaparental.

Anaparental decorre do prefixo "ana", de origem grega, indicativo de "falta", "privação", ou seja, ausência de pais, o que dá a interpretação de que a família anaparental seria aquela família sem a presença dos pais, podendo se constituir pela convivência entre pessoas parentes ou não em um mesmo lar.

Diferencia-se da família monoparental, especialmente, porque nesta há verticalidade de vínculos, o pai e seus filhos (ascendentes e descendentes – parentes em linha reta) e, naquela, a colateralidade (irmão com irmão, por exemplo). Maria Berenice, oportunamente, afirma que: "a diferença de gerações não pode servir de parâmetro para o reconhecimento de uma estrutura familiar. Não é a verticalidade dos vínculos parentais em dois planos que autoriza reconhecer a presença de uma família merecedora da proteção jurídica"[31].

Nesse aspecto, a convivência de dois irmãos que vivam juntos e conjuguem esforços para a formação do acervo patrimonial constitui uma família anaparental. Cuida-se a hipótese de uma entidade familiar com vínculo de parentesco, contudo, sem qualquer liame de ascendência e descendência, podendo ser composta por vários irmãos, tios(as) e sobrinhos(as), primos(as)[32].

[31] DIAS, Maria Berenice. **Manual de Direito das Famílias**. 11. ed. Revista atualizada e ampliada. São Paulo: Editora Revista dos Tribunais, 2016. p.140.

[32] TIEZZI, Beatriz Ciabatari Simões Silvestrini; GESSE, Eduardo. Apontamentos do direito de família. [S. l.]: 2010. Disponível em: <http://intertemas.unitoledo.br/revista/index.php/ETIC/article/view/2071/2243>. Acesso em: 22 de dez. 2018.

A formação da família, aqui, se relaciona, basicamente, pela convivência entre parentes do vínculo da colateralidade. Mas não é só. Alguns doutrinadores defendem a existência da família anaparental na vertente da convivência de 2 (duas) ou mais pessoas que tenham identidade de propósitos, no que concerne ao mútuo apoio emocional e/ou econômico, como, por exemplo, duas amigas aposentadas e viúvas que decidem compartilhar sua velhice, dividindo alegrias e tristezas, convivência, sem intuito sexual, caracterizando-se, apenas, o auxílio material e emocional mútuo e o sentimento sincero de amizade (TIEZZI; GESSE, 2016).

Sérgio Resende de Barros engrossa o coro ao defender que: "a convivência entre parentes ou entre pessoas, ainda que não parentes, dentro de uma estruturação com identidade de propósito, impõe o reconhecimento da existência de entidade familiar batizada com o nome de família anaparental" (BARROS, 2003, p. 151). A família anaparental, portanto, é uma modalidade familiar capaz de adquirir as mais diversas configurações, tais como a convivência longa e duradoura entre dois irmãos abandonados pelos pais ou que estes faleceram; ou até mesmo duas amigas idosas que decidem viver o resto das suas vidas juntas, compartilhando afeto, solidariedade e suas aposentadorias.

Os dois casos são exemplos de família anaparental. Trata-se, então, de espécie familiar diferente da concepção clássica, existente há séculos, contudo, sem a proteção específica do direito, sendo praticamente impossível conceber a sua existência jurídica antes do advento da Constituição da República de 1988. No entanto, o avanço tecnológico, a globalização e a mudança da economia alteraram os anseios e costumes das pessoas, surgindo, com isso, as novas relações sociais e, consequentemente, as "novas famílias". Carlos Eduardo Boucalt explica o fenômeno:

> Os segmentos acadêmicos e científicos vêm incorporando os conceitos similares de globalização, mundialização, internacionalização, em face da nova sistemática de escoamento da produção pelas empresas internacionais, favorecendo o fluxo de capitais e de circulação de pessoas, os quais, estimulados por novas possibilidades de sobrevivência, dentre as quais se situem a fuga a conflitos militares até investimentos financeiros no exterior, intensificam a níveis migratórios pelos continentes. Nessa ambientação, pessoas se deslocam, unem-se umas a outras, têm filhos, divorciam-se, adotam, requerem alimentos, desaparecem, morrem, ensejando por parte dos países o redi-

mensionamento das normas de Direito Internacional Privado visando à tutela dos direitos de família relativo à condição dos estrangeiros que migram por variadas causas.[33]

Como se observa, a necessidade de redimensionamento das normas de Direito de Família é sempre evidenciada nas demandas das famílias não tradicionais. Isso porque, infelizmente, há quem defenda a tese de que o rol do aludido na Constituição da República de 1988 seria taxativo, abrangendo somente as famílias matrimonial, monoparental e a união estável.

Considerando a lógica inclusiva constitucional, consubstanciada pela aplicação dos princípios da dignidade da pessoa humana, pluralidade familiar, solidariedade e autonomia privada[34], necessário se faz conceder proteção jurídica aos arranjos familiares não tradicionais, notadamente, à família anaparental. Conceituada a família anaparental, passa-se à análise dos efeitos do seu reconhecimento, especialmente, no âmbito sucessório.

2. OS EFEITOS DO RECONHECIMENTO JURÍDICO DA FAMÍLIA ANAPARENTAL

Reconhecer a família anaparental é atestar a existência de uma entidade familiar proveniente do vínculo afetivo, deixando cair por terra a ideia exclusiva de constituição de família por meio de relações biológicas, marca essencial da família patriarcal. Nesse sentido, Susileine Kusano explana que [35]:

> Hoje a família não é mais entendida apenas como decorrente de laços consanguíneos ou de matrimônio, mas se vale principalmente das relações de afetividade entre os entes que a compõem, e com fundamento nessa concepção, o Estatuto[36] pretende a legitimação de todas as formas de entidades

[33] BOUCAULT, Carlos. Multiculturalismo e direito de família nas normas de direito internacional privado. In: PEREIRA, Rodrigo da Cunha (coord.). **Família e Cidadania:** O novo CCB e a vacatio legis. Anais do III Congresso Brasileiro de Direito de Família. Belo Horizonte: IBDFAM/Del Rey, 2002, p.163.

[34] LÔBO, Paulo. **Direito Civil: Famílias**. 4. ed. São Paulo: Saraiva, 2011. p.60

[35] KUSANO, Susileine. **Da família anaparental: Do reconhecimento como entidade familiar.** Disponível em <http://www.ambito-juridico.com.br/site/index.php?n_link=revista_artigos_leitura&artigo_id=7559>. Acesso em: 03 dez. 2018.

[36] KUSANO, Susileine. **Da família anaparental:** Do reconhecimento como entidade familiar. Breves comentários ao Projeto de Lei nº 2.285/07: Estatuto das Famílias. Disponível em

familiares, desde as conjugais às parentais. Pois o fato de uma criança que perdeu os pais e foi morar com uma Tia, tendo nesta a figura da mãe, não é merecedora de amparo Estatal por não se enquadrar no rol das espécies de famílias reconhecidas Constitucionalmente?

A resposta a indagação da autora é sim. A situação fática de uma criança que perdeu os pais e foi morar com uma tia, tendo nesta a figura da mãe, é merecedora de amparo Estatal, em função da mera aplicação dos princípios da dignidade da pessoa humana, pluralidade familiar, solidariedade e autonomia privada. Ora, a liberdade de escolha de constituição da família que melhor corresponda as suas necessidades nada mais é do que um meio de concretização da dignidade da pessoa humana.

Com efeito, o legislador constituinte de 88 não teve a intenção de excluir da proteção do Estado famílias diversas daquelas contempladas no rol do art. 226. Ao contrário, ao inserir a dignidade da pessoa humana e a pluralidade familiar como princípios, constituiu uma verdadeira cláusula geral de inclusão, legitimadora das famílias calcadas no afeto e solidariedade. Em convergência a tal posicionamento, tem-se a decisão do Recurso Especial (REsp) 1217415 RS 2010/0184476-0, interposto ao Superior Tribunal de Justiça (STJ), *in verbis*:[37]

> O primado da família socioafetiva tem que romper os ainda existentes liames que atrelam o grupo familiar a uma diversidade de gênero e fins produtivos, não em um processo de extrusão, mas sim de evolução, onde as novas situações se acomodam ao lado de tantas outras, já existentes, como possibilidades de grupos familiares. O fim expressamente assentado pelo texto legal – colocação do adotando em família estável – foi plenamente cumprido, pois os irmãos, que viveram sob o mesmo teto, até o óbito de um deles, agiam como família que eram, tanto entre si, como para o então infante, e naquele grupo familiar o adotado se deparou com relações de afeto, construiu – nos limites de suas possibilidades – seus valores sociais, teve amparo nas horas de necessidade físicas e emocionais, em suma, encontrou naqueles que o adota-

<http://www.ambito-juridico.com.br/site/index.php?n_link=revista_artigos_leitura&artigo_id=7559> Acesso em: 03 dez. 2018.

[37] BRASIL. Superior Tribunal de Justiça. Recurso Especial 1.217.415/RS. Relator: Ministra Nancy Andrighi – Terceira Turma. Diária de Justiça Eletrônico. Disponível em: < https://stj.jusbrasil.com.br/jurisprudencia/22271895/recurso-especial-resp-1217415-rs-2010-0184476-0-stj/inteiro-teor-22271896?ref=juris-tabs> Acesso em: 23 nov. 2018.

ram a referência necessária para crescer, desenvolver-se e inserir-se no grupo social que hoje faz parte. Nessa senda, a chamada família anaparental – sem a presença de um ascendente -, quando constatado os vínculos subjetivos que remetem à família , merece o reconhecimento e igual status daqueles grupos familiares descritos no art. 42, §2º, do ECA.

O tema é controverso, sobretudo, em razão do silêncio da lei e das consequências jurídicas no âmbito sucessório, encontrando resistência daqueles que interpretam literalmente a lei civil sucessória, apegando-se, principalmente, na ordem específica para a sucessão legítima, tema que se passa a tratar.

2.1. A QUEBRA DA ORDEM DE VOCAÇÃO HEREDITÁRIA, EM RAZÃO DO RECONHECIMENTO DA FAMÍLIA ANAPARENTAL

Em se tratando de sucessão, o ordenamento jurídico brasileiro conta com duas possibilidades de transmissão de herança ou legado, a sucessão legítima e a sucessão testamentária[38]. Segundo Tartuce[39], a sucessão legítima é aquela que decorre de lei, nos termos em que se anuncia a ordem da vocação hereditária, inexistindo, nesse caso, o testamento. Lado outro, a sucessão testamentária tem sua origem no ato de última vontade daquele que morreu – *de cujus* – por meio do testamento ou codicilo[40], mecanismos do Direito das Sucessões capazes de viabilizar o exercício da autonomia privada do autor da herança.

A sucessão, portanto, a teor do art. 1.786 do CCB/02)[41], se dá por disposição de última vontade ou pelo versado na legislação correspondente. Nesse contexto, a ordem de vocação hereditária, demonstraria como assim

[38] Aquino, Igor Rodrigues. Sucessão legítima e testamentária. Disponível em <https://jus.com.br/artigos/34009/sucessao-legitima-e-testamentaria> Acesso em: 12 nov. 2018.

[39] Tartuce, Flávio. **Manual de Direito Civil: Volume único**. 7. ed. rev., atual., ampl. Rio de Janeiro: Forense; São Paulo: Método, 2017. p.951. Versão eletrônica.

[40] Rangel, Tauã Lima Verdan. O codicilo no direito sucessório: abordagem didática do assunto. Disponível em:<https://www.boletimjuridico.com.br/doutrina/artigo/3533/o-codicilo-direito-sucessorio-abordagem-didatica-assunto> Acesso em: 12/11/2018. Tauã destaca que "(...) a concepção de que o codicilo consiste na possibilidade do testador 'fazer disposições especiais sobre o seu enterro, sobre esmolas de pouca monta a certas e determinadas pessoas, ou, indeterminadamente, aos pobres de certo lugar, assim como legar móveis, roupas ou jóias, de pouco valor, de seu uso pessoal".

[41] Art. 1.786: A sucessão dá-se por lei ou por disposição de última vontade.

proceder no caso concreto, em caso de morte sem testamento. Com efeito, a teor da ordem de vocação hereditária brasileira, conhecida como sendo a convocação de pessoa com direito à herança, para que receba o patrimônio deixado pelo falecido, havendo direito sucessório, será chamado a suceder, em primeiro lugar, os descendentes, ou seja, filhos, netos, bisnetos e, assim, sucessivamente.

Em segundo lugar, são chamados os ascendentes, como exemplo os pais, os avós, bisavós e assim adiante, estando estes em concorrência direta com o cônjuge supérstite. Em seguida, o cônjuge supérstite. E, por fim, os colaterais até quarto grau, embarcando, nessa classe, o irmão, o sobrinho, o tio e o primo. Entretanto, a ordem de vocação hereditária ignora as relações construídas através do afeto, intimidade, respeito, concedendo relevância apenas às famílias tradicionais de padrões fechados. Ou seja, a ordem de vocação hereditária ignora, por completo, os novos arranjos pós-contemporâneos, situações fáticas existentes, nas quais o sentimento, a consideração e o afeto geram vínculo jurídico.

Nesse caso, a formação da família anaparental alteraria a presunção vocacional fria da lei. Pois bem. Pensa-se, na família anaparental, formada por duas irmãs que conjugam esforços diários para construir o ambiente familiar por longos anos de suas vidas. Em caso de falecimento de uma das irmãs, seria justo, por aplicação da lei civil sucessória, a irmã sobrevivente ser compelida a partilhar a conquista comum com os demais irmãos, que não participaram da família, tampouco contribuíram para a aquisição do patrimônio?

A resposta categórica é não. Isso porque se constituiu, *in casu*, a família anaparental, unidade familiar que deve excluir os demais irmãos de qualquer consequência sucessória. Deve ser observado que a questão envolve mais do que a simples convivência entre dois irmãos, em alguns casos a situação é de responsabilidade de um irmão pelo outro; solidariedade com responsabilidade, tal como verdadeiro pai e mãe, envolvendo não só assistência material, afetiva (amor e carinho) e/ou então, por esforço mútuo, contribuição para a aquisição de patrimônio comum (KUSANO, 2011).

Está se falando em socioafetividade, critério de parentesco que goza de reconhecimento doutrinário e jusrisprudencial, sobretudo, no tocante às relações de filiação, aspecto jurídico plenamente aplicável às famílias anaparentais. A socioafetividade possui duas dimensões, uma estritamente social, manifestada pela exteriorização do vínculo perante o seu meio de convivência social, e, uma afetiva, relacionada à convivência pautada na solidariedade manifestada entre os seus sujeitos, ou seja, a livre escolha de constituir família centrada no afeto.

O afeto, no que toca à dimensão afetiva, deve ser dissociado do aspecto puramente subjetivo, sendo relevante quando transforma a relação humana, tornando-a merecedora de tutela jurídica, ou seja, interessa o afeto que gera vínculos, direitos e obrigações, como ocorre na órbita familiar, moradia, assistência, saúde, educação, alimentos, dentre outros. A afetividade, normalmente, se revela em ambiente de solidariedade e responsabilidade. Nesse aspecto, Heloísa Helena Barbosa levanta um contraponto interessante de que "as relações familiares verdadeiras são afetivas, embora muitas relações familiares jurídicas não o sejam. A verdadeira família é uma comunhão de afetos, antes de ser um instituto jurídico"[42].

Seguindo essa perspectiva, a afetividade se apresenta como ponto central das relações familiares, alvo de especial proteção do Estado. Lado outro, a admissibilidade da constituição do parentesco socioafetivo ressai da interpretação do art. 1.593 do Código Civil de 2002, o qual estabelece que: "o parentesco é natural ou civil, conforme resulte de consaguinidade ou de outra origem". A expressão "outra origem" denota as nuances das relações sociais em ampla mutação, abrindo espaço para a legitimação de outras formas de constituição de vínculo de parentesco em linha reta ou colateral, tais como a socioafetividade.

Somando-se a isso, o art. 1.547 do Código Civil de 2002 regula a chamada posse de estado, reconhecendo-a como um critério jurídico para demonstrar a existência de vínculo conjugal, ante a comprovação de elementos fáticos que revelam de modo inequívoco a natureza material da relação mantida entre os sujeitos. Tal circunstância se aplica perfeitamente aos casos de investigação da existência da família anaparental.

Assim, a união entre irmãs ou pessoas não parentes, pautada no afeto, esforço mútuo e solidariedade merece proteção jurídica, não havendo se falar em inserção de pessoas alheias ao arranjo familiar anaparental, em caso de sucessão. Pretende-se apenas uma leitura civil-constitucional das normas sucessórias, notadamente, em razão da formação da família anaparental. Não há como ignorar que a Constituição da República de 1988 prestigiou a autonomia, a liberdade individual e a afetividade, concedendo

[42] BARBOZA. Heloísa Helena. Efeitos jurídicos do parentesco socioafetivo. Disponível em <http://www.ibdfam.org.br/_img/congressos/anais/180.pdf>. Acesso em 24 dez. 2018.

à pessoa humana a possibilidade de desenvolver a sua personalidade no ambiente familiar que melhor lhe aprouver, ou seja, a pluralidade familiar restou consagrada como garantia constitucional. Maria Berenice Dias defende a quebra da ordem de vocação hereditária, em face da família anaparental e explicita:

> A convivência sob o mesmo teto, durante longos anos, por exemplo, de duas irmãs que conjugam esforços para a formação do acervo patrimonial constitui uma entidade familiar. Na hipótese de falecimento de uma delas, descabe dividir os bens igualitariamente entre todos os irmãos, como herdeiros colaterais, em nome da ordem de vocação hereditária. Também reconhecer mera sociedade de fato e invocar a Súmula 380[43], para conceder somente a metade dos bens a sobrevivente, gera flagrante injustiça para com quem auxiliou a amealhar o patrimônio. A solução que se aproxima de um resultado justo é conceder à irmã, com quem a falecida convivia, a integralidade do patrimônio, pois ela, em razão da parceria de vidas, antecede aos demais irmãos na ordem de vocação hereditária. Ainda que inexista qualquer conotação sexual, a convivência identifica comunhão de esforços, cabendo aplicar, por analogia, as disposições que tratam do casamento e da união estável. Cabe lembrar que essas estruturas de convívio em nada se diferenciam da entidade familiar de um dos pais com seus filhos e que também merece proteção constitucional[44].

A autora relata a dificuldade encontrada pelas famílias anaparentais formadas por colaterais e defende a exclusão dos demais herdeiros da classe hereditária, em detrimento da família efetivamente formada pelo afeto e solidariedade. Demonstra Maria Berenice Dias que, se duas irmãs morassem juntas conjugando esforços familiares e uma delas falecesse, a posição minoritária defenderia a aplicação das disposições que regem a união estável, por analogia. O posicionamento majoritário, por sua vez, comunga da ideia de que deve ser chamado a herdar o ascendente ou descendente mais próximo, nos termos da ordem de vocação hereditária[45].

[43] **Súmula 380:** Comprovada a existência de sociedade de fato entre os concubinos, é cabível a sua dissolução judicial, com a partilha do patrimônio adquirido pelo esforço comum.

[44] DIAS, Maria Berenice. **Manual de Direito das Famílias**. 11. ed. Revista atualizada e ampliada. São Paulo: Editora Revista dos Tribunais, 2016. p.145.

[45] DIAS, Maria Berenice. **Manual de Direito das Famílias**. 11. ed. Revista atualizada e ampliada. São Paulo: Editora Revista dos Tribunais, 2016. p.146.

É fato que a Lei Civil sucessória, quando da sua elaboração, não contava com as novas formas de família, circunstância que, *per si*, enseja uma interpretação constitucional da norma, a fim de admitir a pluralidade familiar como legitimadora da família anaparental.

Nessa senda, a existência de omissão legal acerca da sucessão da família anaparental não pode servir de escusa para que tal unidade permaneça à mercê do positivismo jurídico cego, o qual ignora o Estado principiológico em que se vive no século XXI.

A inércia do legislador em relação ao Direito das famílias tem levado as pessoas a buscar cada vez mais o auxílio do Poder Judiciário para reconhecer famílias, por analogia ou por comparação às demais famílias constitucionalizadas. O fato é que a exclusão do rol exemplificativo de entidades familiares do ordenamento jurídico brasileiro não permite a discriminação de direitos que têm enfrentado os novos arranjos além dos convencionais.

Assim, em se tratando morte de um dos membros da família anaparental, nada mais coerente que equiparar este sobrevivente ao rol dos herdeiros necessários, privilegiando-se, assim, os laços afetivos consubstanciados no sentimento de parceria e afeto, desenvolvido no âmbito da entidade familiar socioafetiva anaparental.

Dessa forma, o membro socioafetivo do vínculo anaparental seria equiparado ao cônjuge, tendo em vista a relação de afeto e mutualidade existente entre as partes, colocando-se tal valor jurídico em evidência em detrimento da ordem de vocação hereditária legal.

CONCLUSÕES

O presente estudo buscou, por meio da técnica qualitativa, a partir da legislação brasileira bem como de estudos a partir de uma literatura jurídica, a pesquisa acerca da quebra da ordem de vocação hereditária em face da formação de uma família anaparental. No primeiro momento, restou demonstrada a evolução sofrida pelo instituto da família ao longo dos anos, demonstrando que, apesar da tentativa dos legisladores em acompanhar o desenvolvimento histórico e social da população, os textos legais se encontram desatualizados, não abarcando as novas conformações familiares.

Ressaltou-se, ainda, a importância dos princípios constitucionais de Direito de Família, considerando, sobretudo, o marco de evolução concebido pela promulgação da Constituição Federal de 1988, o qual abarcou a teoria ampliativa que permite a criação de famílias ligadas pelo afeto e solidariedade. Contudo, mesmo levando em conta todas as modificações sociais e estruturais do mundo globalizado, verificou-se que várias conformações não tradicionais – anaparentais, poliafetivas, dentre outras, ainda ficaram a margem de reconhecimento e legitimação.

Diante desse contexto, evidenciou-se a importância e relevância jurídica do afeto, manifestado pela livre vontade em constituir uma família anaparental, demonstrando-se que a união entre irmãs ou pessoas não parentes, pautada no afeto, esforço mútuo e solidariedade merece proteção jurídica, afastando pessoas alheias ao arranjo familiar, em caso de sucessão. É o caso em que duas irmãs, que formam uma família de afeto e solidariedade, excluem as demais irmãs da sucessão, em razão da entidade anaparental. Observa-se, nessa hipótese, o caso concreto, levando em conta o vínculo afetivo existente entre os participantes, bem como o propósito de construção e manutenção familiar.

Nessa perspectiva, demonstrou-se que a Constituição da República de 1988 prestigiou a autonomia, a liberdade individual e a afetividade, concedendo à pessoa humana a possibilidade de desenvolver a sua personalidade no ambiente familiar que melhor lhe aprouver, e, por fim, defendeu-se uma leitura civil-constitucional das normas sucessórias, notadamente, em razão da formação da família anaparental. Assim, em se tratando morte de um dos membros da família anaparental, o membro socioafetivo sobrevivente seria equiparado ao cônjuge, tendo em vista a relação de afeto e mutualidade existente entre os participantes, colocando-se tal valor jurídico em evidência em detrimento da ordem de vocação hereditária legal.

Dar espaço ao afeto e priorizar a realidade fática, em face da formalidade taxativa das leis é reconhecer a existência de uma sociedade plural e sem preconceitos. Conclui-se, então, que o reconhecimento da família anaparental gera consequências jurídicas, sobretudo, no tocante à sobreposição do fato sob a forma, ou seja, caberia análise do caso concreto, para que a situação real vivida pela família se sobrepusesse ao texto generalizado da legislação, de modo a priorizar as relações familiares reais pautadas pelo afeto e solidariedade, em detrimento da letra fria da lei.

REFERÊNCIAS

Alcântara, Ana Cláudia Santos. **Legado no direito sucessório brasileiro: conceito, aspectos, espécies e efeitos.** Disponível em: <https://jus.com.br/artigos/62392/legado-no-no-direito-sucessorio-brasileiro-conceito-aspectos-especies-e-efeitos>. Acesso em: 12 nov. 2018.

Algranti, Leila Mezan. Famílias e vida doméstica. In: NOVAIS, Fernando A. (Coord.); Mello e Souza, Laura de (Org.). **História da vida privada:**cotidiano e vida privada na América portuguesa. São Paulo: Companhia das Letras,1997.

Amaral, Francisco. **Direito Civil**: Introdução. 7. ed. Rio de Janeiro: Renovar, 2008.

Aquino, Igor Rodrigues. **Sucessão legítima e testamentária.** Disponível em: <https://jus.com.br/artigos/34009/sucessao-legitima-e-testamentaria>. Acesso em: 12 nov. 2018.

Barboza. Heloísa Helena. **Efeitos jurídicos do parentesco socioafetivo**. Disponível em <http://www.ibdfam.org.br/_img/congressos/anais/180.pdf>. Acesso em 24 dez. 2018.

Barros, Sérgio Resende de. **Direitos humanos e Direito de Família.** Disponível em: <http://www.srbarros.com.br/pt/direitos-humanos-e-direito-de-familia.cont> Acesso em: 03 nov. 2018.

Boucault, Carlos. Multiculturalismo e direito de família nas normas de direito internacional privado. In: Pereira, Rodrigo da Cunha (coord.). **Família e Cidadania:** O novo CCB e a vacatio legis. Anais do III Congresso Brasileiro de Direito de Família. Belo Horizonte: IBDFAM/Del Rey, 2002, p.163-172

BRASIL. Constituição (1988). Constituição da República Federativa do Brasil. **Diário Oficial da União**, Brasília, 5 out. 1988. Disponível em: <http://www.planalto.gov.br/ccivil_03/Constituicao/Constituicao.htm>. Acesso em: 02 nov. 2018.

BRASIL. Lei no 10.406, de 10 de janeiro de 2002. Institui o Código Civil. **Diário Oficial da União**, Brasília, DF, 10 jan. 2002. Disponível em: <http://www.planalto.gov.br/ccivil_03/leis/2002/l10406.htm>. Acesso em: 02 nov. 2018.

BRASIL. Superior Tribunal de Justiça. Recurso Especial 1.217.415/RS. Relator: Ministra Nancy Andrighi – Terceira Turma. **Diário de Justiça Eletrônico**, Brasília 19 de jun. 2006. Disponível em: <https://stj.jusbrasil.com.br/jurisprudencia/22271895/recurso-especial-resp-1217415-rs-2010-0184476-0-stj/inteiro-teor-22271896?ref=juris-tabs> Acesso em: 23 nov. 2018.

Corrêa, Marise Soares. **A história e o discurso da lei:** o discurso antecede à história. Porto Alegre: PUCRS, 2009. Tese (Doutorado em História), Faculdade de Filosofia e Ciências Humanas, Pontifícia Universidade Católica do Rio Grande do Sul, 2009, p. 81.

Costa, Iraci del Nero da. **A estrutura familial e domiciliar em Vila Rica no alvorecer do século XIX**. Revista da IEB, nº 79, 1971. p. 21.

Dantas, San Tiago. Rui Barbosa e o Código Civil, in San Tiago Dantas. **Dois momentos de Rui Barbosa**. Rio de Janeiro, Casa de Rui Barbosa, 1949.

Dias, Maria Berenice. **Manual de direito das famílias**. 4. ed. em ebook baseado na 11. Ed. impressa. São Paulo: Revista dos Tribunais, 2016. p. 242-243

Gatto, Gabriela. **As novas modalidades de famílias do direito civil brasileiro no século XXI e, os aspectos da multiparentalidade.** Disponível em: <https://gabiggatto.jusbrasil.com.br/artigos/527805537/as-novas-modalidades-de-familias-do-direito-

-civil-brasileiro-no-seculo-xxi-e-os-aspectos-da-multiparentalidade?ref=topic_feed>. Acesso em: 02 nov. 2018.

GIORGIS, José Carlos Teixeira. A natureza jurídica da relação homoerótica. **Seleções Jurídicas.** São Paulo. Jul. 2007.

GONÇALVES, Carlos Roberto. **Direito Civil Brasileiro: Direito de Família**. Volume 6. 14. ed. São Paulo: Saraiva, 2017. p. 21; 39-40; 635. Versão eletrônica.

KUSANO, Susileine. **Da família anaparental: Do reconhecimento como entidade familiar.** Disponível em <http://www.ambito-juridico.com.br/site/index.php?n_link=revista_artigos_leitura&artigo_id=7559> Acesso em: 03 dez. 2018.

LÔBO, Paulo. **Direito Civil: Famílias**. 4. ed. São Paulo: Saraiva, 2011. p.40-41; 47; 54; 59-60; 78-80.

MENEZES, Elda Maria Gonçalves. **Os princípios da solidariedade familiar e dignidade da pessoa humana aplicáveis no âmbito do direito a alimentos**. Disponível em: <http://www.conteudojuridico.com.br/artigo,os-principios-da-solidariedade-familiar-e-dignidade-da-pessoa-humana-aplicaveis-no-ambito-do-direito-a-aliment,29161.html> Acesso: 12 nov. 2018.

PEREIRA, Caio Mário da Silva. **Instituições de Direito Civil: Direito de Família**. Volume 5. 25. ed. rev., atual., ampl. Rio de Janeiro: Forense, 2017. p. 51; 55-56. Versão eletrônica.

PRIORE, Mary del. Ritos da vida privada. **In História da vida privada**: cotidiano e vida privada na América portuguesa. SP: Cia. das Letras, 1997. p. 159.

RANGEL, Tauã Lima Verdan. **O codicilo no direito sucessório: abordagem didática do assunto.** Disponível em: <https://www.boletimjuridico.com.br/doutrina/artigo/3533/o-codicilo-direito-sucessorio-abordagem-didatica-assunto> Acesso em: 12 nov. 2018.

RUZYK, Carlos Eduardo Pianovski. **Famílias Simultâneas: da Unidade Codificada à Pluralidade Constitucional**, op. cit., p. 175.

SILVA, Flávio Murilo Tartuce. **Novos Princípios do Direito de Família Brasileiro.** Disponível em: <http://www.ambito-juridico.com.br/site/index.php?n_link=revista_%20artigos_leitura&artigo_id=1036> Acesso em: 10 out. 2018.

SILVA, Sérgio Valadares da. **Herança: sucessão dos herdeiros colaterais**. Disponível em: <https://www.correioforense.com.br/opiniao/heranca-sucessao-dos-herdeiros-colaterais/> Acesso em: 12 nov. 2018.

SIMÃO, José Fernando. **Direito Civil: Notas sobre a organização da Família Romana**. Disponível em: <http://www.cartaforense.com.br/conteudo/colunas/notas-sobre-a-organizacao-da-familia-romana/12605>. Acesso em: 02 nov. 2018.

SOUSA, Áurea Maria Ferraz de. **Da ordem de vocação hereditária no Código Civil de 2002**. Disponível em: <https://lfg.jusbrasil.com.br/noticias/2599418/da-ordem-de-vocacao-hereditaria-no-codigo-civil-de-2002-aurea-maria-ferraz-de-sousa>. Acesso em: 12 nov. 2018.

TARTUCE, Flávio. **Manual de Direito Civil: Volume único**. 7. ed. rev., atual., ampl. Rio de Janeiro: Forense; São Paulo: Método, 2017. p.779-780; 951. Versão eletrônica.

TIEZZI, Beatriz Ciabatari Simões Silvestrini; GESSE, Eduardo. **Apontamentos do direito de família.** [S. l.]: 2010. Disponível em: <http://intertemas.unitoledo.br/revista/index.php/ETIC/article/view/2071/2243>. Acesso em: 22 de dez. 2018.

VAINFAS, Ronaldo (direção). **Dicionário do Brasil imperial**, 1822-1889. RJ: Ed. Objetiva, 2002.

JURISTAS EM MOVIMENTO: HANS KELSEN NO BRASIL (1934-1949)

GUSTAVO SILVEIRA SIQUEIRA*

INTRODUÇÃO

Em meados de 2013 eu pesquisava nos anais da Constituinte de 1933-1934 os debates sobre a positivação ou não da greve como um direito constitucional.[1] Ao ler os Anais me deparei com um parecer de Hans Kelsen que havia sido lido e debatido na Assembleia Nacional Constituinte. Aquela descoberta me intrigou e comecei a pesquisar a relação de Hans Kelsen com o Brasil.

Descobri que em 1991 o parecer foi encontrado por Tércio Sampaio Ferraz Júnior, em Viena, e publicado no mesmo ano com texto introdutório de Ari Marcelo Sólon[2]. A revista brasileira que publicou o parecer discutido na Constituinte da década de 30 continuava desaparecida.

Eu sabia que o nome da revista era "Política". Pesquisei no catálogo da Biblioteca Nacional todas as revistas dos anos 30 que constava a palavra

* Coordenador do Laboratório Interdisciplinar de História do Direito da UERJ.
Professor de História do Direito da UERJ e da UNESA.
Pesquisador da FAPERJ e Bolsista de Produtividade do CNPQ.

[1] SIQUEIRA, Gustavo Silveira; RODRIGUES, Julia da Silva; AZEVEDO, Fatima Gabriela Soares de. O direito de greve nos debates da Assembleia Nacional constituinte de 1933-1934. **Passagens** – Revista Internacional de História Política e Cultura Jurídica, Rio de Janeiro, RJ, v. 6, n. 2, pp. 312-327, maio/ago. 2014.

[2] SOLON, Ari Marcelo. Um texto de Kelsen sobre o Brasil. **Revista Trimestral de Direito Público**, São Paulo, SP, v. 9, pp. 7-11, 2000.

"política" em seu nome. Finalmente, encontrei a única edição, de janeiro de 1934, da revista *Política: revista de direito público, legislação social e economia*.

O descobrimento da Revista, que revelava os motivos do convite de Kelsen[3], assim como os debates de intelectuais em torno da Constituinte, fez com que eu pesquisasse também o uso da obra de Kelsen na Constituinte[4] de 1933-1934. Na primeira parte do presente trabalho abordarei o parecer de Kelsen sobre a Constituinte e, na segunda, as referências ao autor na Constituinte brasileira. A terceira parte do artigo será dedicada à visita que Hans Kelsen fez ao Rio de Janeiro, em 1949, e que era totalmente desconhecida no país[5].

Para reconstruir fatos tão diversos e complexos, o uso e os tipos de fontes também foram plurais: periódicos, livros, atas, anais do Congresso Nacional e outras fontes compõem esse mosaico. Diversos arquivos foram visitados e muitas pessoas trabalharam nesta longa pesquisa. Os nomes dos pesquisadores estão referendados nos artigos que foram publicados. Aqui, apresento uma espécie de relatório final e geral da pesquisa.

1. O PARECER DE HANS KELSEN SOBRE A CONSTITUINTE BRASILEIRA DE 1933/34

Em 1933 o Governo provisório de Getúlio Vargas[6] publicou o Decreto nº 22.621, de 5 de abril, que convocava uma Assembleia Nacional Constituinte e aprovava o regimento. O decreto estipulava o funcionamento da Constituinte, seu horário de funcionamento, o número de deputados, a previsão de elaboração de uma Constituição federativa, entre outros detalhes.[7] Saber se a Constituinte, depois de eleita, poderia divergir do edital

[3] SIQUEIRA, Gustavo Silveira. O parecer de Kelsen sobre a Constituinte brasileira de 1933-1934. **Revista Direito e Práxis**, Rio de Janeiro, v. 6, n. 11, pp. 348-374, 2015.

[4] SIQUEIRA, Gustavo Silveira; FERREIRA, Bruna Mariz Bataglia; DE LIMA, Douglas de Lacerda. Kelsen na Constituinte Brasileira de 1933-1934. **RFD** – Revista da Faculdade de Direito da UERJ, Rio de Janeiro, n. 30, pp. 248-265, 2016.

[5] SIQUEIRA, Gustavo Silveira *et. al.* A visita de Hans Kelsen ao Rio de Janeiro. **Revista Direitos Culturais**, vol. 4, n. 7, pp. 158-188, 2017.

[6] Candidato derrotado nas eleições de 1929, Getúlio Vargas, com o apoio de militares e setores da sociedade civil, derruba o presidente e assume o poder em outubro de 1930.

[7] BRASIL. Decreto n. 22.621, de 5 de abril de 1933. Dispõe sobre a convocação da Assembléia Nacional Constituinte; aprova seu Regimento Interno; prefixa o número de Deputados à mesma e dá outras providências. **Diário Oficial da União**: seção 1, Rio de Janeiro, RJ, 8 abr. 1933, p. 6995.

de convocação, seja na elaboração de uma constituição federativa ou em outro ditame, tornou-se um debate jurídico nacional. O debate também aconteceu na própria constituinte e foi neste contexto que um parecer de Kelsen foi lido na Assembleia Constituinte.[8]

O parecer, datado de 14 de outubro de 1933, foi lido em novembro do mesmo ano na Constituinte. Publicado em alemão e português, em 1934, na *Política: revista de direito público, legislação social e economia*, editada por Flávio da Silveira e Roman Poznaski, o parecer responde aos quesitos apresentados pelos editores da Revista a Kelsen. No mesmo volume, publicado em 1934, outros professores respondem os mesmos quesitos.[9] Os anais da Assembleia Constituinte não reproduzem integralmente o parecer, por isso, a revista se torna a melhor forma para entender os escritos de Kelsen sobre o Brasil. Kelsen era apresentado como:

> [...] antigo professor da Universidade de Viena, era catedrático da de Colônia, quando se viu obrigado a deixar a Alemanha em virtude dos últimos acontecimentos políticos desenrolados nesse país. Ocupando atualmente a cátedra de Direito das Gentes no Instituto Universitário de Altos Estudos Internacionais em Genebra, resolvemos ouvir o ilustre cientista, e eis a resposta que, com rapidez, enviou aos quesitos por nós formulados.[10]

Kelsen afirmou que responderia aos quesitos "não do ponto de vista político ou de direito natural, mas exclusiva e unicamente do ponto de vista do direito positivo."[11]

O primeiro quesito questionava se o governo provisório – governo de fato – teria o direito de impor um regimento à Assembleia Nacional Constituinte e se o regimento não representaria uma ofensa à soberania da Assembleia. Kelsen iniciou a resposta afirmando que "não existe diferença essencial entre um governo de fato e um governo *de jure* em direito das gentes e menos ainda no domínio do direito constitucional."[12] Ou seja, "o Governo Provisório é a mais alta autoridade legislativa que saiu direta-

[8] SIQUEIRA, 2015.

[9] *Ibidem.*

[10] KELSEN, Hans. A competência da assembleia nacional constituinte. **Política**: revista de direito público, legislação social e economia, Rio de Janeiro, RJ, v.1, n.1, pp. 35, 1934.

[11] *Ibidem*, p.35.

[12] *Ibidem*, p. 36.

mente da revolução"[13] e "sem dúvida daquele governo depende determinar a convocação e a competência da Assembleia Nacional."[14] Ou seja, a ANC não é soberana, e a soberania, que não "pode ser enquadrada no domínio do direito positivo" não é absoluta nem mesmo ao Estado que se encontra submetido ao "direito das gentes, que lhe confere direitos e obrigações".[15] Dessa forma, a ANC não poderia, nos dizeres do parecer de Kelsen, revogar ou alterar o decreto que a convoca. Ela estaria limitada àquele.

Os outros quesitos eram baseados na questão principal apresentada ao primeiro quesito. O quarto quesito questionava se o Governo provisório não teria transferido os poderes à ANC. Em resposta, Kelsen declarava que "as capacidades do poder de um governo originado de uma revolução não podem ser determinadas do ponto de vista do direito positivo pelos objetivos que teve o movimento revolucionário no início."[16] Assim, "um governo formado por meio revolucionário possui os poderes que quer possuir sob a condição de que possa obter geralmente a obediência às suas prescrições."[17] Ou seja, o governo revolucionário tem e delega os poderes que ele quer ter e delegar.

2. USO DE KELSEN NA CONSTITUINTE

Além de ter o seu parecer lido e debatido na Constituinte, pude perceber que Kelsen era um dos principais autores citados pelos deputados. Da leitura dos Anais da Constituinte procurei perceber em quais momentos ele era citado.

Do debate sobre a necessidade de elaboração de uma Constituição preparada para os problemas e especificidades brasileiras – e não uma cópia do estrangeiro – Carlos Maximiliano lembra: "no Brasil é tudo moda, até mesmo a celebridade científica."[18] Para o constituinte, o russo Boris Mirkin

[13] *Ibidem*, p. 36.

[14] *Ibidem*, p. 36.

[15] *Ibidem*, p. 36.

[16] *Ibidem*, pp. 39-40.

[17] *Ibidem*, p. 40.

[18] BRASIL. Câmara dos Deputados. **Annaes da Assembléa Nacional Constituinte 1933**. Brasil; Assembleia Nacional Constituinte (1933); Constituição, história, Brasil, 1933-1934. Rio de Janeiro: Imprensa Nacional, [1934], p. 422. Disponível em: http://bd.camara.leg.br/bd/handle/bdcamara/8266. Acesso em: 05 maio 2019.

Guetzevitch[19], que "traduziu obras notáveis de Hans Kelsen"[20], facilitou o acesso aos estudos do autor austríaco, principalmente quanto ao próprio texto da Constituição Austríaca. Apesar do acesso, Carlos Maximiliano também critica a tradução e seus usos:

> Os bons expositores do contemporaneo Direito Público da Germania e da Austria não autorizaram versões dos seus livros em alguma das línguas Latinas, e, entre nós, bem poucos se entregam a estudos alemães, pelos quais tive a originalidade ou a ventura de me apaixonar bem cedo.[21]
>
> O Brasil é o único país em que todo mundo sabe Direito, todo mundo discute Direito, todo mundo fala sôbre Direito. Eu folheei projetos integrais de constituições, escritos por militares, engenheiros, médicos, farmacêuticos e advogados. (...). Vejo que são exatamente outras tantas vítimas de Mirkin Guetzevitch. (Risos).[22]

Conhecido por traduções ou por leituras originais – o próprio Carlos Maximiliano cita o austríaco no original em alemão – Kelsen é citado em discussões sobre a relação da legislação nacional e estrangeira, discussões sobre o monismo jurídico, sobre a dupla nacionalidade, entre outros temas.[23]

[19] Alguns autores apontam que a recepção de Kelsen, no Brasil, teria sido mediada por grupos conservadores que estariam "comprometidos com o processo de centralização política do Estado e com a reestruturação das relações (políticas) deste com a Igreja Católica", ao contrário de sua recepção na Alemanha, que, teria sofrido resistência justamente de grupos conservadores e católicos. Para estes autores, a aproximação de Kelsen à "doutrina social da Igreja Católica" teria sido possível em razão da leitura mediada do autor austríaco pelo jurista Boris Mirkin Guetzevitch que em seu trabalho "Novas Tendências do Direito Constitucional" (1931) teria sugerido a aproximação entre a obra constitucional de Kelsen e a Constituição de Weimar, resumindo esta última aos assuntos de interesse da Igreja Católica do Brasil. Assim, com a tradução deste trabalho para o português, por Cândido Mota Filho (1897-1977), estes autores concluem que "quando os parlamentares brasileiros citam Kelsen nos debates constituintes, quem fala é Guetzévitch e a doutrina social da Igreja Católica". BORRMANN, R. G.; WENCZENOVICZ, T. J. Hans Kelsen: Identidade, Historicidade e Recepção Literária para além da TPD. *In:* COLÓQUIO INTERNACIONAL DE DIREITO E LITERATURA, 3., 2015. **Anais [...]**., v. 3, n. 1, jul/2015, pp. 5-27.

[20] BRASIL, 1934, p. 423.

[21] *Ibidem*, p. 423.

[22] *Ibidem*, p. 424.

[23] KELSEN, 1934.

Muito famoso pelo trabalho na Constituição da Áustria, Kelsen chegou a ser chamado de "o maior constitucionalista dos tempos modernos" pelo deputado Ferreira Souza.[24] Em alguns momentos Kelsen é citado como grande autoridade e, em outros, tem suas ideias expostas. Kelsen é referência em vários momentos e para vários deputados. Da leitura dos Anais da Constituinte é possível perceber que suas ideias circulavam no país e que ele era muito conhecido.

3. VISITA DE KELSEN AO BRASIL

Em agosto de 1949, Kelsen visitou o Rio de Janeiro em sua única passagem pelo país. A edição do jornal O Globo de 25 de agosto informava que a viagem do jurista ao Brasil havia sido promovida pela Divisão Cultural do Ministério das Relações Exteriores do país, o Itamaraty. O Ministro de Estado das Relações Exteriores era Raul Fernandes, que também presidiu a Conferência Interamericana de Manutenção da Paz e Segurança, no Hotel Quitandinha, em Petrópolis.

Utilizando-se do idioma francês[25], Kelsen fez cinco conferências no Rio de Janeiro e concedeu uma entrevista para o jornal O Globo. A primeira palestra, intitulada "Natureza e Objeto da Ciência do Direito"[26], aconteceu no Instituto Brasileiro de Estudos Legislativos e Direito Comparado, na sede dos diários associados[27], de propriedade do jornalista Assis Chateaubriand.[28]

[24] BRASIL, 1934, p. 355.

[25] O principal registro encontrado informava que "as diversas conferências no Rio seriam pronunciadas em francês". Conferir em: CHEGA hoje ao Rio o prof. Hans Kelsen. **O Jornal,** Rio de Janeiro, 25 ago. 1949, p. 04.

[26] Na matéria de jornal consultada, que continha o mesmo título dessa palestra, não havia menção a qualquer transcrição do conteúdo versado por Kelsen nesse evento. Conferir em: NATUREZA e objeto da ciência do direito. **Diário da Manhã**, Rio de Janeiro, 27 ago. 1949, p. 01. Porém o próprio autor parece ter abordado temática semelhante em uma de suas publicações. Ver em: KELSEN, Hans. As normas jurídicas como objeto da ciência jurídica. *In:* KELSEN, Hans. **Teoria Pura do Direito**. São Paulo: Martins Fontes, 1999, p. 50.

[27] NO RIO famosas autoridades mundiais em direito. **Diário da Noite**, Rio de Janeiro, 26 ago. 1949, p. 06.

[28] Francisco de Assis Chateaubriand Bandeira de Mello consagrou-se como um dos maiores formadores da opinião pública do país e detinha o controle sobre os Diários Associados. ASSIS Chateaubriand. *In:* **Enciclopédia Itaú Cultural de Arte e Cultura Brasileiras**. São Paulo: Itaú Cultural, 2019. Disponível em: http://enciclopedia.itaucultural.org.br/pessoa378473/assis-chateaubriand. Acesso: 31 maio 2016.

A segunda conferência aconteceu na Faculdade de Direito da Universidade do Brasil e teve o mesmo título.[29]

No dia 29 de agosto de 1949[30], Kelsen falou sobre o Pacto do Atlântico e a Carta das Nações Unidas, na Fundação Getúlio Vargas. Com a presença de importantes juristas do período, como Osvaldo Aranha, Temístocles Cavalcanti, Hermes Lima, Afonso Arinos de Melo Franco e Levi Carneiro, Kelsen discutiu as implicações jurídicas do Pacto e a Carta das Nações Unidas. Após a palestra os participantes fizeram críticas e questionamentos e todo o material foi publicado em um livro editado pela Fundação Getúlio Vargas, em 1950.[31]

No Ministério da Saúde e Educação, Kelsen falou sobre a *Doutrina do Direito Natural em face do Tribunal da Ciência*. O texto foi republicado posteriormente em 1957, conjuntamente com outras obras reunidas pelo autor.[32] A tradução desse livro no Brasil, contendo aquele artigo, teve sua primeira edição apenas em 1997.[33] Em sua última palestra pelo Brasil, na Sociedade Brasileira de Direito Internacional, Kelsen falou sobre *A Responsabilidade Individual e Coletiva do Estado no Direito Internacional*.[34]

No dia 29 de agosto de 1949, o periódico "O Globo"[35] publicou uma entrevista concedida por Kelsen, intitulada *As Vicissitudes do Direito no Mundo Moderno*. Kelsen era questionado sobre o futuro do direito pós-guerra e as novas tendências do direito moderno. A qualidade da entrevista foi criticada em matérias posteriores por não ter conseguido se aprofundar em temas tão importantes e já trabalhados por Kelsen.[36]

Ainda posso destacar alguns laços que Kelsen fez no Brasil e com brasileiros. O austríaco prefaciou o livro de José Sette Câmara[37], publicado no

[29] NO RIO, 1949.

[30] SIQUEIRA et. al., 2017.

[31] KELSEN, Hans. **O Pacto do Atlântico e a Carta das Nações Unidas**. Rio de Janeiro: FGV, 1950.

[32] KELSEN, Hans. **What is Justice?** California: University of California Press, 1957.

[33] KELSEN, Hans. **O que é justiça?** A justiça, o direito e a política no espelho da ciência. São Paulo: Martins Fontes, 1997.

[34] ESTADOS UNIDOS DO BRASIL. Poder Executivo. **Diário Oficial da União**. Rio de Janeiro: Diário Oficial da União, seção I, p. 12624, 31 ago. 1949.

[35] AS VICISSITUDES do Direito no mundo moderno. **O Globo**, Rio de Janeiro, 29 ago. 1949, pp. 13-12.

[36] *Ibidem*.

[37] SIQUEIRA et. al., 2017; SETTE CAMARA, José. A importância da ratificação no processo de conclusão dos tratados internacionais. **Boletim da Sociedade Brasileira de Direito Internacional**, Rio de Janeiro, RJ, v. 15-16, pp.74-77, 1952.

Canadá. Recebeu o título de doutor *Honoris Causa* pela Universidade do Brasil – diploma entregue posteriormente ao embaixador da Áustria – e foi nomeado membro honorário do IAB – Instituto dos Advogados Brasileiros, título esse que não se tem confirmação se Kelsen aceitou ou não.[38]

CONCLUSÕES

A relação de Kelsen com o Brasil começou muito antes da fama internacional da Teoria Pura do Direito. Na década de 1930, o autor era muito conhecido no país e era referência para muitos debates. Pode-se perceber que antes de ser um teórico (ou filósofo) do Direito, Kelsen era conhecido como professor de direito das gentes – direito internacional – e como autor da Constituição austríaca.

Sua passagem ao Brasil no ano de 1949 demonstra que os trabalhos de Teoria do Direito já despertavam a atenção dos brasileiros, mas, sem dúvida, foi a palestra sobre o Pacto do Atlântico que gerou mais discussões. Kelsen ainda era majoritariamente conhecido como um professor de direito das gentes – direito internacional.

Ao contrário do que se escreveu, a visita de Kelsen ao Rio de Janeiro foi produtiva e importante. É possível falar que o austríaco estabeleceu vínculos com professores e juristas brasileiros. Sua passagem foi intensa e de muito trabalho. Apesar de ficar no país pouco mais de uma semana, a intensidade dos trabalhos é admirável.

O conteúdo deste artigo se trata do resumo da relação de Kelsen com o Brasil no período entrecortado pelos anos de 1934 a 1949. Para uma pesquisa mais aprofundada recomendo a leitura dos trabalhos citados e que foram usados como base para elaboração deste texto.

REFERÊNCIAS

Livros

KELSEN, Hans. **O Pacto do Atlântico e a Carta das Nações Unidas**. Rio de Janeiro: FGV, 1950.

KELSEN, Hans. **O que é justiça?** A justiça, o direito e a política no espelho da ciência. São Paulo: Martins Fontes, 1997.

KELSEN, Hans. **Teoria Pura do Direito**. São Paulo: Martins Fontes, 1999.

KELSEN, Hans. **What is Justice?** California: University of California Press, 1957.

[38] SIQUEIRA et. al., 2017.

Artigos em periódicos

BORRMANN, R. G.; WENCZENOVICZ, T. J. Hans Kelsen: Identidade, Historicidade e Recepção Literária para além da TPD. *In:* COLÓQUIO INTERNACIONAL DE DIREITO E LITERATURA, 3., 2015. Anais [...], v. 3, n. 1, jul/2015, pp. 5-27.

KELSEN, Hans. A competência da assembleia nacional constituinte. **Política: revista de direito público, legislação social e economia**. Rio de Janeiro: v.1, n.1, Rio de Janeiro, RJ, p. 35, 1934.

SETTE CAMARA, José. A importância da ratificação no processo de conclusão dos tratados internacionais. **Boletim da Sociedade Brasileira de Direito Internacional**, Rio de Janeiro, RJ, v. 15-16, pp.74-77, 1952.

SIQUEIRA, Gustavo Silveira; RIBEIRO, Pedro, DIAS, Rovena; FERREIRA, Marina. A visita de Hans Kelsen ao Rio de Janeiro. **Revista Direitos Culturais**, vol. 4, n. 7, pp.158-188, 2017.

SIQUEIRA, Gustavo Silveira. O parecer de Kelsen sobre a Constituinte brasileira de 1933-1934. **Revista Direito e Práxis**, Rio de Janeiro, v. 6, n. 11, pp. 348-374, 2015.

SIQUEIRA, Gustavo Silveira; FERREIRA, Bruna Mariz Bataglia; DE LIMA, Douglas de Lacerda. Kelsen na Constituinte Brasileira de 1933-1934. **RFD-Revista da Faculdade de Direito da UERJ**, Rio de Janeiro, n. 30, pp. 248-265, 2016.

SIQUEIRA, Gustavo Silveira; RODRIGUES, Julia da Silva; AZEVEDO, Fatima Gabriela Soares de. O direito de greve nos debates da Assembleia Nacional constituinte de 1933-1934. **Passagens** – Revista Internacional de História Política e Cultura Jurídica, Rio de Janeiro, RJ, v. 6, n. 2, pp. 312-327, maio/ago. 2014.

SOLON, Ari Marcelo. Um texto de Kelsen sobre o Brasil. **Revista Trimestral de Direito Público**, São Paulo, SP, v. 9, pp. 7-11, 2000.

Fontes legislativas

BRASIL. Câmara dos Deputados. **Annaes da Assembléa Nacional Constituinte 1933**. Brasil; Assembleia Nacional Constituinte (1933); Constituição, história, Brasil, 1933-1934. Rio de Janeiro: Imprensa Nacional, [1934]. v. 1, xiiv, 486 p. Disponível em: http://bd.camara.leg.br/bd/handle/bdcamara/8266. Acesso em: 05 maio 2019.

BRASIL. Decreto n. 22.621, de 5 de abril de 1933. Dispõe sobre a convocação da Assembléia Nacional Constituinte; aprova seu Regimento Interno; prefixa o número de Deputados à mesma e dá outras providências. **Diário Oficial da União**: seção 1, Rio de Janeiro, RJ, 8 abr. 1933, p. 6995.

ESTADOS UNIDOS DO BRASIL. Poder Executivo. **Diário Oficial da União**. Rio de Janeiro: Diário Oficial da União, seção I, p. 12624, 31 ago. 1949.

Jornais

AS VICISSITUDES do Direito no mundo moderno. **O Globo**, Rio de Janeiro, RJ, 29 ago. 1949.

CHEGA hoje ao Rio o prof. Hans Kelsen. **O Jornal,** Rio de Janeiro, RJ, 25 ago. 1949.

NATUREZA e objeto da ciência do direito. **Diário da Manhã**, Rio de Janeiro, RJ, 27 ago. 1949.

NO RIO famosas autoridades mundiais em direito. **Diário da Noite**, Rio de Janeiro, RJ, 26 ago. 1949.

A JUSTIÇA SOCIAL E A JUSTIÇA: COMO SE MEDE A DISTÂNCIA ENTRE AMBAS?

IRENE MARIA PORTELA*
DOMINGOS VIEIRA**

INTRODUÇÃO

Pode aparecer imediato o sentido de justiça e do que é justo na sociedade atual, perante a reiterada prática de atos atrozes e qualificados pela ordem jurídica internacional como hediondos. A prática do terrorismo, da tortura, do racismo, da xenofobia, dos crimes de violência sexual contra crianças e idosos, da violência doméstica, e a descoberta de que a corrupção está disseminada em todos os níveis de governo, são marcas profundas da disfunção do sistema penal perante a criminalidade e a miséria humana. A existência de uma "sociedade justa" avalia-se em função do peso da injustiça social.

Todavia o conceito de justiça não se esgota na prática do crime ou na inocência, ou seja, a justiça não é um conceito eminentemente penal ou correcional é um valor social. Uma sociedade justa procura promover a virtude dos seus cidadãos? Ou a lei deveria ser neutra quanto às conce-

* Doutora em Direito Público.
Professora Coordenadora do Departamento de Direito da Escola Superior de Gestão do Instituto Politécnico do Cávado e do Ave em Barcelos.
** Doutor em Teologia e História.
Professor do Departamento de Gestão da Escola Superior de Gestão do Instituto Politécnico do Cávado e do Ave em Barcelos.

ções concernentes à virtude, deixando os cidadãos livres para escolher por conta própria, a melhor forma de viver? Esta questão divide o pensamento político em antigo e moderno. Aristóteles ensina que que a justiça significa dar às pessoas o que elas merecem. E para determinar quem merece o quê, devemos estabelecer quais as virtudes dignas de honra e recompensa. Aristóteles diz que não podemos imaginar o que é uma Constituição justa sem antes refletir sobre a forma de vida mais desejável. A lei não pode ser neutra no que tange à qualidade de vida para Aristóteles.

Em contrapartida, filósofos políticos modernos – Immanuel Kant, no século XVIII, e John Rawls, no século XX afirmam que os princípios da justiça que definem os nossos direitos não devem basear-se em nenhuma conceção particular de virtude ou de melhor forma de vida. Ao contrário, uma sociedade justa respeita a liberdade de cada indivíduo para escolher a própria concepção do que seja uma vida boa.

Neste trabalho, para nos esclarecermos acerca da questão: o que é uma "sociedade justa" (?). Partimos da visão da doutrina social da Igreja Católica e estabelecemos uma comparação com os vários conceitos de justiça.

Avaliar um conjunto de fontes primárias e secundárias da Igreja Católica: as fontes bíblicas e dogmáticas da herança ética e de interpretações feitas pela Igreja relativamente a questões sociais ao longo da história, por um lado. Por outro lado, optar pela tradição longa, não esquecendo que a *Rerum Novarum* foi o ponto de partida para a definição de um novo caderno de encargos para o pensamento social católico, e procurar a unidade e a coerência, não só na apresentação de um conjunto de princípios éticos, mas numa visão do mundo moldado pela presença de Deus e uma inteligência do universal em moral.

1. UMA QUESTÃO DE MÉTODO

Há uma questão prévia de método, a que devemos prestar alguma atenção na medida em que vamos contrapor definições de diferentes tipos de saber: por um lado a reflexão da Igreja sobre justiça em função da longa tradição que vem das origens até aos nossos dias a que denominamos o corpus da doutrina social da Igreja Católica e por outro lado os vários autores atrás citados. Paulo VI, na carta que dirigiu ao Cardeal Roy, por ocasião do 80º aniversário da *Rerum novarum*, convidava as comunidades cristãs a "elaborar princípios de reflexão, normas e diretrizes para a ação na doutrina social da Igreja tal como vem sendo elaborada ao longo da história e, sobretudo, considerando a era industrial ». (*Octogesima adveniens*, 1971, § 4).

Paulo VI e João Paulo II olharam para o aparecimento da questão social do seculo XIX à medida que a sociedade industrial toma forma com o aumento do salariado que vai conduzir à atual globalização da economia e da cultura. Tratava-se de uma reflexão moral que já não se limitava a pronunciar-se sobre o comportamento das pessoas na sociedade, mas considerava "as políticas, as estratégias e práticas dos grupos, comunidades e instituições sociais."[1]

São diferentes os autores, as épocas, os temas, e os géneros literários que abordam as questões sociais na Igreja Católica. Assim podemos afirmar que as fontes secundárias Paulo VI que compõem a doutrina social da Igreja não são de todo em todo homogéneos. De facto, não se trata de um conjunto de doutrinas teológico-filosófico-éticas elaborado de forma sistemática e unitária. Obviamente, não é difícil discernir a afirmação de princípios fundamentais a que a Igreja, constantemente, faz referência. São esses princípios que podemos encontrar nos manuais sobre ética social católica e também no recente *Compendium de la doctrine sociale de l'Église*. Os princípios do *Compendium de la doctrine sociale de l'Église* são :

1) a dignidade imprescritível da pessoa humana aos olhos de Deus que deve ser respeitada em qualquer circunstância;
2) a natureza social do homem e a comunidade de destino que inspiram formas de vida comunitária, familiar, profissional, associativa e política para encorajar a urgência da participação, implementação da subsidiariedade e solidariedade;
3) a procura de bem comum de todos os homens e o destino universal dos bens como valores absolutos.

Todavia a existência destes princípios não corresponde à constatação a partir do *Compendium* de que existe de facto um discurso sistemático e unitário, ou seja, de que se assistiu à construção ao longo dos anos e das épocas uma doutrina social da Igreja, homogénea, perene, sistemática um tanto intemporal.[2]

[1] Joseph Allen, *The Westminster Dictionnary of Christian Ethics*, ed. James Childress e John Macquarrie, Westminster Press, Philadelphia, 1986, p. 592.

[2] Chenu denunciava a este propósito, o risco de alguma abstração, ver «ideologia» o que não é justo para as nuances históricas. M.1). Chenu, *La "Doctrine sociale" de l'Église comme idéologie*,

Na verdade, a questão que nos colocamos relativamente às várias palavras da Igreja ao longo do tempo sobre a justiça são contrárias à história? [3] Apresentam-se na história como conclusões de atos de discernimento ético que a Igreja teve que fazer sobre as questões da sociedade sempre novas e de difícil resolução. Estes textos são, pois, fruto de avaliações muito ponderadas, articulando, em função de uma situação social e política singular, a exigência do evangelho e a radicalidade da opção pelo Bem e pelo Justo que não podem ser relativas. Por essa razão, para compreender a importância da doutrina da Igreja sobre justiça e a sua definição de uma sociedade justa, a exposição do conteúdo dos princípios não basta se lhe faltar a inteligência das condições em que estas foram aplicadas, verificadas e retomadas ao longo de um processo de discernimento.

2. A JUSTIÇA SOCIAL, UMA REFLEXÃO DA IGREJA CATÓLICA

Discernimento, é a palavra chave! Aparece várias vezes na Carta ao Cardeal Roy de 1971, onde Paulo VI utiliza as seguintes expressões: "discernimento afinado" (§15), "discernimento atento" (§31 e 35), "discernimento em consciência" (§ 49). A mais célebre encontra-se no § 4 da Carta: "Perante situações tão variadas, é-nos difícil pronunciar só uma palavra, como propor uma solução que tenha valor universal. Não é essa a nossa ambição, nem mesmo a nossa missão. Cabe às comunidades cristãs discernir as opções e compromissos que convém assumir". Mas o ato de discernimento tem o seu rigor próprio. Pressupõe uma análise objetiva de situações, um esclarecimento à luz da palavra de Deus, uma referência à doutrina social da Igreja que o precede, diálogo com os homens de boa vontade, comunicação com os bispos responsáveis (§ 4). Impossível, por isso esquecer que a implementação paciente, técnica e complexa de situações concretas para

Paris, Cerf, 1979. Para Chenu, a D.S.I. tem um significado técnico preciso: trata-se da doutrina do papado no domínio socioeconómico entre 1890 e 1960. Seria uma ideologia, construída com base num mundo ideal supostamente para refletir a glória de Deus, sacralizando assim uma estrutura particular da ordem social. Ele calcula que o pontificado de João XXIII e o concílio Vaticano II marcaram uma volta decisiva. Em vez de uma ética da lei natural, é à luz dos "sinais dos tempos" que é preciso elaborar uma teologia da incarnação e da assunção das realidades terrenas.

[3] Pelo seu histórico, a doutrina social da Igreja "leva a julgamentos contingentes" uma vez que se desenvolveu em função de circunstâncias mutantes da história e que orienta para a ação ou a praxis cristã. Congregação para a educação católica, «La D.S.E.: une urgence pour la formation des prêtes», in *Documentation Catholique*, nº1990, nº3, p. 775.

estabelecer o que é uma sociedade justa, está dependente, não apenas de modelos de análise do problema e da situação, mas também de teorias filosóficas e de uma tomada de posição em conformidade com o Evangelho.

Para compreender a resposta que a Igreja dá à questão "O que é uma sociedade justa?", podemos ver o conteúdo da Carta pastoral do episcopado americano de novembro de 1986 *Justice économique pour tous*. O episcopado americano apresenta nesta carta pastoral uma definição do que se deve entender por uma "sociedade justa".

Nos anos 80 a Igreja Católica lançou um desafio à administração Reagan, a Carta pastoral *Justiça económica para todos*, que reduzia os programas sociais de forma drástica. Esta Carta foi ocasião de questionamento ético sobre o que deve presidir à vida económica para que uma sociedade seja justa e humanizante. Este documento acabou por levantar questões éticas comuns a todos os países industrializados do Ocidente, tendo ficado reconhecido pelo seu processo redaccional no seio do debate público norte americano.

Na verdade, a Carta foi considerada como uma realização exemplar[4], quase extrema, da promessa de Paulo VI na *Octogesima Adveniens* no §4, "É às comunidades cristãs que cabe analisar, com objetividade, a situação própria do seu país [...]. A essas comunidades cristãs incumbe discernir, com a ajuda do Espírito Santo em comunhão com os bispos responsáveis e em diálogo com os outros irmãos cristãos e com todos os homens de boa vontade, as opções e os compromissos que convém tomar, para realizar as transformações sociais, políticas e económicas que se apresentam como necessárias e urgentes, em não poucos casos." Publicada na sua versão final a 13 de novembro de 1986, esta carta exigiu cinco anos de trabalho, vinte e duas reuniões e consultas de peritos e uma grande participação dos católicos americanos. Desde 1980, o comité de redação presidido por Mons. Rembert Weakland, arcebispo de Milwaukee, iniciou um processo de consultas às diferentes correntes de opinião pública católica para poder redigir uma primeira versão, que foi amplamente divulgada em novembro de 1984. Esta versão foi objeto de numerosas observações enviadas à comissão episcopal. O mesmo aconteceu com a segunda versão de outubro de 1985.

[4] Sobre este tema ver a Apresentação da Carta por Jean-Yves Calvez, *Justice économique pour tous*, Paris: Cerf/Castella 1988, pp. 7-28; Thomas M. Gannon, «Les Evêques catholiques et la politique américaine», *Etudes*, julho-agosto de 1987, pp. 83-93

Querendo juntar a sua voz ao debate público sobre qual a direção em que a economia americana deveria ir para assegurar maior justiça social e assim desenhar uma sociedade justa nos Estados Unidos, a conferência episcopal americana desejava, por um lado, formar a consciência moral dos católicos a partir de pressupostos da sua fé e da sua tradição em ética social, e, por outro lado, falar em nome dos mais pobres da sociedade por causa do evangelho. Até aos anos 80, os católicos americanos não eram muito instruídos na prática da justiça social e na doutrina social da Igreja, e poucos militantes teriam sido capazes de explicar as bases religiosas e morais do seu compromisso, citando o discurso social da Igreja. A abertura à discussão pública requisitou portanto, não só a adaptação aos diversos tipos de públicos visados, mas também a credibilização desta iniciativa *ad extra* recorrendo aos conhecimentos de especialistas, de universitários e associações. Esta forma participativa de redigir uma carta pastoral com base no diálogo e na consulta de muitos peritos e especialistas versados nestas questões, permitiu aos bispos elaborar um texto rico (233 páginas na versão francesa!), complexo, próximo do "ver, julgar, agir"[5] promovido pela *Mater et Magistra* [6], abordando a vertente social levando em consideração os aspetos do setor económico.

A comparação das três redações sucessivas da Carta demonstra que muitas observações foram efetivamente consideradas e integradas. Os

[5] Nos nºs 212 a 264 "Diretivas pastorais", *a Mater et Magistra* descreveu o método que vai ser adotado de forma decisiva na Constituição *Gaudium et Spes*, em três etapas: estudar a situação concreta; fazer um exame sério da situação à luz dos princípios; determinar o que deve ser feito". Estas três etapas aplicadas ao método defendido pelo Abade Carjdin para o JOC podem caraterizar-se por ver, julgar, agir. O VER é a perceção e estudo dos relatos reais e das causas cuja análise depende da competência das ciências humanas e sociais. O JULGAR é a interpretação da mesma realidade à luz das fontes da Doutrina Social da Igreja. Estas vão determinar o julgamento pronunciado sobre fenómenos sociais e suas implicações éticas. (Cf. O conflito de classes na *Rerum Novarum* é julgado a partir da antropologia cristã, da paz, a justiça no ágape). Está claro que no julgar a realidade, a Igreja não é neutra. Só pode adotar os valores do evangelho. O AGIR é dirigido à realização das escolhas coerentes com os princípios da Doutrina Social da Igreja, e dos valores do Evangelho. Este agir requer a conversão ao Evangelho. A seguir ao Vaticano II (*Gaudium et Spes* 33,34), *Populorum progressio* 66-86, Sínodo de 1971 (51), esta tripla démarche é lembrada constantemente *(Solicitudo Rei Socialis* 3, 41*); Liberté chrétienne et libération* 22 de março de 1986, 72). Mas os três primeiros documentos anteriores a 1971 dão as bases ético-teológicas deste método. Trata-se de trabalhar em comunhão com o plano de Deus.

[6] João XXIII, *Mater et Magistra*, 15 de maio de 1961, AAS LXIII (1961), 8, p. 401-464.

bispos foram obrigados a considerar que este processo participativo de consulta, por mais democrático que seja, correspondia antes de mais a uma visão eclesiológica. Ao contrário de um modelo hierárquico autoritário, os bispos americanos valorizaram a escuta da assembleia do povo de Deus na convicção de que o Espírito Santo está em todos. A Igreja ouvia o Espírito num processo de discernimento. Mas enquanto alguns temiam ver este processo redaccional levar a um simples consenso democrático adaptado à mentalidade americana, os bispos ousaram, fiéis ao Evangelho e à Tradição, manter observações anticulturais que não tinham unanimidade na opinião pública católica. Por exemplo: a carta pastoral considera moralmente inaceitável a disparidade de riqueza e rendimentos, apesar de os católicos ultraliberais não aceitarem a redistribuição da riqueza; a carta denuncia os pecados do sexismo e do racismo que fazem pesar a carga da pobreza sobre as mulheres, as crianças e as minorias raciais, mas alguns pensam este género de pessoas é pobre porque nada fez para sair da pobreza.

A Carta vai mais longe, apela efetivamente ao compromisso para lutar contra a pobreza, evocando meios concretos. A doutrina do magistério, no caso, deveria limitar-se à enunciação de princípios para evitar entrar na política: criação de empregos e atribuição de salários justos para todos os adultos; implementação de programas educativos; reforma dos impostos e da segurança social (§27).

Estas observações anti culturais fundamentam-se na convicção de que a doutrina social da Igreja tem alguma coisa a dizer aos Estados Unidos. Oferecendo uma interpretação da vida humana à luz da Revelação e contém uma mensagem que ultrapassa os clãs, os sistemas políticos e deve poder ajudar todos os católicos a moldar a sua apreciação moral. É, pois, consciente do seu papel de educador fiel à Tradição e às grandes encíclicas sociais, que a conferência episcopal vai buscar à coragem de resistir à opinião pública. Em vez de ceder a pressões que reclamam que esta beneficia o sistema liberal, a conferência episcopal lembrou a história do sistema económico americano, com as injustiças e as lutas sociais que criou.

A carta Pastoral *Justiça económica para todos*, impressiona pelo duplo enraizamento: o primeiro, filosófico, caracteriza-se pela reflexão sobre justiça distributiva e a delimitação do âmbito da cooperação social num mundo liberal e individualista; o segundo, teológico, que remete para a visão messiânica da justiça[7] como critério da vida humana na relação com Deus. "Como herdeiros dos profetas bíblicos, somos exortados a "praticar a justiça, amar com ternura, caminhar humildemente com Deus" (Miqueias 6,8)[8].

3. A NOÇÃO DE JUSTIÇA DISTRIBUTIVA

Nunca esta carta teria alcançado tanta importância para a justiça equitativa se esta não tivesse sido ameaçada pelo individualismo liberal defendido por alguns economistas e filósofos políticos ultraliberais. Como bem destacou Jean-Pierre Dupuy, para o liberal moderno, "a questão de justiça distributiva parece dever ficar sem solução" [9]. Devido ao princípio liberal segundo o qual a sociedade justa é aquela que permite a cada um realizar os seus objetivos sem entrar em choque com os seus semelhantes, os cidadãos devem ser livres de seguir o que pensam ser o melhor para si. De acordo com esta teoria, os princípios de justiça devem limitar-se a promover e respeitar a liberdade das pessoas reconhecida como direito fundamental. O que é devido a cada um já não é determinado por um bem objetivo. Segundo Robert Nozick [10], pensador ultraliberal muito discutido na época, desde que as pessoas sejam proprietárias legítimas dos bens adquiridos no exercício da sua liberdade, não se pode justificar moralmente uma redistribuição de rendimentos dos mais ricos para os mais pobres. Isto seria infringir a inviolabilidade do direito da propriedade. Cada um pode sempre, 'generosamente' e livremente ajudar os pobres, mas isso não tem a ver com justiça social.

[7] A justiça como categoria messiânica significa que a justiça está decididamente ligada ao reino messiânico, porque Jesus Cristo, quer dizer o Messias, trouxe, viveu e inaugurou o reino sobre a terra, no espaço e no tempo. Esta justiça tem caráter englobante já que abarca ao mesmo tempo a justiça e a fidelidade de Deus e a sua vontade de uma sociedade organizada de forma igualitária. No texto *do sínodo de 1971*, é através de um modelo teológico e bíblico que é pensada a verdadeira raiz da vocação cristã para a justiça. Apesar de as exigências da justiça não serem diferentes de outras tradições, as normas de justiça não derivam de uma análise filosófica, mas estão enraizadas na teologia da Aliança e o mistério pascal.

[8] Carta pastoral dos Bispos dos Estados Unidos, justice économique pour Tous: Cerf, 1988, § 4, p.30

[9] Jean-Pierre Dupuy, «Les paradoxes de Théorie de la justice, Introduction à l'oeuvre de John Rawls», in *Espirit*, 1 de janeiro de 1988, p. 72-73

[10] Robert Nozick, *Anarchie, État et utopie* (1974), Trad. Por Evelyne d'Auzac de Lamartine e Pierre-Emmanuel Dauzat, Paris: P.U.F., 1988

Ora, é esta posição radical que os bispos americanos contestam em nome de uma ordem teológica: a "opção preferencial pelos pobres"[11]. É esta posição que deve animar o espírito de justiça da sociedade porque "todos os membros da sociedade têm obrigações particulares para com os pobres e os mais fracos."[12]. É a que dá o critério de justiça da sociedade: "A sagrada Escritura e a doutrina da Igreja ensinam-nos que a justiça de uma sociedade se avalia na maneira de tratar os pobres. A justiça que era o sinal da aliança de Deus com Israel media-se no modo como os pobres e os indefesos – a viúva, o órfão e o estrangeiro – eram tratados. O reino que Jesus proclamado pela palavra e pelo ensino não excluía ninguém. Em toda a história de Israel e nos primeiros tempos do cristianismo, os pobres eram os agentes transformadorcs de Deus."[13].

Finalmente, é esta posição que permite aos bispos avaliar eticamente as consequências negativas do capitalismo democrático americano relativamente aos membros mais pobres da sociedade. Ainda hoje a justiça de uma sociedade deve ser "avaliada na sua maneira de tratar os pobres"[14]. A conclusão dos bispos é clara: a "opção preferencial pelos pobres" legitima, pois, uma distribuição dos rendimentos que garanta a todos os homens o mínimo de direitos e recursos. Desta maneira os bispos iniciam um debate decisivo com as teorias de justiça dos filósofos políticos mais em voga na época, tais como Robert Nozick, John Rawls [15], Michaël Novak [16], Michaël Walzer [17], etc.

4. DISTANCIAMENTO DA TEORIA DA JUSTIÇA DE JOHN RAWLS

Os bispos opõem-se à filosofia utilitarista muito influente nos EUA que defende que "uma sociedade é justa se está ordenada de modo a obter a maior soma de bens para a totalidade dos seus membros, como um todo." A consequência é que admitimos em princípio que um certo número de

[11] Carta pastoral dos bispos dos Estados Unidos, *Justice économique pour tous*, Paris, Cerf, 1988, §16, pp. 34-35

[12] *Idem*

[13] *Idem*

[14] *Idem*

[15] John Rawls, *Théorie de la justice* (1971), Trad, por Catherine Audard, Paris: Edições Seuil, 1987

[16] Michaël Novak, *Une éthique économique. Les valeurs de l'économie de marché* (1982), Trad. por Bernard Dick e Marceline Brun, Paris: Cerf, 1987).

[17] Michaël Walzer, *Sphères de justice. Une defense du pluralisme et de l'égalité* (1983). Trad. por Pascal Engel Paris: Ed. Seuil, 1997.

pessoas é excluído deste sistema se este funcionar corretamente para benefício do conjunto "globalmente". É por isso que nos debates académicos que levaram à redação das diferentes versões da sua carta pastoral, os bispos foram sensíveis à teoria da justiça equitativa proposta por John Rawls que, sem renunciar ao liberalismo, tinha em conta o destino dos desfavorecidos numa sociedade liberal.

Os bispos estiveram atentos à sua conceção da repartição da riqueza que só pode ser considerada justa se não sacrificar ninguém a um presumível bem-estar da sociedade no seu conjunto. Para os bispos, este princípio representava uma orientação interessante. Mas, finalmente, a escolha da opção evangélica para os pobres levou-os a afastar-se consideravelmente desta teoria filosófica. Sensíveis ao facto de que o bem social implica mutualidade de relações entre as pessoas, consideraram que os princípios da justiça enunciados por Rawls ficariam muito dependentes dos interesses humanos. Com efeito, segundo este autor, para que a distribuição da riqueza seja justa, deve basear-se em princípios "que pessoas livres e racionais, desejosas de promover os seus próprios interesses e numa posição inicial de igualdade, deveriam poder aceitar"[18]. O desinteresse de Rawls pelos pobres não tem carácter absoluto. Não se baseia numa exigência de solidariedade, uma vez que de acordo com a filosofia de Rawls se admite que as pessoas têm interesses, e não é suposto que se interessem pelos dos outros.

Em resumo, o segundo princípio de justiça enunciado por Rawls sobre o qual os bispos discutem, pode definir-se assim: as diferenças sociais e económicas são legítimas desde que sejam benéficas para todos, incluindo os mais desfavorecidos[19]. Este raciocínio é paradoxal: como é que as desigualdades poderiam ser em benefício dos desfavorecidos? Rawls justifica-o assim: por querer igualar demais, corre-se o risco de comprometer a eficácia económica, desencorajando os mais empreendedores e, por isso, prejudicar a situação dos mais pobres. No fundo, para Rawls, a obrigação de ser justo, apenas obriga cada um a escolher o comportamento mais coerente com a definição dos seus interesses.

[18] John Rawls, *Théorie de la justice*, Trad. Française, p. 37.

[19] John Rawls, *Théorie de la justice*, Trad. Française: «As desigualdades económicas e sociais devem ser tais como a) para maior benefício dos desfavorecidos, no limite de um princípio justo de economia e, b) ligadas às funções e às posições abertas a todos, em conformidade com o princípio de justa igualdade de oportunidades» p. 34. O princípio da diferença corresponde ao ponto a) e o da igualdade de oportunidades ao ponto b).

De acordo com esta perspetiva, o sujeito é suposto escolher os seus próprios fins. Não é, como concebido pelos cristãos, um ser que descobre os seus fins. Desde logo, o importante para ele é estar em condições de escolher. Pelo contrário, para os bispos, a exigência de fazer justiça melhorando o destino dos mais pobres, não se identifica com a defesa, mais inteligente possível para cada um, dos seus próprios interesses, mas deriva de um imperativo moral que nasce da escuta da palavra de Deus revelando a dignidade de todo o homem. A reflexão de Rawls revela-se como referência a uma sociedade em que as pessoas são cidadãos que cooperam ao longo de toda a vida. Neste contexto, a questão do destino dos que não contribuem para a vida e o desenvolvimento a sociedade parece ficar em suspenso. Ora, para os bispos, quando a dignidade da pessoa humana é posta em causa por falta de recursos fundamentais (falta de alimentos, habitação, cuidados de saúde e educação) a consciência moral não pode ficar simplesmente em suspenso.

5. O RESPEITO PELO PRINCÍPIO DA DIGNIDADE HUMANA

É ainda a opção preferencial pelos pobres que permite aos bispos americanos resistir às pressões do economista católico Michaël Novak que os forçava a tomar posição a favor do capitalismo democrático [20]. A referência à "opção preferencial pelos pobres", foi muito debatida na Igreja americana da época. Alguns viam nela um traço de ideologia vindo da teologia da libertação, os bispos americanos tiveram o cuidado de explicar que era fruto de um retorno à tradição bíblica e eclesial[21] e que não se tratava, de modo nenhum, "de virar um grupo contra outro, mas antes reforçar a comunidade inteira, ajudar os mais vulneráveis"[22]. Contrariamente à visão da opção latino-americana da teologia da libertação que é trazida para o

[20] No seu livro o Esprit du capitalisme démocratique publicado em 1982, Novak celebra a criação das riquezas do regime e a sua capacidade de estabelecer as regras do jogo que evitam o pior e permitem melhorar a condição humana. Enquanto a tese de Novak tende a dar, como salientou Denis Müller, «uma legalização pragmática e, a posteriori, a uma prática observada e atestada» do capitalismo democrático, os bispos americanos argumentam com base num fundamento teológico que conduz a afirmações normativas.

[21] Anthony J. Tambasco, "*Option for the poor*", in R. Bruce Douglass, ed. *The Deeper Meaning of economic life. Critical Essans on the U.S. Catholic Bishops Pastoral Letter on Economy*, Washington D.C._ Georgetown University Press, 1986, p. 37-55.

[22] Carta Pastoral dos bispos dos Estados Unidos, *Justice économique pour tous*, Cerf, 1988, §16, p.35

coletivo dos pobres, única fonte da emancipação do homem, a visão dos bispos é a do compromisso "para" os pobres. A justiça feita aos pobres na Sagrada Escritura não é expressão dum desejo vago; remete para a promessa de Deus do tempo abençoado revelado no Apocalipse: "Deus habitará com os homens ... Enxugará as lágrimas dos seus olhos ..." (Apoc 21, 3-5). Esta promessa de justiça tem um significado: o reino de justiça e de amor que suscita paz e alegria sem fim. É, pois, a leitura hermenêutica da Escritura que lhes dá o tema "a opção preferencial pelos pobres". Mas esta opção deriva do tema mais fundamental da dignidade de qualquer homem. O respeito devido ao pobre é o mesmo respeito devido a todo o homem. Daí o critério de avaliação a fazer, sobre uma sociedade para saber se é justa ou não: "Todas as decisões e todas as instituições económicas devem ser avaliadas em conforme protegem ou descuram a dignidade da pessoa humana"[23].

Ser cristão, é querer defender a dignidade humana no seio da comunidade pela solidariedade social. Se na Carta a dignidade humana pode ser afirmada com vigor e apresentar-se como uma exigência a pôr em prática, é por causa da sua justificação por uma teologia da criação e da incarnação[24]. A Carta apoia-se na encíclica *Pacem in Terris* de João XXIII para mostrar como o tema dos direitos humanos especifica os requisitos da dignidade humana em termos de solidariedade social.

Depois do teólogo americano David Hollenbach[25], a Carta Pastoral afirma a coerência e a lógica da Declaração Universal dos Direitos do Homem a partir do foco intransigente do respeito pela dignidade humana. Esta dignidade não é abstrata. Mostra-se em condições concretas relativamente às várias dimensões da vida pessoal, social, económica e política do homem.

Ora a conservação e a promoção da dignidade humana não dependem só da satisfação das necessidades fundamentais do homem, mas também da proteção das liberdades fundamentais. É necessário que as instituições públicas da sociedade e o poder político sejam orientados para a proteção da dignidade pessoal. É por isso que os diversos direitos são, ao mesmo

[23] Carta citada, §13, p. 33

[24] Carta citada, §31, p. 59

[25] David Hollenbach, s.j., *Claims in conflit*, Nova Iorque, Ramsey, Paulist Press, 1979, especialmente a retoma de um estudo e de um diagrama publicado por D. Christiansen, R. Garet, D. Hollenbach e C. Powers, «Moral Claims, Human Rights e Population policies», Théological Studies, vol. 35, 1974, p. 102

tempo, pessoais, sociais e institucionais. Estes três níveis de direitos estão ligados ao respeito efetivo pela dignidade humana na sociedade. Os direitos pessoais correspondem às necessidades fundamentais, liberdades e relações que caraterizam a pessoa e sem as quais a dignidade humana não estaria protegida.

Os direitos sociais (liberdade de expressão, educação, associação, cuidados, reunião ...) são a expressão das formas de interdependência indispensáveis à realização da dignidade humana. Representam as condições sociais necessárias à manutenção do bem-estar da pessoa e especificam as obrigações positivas da sociedade a respeito de todos. Porque a interdependência é um aspeto essencial da vida humana, a preservação da dignidade humana é uma tarefa social.

Por fim, se a existência social é traçada e estruturada por instituições, como o Estado, o direito, a economia, o sistema de saúde, o modo como estão organizadas estas instituições reveste uma importância de relevo para a realização concreta dos direitos económicos da pessoa e que a sociedade deve moralmente garantir.

O texto sugere que o consenso sobre os direitos económicos deveria corresponder ao compromisso dos direitos civis e assim completar a experiência americana em matéria de democracia política. Seria, como salienta James Hug, "contribuir de modo significativo para a luta contra a fome, a falta de habitação, de emprego, de educação, discriminação racial e sexual, o declínio das comunidades desfavorecidas, falta de distrações, contemplação e oração, que claramente testemunham os fracassos da economia"[26].

6. SOCIEDADE JUSTA E JUSTIÇA SOCIAL NA DOUTRINA SOCIAL DA IGREJA

Finalmente, aproveitando a ocasião, ao longo do capítulo 2 da Carta pastoral, para descrever a visão cristã da vida económica a partir da Sagrada Escritura e da tradição, os bispos americanos assentam a sua reflexão de uma sociedade justa num quadro de referência exterior ao capitalismo democrático como tal e reconhecem uma componente genealógica e teológica da doutrina social da Igreja, mesmo se escrevem para uma sociedade industrial avançada. Com efeito, a sua conceção de sociedade justa, mesmo que se exprima em reação às teorias filosóficas contemporâneas

[26] James Hug, "Les évêques américains juge l'économie", *Etudes*, julho-agosto 1985, p. 17

da justiça, é coerente com a que é expressa pelo Magistério católico desde Pio XI na *Quadragesimo Anno*, quando a justiça social é apresentada como presidindo à repartição de riqueza produzida pela atividade do homem[27]. Na sua Carta aos bispos alemães de 18 de outubro de 1949, Pio XII permanecia fiel a esta definição, declarando que a justiça social deve "regular convenientemente a repartição e uso da riqueza, de modo que não fiquem demasiado concentradas de um lado e não faltem totalmente do outro lado. Com efeito, as riquezas são como o sangue da comunidade humana, devem circular normalmente entre todos os membros do corpo social."[28]

7. UMA DEFINIÇÃO DE "JUSTIÇA SOCIAL"

Esta justiça social que exige a distribuição de recursos para que uma sociedade seja justa não supõe o igualitarismo e não é incompatível com as desigualdades. Ao contrário de uma certa hermenêutica que queria ver aí a justiça distributiva segundo São Tomás de Aquino, não se confunde com esta, como haviam evidenciado Jean-Yves Calvez e Jacques Perrin, "porque os bens que a justiça social obriga a considerar não estão todos ligados a uma posição determinada na hierarquia funcional pública"[29]. De facto, a justiça social, através da repartição de bens, abrange toda a vida económica e as relações a ela ligadas. Assim, não basta exigir um salário que permita ao homem satisfazer as suas necessidades e as da sua família, mas é preciso considerar, tendo em conta o bem comum, em que condições uma política salarial permite emprego para a maioria.

Por fim, a organização sustentável da sociedade económica deita por terra a norma da justiça social pois, como recordava Pio XI, as instituições deveriam estar impregnadas desta justiça: "As instituições dos diversos povos devem conciliar a totalidade das relações humanas às exigências do bem comum, quer dizer, às regras da justiça social; o que é impossível sem que esta parte importante da vida social, que é a economia, volte a uma ordem correta e sã."[30] De facto, a justiça social é a norma geral para a vida

[27] "Importa atribuir a cada um o que é seu e trazer de volta os requisitos do bem comum ou as normas de justiça social, a distribuição dos recursos do mundo, onde o contraste flagrante entre alguns ricos e uma multidão de indigentes testemunha aos olhos do homem de coração, as graves ruturas", Pio XI, *Quadragesimo Anno*, AAS, 23, 1931, p.197

[28] Pio XII, *Dilectii filii*, 18 de outubro de 1949, AAS, 41, 1949, p. 596

[29] Jean-Yves Calvez & Jacques Perrin, *Église et société économique, l'enseignement social des papes de Léon XIII à Pie XII*, Paris, Aubier-Montaigne, 1959, p.197.

[30] Pio XI, *Q.A., AAS*, 23, p. 212

de todo o corpo social e uma sociedade justa não poderia definir-se sem esta norma de justiça. Nesta conceção de justiça social, a justiça é mútua e relacional. Não se reduz nem à justiça comutativa (entre as pessoas), nem à justiça distributiva que preside à atividade do poder social que rege a comunidade. Refere-se também às relações entre os poderes sociais e os sujeitos desses poderes, como esses sujeitos recebem da sociedade a sua parte do bem comum.

O bem comum está no centro da definição, e a ideia de um corpo social que existe de facto por si só, indo de encontro a qualquer teoria individualista, está presumida nesta definição de justiça social. [31]

Com tal definição, compreende-se que o âmbito da justiça seja vasto e suscetível de variar conforme as situações. Na Carta do episcopado americano verificamos que estavam atentos à responsabilidade dos seus concidadãos em matéria de justiça social e solidariedade com o Terceiro mundo no quadro de uma economia globalizada. Os bispos lançaram um "apelo a uma reforma fundamental na ordem económica internacional" (§259). O bem-estar não é exclusivo para os americanos, mas implica o bem comum de toda a humanidade. "As empresas e as companhias financeiras norte-americanas podem contribuir muito para que a economia mundial seja justa, ou muito injusta. Não são omnipotentes, mas a realidade do seu poder não merece dúvida." (§116). Os princípios fundamentais desta justiça social à dimensão mundial estão claramente expressos nos §258-260 pela solidariedade que liga todos os homens baseada na teologia da criação e da incarnação, pela justiça para todos os povos baseada na promessa messiânica do Reino encetada por Jesus Cristo, pela participação de todos na economia mundial global e nos frutos do seu funcionamento na perspetiva do destino universal dos bens, pelo respeito pelos direitos do homem baseado na dignidade igual dos seres humanos aos olhos de Deus e pelo apelo a privilegiar os pobres em nome da própria conduta de Deus.

8. A TRANSCENDÊNCIA DA PESSOA HUMANA COMO "NORMA OBJETIVA"

Perante esta definição de justiça social, de acordo com a doutrina do magistério contemporânea, segundo a ética católica, a norma de justiça social que define uma sociedade justa é uma norma objetiva porque se refere

[31] Cf. Calvez-Perrin, *op. cit.* P. 201

ao Bem comum da humanidade. Uma norma objetiva no sentido no sentido da antropologia cristã desenhada a partir da Revelação e da promessa do Reino que justificam e fundamentam todas as relações económicas e sociais. Assim, a partir do Reino e da sua iminência conhecidas em Jesus Cristo, a tarefa humana consiste em modelar as instituições e as relações humanas em função da espera deste Reino de paz e de justiça.

Ora, o que a Carta dos Bispos americanos contém da Revelação, para pensar a justiça social que irá definir uma sociedade justa, é uma verdade fundamental e central: a da transcendência da pessoa humana e da sua dignidade. Já João XXIII na *Mater et Magistra* (nº 219, 1961) escrevia: "O princípio fundamental da doutrina social católica é que o homem é o fundamento, a causa e o fim, de todas as instituições sociais – o homem, ser social por natureza, elevado a uma ordem de realidades que transcendem a natureza". Daí, a pessoa humana ultrapassa todas as outras realidades, incluindo a sociedade. Mas a pessoa humana, só se pode realizar e alcançar o objetivo da sua criação por meio de outras realidades, que são ao mesmo tempo o conjunto dos bens que lhe são necessários e a mediação de outras pessoas, quer dizer a sociedade. Logo, apesar da sua transcendência e da sua dignidade, a pessoa está congenitamente dependente dos seus semelhantes. Criada para estar em comunhão com Deus, só a pode alcançar pela mediação da comunidade social. É o que nos recorda a *Gaudium et spes* (12,4): "Pela sua natureza, o homem é um ser social e, sem relação com o outro, não pode viver nem desenvolver as suas qualidades [...]. A vida social não é algo adicionado ... é pela troca com o outro, pela reciprocidade de serviços, pelo diálogo com os seus irmãos que o homem cresce segundo todas as suas qualidades e se torna capaz de responder à própria vocação." (G.S., 25,1).

9. TRÊS PRINCÍPIOS-CHAVE: SOLIDARIEDADE, BEM COMUM E SUBSIDIARIEDADE

Esta relação pessoa/sociedade não passa sem alguma tensão. Para encontrar o equilíbrio indispensável é que os bispos americanos recordam os três grandes princípios diretores da doutrina social da Igreja: o princípio da solidariedade, o princípio do bem comum, e o princípio da subsidiariedade.

Contra o individualismo, o princípio de solidariedade significa a unidade entre os homens no reconhecimento da mesma origem, finalidade e dever de realização do bem comum. É o que diz a instrução *Liberdade cristã e Libertação*, que data do mesmo período da *Justiça económica para Todos*: "por causa do princípio da solidariedade, o homem deve contribuir para o bem comum a todos os níveis" (nº 73). Mas, a busca de vocações particulares das pessoas exige um conjunto de condições gerais, que facilitam a aquisição e a partilha de bens a que chamamos o Bem comum. A vida em sociedade só é possível se cada um aceitar restringir-se ao exercício da sua liberdade para que os outros possam também desenvolver-se e crescer em humanidade, permitindo a harmonização de interesses particulares. Uma vez que esta harmonização é indispensável ao desenvolvimento das pessoas, tal bem tem prioridade em relação aos bens particulares. Aqui estamos longe do *Common good* americano muitas vezes entendido como a soma de interesses particulares. Estamos mais próximos do *bonum comune* de S. Tomás de Aquino que constitui o bem supremo da comunidade e, ao mesmo tempo, a mais alta finalidade da ação. É um interesse superior, racional e divino de onde se podem retirar as indicações éticas individuais e sociais. Mas não nos esqueçamos que, mesmo se este bem comum é superior ao interesse privado, é sempre inseparável do bem da pessoa humana, obrigando os poderes públicos a reconhecer, respeitar promover os direitos da pessoa. É por isso que o bem comum é visto como um valor de serviço e de organização da vida social. É a razão de ser dos poderes públicos, de o realizar.

Mas para proteger a pessoa humana e as comunidades locais do perigo de perder a sua autonomia face aos poderes públicos, a Igreja acrescenta um terceiro princípio regulador, o princípio da subsidiariedade[32]. Os bispos americanos especificam: "Este princípio não significa que a melhor maneira de governar seja a de governar o menos possível. Na realidade, implica que a intervenção governamental conveniente "é ajudar os vários grupos sociais a dar a sua contribuição para o bem comum" (§124).

[32] O teor deste princípio podemos encontrá-lo em S. Tomás de Aquino. No entanto, é só a partir de Pio XI na *Quadragesimo Anno* (1931) que se pode ter uma definição clara. Este princípio baseia na liberdade, a responsabilidade e a autonomia da pessoa humana para se realizar. Apenas há um limite onde parar a intervenção dos poderes públicos que não podem substituir-se à pessoa humana. Manifestamente a situação americana não força os bispos a insistir neste ponto. No entanto, a Carta lembra que é dever do Estado e dos governantes «proteger os direitos do homem e assegurar a justiça de base para todos os membros da comunidade» (§122)

CONCLUSÕES

Uma definição de "sociedade justa" supõe um tipo de definição de justiça. Neste trabalho abordamos vários conceitos de justiça. Michael J. Sandel na sua obra *Justiça* responde: "a abordagem utilitária contém dois defeitos: faz da justiça e dos direitos uma questão de cálculos e não de princípios" . E continua crítico relativamente às teorias baseadas na liberdade, porque nestes casos o problema que fica por resolver é o dos direitos e dos valores em causa: "Aceitam que determinados direitos são fundamentais, mas não questionam nem contestam as preferências e os desejos que são levados para a vida pública. De acordo com estas teorias, o valor moral dos objetivos perseguidos, o sentido e o significado da vida que levamos, a qualidade e o carácter da vida em comum que compartilhamos situam-se fora do domínio da justiça. Não parece possível alcançar uma sociedade justa simplesmente maximizando a utilidade ou garantindo a liberdade de escolha"[33].

Se uma sociedade justa requer um forte sentido de comunidade é necessário que ela encontre uma forma de incutir nos cidadãos uma preocupação com o todo, uma dedicação ao bem comum – deverá encontrar formas de desenvolver uma cultura do bem comum.

Esta cultura comunitária é difícil de construir numa sociedade em que o fosso entre ricos e pobres é cada vez maior. A desigualdade entre as pessoas afasta-as cada vez mais enfraquecendo a solidariedade que a cidadania democrática requer. Onde há desigualdade, a partilha do domínio público deixa de existir, o hábito da solidariedade e do sentido da comunidade do qual depende a cidadania democrática acaba.

A doutrina social da Igreja Católica é uma visão de justiça social, sujeita a muitas críticas, principalmente nos dias atuais, mas com um *compendium* e uma experiência muito relevante. Sem compromisso moral, apenas ao nível dos mercados e das políticas económicas, os Estados não conseguirão envolver a sociedade civil à volta de um conceito de justiça social para todos, onde haja respeito pela diferença.

[33] Michael J. Sandel *Justiça O que é fazer a coisa certa* Trad, por Heloise Matias e Maria Alice Máximo 22 ed. Rio de Janeiro Civilização Brasileira, 2016, p.321-330

REFERÊNCIAS

Allen, J. , *The Westminster Dictionnary of Christian Ethics*, ed. James Childress e John Macquarrie, Westminster Press, Philadelphia, 1986, p. 592.

Cabral da Moncada, L. S. *O Estado Pós-Moderno* Lisboa Quid Juris Sociedade Editora 2018 p. 140

Calvez, J-Y *Justice économique pour tous*, Paris: Cerf/Castella 1988, pp. 7-28;

Calvez J-Y & Perrin, J. *Église et société économique, l'enseignement social des papes de Léon XIII à Pie XII*, Paris, Aubier-Montaigne, 1959.

Carta pastoral dos bispos dos Estados Unidos, *Justice économique pour tous*, Paris, Cerf, 1988, 16, pp. 34-35

Chenu, M-D. *La "Doctrine sociale" de l'Église comme idéologie*, Paris, Cerf, 1979.

Christiansen, D. Garet, R., Hollenbach D., Powers, C. «Moral Claims, Human Rights e Population policies», Théological Studies, vol. 35, 1974, p. 102

Dupuy, J-P Les paradoxes de Théorie de la justice, Introduction à l'oeuvre de John Rawls, in *Espirit*, 1 de janeiro de 1988, p. 72-73

Gannon, T. M. Les Evêques catholiques et la politique américaine, *Etudes*, julho-agosto de 1987, pp. 83-93

Hollenbach, D., *Claims in conflit*, Nova Iorque, Ramsey, Paulist Press, 1979,

Hug, J. "Les évêques américains juge l'économie", *Etudes*, julho-agosto 1985, p. 17

João XXIII, *Mater et Magistra*, 15 de maio de 1961, AAS LXIII (1961), 8, p. 401-464.

Novais, J. R. *A Dignidade da Pessoa Humana* (Vol I) Dignidade e Direitos Fundamentais Coimbra Edições Almedina 2016 reimpressão

Novak, M. *Une éthique économique. Les valeurs de l'économie de marché* (1982), Trad. por Bernard Dick e Marceline Brun, Paris: Cerf, 1987).

Nozick, R. *Anarchie, État et utopie* (1974), Trad. Por Evelyne d'Auzac de Lamartine e Pierre-Emmanuel Dauzat, Paris: P.U.F., 1988

Pio XI, *Quadragesimo Anno*, AAS, 23, 1931, p.197

Pio XII, *Dilectii filii*, 1949, AAS, 41, 1949, p. 596

Rawls, J. *Théorie de la justice* (1971), Trad, por Catherine Audard, Paris: Edições Seuil, 1987

Sandel, M. J. *Justiça O que é fazer a coisa certa* Trad, por Heloise Matias e Maria Alice Máximo 22 ed. Rio de Janeiro Civilização Brasileira, 2016

Tambasco, A. J. "*Option for the poor*", in R. Bruce Douglass, ed. *The Deeper Meaning of economic life. Critical Essans on the U.S. Catholic Bishops Pastoral Letter on Economy*, Washington D.C._ Georgetown University Press, 1986, p. 37-55.

Vaticano II (*Gaudium et Spes* 33,34), *Populorum progressio* 66-86, Sínodo de 1971 (51), (*Solicitudo Rei Socialis* 3, 41); *Liberté chrétienne et libération* 22 de março de 1986, 72).

Walzer, M. *Sphères de justice. Une defense du pluralisme et de l'égalité* (1983). Trad. por Pascal Engel Paris: Ed. Seuil, 1997.

ESTRUTURA E CLASSIFICAÇÃO DE PRINCÍPIOS: UMA ANÁLISE NORMATIVA

JONATHAN BARROS VITA*

INTRODUÇÃO

A discussão a respeito dos princípios e o direito remonta um sem número de autores e diferentes perspectivas a respeito de como estes possuem função centrífuga no sistema jurídico, fazendo com que esse funcione com um eixo comum. Normalmente o estudo dos princípios lida com a exposição dos valores que foram internalizados no sistema jurídico e valores que foram implicitamente intuídos no sistema, segunda hipótese com a qual não se concorda, como será visto.

De qualquer forma, os princípios são comumente vistos no campo das dicotomias clássicas de princípios e regras resgatada por Humberto Ávlia[1] ou de princípios como valor ou limite objetivo de Barros Carvalho[2], as quais

* Especialista em Direito Tributário pelo IBET.
Doutor e Mestre em Direito pela PUC-SP.
Estágio de pós-doutorado como *Senior visiting research fellow* na WU (Wirtschaftsuniversität Wien - Viena - Áustria.
Coordenador e professor do Mestrado e Doutorado em Direito da UNIMAR.
Conselheiro do Conselho Municipal de Tributos de São Paulo.
Ex-Conselheiro do CARF.
Ex-Juiz do Tribunal de Impostos e Taxas do Estado de São Paulo.
Advogado, Consultor Jurídico e Contador.

[1] ÁVILA, Humberto. **Teoria dos princípios - Da definição à aplicação dos princípios jurídicos.** São Paulo: Malheiros, 2005.

[2] CARVALHO, Paulo de Barros. **Direito Tributário: linguagem e método.** 5ª edição. São Paulo: Noeses, 2013.

são formas de classificação utilizadas comumente para compreender esses fenômenos. Entretanto, dois aspectos dos princípios ainda restam, que seja, delimitar a existência de uma estrutura análoga a normativa kelseniana[3] ou de Engish[4] (ou na forma reimaginada por Vilanova[5] e sequenciada por Barros Carvalho[6]) e como esse fenômeno pode ser classificado a partir de novos critérios de diferenciação.

Para tanto, as formas de visualização dos princípios serão elucidadas, especialmente na visualização dos valores e a estrutura normativa destes será declinada. No segundo item será proposta uma nova forma classificatória a partir dos eixos semânticos encontrados no sistema jurídico, estabelecendo os limites entre princípios gerais e específicos fractal e sequenciadamente, os quais serão testados no âmbito de alguns dor princípios comumente mencionados no direito tributário e seus respectivos tributos (enquanto eixos semânticos que exercem uma força centrífuga internamente ao direito tributário).

Finalmente, para atingir os objetivos traçados nesse artigo, o método aplicável é o empírico-dialético, utilizando-se de técnicas de pesquisa bibliográfica e de levantamento de jurisprudência, e o sistema de referência utilizado[7] é formado da conjugação entre a Teoria dos Sistemas de Niklas Luhmann[8], o Construtivismo Lógico-Semântico de Barros Carvalho[9] e ferramentas específicas do *Law and Economics*[10/11/12].

[3] KELSEN, Hans. **Teoria pura do direito.** 6ª Ed. São Paulo: Martins Fontes, 2003.

[4] ENGISCH, Karl. **Introdução ao Pensamento Jurídico.** 7ª Ed. Lisboa: Fundação Calouste Gulbenkian, 1996.

[5] VILANOVA, Lourival. **Causalidade e relação no direito.** São Paulo: Saraiva, 1989.

[6] CARVALHO, Paulo de Barros. **Direito Tributário: linguagem e método.** 5ª edição. São Paulo: Noeses, 2013.

[7] Para a visão mais atual deste sistema de referência proposto: VITA, Jonathan Barros. **Teoria Geral do Direito: Direito Internacional e Direito Tributário.** São Paulo: Quartier Latin 2011.

[8] LUHMANN, Niklas. **Law as a social system.** Oxford: Oxford University Press, 2004.

[9] CARVALHO, Paulo de Barros. **Direito Tributário: linguagem e método.** 5ª edição. São Paulo: Noeses, 2013.

[10] Como representação do texto clássico sobre o tema: POSNER, Richard A. **Economic Analysis of Law.** 9a ed. New York: Wolters Kluwer, 2014.

[11] Como exemplos de coletâneas que representam os clássicos autores do tema: ROEMER, Andrés. **Derecho y economía: uma revisión de la literatura.** Cidade do México: ITAM, 2000; ZYLBERSZTAJN, Décio; STAJN, Rachel. **Direito e economia: analise econômica do direito e das organizações.** Rio de Janeiro: Campus juridico, 2005.

1. SOBRE A DEFINIÇÃO E A (DES)INCLUSÃO DOS VALORES NO SISTEMA JURÍDICO

1.1. A RESPEITO DAS CARACTERÍSTICAS E DEFINIÇÕES DOS VALORES

Valor é um núcleo de preferibilidade, é um adjetivo vinculado a um objeto por um sujeito, é a forma de expressão de preferências e qualificações por um dado sujeito. Portanto, é tomado como relação, atribuição de características de maneira completamente arbitrária, não se tomando os valores em sua plenitude de significação de base ou, mesmo, histórica. As características dos valores são as seguintes, conforme proposto por Miguel Reale[13], no que seguido, reelaborado e ampliado por Barros Carvalho[14]:

a) Bipolaridade;
b) Implicação recíproca;
c) Referibilidade;
d) Preferibilidade;
e) Incomensurabilidade;
f) Tendência à graduação hierárquica;
g) Objetividade;
h) Historicidade;
i) Inexaurabilidade;
j) Atributividade;
k) Indefinibilidade;
l) Vocação dos valores em se expressar em termos normativos;
m) Associatividade; e
n) Modo de acesso aos valores.

A partir de tais hipóteses ontológicas, tem-se como premissa inicial que apenas toma-se valores jurídicos os que possuem vinculação com o direito, em especial aqueles que estão contidos no direito positivo, sendo,

[12] Como exemplos bem acabados de um sistema de referência baseado nos clássicos autores americanos aplicados ao direito tributário: CALIENDO, Paulo. **Direito tributário e análise econômica do direito: uma visão crítica.** Rio de Janeiro: Elsevier, 2009; e CARVALHO, Cristiano Rosa de. **Teoria do sistema jurídico: direito, economia, tributação.** São Paulo: Ed. Quartier Latin, 2005.

[13] REALE, Miguel. **Introdução à Filosofia.** 4ª Ed. São Paulo: Saraiva, 2007.

[14] CARVALHO, Paulo de Barros. **Direito Tributário: linguagem e método.** 5ª edição. São Paulo: Noeses, 2013.

portanto, excluídos os valores implícitos ao direito ou mesmo aqueles considerados como ente abstrato, que fazem parte da política do direito ou, mesmo, os valores que permeiam a existência do direito.

Valores, portanto, contidos no direito são aqueles positivados pelo direito e formalizados em uma norma de princípio, sendo impossível verificar valores no mero ato de por normas no sistema, não existindo consistência no fato de dizer que o sentido (valor) do direito seria regular condutas humanas com um fim determinado.

É dizer, a neutralidade axiológica do direito em si deve ser sempre levada em conta, onde as normas jurídicas não possuem fins baseados em valores externos ao direito, mas se orientam e são orientadas segundo o cumprimento das expectativas normativas, ou seja, a necessidade imperativa e atávica de uma decisão para cada caso concreto, tão e simplesmente.

1.2. OS VALORES E SUA (DES)INCLUSÃO NO SISTEMA JURÍDICO

Mais ainda, deve ser dito que o direito positivo pode existir sem valor no sentido de valores positivados, mas a aplicação (processo) do direito (enquanto ato ligado ao sistema psíquico) pressupõe a existência de valores. Lembra-se, a exemplo que ser indesejável pelo direito não é uma forma possível, já que os valores estão no interpretante, mas não no direito enquanto sistema auto-referencial e autopoiético, lembrando que o código lícito/ilícito é distinto dos códigos bom/mau ou ético/não ético da moral e ética, respectivamente.

Ainda, estes valores do interpretante/sujeito competente, estão contidos na sua consciência, que é acoplada estruturalmente ao sistema social por meio da linguagem, mas estes valores não são postos no sistema jurídico, já que ele opera fechado operativamente, visualizando as irritações/ movimentações do acoplamento estrutural a partir de suas próprias estruturas, algo que não ocorre se um dado valor não é positivado no conseqüente da norma princípio.

Em outro giro, o direito não possui programas de propósito específico, o que impede que os valores realizem certos fins caros ao direito, do que tratar de valores no direito enquanto positivados em normas servem como acepções, apenas, generalistas, que auxiliam na observação realizada por outros sistemas sociais sobre a comunicação jurídica.

Para tanto, toma-se a referência do sistema jurídico é comunicação, que cria realidade a partir de suas próprias estruturas/normas/comunicação jurídica, não importando o que o sistema social possui de expectativas cognitivas, mas as expectativas normativas, tão-somente, que não possuem um cunho sociológico/axiológico, no sistema de referência adotado.

Logo, procurar no sistema jurídico estes valores ou, ainda, este aspecto de ser um comportamento não desejável, não é visualizar o sistema jurídico auto-referente, mas é visualizar a partir de outro prisma, o da sociologia ou política do direito. Nesse campo, ontologicamente, nada pode ser dito com relação aos valores, que estão contidos nas normas, já que, em fazendo parte de normas expressa-se, tão-somente, o núcleo de preferibilidade vinculado a ele.

Diga-se que os valores contidos no consequente de uma norma jurídica são contidos no núcleo do objeto da conduta referida e não no modal utilizado para determinar a forma da conduta. Tratar da modalização do dever ser contido no consequente de uma dada norma jurídica nada tem de relação com o simples fato que proibir, permitir ou obrigar, já que a tomada de posição com relação ao modal é relacionada com a competência dada, do que, não é um valor positivado, mas uma positivação da forma da conduta.

Logo, não se trataria da modalização como valor raiz positivado no consequente de uma regra jurídica. Ainda, os valores vinculados a positivação de uma dada norma não estão contidos na norma, sendo, somente, referência psicológica para o intérprete/aplicador de uma dada lei, semelhante a chamada fonte psicológica da jurisprudência por Tarek Moussalem[15].

Lembra-se que tais afirmações são realizadas levando-se em conta do fato que a não aplicação e proporcionalidade na aplicação entre os valores não operam, pela sua mera contrafactualidade, o perecimento de um valor. Por fim, tais premissas partem da visão operativamente fechada e cognitivamente aberta proposta por Luhmann[16], com a adição que não pode o direito conter programas finalísticos, o que mitigaria a hipótese que as normas jurídicas teriam um fim em si mesmas que não seja o de garantir as expectativas normativas.

Portanto, tratar de valores no ato de aplicação do direito não é tratar de direito, mas de sujeitos que observam o direito, não é tratar da comunicação jurídica no sentido proposto por Luhmann[17], mas tratar da produção de comunicações na consciência. As comunicações luhmanianas são

[15] MOUSSALEM, Tárek Moysés. **Fontes do direito tributário.** São Paulo: Noeses, 2007.

[16] LUHMANN, Niklas. **Law as a social system.** Oxford: Oxford University Press, 2004.

[17] LUHMANN, Niklas. **Law as a social system.** Oxford: Oxford University Press, 2004.

neutras, não tecendo juízos de valor uma com relação às outras, é a operatividade do direito de maneira fechada com seu código binário que não indica valor, mas critérios de aferição de certas condições estruturadas.

2. OS PRINCÍPIOS E O SISTEMA JURÍDICO

2.1. VALORES E ESTRUTURA NORMATIVA

Os valores não são normas, mas estão contidos no consequente de normas jurídicas que informam ao sujeito competente como exercer a competência (em sentido amplo, como será elucidado), as normas de princípio, conforme será elucidado no próximo tópico deste texto.

Neste ponto, lembra-se que a competência em sentido amplo e os sujeitos competentes são para a produção de qualquer espécie normativa, que seja, normas gerais e abstratas, individuais e concretas, gerais e concretas e individuais e abstratas, sendo um conceito muito mais amplo do que o clássico de competência como capacidade legislativa (ou em sentido estrito).

É dizer, a forma possível para a norma de competência deriva da a união de vários enunciados prescritivos que regulam o processo de positivação, mas não inclui em si o cálculo e ponderação de princípios, os quais se realizam dentro do consequente da norma de princípios, como será visto. De qualquer forma, poder-se-ia dizer que os valores e seus correspondentes princípios fazem parte da norma de competência, o que é razoável, mas o fato de eles sempre serem ponderáveis ou calculáveis dificulta a delimitação do mínimo normativo da regra matriz de competência, a qual foi logicamente formalizada por Lacerda Gama[18].

Logo, a opção metodológica adotada é o de separar a norma de competência da norma de princípio, dando a esta um status diferenciado do ponto de vista aplicativo, como uma quase sobrenorma sistêmica, uma metanorma que auxilia a conformação do plano S4 descrito por Barros Carvalho[19]. Curiosamente, a norma de princípio existe individualmente, mas somente é aplicada em conjunto com a norma de competência em sentido amplo, sendo ambas estruturas que se utilizam do conectivo lógico equivalente a adição.

[18] GAMA, Tácio Lacerda. **Competência Tributária – Fundamentos para uma teoria da nulidade.** São Paulo: Noeses, 2011.

[19] CARVALHO, Paulo de Barros. **Direito Tributário: linguagem e método.** 5ª edição. São Paulo: Noeses, 2013.

Paralelamente, ressalta-se que a localização semiótica/no texto do direito positivo da NIC de uma norma de princípio, normalmente, está contida na enunciação enunciada de um dado texto jurídico.

2.2. AS NORMAS DE PRINCÍPIO

Dentro do plano da definição do conceito de princípio[20], facilmente se encontram quatro usos para o vocábulo princípio, de acordo com Barros Carvalho[21]: como norma jurídica privilegiada, com valor expressivo; norma privilegiada que estipula limites objetivos; valores insertos em normas de posição privilegiada, mas que valem por si mesmos; e como limite objetivo estipulado em regra de forte hierarquia, tomado sem levar em conta a estrutura da norma[22].

Dentro destas variações possíveis, a partir do sistema de referência adotado para a estruturação das comunicações jurídicas e a forma de tratamento dos valores pelo direito, é precisado que os princípios são encarados, apenas, como normas jurídicas em sentido estrito que se acoplam as normas de competência em sentido amplo (para produção de quaisquer tipos normativos, ou seja, NIC, NGA, NIA e NGC[23]).

Portanto, sendo os princípios condicionais e contingentes, tratar deles no sistema do direito somente pode ser executado sob a forma de normas jurídicas. Essas normas jurídicas principiológicas são agregadas por um núcleo comum, é a generalidade/especificidade dos princípios em ação, como a formação de uma ideologia (conjunto de preferências valorativas) aplicável a um dado jurídico.

Esta última afirmação deve ser precisada no sentido de não olvidar que os princípios são normas que informam a competência como ela deve ser exercida, possuindo no seu conseqüente um valor que é objeto da conduta de produzir norma jurídica segundo esta característica. Neste plano, a produção normativa pressupõe, sempre, a existência de dois grupos de

[20] Como de fato compêndio das teorias que lidam com os princípios: Diniz, Maria Helena. **Compêndio de Introdução à Ciência do Direito.** 21ª ed. São Paulo: Saraiva, 2010.

[21] Carvalho, Paulo de Barros. **Direito Tributário: linguagem e método.** 5ª edição. São Paulo: Noeses, 2013.

[22] Deve ser precisado que as variações semânticas já apresentadas são vistas como formas de classificação, ainda que fora dos critérios classificatórios, conforme será visto no tópico posterior.

[23] Normas individuais e concretas, normas gerais e abstratas, normas individuais e abstratas e normas gerais e concretas, respectivamente.

normas coordenadas: as normas de competência e as normas de princípio, que contêm um valor em seu consequente, o qual informará os parâmetros abrangentes da norma jurídica produzida.

São os valores, portanto, o núcleo que atrai com a força centrípeta os feixes de linguagem produzidos, portanto, são os princípios com a sua potência agregadora. Logo, os princípios, neste contexto, são agrupações de preferibilidades semânticas com um núcleo comum, que seja um conceito específico que é utilizado em um dado contexto, formuladas sob a forma, apenas, no direito, de normas.

Nesse sentido, a distinção das normas jurídicas normais para as normas que trazem em si um valor (normas princípios) é realizada funcionalmente, já que existe um acoplamento necessário, conforme já elucidado entre a norma de competência e a norma de princípios/valores. Outrossim, deve ser dito que as normas de princípios, ou seja, aquelas que carregam em seu conseqüente valores formalizados nos princípios, âmbito nos quais eles se calibram e são contrapostos/calculados.

Por fim, é demonstrada a estrutura formal proposta para a norma de princípios: se se produz norma jurídica no dado sistema do direito (Critério Material), no momento de tal produção/aplicação/interpretação (Critério Temporal) no qual haja a aplicação de legislação brasileira (Critério Espacial), deve ser obrigatório ao sujeito competente (dever jurídico) utilizar e calcular os valores (vertidos em princípios) correspondentes no produto do exercício da competência (Veículo Introdutor/enunciação enunciada) e na interpretação da norma introduzida (enunciados enunciados).

3. CLASSIFICAÇÃO DOS PRINCÍPIOS

3.1. NOTAS MÍNIMAS SOBRE O ATO LÓGICO-CIENTÍFICO DE CLASSIFICAR

Sobre o ato de classificar uma série de considerações poderiam ser realizadas, mas uma única é necessária para a compreensão sobre o que perfaz a classificação dentro do perfil metodológico deste trabalho. Inicialmente, cabe ressaltar que o ato de classificar é uma operação lógica que comporta uma série de requisitos para alcançar o seu objetivo de simplificação e generalização congruente de um conjunto de objetos, ressaltando suas similaridades e diferenças.

É dizer, ao produzir uma classificação, observa-se um conjunto de dados brutos e realiza-se uma divisão de mundo a partir de uma homogeneidade dos objetos e uma diferença específica entre eles[24]. Neste contexto, critérios são delimitados como elementos destes caracteres e permitem a divisão do mundo através da construção de classes seguindo objetivos pré-estabelecidos, do que, neste sentido, o ato de classificar é sempre finalístico, utilitarista, arbitrário e individual.

Mais ainda, um elemento binário e seguro é necessário para sustentar esta classificação, o que não é um elemento necessário para o ato de classificar no direito para alguns autores, especialmente quando as classificações são dadas pelo próprio direito[25], mas toma-se como premissa deste trabalho. Complementarmente, este ato de classificar pode ser sobreposto em múltiplas formas, com classificações que podem ser visualizadas de maneira isolada ou de maneira combinada entre si, permitindo classificações de segunda ordem, subclassificações, estas sendo simétricas ou assimétricas, em que os dois lados de uma determinada coluna formada pelas classes e subclasses são idênticas ou distintas.

Ainda, esta classificação pode ser fractal, ou seja, forma dentro da forma, repetindo-se continuamente, utilizando o mesmo critério de divisão de mundo, mesmo elemento de classificação, aplicando-o a cada uma de suas partes restantes, ainda que de maneira assimétrica, o que ocorre no caso da classificação proposta para os princípios.

3.2. A POSSIBILIDADE DE UM NOVO EIXO DE CLASSIFICAÇÃO DE PRINCÍPIOS A PARTIR DO SEU CAMPO DE ATUAÇÃO

3.2.1. *AS CLASSIFICAÇÕES TRADICIONAIS DOS PRINCÍPIOS*

Seguindo, conforme pôde ser compreendido da definição do conceito de princípios, algumas classificações podem ser produzidas, em especial as clássicas que distinguem entre: princípios e regras reiterada por Humberto Ávila[26]; valor e limite objetivo de Barros Carvalho[27]; ou a clássica ideia de princípios implícitos e explícitos.

[24] Como marco teórico destas ideias: CARVALHO, Paulo de Barros. **Direito Tributário: linguagem e método.** 2ª edição. São Paulo: Noeses, 2008.

[25] Tal tema está bem consolidado em: SANTI, Eurico Marcos Diniz. Tributo e classificação das espécies no sistema tributário brasileiro. In: http://www.fiscosoft.com.br/main_artigos_index.php?PID=267444&printpage=_ (acesso em 30/10/2019)

[26] ÁVILA, Humberto. **Teoria dos princípios – Da definição à aplicação dos princípios jurídicos.** São Paulo: Malheiros, 2005.

[27] CARVALHO, Paulo de Barros. **Direito Tributário: linguagem e método.** 5ª edição. São Paulo: Noeses, 2013.

Obviamente, a nova classificação dos princípios apresentada parte de uma série de premissas diversas e com um fim classificatório (utilidade) diversa, conforme será demonstrado no final desta parte do trabalho. De qualquer sorte, uma descrição mínima sobre as classificações tradicionais dos princípios é necessária.

Como primeira classificação tradicional, tem-se a ideia de Carvalho[28] que, dentro das variações semânticas do conceito de princípio, ter-se-ia os princípios classificados como valor e limite objetivo. Esta classificação divide a partir de uma acepção semântica de norma entre os princípios enquanto valores insertos em normas e as normas que estabelecem limites objetivos ao exercício da competência.

Esta proposta classificatória não possui uma linha divisória acurada entre os valores em sua significação com as características apresentadas, mas não estabelece uma linha clara entre estes valores e os limites objetivos, aparentemente não possuindo o caractere lógico e binário que permite uma classificação segura como proposto no item anterior.

Sabe-se que é simples divisar entre essas duas categorias em seus extremos, mas o refinamento de uma classificação é necessário, algo que não se consegue reproduzir em um modelo consistente de observação. Como derivação possível desta classificação é visualizar a ideia da distinção entre o núcleo do limite objetivo e o valor é realizada por uma aplicação da ideia de Andrew Marmor[29] da distinção entre *Hard* e *Easy Cases.*

Obviamente, neste contexto, os valores seriam identificados de forma solta usando processos complexos de identificação nas estruturas do texto positivado, sem solução jurídica para tanto, comparavelmente a um *hard case* e os limites objetivos seriam *easy cases.* Como forma de visualização distinta da primeira classificação é importante citar a distinção criada por Humberto Ávila[30] entre princípios e regras.

Neste contexto, ele reproduz o que são chamadas de distinções fortes e fracas a respeito do assunto, esta que estabelece que princípios são mais gerais que regras e aquela que as duas tratam de qualidades (ontologica-

[28] Carvalho, Paulo de Barros. **Direito Tributário: linguagem e método.** 5ª edição. São Paulo: Noeses, 2013.

[29] Marmor, Andrei. **Interpretation and Legal Theory. Revised Second Edition.** Oxford and Portland, Oregon: Hart, 2005.

[30] Ávila, Humberto. **Teoria dos princípios – Da definição à aplicação dos princípios jurídicos.** São Paulo: Malheiros, 2005.

mente) distintas. Esta classificação traz alguns outros problemas adicionais aos já mencionados quanto à distinção entre limites objetivos e valores, já que os critérios de seleção da generalidade e abstração ou ontológicos se revelam pouco seguros para sustentar critérios classificatórios destes objetos.

A terceira classificação dos princípios é aquela que gravita sobre outro eixo semântico e com um conjunto de premissas teóricas diversas às apresentadas é a tradicional entre os princípios explícitos ou implícitos. Tal classificação possui um problema de fundo que é reconduzido à indistinção tradicionalmente realizada na doutrina entre enunciados e proposições.

Esta distinção é fundamental para verificar que, quando da composição de proposições a partir de uma série encadeada de enunciados, a integração e interpretação são requisitos necessários, logo, novamente, ser mais simples encontrar no direito positivado um determinado enunciado que pode ser reconduzido a uma dada proposição/norma jurídica do tipo principiológica é uma forma não de classificação, já que não existe a diferença específica por um critério claro.

Abre-se parêntese para recordar que, com relação a determinação de quais seriam os princípios jurídicos e de onde adviriam estes princípios é uma tarefa que não é simples, nem mesmo exata, pois o conceito de princípio é idêntico para os operadores do sistema jurídico, mas a definição dele é diferente, gerando, a partir dos critérios de seleção de propriedades, um conjunto diferente para cada um desses observadores.

A quarta forma de classificação é aquela que divide os princípios a partir de sua fonte produtora, subdividindo em princípios constitucionais e legais. No ponto, realiza-se uma tomada de posição no que diz respeito ao fato de que se admitem estes princípios legais, a despeito de uma série de autores que pensam em contrário.

Lembra-se que esta classificação se subdivide a partir dos ramos didaticamente autônomos do direito, mas a crítica realizada está na forma de divisão e os critérios utilizados para a determinação da agregação ou não de um dado elemento a um dado conjunto de princípios.

3.2.2. *A CLASSIFICAÇÃO PROPOSTA*

A partir das críticas às formas clássicas, uma classificação pode ser apresentada a partir das premissas de determinação dos princípios como normas que se acoplam as normas de competência com o fim da produção de novas normas jurídicas. Como forma classificatória, dentro de uma série assimétrica de classificação e com a forma fractal (forma dentro da forma, repetindo-se) utiliza-se a distinção entre princípios gerais e específicos da seguinte forma: a) os princípios gerais são os aplicáveis a qualquer parte do ordenamento jurídico. Ex: certeza do direito; e b) princípios específicos, aplicável apenas a eixos de linguagem/semânticos ou ramos didaticamente autônomos do direito, sendo subdividido em:

- Gerais, ou seja, aplicáveis a toda a extensão semântica ou a porções menores desta extensão. Ex: estrita legalidade (geral); e
- Específicos e da não discriminação tributária em razão da procedência ou destino dos bens (específico para os impostos de circulação de mercadorias e IPI).

3.2.2.1. *OS PRINCÍPIOS GERAIS (1º NÍVEL CLASSIFICATÓRIO)*

Elucidando, os princípios gerais do ordenamento irradiam-se para todas as normas de competência, sendo acoplados a qualquer norma produzida no sistema jurídico.

Como exemplos desta classificação podem ser ditos, não exaustivamente:

- Equidade;
- Legalidade;
- Certeza do direito;
- Irretroatividade das leis;
- Entre outros.

3.2.2.2. *DOS PRINCÍPIOS ESPECÍFICOS (RAMO DIDATICAMENTE AUTÔNOMO OU EIXO SEMÂNTICO) (1º NÍVEL CLASSIFICATÓRIO) E DOS PRINCÍPIOS ESPECÍFICOS (RAMO DIDATICAMENTE AUTÔNOMO OU EIXO SEMÂNTICO) GERAIS (2º NÍVEL CLASSIFICATÓRIO)*

Tal classificação tem sua contraparte na classe disjunta que é a classe dos princípios específicos e sua subdivisão em gerais e específicos, conforme se será demonstrado.

Nesta classe específica, o critério agregador não é o de se tratar de um ramo didaticamente autônomo, ainda que, na maioria dos casos, seja simples visualizar desta forma, mas é o de um determinado número de princípios agregados semanticamente entre si, ou seja, existe um núcleo de significações comuns que ligam uma série de comunicações e tudo produzido a partir deste ponto/localização no sistema jurídico deve cumprir as determinações das normas de princípios.

Outrossim, recorda-se que tais aproximações entre princípios e agrupamentos semânticos é normal, já que o processo de produção de certas definições de conceitos ou de criação de conceitos estabelece-se a partir destas forças centrípetas aludidas que existem nos ordenamentos jurídicos.

Retomando, a forma de subclassificação é realizada a partir de uma mesma forma de recorte, ou seja, uma forma dentro da forma, já que os critérios de seleção são semelhantes, senão, idênticos.

Os critérios de diferenciação das subclasses disjuntas, geral e específica, contidas na classe específica dos princípios são, novamente, as formas de aplicação destas normas nos agrupamentos semânticos.

Elucidando, para que um princípio específico no primeiro nível classificatório ser considerado como geral, ele deve ser aplicável a uma das classes de agrupamentos semânticos e não a partes dessa classe.

Isto implica dizer que, a exemplo, os princípios específicos gerais são aplicáveis a todos os eixos semânticos derivados da palavra tributo, como os princípios tributários gerais exemplificados:

- Da estrita legalidade;
- Isonomia;
- Vinculabilidade da tributação;
- Entre outros.

3.2.2.3. *DOS PRINCÍPIOS ESPECÍFICOS/RAMO DIDATICAMENTE AUTÔNOMO OU EIXO SEMÂNTICO ESPECÍFICOS/INSTITUTO DESSE RAMO DIDATICAMENTE AUTÔNOMO OU SUBPARTE DESSE EIXO SEMÂNTICO (2º NÍVEL CLASSIFICATÓRIO)*

Em outro giro, princípios específicos específicos podem ser exemplificados a partir das distinções/definições denotativas de tributos, em que cada um dos elementos da classe dos tributos representa, por sua vez, um novo agrupamento semântico, implicando um repertorio específico de novas palavras e valores agrupados para novas produções normativas.

Logo, estes grupos são distintos/disjuntos da classe geral de serem tributos, o que gera a interessante ilação de que, no mínimo, para cada eixo lingüístico derivado, três grupos de princípios são aplicáveis: os princípios gerais do ordenamento; os princípios específicos gerais, de, a exemplo, um ramo didaticamente autônomo do direito; e os princípios específicos específicos, deste objeto/estrutura jurídica.

Como exemplos destes princípios específicos específicos, podem ser declinados os princípios tributários de um tributo específico, como:

- Princípio da universalidade do Imposto sobre a renda;
- Capacidade contributiva[31];
- Não cumulatividade;
- Progressividade;
- Entre outros.

Por fim, neste ponto, interessante é notar que esta proposta de classificação é útil a partir de tanto de uma visão *top to bottom* como de uma visão *bottom to top*.

Na primeira visão, a partir do ponto de vista dos princípios gerais, verificam-se quais princípios são agrupados entre si, quais são ou não aplicáveis a uma totalidade de objetos de um dado conjunto/agrupamento semântico.

Na segunda visão, a partir do ponto de vista de um objeto determinado, verificam-se quais os princípios aplicáveis das três categorias supracitadas a este objeto.

CONCLUSÕES

O direito possui um caráter unitário, auto-referente e autopoiético, que somente se consubstancia mediante comunicação estruturada sob a forma de norma. Os valores que estão dentro do direito são apenas aqueles positivados em normas jurídicas principiológicas, entretanto o direito em si, enquanto sistema, é neutro axiologicamente. No processo de positivação, há um acoplamento/ligação/adição entre a norma de competência com uma norma que possui em seu conseqüente um determinado valor, a norma de princípio, podendo ser vários valores/princípios calculados entre si no momento do ato de fala final da aplicação.

Neste contexto, os princípios se classificam através de um critério de diferenciação do campo semântico (classe geral, classe específica, disjuntas) de irradiação deste princípio, sendo, classificado, fractal e assimetri-

[31] Não se entrará, aqui, na antiga discussão da aplicação deste princípio as taxas, multas tributárias, etc., pois não é objeto do trabalho.

camente (forma dentro da forma) a partir da distinção entre princípios gerais e específicos, os quais se subdividem em gerais e específicos.

REFERÊNCIAS

ALEXY, Robert. **Constitutional Rights, Balancing and Rationality**. In: Ratio Juris. Vol. 16 No. 2 June 2003 (131–40).

ÁVILA, Humberto. **Teoria dos princípios – Da definição à aplicação dos princípios jurídicos.** São Paulo: Malheiros, 2005.

CALIENDO, Paulo. **Direito tributário e análise econômica do direito: uma visão crítica.** Rio de Janeiro: Elsevier, 2009.

CARVALHO, Cristiano Rosa de. **Teoria do sistema jurídico: direito, economia, tributação.** São Paulo: Ed. Quartier Latin, 2005.

CARVALHO, Paulo de Barros. **Direito Tributário: linguagem e método.** 5ª edição. São Paulo: Noeses, 2013.

DINIZ, Maria Helena. **Compêndio de Introdução à Ciência do Direito.** 21ª ed. São Paulo: Saraiva, 2010.

ECHAVE, Delia Tereza; URQUIJO, Maria Eugenia; GUIBOURG, Ricardo. **Lógica, proposición y norma.** Buenos Aires: Astrea, 1991.

ENGISCH, Karl. **Introdução ao Pensamento Jurídico.** 7ª Ed. Lisboa: Fundação Calouste Gulbenkian, 1996.

GAMA, Tácio Lacerda. **Competência Tributária – Fundamentos para uma teoria da nulidade.** São Paulo: Noeses, 2011.

KELSEN, Hans. **Teoria pura do direito.** 6ª Ed. São Paulo: Martins Fontes, 2003.

LUHMANN, Niklas. **Law as a social system.** Oxford: Oxford University Press, 2004.

MARMOR, Andrei. **Interpretation and Legal Theory. Revised Second Edition.** Oxford and Portland, Oregon: Hart, 2005.

MOUSSALEM, Tárek Moysés. **Fontes do direito tributário.** São Paulo: Noeses, 2007.

POSNER, Richard A. **Economic Analysis of Law. 9a ed.** New York: Wolters Kluwer, 2014.

REALE, Miguel. **Introdução à Filosofia.** 4ª Ed. São Paulo: Saraiva, 2007.

ROEMER, Andrés. **Derecho y economía: uma revisión de la literatura.** Cidade do México: ITAM, 2000.

SANTI, Eurico Marcos Diniz. Tributo e classificação das espécies no sistema tributário brasileiro. **In: http://www.fiscosoft.com.br/main_artigos_index.php?PID=267444&printpage=_ (acesso em 30/10/2019)**

VILANOVA, Lourival. **Causalidade e relação no direito.** São Paulo: Saraiva, 1989.

VITA, Jonathan Barros. **Teoria Geral do Direito: Direito Internacional e Direito Tributário.** São Paulo: Quartier Latin 2011.

ZYLBERSZTAJN, Décio; STAJN, Rachel. **Direito e economia: analise econômica do direito e das organizações.** Rio de Janeiro: Campus juridico, 2005.

TRANSAÇÃO EM MATÉRIA TRIBUTÁRIA

Julcira Maria de Mello Vianna Lisboa*

INTRODUÇÃO

O estudo da extinção das obrigações tributárias nos reporta à extinção das obrigações no Direito Privado, especificamente, no Direito Civil, que se caracteriza pelas obrigações que se originam da manifestação de vontades das partes envolvidas. No entanto, no Direito Tributário a obrigação não surge da liberdade ou autonomia dos sujeitos e sim da vontade da lei.

Essa matéria foi constitucionalizada conforme o art. 146, III, "b" da Constituição Federal. Portanto, é matéria pertinente à Lei Complementar, por tratar-se de normas gerais em matéria de legislação tributária. Todas as formas de extinção estão previstas no Código Tributário Nacional que é Lei Complementar.

No entanto, tais hipóteses enunciadas no CTN sobre a extinção da obrigação não têm efeito imediato. Para que possam produzir efeitos é preciso que haja Lei Ordinária do ente político competente que, exercitando a competência ditada pela CF, disciplinará sobre cada caso. Portanto, na prática, a aplicabilidade de todas as hipóteses, previstas para encerrar a obrigação depende de lei que preveja e estabeleça as situações de extinção.

* Doutora, Mestre e Especialista em Direito Tributário pela PUC-SP.
Professora da PUC-SP.
Coordenadora do Juizado Especial Civil, vinculado à Faculdade de Direito da PUC-SP.
Advogada.

1. EXTINÇÃO DAS OBRIGAÇÕES

Obrigação vem a ser o vínculo jurídico que se estabelece entre as partes onde o credor, sujeito ativo, pode exigir do devedor, sujeito passivo, o cumprimento do objeto prestacional até execução forçada. As obrigações não persistem para sempre. São de caráter transitório. Nascem para serem aniquiladas, o que ocorre com sua extinção.

A extinção da obrigação faz desaparecer o vínculo jurídico obrigacional. Melhor dizendo, a extinção da obrigação ocorre com a eliminação de qualquer um dos elementos que compõem a relação jurídica. Ocorre, portanto, o desaparecimento do dever jurídico acometido ao sujeito passivo (devedor) perante o sujeito ativo (credor) da obrigação legal. Essa relação jurídica é formada pelo detentor de um crédito, sujeito ativo ou credor, pelo devedor dessa prestação, sujeito passivo, e pelo objeto prestacional. Existem várias hipóteses de extinção das obrigações. Vamos nos ater à hipótese de transação.

2. ASPECTOS GERAIS DA TRANSAÇÃO NO DIREITO PRIVADO

Transação[1], nada mais é do que o acordo entre credor e devedor. As partes que envolvem a relação jurídica obrigacional se conciliam por livre manifestação de vontade. A transação, no Direito Civil está regulada pelos artigos 840 e seguintes do Código Civil. Diz o dispositivo *in verbis*:

> *Art. 840. É lícito aos interessados prevenirem ou terminarem o litígio mediante concessões mútuas.*

A obrigação se extingue por livre negociação entre os envolvidos, evitando riscos de um futuro processo judicial ou pondo fim a qualquer demanda extrajudicial. Com isso credor e devedor decidem, "por acordo", resolvendo pendências que poderiam perdurar décadas e evitando maiores dissabores para os interessados. A principal característica da transação em matéria de Direito Privado[2] é a manifestação bilateral da vontade

[1] Segundo Maria Helena Diniz a "transação seria uma composição amigável entre os interessados sobre seus direitos, em que cada qual abre mão de parte de suas pretensões, fazendo cessar as discórdias. As partes preferem resolver a questão sem recorrer ao Judiciário, por ser ele fonte de incidentes desagradáveis e onerosos, dado que a sabedoria popular proclama: "É preferível um mau acordo a uma boa briga judicial". (Curso de Direito Civil Brasileiro, 2º vol: teoria geral das obrigações, São Paulo: Saraiva, 2003, p. 314.

[2] Sacha Calmon Navarro Coêlho a respeito: "No Direito Privado prevalece o império da vontade das partes capazes, que podem livremente dispor de seus direitos". (Curso de direito tributário brasileiro, 10ª ed., Rio de Janeiro: Forense, 2009, p. 772).

entre as partes da relação jurídica que se resolvem por meio de concessões mútuas ou recíprocas.

3. ASPECTOS GERAIS DA EXTINÇÃO DAS OBRIGAÇÕES TRIBUTÁRIAS

A extinção da obrigação tributária principal segue os mesmos moldes da extinção das obrigações no Direito Privado. No entanto, obedece ao regramento do Direito Público, tendo em vista que deverão obedecer aos princípios constitucionais que informam a tributação. É certo que a obrigação tributária decorre de lei, sendo obrigação *ex lege* e não *ex voluntate*. Isso quer dizer que as obrigações tributárias surgem da vontade da lei e não da vontade das partes.

A extinção da obrigação tributária é matéria de norma geral, nos termos do art. 146, III da CF. Todas as hipóteses de extinção dessas obrigações devem estar estabelecidas em Lei Complementar. Cabe a cada pessoa política competente, legislar sobre as hipóteses elencadas no artigo 156 do CTN através de Lei Ordinária federal, estadual, municipal ou distrital, de acordo com a competência de cada ente político.

O artigo 156 apresenta as hipóteses de "extinção do crédito tributário". Há de se apontar uma crítica relativa à expressão utilizada pelo CTN, extinção do crédito.[3] Na verdade, um dos elementos que compõem a relação jurídica obrigacional tributária é o crédito do sujeito ativo. Assim, desaparecendo o crédito que corresponde ao direito subjetivo do sujeito ativo desaparece a relação jurídica obrigacional e não apenas o crédito tributário.

As hipóteses enumeradas no artigo 156 são: o pagamento, a compensação, a transação, a remissão, a prescrição e a decadência, a conversão do depósito em renda, o pagamento antecipado e a homologação do pagamento nos termos do artigo 150 e seus §§ 1º e 4º, a consignação em pagamento, nos termos do disposto no § 2º do art. 164, a decisão administrativa irreformável assim entendida a definitiva na órbita administrativa, que não mais

[3] Paulo de Barros Carvalho nos explica: "Depois de tudo que dissemos, claro está que desaparecido o crédito decompõe-se a obrigação tributária, que não pode subsistir na ausência desse nexo relacional que atrela o sujeito pretensor ao objeto e que substancia seu direito subjetivo de exigir a prestação. O crédito tributário é apenas um dos aspectos da relação jurídica obrigacional, mas sem ele inexiste o vínculo. Nasce no exato instante em que irrompe a obrigação e desaparece juntamente com ela." (Curso de Direito Tributário, 28ª. ed., São Paulo: Saraiva, 2017, p. 445).

possa ser objeto de ação anulatória, a decisão passada em julgado e a dação em pagamento em bens imóveis, na forma e condições previstas em lei. Essa última hipótese foi acrescentada pela Lei Complementar 104 de 2001.

4. A TRANSAÇÃO EM MATÉRIA TRIBUTÁRIA

A transação em matéria tributária está prevista no art. 156, III e 171 do CTN. O artigo 171 do CTN trata da transação em matéria de tributos nos seguintes termos:

> *Art. 171. A lei pode facultar, nas condições que estabeleça os sujeitos ativo e passivo da obrigação tributária celebrar transação que, mediante concessões mútuas, importe em determinação de litígio e consequente extinção do crédito tributário.*
>
> *Parágrafo único: A lei indicará a autoridade competente para autorizar a transação em cada caso.*

Analisando o dispositivo acima, podemos concluir que para haver a transação é preciso que haja: lei da pessoa política tributante competente para disciplinar a transação; litígio entre o credor Fisco, e o devedor, contribuinte ou responsável tributário; concessões recíprocas, conforme a lei dispuser; e terminativa de litígio. A transação obedece ao princípio da Legalidade Estrita, exigindo Lei Ordinária que verse sobre a transação de modo específico, apontando o valor do montante devido, os requisitos e condições que devem ser cumpridos pelo contribuinte e pela Administração Pública com o fito de por fim ao litígio.

Deve haver litígio entre o Fisco e o contribuinte. Entendemos que essa palavra litígio[4] se refere tanto ao processo administrativo quanto ao judicial. A transação[5] extingue a obrigação tributária, por lei, objeto de impugnação na seara administrativa ou na esfera judicial[6].

[4] Regina Helena Costa a respeito: "Também, a transação no âmbito fiscal somente pode ser *terminativa de litígio*, o qual, a nosso ver, tanto pode ser de natureza judicial ou administrativa". (Curso de Direito Tributário Constituição e Código Tributário Nacional, 7ª. ed., São Paulo: Saraiva, 2017, p. 292).

[5] Phelippe Toledo Pires de Oliveira, sobre o tema: "São as formas de se fazer romper o vínculo jurídico de um contribuinte para com o Fisco; vínculo este surgido quando da prática de ato ou fato descrito na norma tributária como hipótese de incidência do tributo (fato gerador ou fato jurídico tributário". (A transação em matéria tributária. São Paulo: Editora Quartier Latin, 2015, p. 122).

[6] Paulo de Barros Carvalho também pondera sobre o tema: "Agora, divergem os autores a propósito das proporções semânticas do vocábulo *litígio*. Querem alguns que se trate de

Concessões recíprocas, conforme a lei dispuser. A lei determinará e especificará as condições para que haja a transação. Na verdade, entendemos que ao contribuinte só cabe a concordância com o disposto na lei. Não há nenhum ato de vontade por parte do contribuinte-devedor, que, em aceitando a transação, é obrigado a aceitar com o conteúdo do ditame legal. Nesse sentido, Eduardo Marcial Ferreira Jardim[7]:

> *"Em primeiro lugar, temos que a transação afigura-se absolutamente incompatível com o regime jurídico tributário porquanto os planos do nascimento, existência e extinção dos tributos são submetidos à edição de atos administrativos da categoria dos vinculados, os quais pela própria índole, não se compaginam com a liberdade inerente ao instituto da transação, cujo desenho conceptual, como vimos de ver, pressupõe um acordo de vontades, em que sujeito ativo e sujeito passivo decidem abrir mão de certos direitos com o desígnio de pôr termo a uma demanda."*

Terminativa de litígio, refere-se ao encerramento da controvérsia entre o Fisco e o contribuinte. Concordamos com Luís Eduardo Schoueri para quem:

> *"... não cabe, em matéria tributária, a transação preventiva, mas apenas a extintiva. Daí por que não cabe cogitar em transação antes que haja o lançamento, já que somente com este será conhecida e quantificada a pretensão do Fisco."*[8]\

Além disso, antes do lançamento, o contribuinte não tem ciência do valor do tributo. Após o lançamento eficaz, ou seja, a notificação do pagamento, o contribuinte, na maior parte das vezes tem um prazo de trinta dias para recolher o tributo. Ou ele paga e não discute ou não paga e impugna. Nesse caso, já há uma controvérsia. Portanto entendemos que,

conflito de interesses deduzido judicialmente, ao passo que outros estendem a acepção a ponto de abranger as controvérsias meramente administrativas. Em tese, concordamos com a segunda alternativa. O legislador do Código não primou pela rigorosa observância das expressões técnicas, e não vemos por que o entendimento mais largo viria em detrimento do instituto ou da racionalidade do sistema. O diploma legal permissivo da transação trará, certamente, o esclarecimento desejado, indicando a autoridade ou as autoridades credenciadas a celebrá-la". (Curso de Direito Tributário, 28ª. ed., São Paulo: Saraiva, 2017, p. 455).

[7] Dicionário Jurídico Tributário, 6ª ed., São Paulo: Dialética, 2008, p.318.

[8] Direito Tributário, São Paulo: Saraiva, 2011, p. 565. No mesmo sentido, continua o autor: "A transação tributária e, antes, um convite, feito pelo próprio legislador, para que o sujeito passivo, querendo, tome os passos para que se extinga sua obrigação. Ibidem, p. 566.

ao contrário do que ocorre com o Direito Civil, que admite a transação tanto para prevenir como terminar o litígio, no Direito Tributário não pode haver transação preventiva, mas apenas terminativa de litígio, como preceitua o art. 171 do CTN[9]. Em sentido oposto, Beatriz Biaggi Ferraz[10], escreve:

> "*... contudo, entendemos que é possível também que ela se instaure, uma vez regulamentada, também preventivamente com fundamento exatamente nos princípios constitucionais da dignidade da pessoa humana, eficiência, efetividade à justiça, capacidade contributiva, entre outros.*"

Ainda com relação ao conteúdo do dispositivo em comento, apontamos um equívoco, talvez, do legislador complementar quando utiliza o termo "*determinação de litígio*" no sentido de terminação de litígio. Determinação pode ser entendida como firmeza, persistência e terminação se refere à conclusão, remate. Claro que a transação põe fim ao litígio, sendo hipótese de extinção da obrigação.

Entendemos que o parágrafo único, prevê hipótese de transação onde o contribuinte tem que preencher determinados quesitos ou formalidades para que possa fruir da transação. Nesse caso a Administração Pública deve cumprir todos as condições e requisitos expostos pela Lei autorizativa. Não há qualquer discricionariedade por parte do agente fiscal para autorizar a transação. Ele deve cumprir a lei em sua totalidade. É ato autorizativo vinculado à lei. Essa vinculação à lei traz como consequência a obrigatoriedade da autorização da transação para todos os contribuintes que se encontrarem em situação igual.

5. PRINCÍPIOS QUE EMBASAM A TRANSAÇÃO EM MATÉRIA TRIBUTÁRIA

Princípios são guias, verdadeiras fundações do sistema normativo, regras gerais e abstratas dispostas no sistema jurídico de forma explícita ou implícita que resguardam direitos e garantias fundamentais. Os princípios cons-

[9] Eduardo Sabbag a respeito esclarece: "Ademais o art. 171 anuncia o termo "determinação" (sic; leia-se terminação) do litígio, sem fazer menção a que tipo de litígio se refere, se judicial, se administrativo ou ambos." Manual de direito tributário, 6ª. ed., São Paulo, Saraiva, 2014, p. 913.

[10] Transação em matéria tributária, Rio de Janeiro: Lumen Juris, 2019, p. 42.

titucionais[11] norteiam o exercício do Poder Legislativo e a própria atuação dos Poderes Executivo e Judiciário.

Há princípios que informam o sistema normativo como um todo e há princípios que norteiam especialmente as regras tributárias. Apontaremos, conforme o nosso entendimento, aqueles que melhor informam a transação tributária, sem, contudo, esgotar o tema.

5.1. PRINCÍPIO DA LEGALIDADE

O princípio da legalidade informa o sistema como um todo e está explícito na CF no art. 5º, II, onde ninguém pode ser obrigado a fazer alguma coisa, senão em razão da lei. Esse princípio representa um verdadeiro limite objetivo no sentido de que só poderá haver criação de direitos e deveres desde que haja lei determinando. Esse princípio é tão importante que no sistema tributário ele é ratificado no art. 150, I da Carta:

> *"Art. 150. Sem prejuízo de outras garantias asseguradas ao contribuinte, é vedado à União, aos Estados, ao Distrito Federal e aos Municípios:*
> *I – exigir ou aumentar tributo sem que lei o estabeleça:"*

Essa legalidade estrita exige que só lei formal da pessoa política competente crie ou inove a ordem jurídica tributária. Essa lei deve conter todos elementos essenciais da norma, ou seja, a hipótese de incidência e seus critérios. Por outro lado o art. 97, I e VI do CTN determina:

> *"Art. 97. Somente a lei pode estabelecer:*
> *I – a instituição de tributos, ou a sua extinção; ...*
> *VI – as hipóteses de exclusão, suspensão e extinção de créditos tributários, ou de dispensa ou redução de penalidades."*

Assim, vê-se, nitidamente, que a transação, em matéria tributária, só pode ser estabelecida por lei que deve especificar a matéria a ser transacionada, os requisitos e condições para que possam as partes, credor e devedor, efetivá-la.

[11] Roque Antonio Carrazza sustenta: "De fato, há princípios *constitucionais, legais e até infralegais*. Dentre eles, os constitucionais, sem dúvida alguma, são os mais importantes, já que sobrepairam aos outros princípios e regras (inclusive às contidas na Lei Máxima)." Curso de Direito Constitucional Tributário, 31ª. ed., São Paulo: Malheiros, 2017, p.51.

5.2. PRINCÍPIO DA PRATICIDADE TRIBUTÁRIA

O princípio da praticidade[12] tributária também denominado "praticabilidade tributária", nada mais é do que a possibilidade da simplificação das medidas legais, da aplicação das regras e dos atos da Administração Pública de modo a facilitar a arrecadação dos tributos e simplificar os atos que ficam a cargo dos contribuintes. Regina Helena Costa[13] nos elucida a respeito:

> *"As leis tributárias devem ser exequíveis, propiciando o atingimento dos fins de interesse público por elas objetivado, quais sejam, o adequado cumprimento de seus comandos pelos administrados, de maneira simples e eficiente, bem como a devida arrecadação dos tributos."*

A transação atende perfeitamente aos ditames da praticidade tributária porque é preferível para ambas as partes transigirem, ou seja, abrirem mão de certos direitos para resolverem litígio do que enfrentarem conflitos que se prolongam por demais.

5.3. PRINCÍPIO DA INDISPONIBILIDADE DOS INTERESSES PÚBLICOS

Esse princípio é de extrema importância no nosso ordenamento jurídico. É implícito e está presente no Direito Público, especialmente no Direito Administrativo. Esse princípio afirma que os interesses e direitos públicos devem ser protegidos e não podem ser transferidos ou delegados. São, portanto, inapropriáveis.

A cobrança dos tributos deve ser feita através do lançamento, ato administrativo obrigatório e vinculado à lei. Assim não pode a Administração pública transacionar sem que haja lei específica. A transação, ainda que ditada pela lei, é facultativa ao contribuinte que pode ou não aceitar as condições da regra. No entanto, é obrigatória, pelo ditame legal para a Administração, que deverá terminar com o litígio. Nesse sentido, Luís Eduardo Schoueri:

[12] Roque Antonio Carrazza: "Portanto, a *praticidade* possibilita o cumprimento simplificado da legislação tributária, que, com suas abstrações generalizantes, garante a potencialidade arrecadatória do Estado, ao mesmo tempo em que permite que os contribuintes atendam aos seus deveres sem custos adicionais ou desnecessárias perdas de tempo." (Curso de Direito Constitucional Tributário, 31ª. ed., São Paulo: Malheiros, 2017, p. 546).

[13] Praticabilidade e Justiça Tributária – Exequibilidade de Lei Tributária e Direitos do Contribuinte. São Paulo: Malheiros, 2007, p. 93.

"Uma vez optando o sujeito passivo pela transação, deve a Administração, nos termos da mesma lei, seguir os passos necessários para sua conclusão. A transação faculdade para o contribuinte, torna-se obrigatória para a Administração: não só a apuração do tributo é atividade vinculada e obrigatória, mas sua cobrança. Não seria admissível que o sujeito passivo, utilizando-se da faculdade legal, aceitasse a transação e abrisse mão do litígio e a Administração insistisse em sua continuidade".

Portanto, pode-se dizer que o princípio da indisponibilidade dos interesses públicos tem perfeita ligação com o princípio da legalidade estrita, pois o agente administrativo não pode remitir, compensar, realizar transação tributária, sem lei que assim estabeleça, pois os interesses públicos são inapropriáveis.

Além desses princípios elencados há outros princípios que também informam a transação. O que se pretende enfatizar é que a lei da pessoa política competente que instituir a transação deve atender à reserva legal, devendo elencar de forma minuciosa todos os requisitos e condições para que o contribuinte devedor possa fruir da hipótese normativa. Deve a lei conter critérios compatíveis ao atendimento da igualdade, e da capacidade contributiva, a fim de tornar possível a transação àqueles que mais necessitam. Deve ainda ser razoável para que os interessados possam cumpri-la; deve ainda ser proporcional, razoável, atender à justiça, atender à eficiência, utilizando-se de boas práticas, a fim de se alcançar o bem comum.

Em suma, deve a transação ser pautada pelos princípios constitucionais que informam a tributação e também os atos da Administração Pública para que, efetivamente, possa causar êxito, o instituto em tela, a fim de que se evite a demora das decisões nos processos judiciais e consiga, a Administração Pública, receber, de forma justa e rápida o seu crédito tributário.

CONCLUSÕES

Em suma, entendemos que, apesar de não haver lei instituidora da transação em matéria tributária, por nenhuma pessoa política competente, esta, deveria, em tempo, ser criada tanto pela União Federal, quanto pelos Estados, Municípios e Distrito Federal, por se tratar de matéria de praticidade tanto para o Fisco como para o Contribuinte.

A transação é instituto que extingue a obrigação tributária, por acordo, e não há que se cogitar em possibilidade de sonegação ou algo de ilicitude por parte do contribuinte, eis que amparada por lei específica, que atende aos ditames constitucionais. Tanto a Administração Pública como os contribuintes, agindo de boa-fé, poderiam, facilmente, chegar a um acordo, a fim de resolverem situações de conflito, tanto administrativa como judicialmente. Claro que esse acordo de vontades pautado pela lei competente, removerá obstáculos de ambas as partes, rompendo o vínculo jurídico existente entre o contribuinte e o Fisco.

REFERÊNCIAS

CARRAZZA, Roque Antonio. Curso de direito constitucional tributário, 31ª. ed. São Paulo: Malheiros, 2017.

CARVALHO, Paulo de Barros. Curso de direito tributário. 28ª ed. São Paulo: Saraiva, 2017.

COÊLHO, Sacha Calmon Navarro. Curso de direito tributário brasileiro, 10ª ed. Rio de Janeiro, Forense, 2009.

COSTA, Regina Helena. Curso de direito tributário Constituição e Código Tributário Nacional, 7ª. ed. São Paulo: Saraiva, 2017.

______. Praticabilidade e Justiça Tributária – Exequibilidade de Lei Tributária e Direitos do Contribuinte. São Paulo: Malheiros, 2007.

DINIZ, Maria Helena. Curso de direito civil brasileiro, 2º vol: teoria geral das obrigações. São Paulo: Saraiva, 2003.

FERRAZ, Beatriz Biaggi. Transação em matéria tributária. Rio de Janeiro: Lumen Juris, 2019.

JARDIM, Eduardo Marcial Ferreira. Dicionário Jurídico Tributário, 6ª ed. São Paulo: Dialética, 2008.

OLIVEIRA, Phelippe Toledo Pires de. A transação em matéria tributária. São Paulo: Editora Quartier Latin, 2015.

SABBAG, Eduardo. Manual de direito tributário, 6ª. ed. São Paulo, Saraiva, 2014.

SCHOURI, Luís Eduardo. Direito Tributário. São Paulo: Saraiva, 2011.

A INTERNET DAS COISAS E AS RELAÇÕES NEGOCIAIS DIGITAIS: BOA-FÉ E TUTELA DA CONFIANÇA

JUSSARA BORGES FERREIRA*
ADELINO BORGES FERREIRA FILHO**

INTRODUÇÃO

A sociedade contemporânea acompanha as grandes transformações decorrentes da consolidação do avanço das tecnologias em diversos seguimentos, como o comércio eletrônico, marketing digital, redes sociais e serviços de monitoramento levados a efeito em relação às mais diversas atividades, envolvendo uma gama extensa de setores personalizados e atendidos pela oferta dos produtos digitais. Neste cenário, as inovações tornaram a sociedade mais conectada, dinâmica e eficiente, acrescentando expressiva demanda em relação ao trânsito negocial digital.

Com vistas a atender a dinamicidade digital é que a Internet das Coisas, resultante da evolução das tecnologias, permite a integração entre homem e máquina em níveis sem precedentes. Em que pese a inexistência de leis e regramentos específicos pertinentes à Internet das Coisas,

* Doutora em Direito pela PUC-SP.
Professora do Programa de Doutorado e Mestrado da UNIMAR e do Programa de Mestrado em Direito e Cidadania da UNIPAR.
Advogada.
** Mestre em Direito Negocial pela Universidade Estadual de Londrina.
Especialista em Direito Empresarial pela PUC-PR.
Advogado.

recentemente a União Europeia editou a *General Data Protection Regulation* – GDPR (Regulamento Geral da Proteção de Dados), com o fim de trazer as primeiras diretrizes referentes ao uso das plataformas virtuais. As relações contratuais, individuais ou transindividuais, globalizadas e relevantes, são contempladas pela regulamentação. O estudo tem por objetivo analisar a Regulação europeia e suas implicações em relação ao uso da Internet das Coisas, em especial, quanto à segurança do contratante usuário no que diz respeito ao uso e coleta de dados no contexto das relações digitais e, em especial, as relações negociais celebradas pelas empresas nos ambientes virtuais e consequentes implicações levadas a efeito, via comunicação de sistemas e redes digitais e respectiva segurança fundada na boa-fé e tutela da confiança. A empresa fornecedora de bens e serviços diversos, acrescenta aos seus produtos, a qualidade dos seus recursos digitais e referente também, à confiança em relação às tecnologias sistêmicas, tendo em vista o aumento expressivo das contratações neste espaço negocial e os respectivos modos singulares de contratar. Ocorre uma redefinição na cena negocial digital onde os contratantes objetivam a busca da praticidade, rapidez, acesso ao conjunto de negociabilidades imediatas, considerando de um lado os perfis dos contratantes, os produtos oferecidos, incluindo não só os objetos diretos das transações negociais, mas também, a forma sofisticada decorrente das tecnologias incluídas no pacote negocial, trazendo como consequência, a necessidade das tutelas jurídicas adequadas e eficientes, proporcionando aos usuários da IoT (*Internet of Things*), a confiança, segurança jurídica e qualidade no trato dos dados.

A constante evolução do modo e meios de contratar, promoveu a transferência significativa nas últimas décadas, do tradicional modelo formal e físico das contratações para a realização de negócios utilizando os meios digitais, potencializados pelas plataformas eletrônicas. Com o advento e implementação da Internet, houve o expresso crescimento das relações negociais que passam a ser realizadas de forma digital, utilizando a alta informatização, uso de assinatura eletrônica, compras *on-line* no *e-commerce*, geolocalizadores, operações financeiras, redes sociais, celulares, dispositivos digitais, perfil de compras, entre outros meios, em razão dos significativos avanços e desafios vinculando tecnologias e relações negociais.

A regulamentação destas tecnologias é necessária em razão das implicações para assegurar a proteção jurídica dos usuários, não permitindo a exploração equivocada deste seguimento de mercado, o que poderia comprometer o uso da tecnologia, segurança ou insegurança trazidas pelas inovações cibernéticas.

Dentre outros aspectos, a Lei Europeia tratou das possíveis implicações em relação à utilização e expansão da Internet das Coisas, em especial, quanto à segurança do usuário no que diz respeito ao uso, coleta de dados, privacidade e segurança jurídica, relativas à comunicação nas redes digitais.

1. A INTERNET DAS COISAS

O termo "Internet das coisas" surgiu pela primeira vez em 1999, através dos estudos do Professor Kevin Ashton do *Massachusetts Institute of Technology – MIT,* que propôs o modelo de conexão entre dispositivos (*D2D – Device To Device*) mesclado aos protocolos de conexão de Internet TCP/IP, formulando assim a gênese da *Internet of Things* (IoT) conforme narra Mônica Mancini[1].

O núcleo da temática pressupõe que, com a escassez de tempo e a rotina cada vez mais dinâmica dos indivíduos, haverá uma alteração na forma do ser humano acessar a Internet. Tanto é verdade que, passados quase 30 anos[2] do advento da *World Wide Web (WWW),* não mais se depende de um computador ou sequer uma conexão via cabos à rede. O advento do *smartphone,* da internet 4G e a popularização desta tecnologia, faz com que a conexão dos indivíduos com a rede mundial de computadores ocorra em larga escala – comunicação social, pesquisa, consultas, pedidos de serviços, informações de trânsito, transações bancárias, compras, contratação, correspondência – quase tudo se faz por meio de um aplicativo ou aparelho eletrônico.

E é justamente nesta seara que se desenvolve a IoT, conexão de aparelhos tidos como "não conectados" para que estes desempenhem funções inteligentes ou agrupem atividades que outrora necessitavam da intervenção humana. Por exemplo, uma geladeira que por meio de sensores, câmeras e *scanners* de QR *Code* saiba dizer se determinado produto está prestes

[1] Mancini, Mônica. **Internet das Coisas: História, Conceitos, Aplicações e Desafios.** PMI: São Paulo, 2017. p. 1.

[2] Guerra, Raíssa. **Há 30 anos, era criada a internet moderna.** Disponível em: <https://www.tecmundo.com.br/internet/34641-ha-30-anos-era-criada-a-internet-moderna.htm>. Acesso em: 23 de agosto de 2019.

a vencer, ou se há leite suficiente para o restante da semana com base nos padrões de consumo da família. Este seria o primeiro estágio da IoT[3].

A tendência evolutiva aponta para inovações em que os aparelhos poderão automatizar processos por meio de sensores biométricos incontáveis em relação à automação em diversas áreas, desde os cuidados com o indivíduo, ambiente doméstico, áreas da saúde, geoprocessamento, carros, sistemas de segurança, iluminação, abastecimento, dentre outros, todos utilizando equipamentos autônomos baseados em uma coleta de informações do cotidiano, a chamada *Big Data*[4].

O foco principal da tecnologia é a captação de dados pelas mais diversas formas e, a partir da captura e processamentos destes dados, fazer com que os equipamentos exerçam uma resposta automatizada com base nos dados captados. Este é o eixo principal desta era tecnológica. Neste sentido, "A Internet das Coisas é importante porque disponibiliza dados anteriormente inutilizáveis. Os aplicativos IoT exploram dados de dispositivos e permitem visualizar, explorar e construir análises sofisticadas, como *machine learning* na nuvem"[5].

Em linhas gerais, são estes os principais aspectos técnicos da IoT, sendo notável a necessidade da captura de dados para seu funcionamento, questão fundamental para compreensão a ser analisada no próximo item.

2. O USO E FUNCIONAMENTO DA INTERNET DAS COISAS: PRINCIPAIS ASPECTOS E PROBLEMAS

A coleta, organização e processamento dos dados pelos aparelhos dotados de tecnologia IoT, podem determinar estratégias ou ações baseadas em sua programação, ou até mesmo, com base em um algoritmo de inteligência artificial preestabelecido que permitirá a máquina agir dentro de uma previsibilidade, porém sem necessariamente prever todas as situações e respostas possíveis, algo como o que a *Siri*[6] (assistente virtual da Apple) e outras inteligências artificiais fazem.

[3] AMAZON WEB SERVICES. **O que é a Internet das Coisas?** Disponível em: <https://aws.amazon.com/pt/iot/>. Acesso em: 20 de agosto de 2019.

[4] *Ibidem.*

[5] *Ibidem.*

[6] APPLE INC. **Siri.** Disponível em: <https://www.apple.com/br/ios/siri/>. Acesso em: 23 de agosto de 2019.

E é justamente desta premissa de funcionamento da Internet das Coisas que decorrem seus principais problemas e implicações jurídicas – a coleta de dados – e indispensável à conectividade via internet, uso de sensores e geoprocessamento. A constatação que a coleta de dados – em sua grande maioria, de natureza personalíssima, acarreta inúmeras possibilidades de uso indevido de tais informações, principalmente pela atuação de *hackers* ou terceiros mal-intencionados, empresas ou até Estados.

Questão emblemática refere-se à discussão acerca do uso indevido de dados coletados de usuários do *Facebook* para influenciar eleitores na última eleição presidencial dos Estados Unidos. A empresa de dados *Cambridge Analytica* envolvida no núcleo do escândalo do vazamento e uso de dados pessoais não autorizados faliu em razão da conduta anti-ética, criminosa, gerando como consequência o absoluto descrédito e largamente divulgado nas mídias[7].

Em igual sentido, para ilustrar as principais implicações negativas decorrentes do uso da IoT e possíveis impactos na vida cotidiana dos usuários, seleciona-se recorte de notícia recentemente vinculada nos meios especializados:

> A empresa americana VIZIO foi condenada ao pagamento de $2.2 milhões de dólares ao estado de Nova Jersey e ao FTC por coletar e vender os históricos de visualização de clientes em *Smart* TV's. Os dados foram usados para marketing direcionado aos consumidores, feitos por agências de publicidades ou outras marcas e empresas[8].

Os principais problemas e riscos a serem corrigidos e coibidos para a aplicação e uso da IoT estão sintetizados em impedir o acesso não autorizado e mau uso de informações pessoais; inibir o ataque a outros sistemas por uso de dispositivo IoT; restringir riscos de segurança pessoal e vazamento de dados e resguardar e reafirmar a tutela do confiança dos usuários.

[7] EL PAÍS. **Cambridge Analytica, empresa pivô no escândalo do Facebook, é fechada.** Disponível em: <https://brasil.elpais.com/brasil/2018/05/02/internacional/1525285885_691249.html>. Acesso em 23 de agosto de 2019.

[8] FEDERAL TRADE COMMISSION. **VIZIO to Pay $2.2 Million to FTC, State of New Jersey to Settle Charges It Collected Viewing Histories on 11 Million Smart Televisions without Users' Consent.** Disponível em: <https://www.ftc.gov/news-events/press-releases/2017/02/vizio-pay-22-million-ftc-state-new-jersey-settle-charges-it>. Acesso em: 30 de agosto de 2019.

Com a correta regulamentação e desenvolvimento da tecnologia, destaca-se a necessidade de desenvolvimento e uso da Internet das Coisas no implemento e melhoria da vida humana digital, sem deixar de lado os elementos jurídicos fundamentais norteadores da responsabilidade, segurança e privacidade, em busca de uma sociedade ainda mais conectada, e exigindo maior qualidade e segurança dos ambientes virtuais.

Desta premissa decorre a necessidade de regulamentação jurídica, para proporcionar o desenvolvimento mais eficiente capaz de assegurar a tutela da confiança dos usuários em relação às tecnologias plurais.

3. A *GENERAL DATA PROTECTION REGULATION* EUROPEIA: A TUTELA DA INTERNET DAS COISAS

A *General Data Protection Regulation* teve por objeto regular o uso das plataformas virtuais, visando proteger usuários logados à rede mundial de computadores, tratando de normas de segurança de dados de pessoas físicas, considerando o aumento significativo de transações comerciais online, com repercussões para as empresas que atuam neste seguimento.

A regulamentação da IoT e implicações jurídicas são relevantes, contudo, as tecnologias se desenvolvem com uma rapidez incomparável em relação aos danos causados aos usuários. Os principais problemas da Internet das Coisas estão vinculados às seguintes questões: como regular e controlar o acesso à informação e à sua confiabilidade; as possíveis implicações jurídicas para as grandes empresas de tecnologia e seus respectivos contratantes, seja contratação entre empresas ou entre empresas e usuários e a necessidade inafastável da proteção dos dados pessoais. Estas pautas desafiam os diversos ordenamentos jurídicos, no sentido de reprimir o uso indevido das informações sem interferir nas inovações tecnológicas.

No Brasil, as regulamentações da IoT ainda se encontram em estágio embrionário, como noticiado recentemente pela própria ANATEL[9], que afirmou pretender regulamentar a tecnologia este ano, em relação à pontos fundamentais como a qualidade dos serviços, consumo de dados, e definir os limites de espectro de coleta de dados pelas operadoras, entre outros pontos, proporcionando maior confiabilidade aos usuários.

[9] O TEMPO. **Governo pretende regulamentar a "Internet das Coisas" em 2018.** Disponível em: <http://www.otempo.com.br/capa/economia/governo-pretende-regulamentar-a-internet-das-coisas-em-2018-1.1555439>. Acesso em: 23 de agosto de 2019.

Em relação à possível regulamentação do tratamento de dados no Brasil, destaca-se o PL 4060/2012[10] que em resumo, define o que são dados pessoais, tratamento de dados, banco de dados, dados sensíveis, responsáveis, interconexão e bloqueio. Em que pese o estágio inicial da regulamentação pátria, pode-se verificar a existência de um panorama mais completo com base na análise da legislação estrangeira, sobretudo as Europeias (UE) e Leis Americanas (EUA). Na vanguarda da regulamentação está a GDPR, em seu Art. 4 adotou um conceito ampliado "que vai além do dado que efetivamente identifica uma pessoa natural, para incluir, também, o conceito de identificável, desde que os passos que levem a identificação por meio de combinação/agregação/cruzamento não sejam desproporcionais"[11].

A GDPR sujeita qualquer atividade de processamento e coleta de dados pessoais às suas disposições, estando a empresa, o usuário ou o ambiente virtual de prestação do serviço reunidos no núcleo da tutela jurídica do regulamento. A legislação tratou da aplicação da Lei estipulando sua extensão para empresas dentro e fora da União Europeia, desde que os dados captados se refiram a cidadãos europeus. Estipulou ainda, penalidades e assegurou aos usuários, o acesso a termos de uso e formulário de consentimentos claros, sucintos e bem estruturados e sem termos difíceis ou complexos e que sejam de fácil leitura, notificação de vazamento, direito de acesso, direito ao esquecimento (apagamento de dados), portabilidade de dados, design de privacidade e delegacias de proteção de dados.

O regulamento é um importante marco no que tange à Proteção, Coleta, Tratamento e Uso de Dados, questão gênese atinente à regulamentação, funcionamento e uso da IoT. Em específico, a GDPR cuidou do chamado Incidente de Segurança, ou seja, a situação de vazamento de dados sensíveis dos usuários para terceiros, ou qualquer outro que possa interceptar o dado. Quando da ocorrência de vazamento de dados de alto risco, a GDPR previu a realização de um processo chamado *Data Protection Impact Assessment* (DPIA).

[10] BRASIL. **Projeto de Lei nº 4060/2012.** Disponível em: <http://www.camara.gov.br/proposicoesWeb/prop_mostrarintegra?codteor=1001750&filename=PL+4060/2012>. Acesso em: 23 de agosto de 2019.

[11] BIONI, B. R. **Xeque-Mate: o tripé de proteção aos dados pessoais no jogo de xadrez das iniciativas legislativas no Brasil.** GPoPAI/USP, 2015. Disponível em: <http://gomaoficina.com/wp-content/uploads/2016/07/XEQUE_MATE_INTERATIVO.pdf>. Acesso em: 04 de setembro de 2019.

Pelas fundamentações da GDPR apresentadas, percebe-se a preocupação do legislador europeu, em não apenas criar mecanismos eficientes de proteção e tutela dos dados sensíveis, mas de igual forma, criar um instrumento legislativo adequado a regulamentar as novas e complexas ações virtuais com implicações jurídicas no plano físico, objetivando proteger direitos e garantias, mas não impedindo o avanço das inovações tecnológicas.

Em igual esteira, os Estados Unidos da América, através da Diretiva Setorial[12] de 2015 do FTC – *Federal Trade Commission*, estabeleceu as diretrizes preliminares para proteção e segurança dos dados seguindo a GDPR. Richard Kemp[13], especializado em Direito Digital e IT, aponta alguns fatores importantes e derradeiros como obstáculos legais a serem solucionados em sede de IoT em larga escala e com a devida segurança. Destacam-se:

> *Commercially, the Internet of things will give rise to new patterns of business and business ecosystems, and the contracts underpinning them will need lawyering. Particular sectors like healthcare and financial services for example are likely to develop their own rules touching on IoT and at a more general level, consumer protection rules are also likely to be extended. But it's really in the areas of privacy, data protection and security that the most pressing legal issues arise*[14].

A tecnologia da IoT, consoante o autor, está promovendo um novo padrão de negócios e ecossistemas comerciais. Inovações nesta dimensão que conta com uma quantidade imensa de relações comerciais, permanecem vinculadas à necessidade da tutela da privacidade, da segurança dos dados coletados e a proteção do usuário enquanto indivíduo e o conjunto de dados obtidos em nível global.

[12] FTC STAFF REPORT. **Internet of things – Privacy & Security in a Connected World.** Disponível em: <https://www.ftc.gov/system/files/documents/reports/federal-trade-commission-staff-report-november-2013-workshop-entitled-internet-things-privacy/150127iotrpt.pdf>. Acesso em: 06 de setembro de 2019.

[13] KEMP, Richard. **Legal Aspects of the Internet of Things.** Londres: Kemp IT Law, 2017, p. 5.

[14] Comercialmente, a Internet das coisas dará origem a novos padrões de negócios e ecossistemas comerciais, e os contratos que os sustentam precisarão de advocacia. Setores específicos, como serviços de saúde e financeiros, por exemplo, provavelmente desenvolverão suas próprias regras relacionadas à IoT e, em um nível mais geral, as regras de proteção ao consumidor também deverão ser estendidas. Mas é realmente nas áreas de privacidade, proteção de dados e segurança que surgem as questões legais mais urgentes (tradução livre).

As novas tecnologias demonstram a preocupação central em relação à confiabilidade, no sentido de assegurar as relações negociais deste imensurável contexto digital, tendo como regramento especial o sistema de diretrizes gerais adotados pela GDPR.

4. RELAÇÕES NEGOCIAIS DIGITAIS: BOA-FÉ E TUTELA DA CONFIANÇA

Considerando o complexo e extenso cenário das relações negociais digitais, destaca-se a relevância da tutela da confiança e a correlação inafastável da boa-fé, cada vez mais relacionadas à segurança, informação e privacidade do contratante. Neste novo ecossistema comercial, as grandes empresas são as titulares das tecnologias de alta qualidade e têm por público-alvo, contratantes interessados nas facilidades operacionais oferecidas pelo novo padrão negocial, atendendo relações contratuais individuais e transindividuais.

A qualidade de bens, produtos e serviços decorrem e estão vinculados diretamente com a qualidade da tecnologia utilizada por estas empresas, responsáveis pelos sistemas digitais altamente sofisticadas e ampliando oferta de produtos inovadores, voltados para as interações digitais – como na Internet das Coisas – concentrando em diversos produtos e respectivas utilidades, como ocorre, por exemplo, com os *smartphones* e a pluralidade de características que concentra, permitindo múltiplos acessos à essas outras Coisas.

A Internet das Coisas, distante do comércio físico tradicional, potencializa os ecossistemas comerciais a ponto de transferir para os bens digitais, funções e prestações de serviços diversos, como vem ocorrendo em incontáveis seguimentos. Se por um lado as tecnologias que, rapidamente, vêm automatizando e transformando as relações contratuais, por outro, enfrenta desafios sem precedentes, ainda que dotadas de sistemas cibernéticos dos mais avançados e concentrados na proteção dos dados, privacidade, confiança e segurança jurídica. Ainda assim, apresentam fragilidades sistêmicas que permitem a atuação dos *hackers,* violando privacidade e, não raro, disponibilizando cadastros inteiros para comercialização nesse mercado *sui generis.* Outra problemática decorre da ausência da boa-fé e tutela da confiança por parte de algumas empresas, que por vontade própria, oportunizam vazamento de cadastros, utilizam seus produtos para influenciar consumidores, dentre outras variáveis, trazendo com estas ações, circunstâncias muito distintas das tradicionais, mas também de violação das obrigações entre contratantes onde devem prevalecer a boa-fé e a confiança. Judith Martins-Costa, com propriedade peculiar, remarca que:

> A confiança ora referida é uma *fides* adjetivada, dita "legítima" por que legitimada por uma "situação de confiança" (derivada da lei, do negócio, dos usos ou do comportamento alheio). Essa "situação de confiança" deve ter força suficiente para suscitar um investimento de confiança e deve ser racionalmente apreensível, não restando encapsulada no que a mente humana pode produzir ou desejar[15].

A tutela da confiança como investimento é princípio do direito inarredável das relações contratuais digitais vinculada à boa-fé, significando relação negocial de credibilidade no ecossistema comercial, onde uma grande parte de usuários desconhecem as especificidades da operacionalidade dos sistemas oferecidos pelas gigantes das tecnologias e, que dominam este ambiente. Indispensável, portanto, para assegurar a eficácia dessa modalidade negocial a manutenção da "superposição da boa-fé abrangendo a tutela das legítimas expectativas, sobrepondo-se ao princípio da confiança – *bona fides – cum fides*"[16].

A tutela da confiança, embasada na boa-fé, torna-se inafastável no comércio digital, sendo bases trazidas da tradição negocial, reafirmadas na práxis pela expressão e relevância das informações em rede. O perfil da empresa digital é constantemente objeto de avaliação, recomendação ou não, atribuição de conceito, passando pela imediatidade da divulgação positiva ou negativa das qualidades ou deficiências das empresas e seus respectivos produtos.

Cláudia Lima Marques observa, de forma abalizada, a indispensabilidade da confiança legítima vinculada à função social do contrato: "[...] instrumento jurídico para o movimento das riquezas do mercado, [...] para a realização dos legítimos interesses do consumidor [...]. A confiança legítima do consumidor não pode ser violada nas relações de consumo[17].

15 Martins-Costa, Judith. **A Boa-Fé no Direito Privado:** critérios para sua aplicação. 2ª. ed. São Paulo: Saraiva Educação, 2018, p. 256.

16 *Ibidem*, p. 254.

17 Marques, Cláudia Lima. **Contratos no Código de Defesa do Consumidor:** o novo regime das relações contratuais. 8ª. ed. São Paulo: Revista dos Tribunais, 2016, p. 1343.

A autora reafirma a necessidade de ser observada a tutela da confiança em um cenário de relações de consumo. Naturalmente, o novo ecossistema comercial interage com usuários, observados seus perfis, podendo ser consumidores ou não, mas independentemente da tipificação dos pactos, a tutela da boa-fé e da confiança em sede de relações jurídicas digitais, têm se destacado como núcleo primeiro.

A confiança e boa-fé "[...] geram deveres de proteção, correlativos a interesses de proteção que, uma vez violados podem levar à eficácia indenizatória"[18]. Nesta quadra, anota-se como ponto para reflexão, a forma distinta que o mercado digital indeniza seus usuários em caso de violação de contrato e dano para as partes. Na maioria das vezes, presencia-se a indenização espontânea e extrajudicial, exatamente para resguardar a tutela da confiança na empresa, como por exemplo, os frequentes casos de reparabilidade espontânea de defeitos em veículos automotor, os chamados *recall*.

Em prosseguimento, Maria Helena Diniz defende a indispensabilidade de serem "observados nos negócios, os princípios de probidade e boa-fé"[19]. As redes negociais com operações digitais mundializadas, dirigem-se em boa parcela para agregar ao seu negócio o plexo de princípios jurídicos, sem os quais seus produtos podem ser eliminados do mercado com um simples *enter*. Contrata-se ou rompem-se os contratos com a mesma rapidez que a estatura ética dos contratantes neste universo são elevadas a alturas ou lançadas ao descrédito irrecuperável.

A tutela da confiança vincula-se a estes princípios formando uma comunidade onde reúne-se, por indispensável, a solidariedade. Mariana Ribeiro Santiago e Livia Gaigher Bósio Campello destacam:

> a função solidária da empresa [...], pois agrega uma ideia de que se deve também colaborar, por meio do negócio, para o desenvolvimento da sociedade, numa perspectiva de auxílio às pessoas, de uma forma positiva, inclusive sob o ângulo das gerações futuras. A função solidária da empresa é aquela que traz uma contribuição valorosa para o desenvolvimento social[20].

[18] MARTINS-COSTA, Judith, op. cit. p. 255.

[19] DINIZ, Maria Helena. **Curso de Direito Civil Brasileiro**: teoria das obrigações contratuais e extracontratuais. 32ª. ed. São Paulo: Saraiva, 2016, p. 53.

[20] SANTIAGO, Mariana Ribeiro; CAMPELLO, Livia Gaigher Bósio. Função Social e Solidária da Empresa na Dinâmica da Sociedade de Consumo. **Scientia Iuris**, Londrina, v.20, n.1, p.119-143, abr.2016.

As relações negociais virtuais celebradas, por suas próprias dimensões e características, apreendem a importância de agregar ao trânsito jurídico digital, a solidariedade, resgatando a moralidade e cooperação dos negócios da tradição, como celebrados em nome da confiança entre as partes, tendo o "[...] papel ativo ou dinâmico de direção e coordenação da interação social (agir positivamente em vista do fim do contrato; colaborar para que o adimplemento seja atingido)".[21]

O ecossistema comercial transforma e expande as relações negociais de forma globalizada e transferindo para este ambiente uma grande maioria das atividades tradicionais e outras inovadoras, como são os bens intangíveis e concentrados nos *softwares*.

A internet deixou de ser apenas meio rápido para as interações negociais para ser instrumento indispensável às operações negociais mundializadas e diversificadas e necessariamente lastreadas na boa-fé e na tutela da confiança.

> proteção da confiança é atualmente, um dos mais importantes princípios do direito privado. Embora possa parecer parodoxal, em alguma medida isso se dá em razão de uma crise de confiança pela qual passa a sociedade de informação, cuja hipercomplexidade e hiperinformação dão conta de uma ruptura na crença em comportamentos tradicionais, em comportamentos padrões, reclamando-se a necessidade de estabelecimento da garantia da aplicação e efetividade do direito, por intermédio da proteção da confiança individual e social.[22]

O contratante do ecossistema negocial retoma, de forma expressiva, a tutela da confiança para adotá-la como um dos princípios primários da pactuação, evidentemente vinculada à boa-fé objetiva. A seleção do caráter e técnica oferecidos pelos contratantes no âmbito do contrato digital, tem início a partir deste eixo, observado como prioridade. Somente após esta avaliação, via de regra, o usuário das redes negociais define-se pela aquisição ou não do bem.

> A boa-fé objetiva manda atender a confiança que as partes tenham depositado no funcionamento e na adequação do contrato. A vontade hipotética

21 Martins-Costa, Judith, op. cit. p. 257.

22 Miragem, Bruno. **Curso de Direito do Consumidor.** 5ª. ed. São Paulo: Revista dos Tribunais, 2014, p. 237.

objectiva não pode fixar soluções que defrontem essa confiança. Trata-se, naturalmente e de acordo com as regras gerais, duma confiança *efectiva* e legitima, que tenha ocasionado um investimento de confiança e que seja imputável às partes.[23]

A tutela da confiança neste contexto refere-se a um triplo grau de confiança: a um, referente à marca, ética e conceito da empresa; a dois, a informação e qualidade e segurança no tratamento e proteção de dados; a três, finalmente, a qualidade do objeto da relação negocial. A Geração Z nunca viveu sem internet e busca conexões seguras, a verdade, transformando a noção de tempo sequencial, dando lugar ao tempo paralelo, conectado, mobilizável. Assimilam características da Geração Y para contratar nas redes digitais: "Eles não são influenciados por propagandas; acreditam que a publicidade não é autêntica; é por isso que TV em streaming online e os bloqueadores de propaganda no Facebook e no Youtube fazem tanto sucesso".[24]

A realidade contratual das Gerações Y e Z é marcada pela boa-fé e confiança. Neste contexto, o adimplemento ou inadimplemento de pactos, podem conduzir a patamares positivos ou negativos muito elevados, impactando os resultados negociais, no que se refere aos lucros ou prejuízos.

As empresas devem atender o perfil destas gerações que optaram pela "ética, acessíveis, o marketing é o guardião da ética e não promessas vãs e da comunicação unidirecional, valorizam muito mais o acesso do que a aquisição do bem".[25] A aparência qualificada da empresa física não basta para atender as exigências destas novas gerações, exigindo transformações e que deverão "acontecer de fora para dentro e de dentro para fora. Saem as *black boxes* e entram as *glass boxes*, transparência absoluta, atuação rigorosa e constante como agentes de transformação".[26] As relações negociais

[23] CORDEIRO, A. M. **Tratado de Directo Civil Português.** Parte Geral. Tomo I. 3 ed. Coimbra: Almedina, 2007, p. 569.

[24] OUTBOUND MARKETING. **Geração dos Millennials**: Onde vivem, como pensam, como compram e como vendem. Disponível em: <https://outboundmarketing.com.br/geracao-dos-millennials/>. Acesso em 02 de setembro de 2019.

[25] CONSUMIDOR MODERNO. **As 6 características fundamentais da Geração Z** Disponível em: <https://www.consumidormoderno.com.br/2017/09/22/caracteristicas-fundamentais-geracao-z/>. Acesso em: 02 de setembro de 2019.

[26] *Ibidem.*

digitais, nestes patamares, exigirá empresas capazes de atuarem de forma transparente, acessível e ética.

CONCLUSÕES

A Internet das Coisas, regulada pela *General Data Protection Regulation* – GDPR, considerando a necessidade de promover tutelas jurídicas referentes a este cenário trazido pelo fenômeno da conectividade e com implicações diretas nas relações sociais, econômicas e jurídicas.

Os principais problemas e riscos a serem corrigidos e coibidos para a aplicação e uso da IoT estão sintetizados em impedir o acesso não autorizado e mau uso de informações pessoais; inibir o ataque de *hackers* a outros sistemas por uso de dispositivo IoT; restringir riscos de segurança pessoal e vazamento de dados e resguardar e reafirmar a tutela da confiança dos usuários.

No *e-commerce* se destacam aquelas empresas que zelam pela qualidade da marca, da imagem, da segurança no tratamento e proteção dos dados, que integram as transações comerciais dos produtos que vendem, tendo como núcleo indissociável a boa-fé e tutela da confiança. Neste sentido, a própria tutela da confiança, boa-fé objetiva, probidade, solidariedade, segurança, cooperação, integram como princípios basilares, a oferta e compra de produtos oferecidos aos usuários, possuindo valor jurídico de expressão essencial.

Permanece a necessidade de mudança da mentalidade empresarial para atender as demandas complexas do ecossistema comercial com eficiência e excelência, neste contexto de negociabilidade digital de valor econômico e social incomparáveis.

A segurança dos dados incluindo a Internet das Coisas, necessariamente deverá atender a este novo paradigma de usuário contratante, onde a boa-fé e a tutela da confiança, representam ponto de encontro entre a forma e os meios de negociar. As Gerações Y e Z redefinem o perfil do contratante desta esfera negocial valorizando e exigindo a ética, credibilidade do marketing e informação, acesso seguro como a confiança nas plataformas, compram diferentes aparelhos eletrônicos, contratam com empresas que substituiram as *black boxes* por aquelas que adotaram as *glass boxes*, com transparência absoluta e são consumidores leais. As relações contratuais dependem de forma expressiva da proteção decorrente da regulação da Internet das Coisas, a eficiente proteção de dados e o atendimento ao perfil do usuário contratante e o fundamento inarredável da boa-fé objetiva e da tutela da confiança.

REFERÊNCIAS

AMAZON WEB SERVICES. **O que é a Internet das Coisas?** Disponível em: <https://aws.amazon.com/pt/iot/> . Acesso em: 20 de agosto de 2019.

APPLE INC. **Siri.** Disponível em: <https://www.apple.com/br/ios/siri/>. Acesso em: 23 de junho de 2018.

BIONI, B. R. **Xeque-Mate: o tripé de proteção aos dados pessoais no jogo de xadrez das iniciativas legislativas no Brasil.** GPoPAI/USP, 2015. Disponível em: <http://gomaoficina.com/wp-content/uploads/2016/07/XEQUE_MATE_INTERATIVO.pdf>. Acesso em: 04 de setembro de 2019.

BRASIL. **Projeto de Lei nº 4060/2012.** Disponível em: <http://www.camara.gov.br/proposicoesWeb/prop_mostrarintegra?codteor=1001750&filename=PL+4060/2012>. Acesso em: 23 de agosto de 2019.

CORDEIRO, A. M. **Tratado de Directo Civil Português.** Parte Geral. Tomo I. 3 ed. Coimbra: Almedina, 2007.

CONSUMIDOR MODERNO. **As 6 características fundamentais da Geração Z** Disponível em: <https://www.consumidormoderno.com.br/2017/09/22/caracteristicas-fundamentais-geracao-z/>. Acesso em: 02 de setembro de 2019.

DINIZ, Maria Helena. **Curso de direito civil brasileiro.** V. : teoria das obrigações contratuais e extracontratuais. 32. ed. São Paulo: Saraiva, 2016.

EL PAÍS. **Cambridge Analytica, empresa pivô no escândalo do Facebook, é fechada.** Disponível em: <https://brasil.elpais.com/brasil/2018/05/02/internacional/1525285885_691249.html>. Acesso em 23 de agosto de 2019.

FEDERAL TRADE COMMISSION. **VIZIO to Pay $2.2 Million to FTC, State of New Jersey to Settle Charges It Collected Viewing Histories on 11 Million Smart Televisions without Users' Consent.** Disponível em: <https://www.ftc.gov/news-events/press-releases/2017/02/vizio-pay-22-million-ftc-state-new-jersey-settle-charges-it>. Acesso em: 30 de agosto de 2019.

FTC STAFF REPORT. **Internet of things – Privacy & Security in a Connected World.** Disponível em: <https://www.ftc.gov/system/files/documents/reports/federal-trade-commission-staff-report-november-2013-workshop-entitled-internet-things-privacy/150127iotrpt.pdf>. Acesso em: 06 de setembro de 2019.

GUERRA, Raíssa. **Há 30 anos, era criada a internet moderna.** Disponível em: <https://www.tecmundo.com.br/internet/34641-ha-30-anos-era-criada-a-internet-moderna.htm>. Acesso em: 23 de agosto de 2019.

KEMP, Richard. **Legal Aspects of the Internet of Things.** Londres: Kemp IT Law, 2017.

MANCINI, Mônica. **Internet das Coisas: História, Conceitos, Aplicações e Desafios.** PMI: São Paulo, 2017.

MARQUES, Cláudia Lima. **Contratos no Código de Defesa do Consumidor:** o novo regime das relações contratuais. 8ª. ed. São Paulo: Revista dos Tribunais, 2016.

Martins-Costa, Judith. **A Boa-Fé no Direito Privado:** critérios para sua aplicação. 2ª. ed. São Paulo: Saraiva Educação, 2018, p. 256.

Miragem, Bruno. **Curso de Direito do Consumidor.** 5ª. ed. São Paulo: Revista dos Tribunais, 2014, p. 237.

O TEMPO. **Governo pretende regulamentar a "Internet das Coisas" em 2018.** Disponível em: <http://www.otempo.com.br/capa/economia/governo-pretende-regulamentar-a-internet-das-coisas-em-2018-1.1555439>. Acesso em: 23 de agosto de 2019.

OUTBOUND MARKETING. **Geração dos *Millennials***: Onde vivem, como pensam, como compram e como vendem. Disponível em: <https://outboundmarketing.com.br/geracao-dos-millennials/>. Acesso em 09 de setembro de 2019.

Santiago, Mariana Ribeiro; Campello, Livia Gaigher Bósio. Função Social e Solidária da Empresa na Dinâmica da Sociedade de Consumo. **Scientia Iuris**, Londrina, v.20, n.1, p.119-143, abr. 2016.

SENTIDO DO DIREITO: O SENTIDO DA CONVIVÊNCIA HUMANA

MARIA GARCIA*

1. *DIREITO, "ARS BONI ET AEQUI"*

Muitos são os caminhos da reflexão sobre o Direito, inclusive a concepção ampla de Goffredo Silva Telles Junior[1]: "O certo é que o Direito, como o amor, tem a sua fonte originária no coração do homem". A partir da sua expressão romana e da sua circunstância (*ubi societas, ibi jus*), vale relembrar, registra De Plácido e Silva[2]:

* Procuradora do Estado de São Paulo(IPESP).
Ex-Assistente Jurídico da Reitoria da USP.
Professora Associada Livre-Docente da PUC/São Paulo.
Professora de Direito Constitucional, Direito Educacional e Biodireito Constitucional. Professora de Biodireito/Bioética/Biopolítica do Centro Universitário Assunção – UNIFAI.
Membro da CoBi – Comitê de Bioética do HCFMUSP.
Membro do Instituto dos Advogados de São Paulo/IASP.
Membro fundador e atual Diretora-Geral do Instituto Brasileiro de Direito Constitucional (IBDC). Coordenadora da Revista de Direito Constitucional e Internacional (Editora Revista dos Tribunais).
Membro da Academia Paulista de Letras Jurídicas (Cadeira Enrico T. Liebman).
Associada Honorária do CONPEDI.
Membro do Conselho Superior de Direito da Federação do Comércio – FECOMERCIO.
Membro do Conselho Editorial da Revista da Escola Superior da Procuradoria-Geral do Estado de São Paulo. Membro do Conselho Editorial da Revista De Jure, do MPMG – Ministério Público de Minas Gerais.

1 "A Criação do Direito", Juarez de Oliveira, São Paulo, 2004, p. 479.

2 "Vocabulário Jurídico", Forense, Rio de Janeiro, 1991.

> "Em sentido didático, é compreendido como a ciência que estuda as regras obrigatórias, que presidem as relações dos homens em sociedade, encaradas não somente sob o seu ponto de vista legal, como sob o seu ponto de vista doutrinário, abrangendo, assim, não somente o direito no seu sentido objetivo como subjetivo. No sentido subjetivo (*facultas agendi*), mostra-se o direito uma faculdade ou uma prerrogativa outorgada à pessoa (sujeito ativo do direito), em virtude da qual a cada um se atribui o que é seu (*suum cuique tribuere*), não se permitindo que outro venha prejudica-lo em seu interesse (*neminem laedere*) por que a lei (*norma agendi*),representando a *coação social*, protege-o em toda a sua amplitude".

Bodenheimer[3] refere-se ao tipo ideal de Direito, que na sua "forma pura e perfeita" realizar-se-á "naquela ordem social em que esteja reduzida ao mínimo a possibilidade de abuso do poder, tanto pelos particulares, quanto pelo governo". Trata, precisamente da "transformação do poder em Direito" colocando, então, "O Direito como compromisso entre grupos opostos", e exemplificando com "a origem do Direito na luta e compromisso entre dois grupos hostís dentro de um Estado – oferece-nos na história de Roma a Lei das XII Tábuas".

> "Esta legislação foi resultado de um episódio da longa luta pela igualdade política sustentada pela classe dos plebeus no seu processo de ascensão, contra os patrícios governantes".

E compara a origem da Lei das XII Tábuas, "até certo ponto, com o nascimento da Magna Carta inglesa de 1215, ambas destinadas a impedir "a possibilidade de uma administração de justiça arbitrária":

> "Em ambos casos pediu-se que se pusessem por escrito certas regras definidas para a administração da justiça e que fossem formalmente reconhecidas pela autoridade superior.
>
> Em ambos casos sustentou-se uma luta pela certeza jurídica e a segurança legal, com o propósito de obrigar um grupo irresponsável – ou a um indivíduo irresponsável – que ocupava o poder, a reconhecer-se sujeito a certas restrições na direção dos assuntos públicos.

[3] Edgar Bodenheimer, "Teoria del Derecho", Fondo de Cultura Económica, México, 1986, pp. 31, 32, 227, 230, 231, 233, 237. Tradução livre

Em ambos casos o reconhecimento de tais restrições não foi feito voluntariamente, senão arrancado ao detentor do poder pela pressão e ameaça da força".

Assim, a Constituição dos Estados Unidos, "fruto de um compromisso político entre grupos e interesses perigosos (...) É impossível, disse Madison considerar menos que milagroso o grau de concórdia que veio a prevalecer". O autor alude, ainda, à Constituição alemã de 1919: "Também aqui surgiu uma carta jurídica com o caráter de compromisso entre grupos políticos poderosos que conduziram suas diferenças mediante concessões mútuas", apresentando "O Direito como autolimitação dos governantes":

> "O Direito origina-se não somente do compromisso e do pacto entre grupos ou partidos políticos contrapostos, senão também de um ato de autolimitação ou autorestrição de um governante ou de uma oligarquia governante poderosos[4]. (...) Assim o código mais antigo da história da humanidade – o de Hamurabi – outorgado por um autocrata (...). Na primitiva história da Grécia encontramos um segundo exemplo de homem de poder ilimitado que empregou-o ao serviço do Direito (...) Solon realizou uma série de reformas sobre as quais apoiou-se o futuro progresso daquela república" (Atenas).

Cita, ainda, o Código Civil "criado por Frederico da Prússia, fruto do" despotismo ilustrado "do século XVIII e o Código Napoleão de 1804, promulgado sob os auspícios de um governante autocrático, uma das maiores realizações no campo da legislação moderna". E ressalta:

> "Somente descrevendo um sistema jurídico desenvolvido em que se tenham realizado todos os elementos típicos e essenciais do Direito na sua forma pura poder entender-se o verdadeiro significado do termo "Direito".
>
> "Na sua forma pura..." refere, seria aquele "Direito" que nasce "do coração do homem?" Cremos que sim. O sentido do "boni et aequi", como disseram os Romanos, encontra-se certamente, no profundo de qualquer ser humano pelo fato, simplesmente, de ser (...) humano, a qualidade a que alude Kant,

[4] "Não é condição necessária de tal ato um motivo altruísta ou humanitário. Pode ser uma ação ditada meramente pela vontade da própria conservação, pela ambição, pelo medo ao descontentamento e à revolução ou porque o governante tenha percebido que ao transformar o poder arbitrário em Direito pode dar-lhe uma base mais ampla e duradoura". (p. 237)

dentro das famosas frases finais da "Crítica da Razão Prática": "o firmamento estrelado sobre mim e a lei moral dentro de mim".[5]

2. "SENTIDO DO DIREITO, SENTIDO DA VIDA" (CLOVIS LEMA GARCIA)[6]

Referindo-se à "crise do Direito dentro do "quadro geral da crise do nosso tempo", Covis Lema Garcia ressalta que "o direito passou a derivar da lei, e a lei a derivar da vontade do legislador, portanto, da mera vontade estatal, pouco importa que ungida com o sufrágio majoritário do povo", citando Cícero:

> "Se o direito se fundasse na vontade dos povos, nas decisões dos juízes, jurídico seria o roubo, jurídica a falsificação, jurídica a inobservância dos testamentos, sempre que tivesse a seu favor os votos ou assentimento da massa popular. E se o poder da opinião e a vontade dos néscios é tal que podem eles, com seus votos, perverter a natureza das coisas, por que não sancionam que se tenha por bom e salutar o que é mau e pernicioso? Se a lei pode converter em justiça a injustiça, por que também não pode converter o mal em bem? Ocorre que para distinguir a lei boa da má não temos outra norma senão a da natureza... A natureza nos deu assim um senso comum que inscreveu em nosso espírito para que identifiquemos o honesto com a virtude e o torpe com o vício".[7]

Por fim, proclama o autor o princípio da dignidade humana e "a busca persistente e indormida de uma convivência justa, mediante uma " *ordinatio rationis*" congruente com a vida e mais digna para o homem"

3. DIREITO NATURAL/DIREITO POSITIVO" (MIGUEL REALE/ HANS KELSEN)[8]

"Jusnaturalismo/Juspositivismo. Afirmam, "são dois rios que correm paralelos. Sem encontrar-se. Mas os rios correm para o mar. Onde se encontram e

[5] *In* Ernst Cassirer, "Kant, vida y doctrina", Fondo de Cultura Econômica, México, 1993. P. 314. Tradução livre.

[6] Discurso da paraninfo, 18/fevereiro/1979, Turma de 1978, Faculdade de Direito de São Bernardo do Campo.

[7] Marco Tulio Cicero, "De legibus", I, 16.

[8] Saraiva, São Paulo, 1984. Pp. 1, 4, 10, 12, 16.

se misturam. Amálgama. Confluência. Pois sem valores não há vivência. Sem a norma não há convivência".[9]

Esclarecendo, logo no Prefácio "o desejo de uma compreensão integral, experiencial e concreta do Direito", Miguel Reale coloca pontos fundamentais de compreensão da Ciência Jurídica, vista sob o ângulo de uma dialética entre o Direito Natural e o Direito Positivo", ou seja, "de que não se pode tratar do Direito Natural a não ser em correlação dialética com o Direito Positivo".

> "O Direito Natural" – afirma, tem sido uma *constante histórica*, no sentido de que, apesar de todas as profundas objeções que lhe foram e são feitas, permanece sempre como um *problema* inarredável nos domínios da cognição jurídica.
>
> (...) Significativa é (...) a colocação do problema por Hans Kelsen em passagem pouco lembrada da sua "General Theory of Law and State", onde o grande crítico do jusnaturalismo escreve textualmente: "A norma fundamental (*Grundnorm*) foi aqui descrita como o essencial pressuposto de qualquer conhecimento jurídico positivo. Se alguém quiser considerá-la como um elemento de uma doutrina do Direito Natural, a despeito de sua rejeição de todo e qualquer elemento de justiça material, bem pequena objeção poderá ser oposta."
>
> Ou seja, "Kelsen admite, embora *ad argumentandum*, o Direito Natural como o *minimum* transcendental correspondente à *norma fundamental*, cuja transcendentalidade, kantianamente, não implica qualquer elemento de justiça material". [10]

Aborda o Autor, em seguida, a questão de "certos valores ético-sociais, que se impõem por força de universal consenso":

> "(...) de que a tomada de consciência ou do valor da pessoa humana, ou, o que vem a dar no mesmo, do homem como valor intocável pelo simples fato de ser homem, com todos os seus correlatos, representa o resultado de um longo e atribulado processo histórico-social, a todo instante posto em crise. (...) Na linha desse pensamento, não é estranhável que as constituições contemporâneas e os tratados internacionais enunciem princípios que emergem

[9] Maria Garcia, em homenagem a Miguel Reale.

[10] Miguel Reale, op. cit., p.7, nota 8.

do princípio fundante do valor da pessoa humana, centro em torno do qual se traçam os vínculos de justiça e segurança, ordem e liberdade, em autodeterminação nacional e tantos outros que a vida comum vai exigindo como imagem mesma do homem de nosso tempo".

Refere, então: "Assim como Monod fala em "invariáveis biológicas", emergentes na biosfera, mas tão constantes e presentes que parecem inatas, também podemos falar em "invariáveis axiológicas" de que é exemplo por excelência o valor da pessoa humana:

> (...) Ora, tais invariáveis axiológicas, enquanto necessariamente referidas à experiência jurídica, dizemos que dão origem ao Direito Natural. Poder-se-ia falar apenas em *Ética Jurídica*, mas não vejo mal algum para não conservar o termo Direito Natural".

Concluindo:

> "Cabe, por fim, observar que o Direito Natural não se reduz à Axiologia Jurídica ou à Teoria da Justiça. É que, no Direito Natural, a *vis compulsiva*, própria dos valores, se converte em *vis normativa*, própria da juridicidade, como se dá no caso exemplar dos direitos humanos. (...) "Os imperativos primordiais relativos à "preservação da natureza", como reação aos excessos da tecnologia". (...) Desdobra-se, assim, significativamente, o fenômeno singular do apelo à "cultura jurídica" para salvar "os bens da natureza", ao contrário da antiga invocação da "natureza "para salvaguarda dos "bens jurídicos". (...) Esta observação, penso eu, ilustra eloquentemente a ambivalência ao termo Direito Natural (...) para a compreensão filosófica e cientifica da "normatividade" jurídica. Sob esse prisma, poder-se-ia dizer que o Direito Natural é a versão normativa da Axiologia Jurídica".

Dir-se-ia, uma Doutrina dos Valores por determinada sociedade adotados, a consubstanciarem-se em normas jurídicas" primordiais, relativos à "preservação da natureza", como reação aos excessos da tecnologia(...)". Em sua apreciação sobre "A visão integral do Direito de Kelsen"[11] Miguel Reale detém-se em certos pontos básicos do Juspositivismo kelseniano: "Kelsen não queria o Direito como única ciência. Ele foi, talvez, um dos

[11] Miguel Reale, op. cit., pp. 58 e segs.

primeiros a ter a intuição de um dos movimentos mais altos da Gnoseologia, da *Teoria do Conhecimento* de nossa época e que se indica pela palavra *interdisciplinariedade*". Ademais, adverte:

> "A teoria kelseniana jamais foi *formalista*, no sentido ingênuo desta palavra. Para ela, fiel à doutrina de Kant, para quem a forma sem a realidade é vazia e a realidade sem a forma é cega, o elemento formal jamais se apresenta como algo válido em si e por si, mas sempre como uma estrutura aplicável a determinada porção ou a determinado momento da experiência. A forma, própria do normativíssimo kelseniano é, desse modo, *constitutiva*, no sentido de que desempenha sempre uma função referencial em relação à experiência social. O fato, porém, do jurista ter os olhos abertos para a experiência não o reduz a um estudioso da realidade econômica, demográfica, etc.: o seu domínio próprio é o da norma, da *forma* do social. Donde poder ele se orgulhar de teu feito uma Teoria *Pura do Direito.* E aqui vai a primeira observação: (...) Kelsen é um mestre da Teoria Pura do Direito *mas não é um mestre do Direito puro!* Não existe Direito puro na doutrina de Kelsen. O que existe é a procura, é a pesquisa de uma pureza metodológica capaz de isolar o estudo do Direito do estudo de outras ciências sociais, como a História, a Economia, a Psicologia e assim por diante. (...) Kelsen sentiu a necessidade de extremar o domínio do jurista *(a norma)* da esfera do sociólogo *(o fato social)* e do campo do filosofo ou do político *(o reino dos fins ou dos valores)*."

4. O CARÁTER PROBLEMÁTICO DO TEMA "CIÊNCIA JURÍDICA" (MARIA HELENA DINIZ)

Dos próprios contornos do termo "ciência", "conjunto organizado de conhecimentos relativos a um determinado objeto, especialmente os obtidos mediante a observação, a experiência dos fatos e um método próprio"[12], origina-se a discussão sobre a "ciência jurídica", mostrando o estudo de Maria Helena Diniz[13] a problemática de fixar os traços delineadores dessa área do conhecimento.

Assim, "não há entre os autores um certo consenso sobre o conceito do direito (...) dada a variedade de elementos e particularidades que apresenta".

[12] Novo Dicionário Básico da Língua Portuguesa", Nova Fronteira, Rio de Janeiro, 1995.

[13] "Compêndio de Introdução à Ciência do Direito", Saraiva, São Paulo, 18º edição 2006, pp. 27 e segs.

Contudo, explicita, "devido ao princípio metódico da divisão do trabalho, há necessidade de se decompor analiticamente o direito, que é objeto de várias ciências – sociologia jurídica, história do direito, jurisprudência – constituindo assim o aspecto em que será abordado". E lembra Miguel Reale, quando explica: a obra do jurista persegue três propósitos fundamentais:

> a) *científico ou teorético,* mediante a análise e sistematização dos preceitos jurídicos vigentes, podendo encontrar princípios gerais; b) *prático,* pela exposição do ordenamento jurídico e interpretação das normas jurídicas para facilitar a tarefa de aplicar o direito; c) *crítico,* quando se afasta do comentário e sistematização para julgar sua justiça ou conveniência e sua adequação aos fins a que o direito deve perseguir, emitindo juízo de valor sobre o conteúdo de uma ordem jurídica".[14]

"A ciência do direito é uma inquietude ante o problemático" afirma a Autora. Daí a necessidade de método, de um caminho que possibilite ao sujeito pensador ideias firmes sobre o objeto de sua análise". Daí os questionamentos: "De que modo deve conduzir-se o pensamento do jurista para obter o conhecimento científico-jurídico? Pode-se empregar no campo do direito um método análogo ao adotado para conhecer um fenômeno físico – natural? Qual o método adequado ao estudo do direito? O método científico por si só conduz a um resultado seguro?"

Advertindo: "A crise da ciência do direito consiste, exatamente, nesse grande inexatidão, daí a aporia do conhecimento cientifico – jurídico, que persistirá enquanto os juristas não se puserem de acordo sobre o objeto e método de sua ciência", esclarecendo:

> "A apreciação, que pretendemos fazer nesta obra, será restrita a uma reflexão filosófica: é a epistemologia jurídica que se ocupa da ciência do direito, estudando os seus pressupostos, analisando os fundamentos em que repousam os princípios que informam sua atividade, bem como a delimitação de seu objeto temático, procurando verificar, ainda, quais os métodos, ou melhor, os meios lógicos que dão garantia de validade aos resultados teóricos alcançados".

[14] Maria Helena Diniz, op. cit., p. 30, nota 54.

Tratando da *gênese da norma jurídica*[15] afirma: "O homem é, ao mesmo tempo, indivíduo e ente social. Embora seja um ser independente, não deixa de fazer parte, por outro lado, de um todo, que é a comunidade humana".

Daí a necessidade das normas, pode-se afirmar, para a possibilidade da convivência humana. "A sociedade" refere "sempre foi regida e se há de reger por certo número de normas, sem o que não poderia subsistir". Por consequência à observação do fenômeno do *poder*: "Pode parecer à primeira vista que a norma jurídica se opõe ao poder, mas tal não ocorre, pois sem poder ela não existe; só é jurídica, na realidade, a norma que for declarada pelo poder.

> (...) Visto que, como ensina Kelsen, o direito regula sua própria produção e aplicação, a função normativa de autorizar ou de permitir confere a alguém o poder de estatuir e aplicar a norma(...). Clara é a implicação do poder na gênese da norma jurídica, pois é a co-participação opcional da inteligência governante que converte em norma uma dentre as muitas vias normativas possíveis. A vida plena do direito depende, portanto, de um poder que "tenha competência para decidir sobre o que deve ser jurídico, como a norma e como situação normada" (Miguel Reale, "Teoria do Direito e do Estado", 1940, cap. X)"[16].

A norma é dada pelo Autor "como uma realidade ôntica", situada "na zona do universo chamada "cultura" que é o mundo do construído pelo homem em razão de um sistema de valores (Goffredo Silva Teles).

> (...) O "sentido" da norma jurídica é sempre expressão de um valor. (...) Dá-se um sentido à norma jurídica sem lhe conferir um valor, ela não é valor, mas um veículo de realização de determinado valor".[17] Contudo, vem

[15] Op. Cit., pp. 336 e segs.

[16] Por consequência, ressalva a Autora, "Quando houver abuso de poder para exercer opressão irremediável surge o *direito de resistência* que, no sentido amplo, reconhece aos cidadãos, em certas condições, a recusa à obediência, a oposição às leis injustas, a resistência a opressão e à revolução." Nesse sentido, o art. 2 da Declaração dos Direitos do Homem e do Cidadão (1789): "O fim de toda associação política é a conservação dos direitos naturais e imprescritíveis do homem. Esses direitos são a liberdade, a propriedade, a segurança e à resistência à opressão." Também Maria Garcia "Desobediência Civil, direito fundamental", Revista dos Tribunais, São Paulo, 2º edição 2004.

[17] Em "Juspositivismo do século XXI: a norma como valor" (Revista de Direito Constitucional e Internacional n.60/ 2007, pp. 177 e segs. Ed. Revista dos Tribunais, São Paulo) expusemos:

a esclarecer Maria Helena Diniz: "Se norma jurídica é produto da atividade consciente do homem, há de servir a fins, que hão de ter um conteúdo valioso, devendo ser compreendida na integridade deles, segundo conexões determinadas valorativamente. Compreender a norma jurídica é revelar o sentido.[18]

5. DIREITO, O JANUS DE DUAS FACES: A ÉTICA E A JUSTIÇA

Em "O Conceito de Direito" refere Hart[19] discussões a respeito de "casos limítrofes nos quais os teóricos do direito se defrontaram com dúvidas sobre a aplicabilidade das expressões "direito" ou "sistema jurídico" contidas na obra e "a solução sugerida" – apenas um objetivo secundário da mesma.

> "Pois a finalidade desta não é fornecer uma definição do direito, no sentido de uma norma através da qual se possa pôr à prova a correção de emprego da palavra; é fazer avançar a teoria do direito, oferecendo uma análise aperfeiçoada da estrutura característica dos sistemas jurídicos internos e uma melhor compreensão das semelhanças e diferenças entre o direito, a coerção e a moral como tipos de fenômenos sociais". Nesse sentido, Hart adverte: "Não se pode negar em sã consciência que o desenvolvimento do direito tem de fato sido influenciado, em todos os tempos e lugares, tanto pela moral quanto pelos ideais convencionais de grupos sociais específicos, e também por formas esclarecidas de crítica moral oferecidas com insistência por alguns indivíduos cujo horizonte moral transcendeu a moral comumente aceita. Mas é possível compreender erroneamente essa verdade, vendo-a como autorização para uma afirmação diferente: a de que um sistema jurídico deve *necessariamente* mostrar alguma conformidade especifica com a moral ou a justiça,

"Os dois supremos valores do ser humano poderiam ser: a *vida* no plano natural (daí decorrendo a dignidade da pessoa e os direitos e garantias humanas fundamentais) e a *norma*, no plano racional (daí decorrendo a coexistência e a segurança sociais – a Paz). Ambos os valores preexistem a nós e independentes de nós. O valor tem de ser, portanto,, algo que se imponha também pela razão: não é qualquer coisa que se apresente, apenas, como tal, pela vontade de um indivíduo ou de um grupo. Mas a norma é, em si mesma, *um valor*: é o decorrer da exposição platônica das leis. (...) A *norma*, a *lei*, como manifestação da racionalidade humana" (...) a *orthos logos*,a reta razão platônica, a *normatividade* referida por Reale. A *norma*, ela mesma, como *valor* porquanto sem normas, sem valores – é o que Dahrendorf chama "o caminho para a Anomia", a falta do normativo".

[18] Op. cit, p. 349.

[19] H. L. A. Hart, "O Conceito de Direito", Martins Fontes, São Paulo, 2009, pp. 239-240.

> ou basear-se *obrigatoriamente* numa convicção amplamente difundida de que exista a obrigação moral de obedecer à lei. Mais uma vez, embora essa afirmação possa ser verdadeira em certo sentido, isso não significa que os critérios de validade jurídica das leis especificas usadas num sistema jurídico devem necessariamente incluir, expressa ou mesmo tacitamente, uma referência à moral ou à justiça".[20]

Posto o dilema investiguemos, de início, a palavra *Ética,* assim colocada, significando "em geral, ciência da conduta" [21] ou ciência da moral". Objeto da ética, conduta dirigida ou disciplinada por normas, conjunto dos *mores.* Neste significado, a palavra usada nas seguintes expressões: "M. dos primitivos", "M. contemporânea, etc." em suma, a moral dc cada um, a moral de grupos: condutas, comportamentos.

A Ética, no entanto, como "ciência da conduta", ou "ciência da moral" implica na existência de objetivo, princípios, métodos e, como tal, permite falar-se em Ética Ocidental, e outras para designar condutas humanas especificas e gerais.

A partir da herança grega, as doutrinas éticas de Platão ("A Ética exposta em "A República" é uma Ética das virtudes, e as virtudes são funções da alma, determinadas pela natureza da alma e pela divisão das suas partes. O paralelismo entre as partes do Estado e as partes da alma permite a Platão determinar e definir as virtudes particulares, bem como a virtude que compreende todas elas: a justiça como cumprimento de cada parte à sua função)". A Ética de Aristóteles determina o propósito da conduta humana (a felicidade), a partir da natureza racional do homem e depois determina as virtudes que são condição da felicidade".[22]

Entre nós, a Constituição Federal de 1988 consagra, em vários dispositivos, *a questão ética*, em especial na Administração Pública, art. 37 ("obedecerá aos princípios de legalidade impessoalidade, moralidade, publicidade e eficiência") e, com referência aos meios de comunicação social eletrônica, a observância aos "princípios enunciados do art. 221", destacando-se o inciso IV: "respeito aos valores éticos e sociais da pessoa e da família". Com referência à Justiça, ressoam as palavras de Kelsen:

[20] Op. e loc. cits.

[21] Nicola Abbagnano, "Dicionário de Filosofia", Martins Fontes, 1998.

[22] Idem, "Ética".

> "O desejo de justiça é tão elementar, está tão profundamente arraigado na mente humana porque é uma manifestação do indestrutível desejo do homem de alcançar sua própria felicidade subjetiva".

E complementa:

> "A ideia da felicidade deve modificar radicalmente seu significado a fim de chegar a ser uma categoria social, a felicidade da justiça".[23]

Nessa conformidade seja, portanto, a *diké* grega ou a *justitia* romana, a face da Justiça e a Ética completam a imagem do Direito e, na sua magnitude de Ciência Jurídica o sentido do Direito – a convivência humana.

[23] "As metamorfoses da justiça", *in* "El actual pensamento jurídico norteamericano", Losada, Buenos Aires, 1951, p. 250. Tradução livre.

LIMITAÇÕES NECESSÁRIAS À PESQUISA EM SERES HUMANOS

Maria Helena Diniz*

1. PESQUISA EM SERES HUMANOS E SEUS PROBLEMAS

Pelo art. 22 da Declaração Universal dos Direitos Humanos a seguridade social é um direito de todos, por assegurar uma vida condigna. Consequentemente, todos os profissionais da saúde devem zelar

pelos seus pacientes. Em nosso pais as Diretrizes e Normas Regulamentadoras de Pesquisas em Seres Humanos, através da Resolução do Conselho Nacional de Saúde (CNS) n. 19, de 10 de outubro de 1996 (hoje revogada pela Resolução CNS n. 466 / 2012) estabeleceu padrões de conduta para proteger a integridade física e psíquica, saúde, a dignidade dos envolvidos em experiências científicas.

* Titular de direito civil da PUC-SP.
Livre-docente, Doutora e Mestre em Teoria Geral do Direito e Filosofia do Direito pela PUC-SP.
Professora de Direito Civil no curso de graduação da PUCSP.
Professora de Filosofia do Direito, de Teoria Geral do Direito e de Direito Civil Comparado nos cursos de pós-graduação (mestrado e doutorado) em Direito da PUC-SP.
Coordenadora do Núcleo de Pesquisa em Direito Civil Comparado nos Cursos de pós-graduação em Direito da PUCSP.
Membro da Academia Paulista de Direito (cadeira 62-patrono Oswaldo Aranha Bandeira de Mello), da Academia Notarial Brasileira (cadeira 16-patrono Francisco Cavalcanti Pontes de Miranda), do Instituto dos Advogados de São Paulo e do Instituto de Direito Comparado Luso-brasileiro.
Presidente do Instituto Internacional de Direito.

Grande é a preocupação mundial com tais pesquisas em decorrência do enorme risco que acarretam para os participantes e das questões ético-jurídicas levantadas pela aplicação de testes em larga escala de vacinas e medicamentos e por experiências biomédicas envolvendo grupos populacionais vulneráveis, visto serem o único meio de acesso a tratamentos novos que possam prevenir ou eliminar determinadas moléstias e incapacidades. O primeiro Código Internacional de Ética para pesquisas com seres humanos foi o de Nuremberg publicado em 1947, em resposta às atrocidades e experimentações iniquas praticadas por médicos nazistas comandados por Josef Mengele, nos campos de concentração, durante a Segunda Guerra Mundial.

É preciso esclarecer que a Alemanha não foi a única nação que realizou experimentos desumanos e atrozes, tratando seres humanos como gado destinado ao matadouro ou ratos em laboratório. Nos Estados Unidos, as Forças Armadas, durante a Guerra do Golfo Pérsico, aplicaram em seus soldados vacinas experimentais, como a piridostigmine, para prevenção e tratamento de moléstias decorrentes do uso de armas químicas, além disso, soldados foram enviados para locais de teste de bombas atômicas logo após as explosões.

Na Austrália, entre 1947 e 1970, crianças pobres e filhos de mães solteiras foram submetidos a testes de vacinas de coqueluche, gripe, herpes etc. No Iraque, milhares de prisioneiros curdos serviram a testes individuais de armas químicas e bacteriológicas, sendo amarrados a estacas e alvejados com bombas recheadas de substâncias armazenadas em laboratórios, e, além disso, em experiências de puro horror, militares iraquianos despejaram o conteúdo de seus arsenais de armas químicas letais sobre aldeias do Curdistão, dizimando a população. Na África do Sul, houve desenvolvimento de micro-organismos manipulados em laboratório que esterilizassem a população negra, mas não a branca, apontando para um novo capítulo na história das armas de guerra: o arsenal genético. No Brasil tem-se notícia de aplicação em mulheres de anticoncepcionais Norplant R e Norplant II, mediante injeções subcutâneas, que lhes causaram grande sofrimento[1].

1 FERRAZ, Sérgio. *Manipulação biológica e princípios constitucionais: uma introdução*, Porto Alegre: Fabris, 1999; FRANÇA, Genival Veloso de, *Direito médico*, São Paulo, 1996, p. 382; SELIGMAN, Airton, Cobaias humanas, *Veja*, 28-7-1999, p. 100-1; VIEIRA, Tereza Rodrigues, *Bioética e*

A Associação Médica Mundial, em 1949, publicou o Código Internacional de Ética Médica, que contém a norma de que "qualquer ato ou conselho que possa enfraquecer física ou moralmente a resistência de ser humano só poderá ser admitido em seu próprio benefício". Apesar de ser omisso na disciplina da experimentação científica, deixa claro que ela apenas será licita se feita em favor do experimentado.

Todavia, na verdade, foi em 1964, com a Declaração de Helsinque, que se aprovaram normas disciplinadoras da pesquisa clínica combinada com o tratamento, diferenciando-a da experimentação não terapêutica. A partir daí surgiram acordos internacionais e leis em todos os países apontando diretrizes e normas regulamentadoras de pesquisas envolvendo seres humanos, por gerarem questões de alta indagação e de difícil solução: como assegurar os direitos e obrigações da comunidade cientifica, dos sujeitos à pesquisa e do Estado? Como diminuir a possibilidade de dano físico, psíquico, social ou cultural decorrente de pesquisa em ser humano? Qual a responsabilidade civil do pesquisador pela realização da pesquisa e pela integridade do experimentado? Seria ela objetiva ou subjetiva? Quem responderá pelo dano tardio ao indivíduo ou à coletividade oriundo da pesquisa biomédica? Como obter consentimento livre e esclarecido do sujeito da pesquisa? E se ele não tiver capacidade para anuir, seu representante poderia fazer isso por ele? Se houver alteração no estado de saúde, o consentimento esclarecido e voluntário deverá ser renovado? Uma vez dado tal consenso, em caso de arrependimento, como revogá-lo? Teria ele liberdade de retirar seu consentimento a qualquer tempo? Como acatar o consentimento livre e esclarecido se o paciente retido em hospital tiver sua capacidade de decisão afetada por alguma emoção? Poder-se-ia fazer experiência cientifica em caso de vulnerabilidade, ou seja, na hipótese de pessoas ou grupos que, por qualquer motivo, tenham sua capacidade de autodeterminação reduzida? Deveria haver Comitês de Ética em Pesquisa para a defesa dos interesses daqueles que se submeterem a uma pesquisa biomédica, no que atina à sua dignidade como ser humano e à sua integridade? Havendo qualquer dano, qual seria o montante indenizatório? Deveria haver compensação das despesas decorrentes da participação do sujeito na pesquisa?

direito, São Paulo, 1999, p. 118-9; LIMA NETO, Francisco Vieira, Inovações legislativas contra a discriminação genética: notícia sobre as experiências de Portugal, Estados Unidos e União Europeia, *Revista Brasiliense de Direito Comparado, 35:* 33-42.

Como se poderia ter certeza de que os benefícios da pesquisa serão maiores do que os riscos? Que medidas devem ser tomadas para proteger a privacidade da pessoa que está submetendo-se à experiência científica? O sacrifício de uma pessoa em benefício da humanidade seria legítimo juridicamente? As vantagens trazidas para o progresso da ciência e para um agregado humano advindas de pesquisas não terapêuticas revestir-se-iam de licitude?

2. PRINCÍPIOS ÉTICO-JURÍDICOS DA EXPERIÊNCIA CIENTÍFICA EM SERES HUMANOS

A pesquisa biomédica que, individual ou coletivamente, envolva ser humano, de forma direta ou indireta, em sua totalidade ou em parte, incluindo o manejo de informações ou materiais, tendo por escopo fins terapêuticos ou de prevenção de moléstias, reger-se-á, no Brasil, por princípios consignados na Resolução CNS n. 466/2012 pelas Diretrizes Nacionais para biorrepositório e biobanco de material biológico humano com finalidade de pesquisa (Portaria do Ministério da Saúde n. 2.201/ 2011) e pelos quatro referenciais básicos da bioética: autonomia , não maleficência, beneficência e justiça . Daí o Enunciado n.38, aprovado na I Jornada de Direito da Saúde do CNJ "nas pesquisas envolvendo seres humanos deve ser assegurada a proteção dos direitos fundamentais dos participantes da pesquisa, além da avaliação da necessidade, utilidade e proporcionalidade do procedimento, com o máximo de benefícios e mínimo de danos e riscos".

Assim sendo, pelo alto risco que envolve, a experiência cientifica em seres humanos requer:

a) Consentimento escrito, livre e esclarecido do indivíduo-alvo ou de seu representante legal, resguardando sua autonomia (Código de Ética Médica, art. 101). É preciso que o envolvido manifeste sua anuência à participação na pesquisa após uma explicação clara, acessível e pormenorizada sobre os procedimentos a serem utilizados na pesquisa, os possíveis riscos, os benefícios esperados, os métodos alternativos existentes, a forma de acompanhamento e assistência, o ressarcimento das despesas decorrentes da participação na pesquisa, a indenização a que fará jus diante dos eventuais danos, a garantia do sigilo que assegure a sua privacidade quanto aos dados confidenciais e a liberdade de recusar-se a participar ou de retirar seu consenso, em qualquer fase da experiência, sem penalização alguma e prejuízo ao seu tratamento. Pelo Enunciado n. 404 do CJF aprovado na V Jornada de Direito Civil "A tutela da privacidade da pessoa humana compreende os controles especial, contextual e temporal dos próprios dados, sendo necessário seu expresso consentimento para tratamento de informações, que versem especialmente o estado de saúde, a condição sexual, a origem racial ou étnica, as convicções religiosas, filosóficas e políticas".

É preciso não olvidar que é possível a retirada do consentimento da guarda da amostra biológica humana em biorrepositória ou biobanco, pelo sujeito de pesquisa ou seu representante legal, a qualquer tempo desde que formalizada por escrito (Portaria n. 2.201/2011, art. 6º). Assim sendo, protegem-se os grupos vulneráveis, que não devem ser sujeitos de pesquisas, a não ser que a investigação lhes possa trazer benefícios diretos (Código de Ética Médica, cap. I, n. XXIV).

Em pesquisas científicas envolvendo menores ou pessoas portadoras de deficiência, como, p. ex. doentes mentais, cumprir-se-ão as exigências do consentimento prévio, livre e esclarecido, através de seus representantes legais, sem contudo, suspender o seu direito de informação no limite de sua capacidade (Lei n. 13.146/2015, arts. 11 e 12).

Indispensável é, portanto, o consenso do deficiente para realização de pesquisa científica e se estiver sob curatela, deverá ser-lhe assegurada sua participação, no maior grau possível, para obtenção daquele consentimento. A pesquisa científica envolvendo pessoa com deficiência em situação de tutela ou de curatela deverá ser realizada, excepcionalmente apenas quando houver indícios de benefício direto para sua saúde ou, de outras pessoas com deficiência e desde que não haja outra opção de pesquisa de eficácia comparável com participantes não tutelados ou curatelados (§§1º e 2º do art. 12 da Lei n. 13.146/2015).

É garantida a liberdade de consentimento de pessoas que, apesar de adultas e capazes, estão em condições que lhes reduzem a autonomia de vontade por estarem, direta ou indiretamente, sob a influência ou subordinação do pesquisador (Código de Ética Médica, art. 105) ou de autoridades, tais como: militares, empregados, presidiários, estudantes, internos em centros de readaptação, asilos e similares, pois tem o direito de participar ou não da experiência biomédica sem que haja qualquer represália em caso de recusa.

Para efetuar qualquer pesquisa em membros de comunidades culturalmente diferenciadas, como as indígenas, imprescindível o consenso prévio de seus líderes, não se dispensando qualquer esforço para obter a anuência do pesquisado. Isto é assim, porque é vedado ao médico "realizar pesquisa em uma comunidade sem antes informá-la e esclarecê-la sobre a natureza da investigação e deixar de atender ao objetivo de proteção à saúde pública, respeitadas as características locais e a legislação pertinente" (Código de Ética Médica, art. 103). Se for impossível conseguir o consentimento livre e esclarecido do envolvido na pesquisa, essa circunstância deverá ser documentada, bem como os motivos da impossibilidade, sendo que a experiência só se dará se houver parecer favorável do Comitê de Ética em Pesquisa.

Pesquisas em pessoas com diagnóstico de morte encefálica apenas poderão ser realizadas mediante atestado de óbito, anuência expressa dos familiares ou manifestação prévia da vontade do falecido, respeito à dignidade humana, pois não poderá haver mutilação do corpo, ausência de ônus financeiro adicional à família e de prejuízo a outros pacientes que aguardem tratamento ou internação e necessidade de obter conhecimento científico novo que não poderia ser conseguido de outro modo.

Essas pesquisas biomédicas devem ter finalidade terapêutica; logo, não podem ser feitas em pessoa sadia (Código de Ética Médica, cap. I. n. II. VI, arts. 99 e 105). Também não é lícito e admissível que o próprio cientista faça experimentações em si mesmo. Isso é assim porque essa prática expõe o indivíduo a perigo grave e iminente para a sua vida ou incolumidade pessoal. A pesquisa somente pode ser levada a efeito em doente para atender a seu próprio interesse, enfrentando um mal que coloque sua vida em risco, numa tentativa de salvá-la, restabelecer sua saúde ou pelo menos aliviar sua dor ou sofrimento (Código de Ética Médica, cap. 1. n. VI e XXIV).

b) Ponderação entre riscos e benefícios. Deverão os benefícios para participante e para a sociedade ser bem maiores que os danos, riscos e desconfortos (Res. CNS n. 466/ 2012. Seção III. 1, *b*. Seção III.2, *d*, e Seção VI a 7). O pesquisador responsável terá de suspender a pesquisa assim que perceber algum dano grave à saúde do participante e informar o Comitê de Ética em Pesquisa de todos os efeitos adversos ou fatos relevantes que venham a alterar o curso normal da pesquisa. O pesquisador, o patrocinador e a instituição assumirão a responsabilidade de dar assistência integral ao paciente pelas complicações e danos decorrentes dos riscos previstos.

c) Relevância sócio- humanitária da pesquisa (Res. CNS n. 466 / 2012, Seção III. 1, *d*), trazendo vantagens bastante significativas para o paciente que a ela se submeter.

d) Garantia de que os danos previsíveis serão evitados (Res. CNS n. 466/2012, Seção III.1.*c*).

e) Prevalência das probabilidades dos benefícios esperados sobre os riscos ou danos riscos e/ou desconfortos previsíveis (Res. CNS n. 466/2012, Seção III, 2, *d*).

f) Reparação dos danos causados.

g) Adequação aos princípios científicos que a justifiquem e com possibilidades concretas de responder a incertezas (Res. CNS n. 466/2012, Seção III.2.*a*).

h) Fundamentação em fatos científicos e experiências prévias feitas em animais (Res, CNS n. 466/2012, Seção III. 2, *b*, e 3, *a*).

i) Obediência a métodos ou técnicas adequadas (Res. CNS n. 466/2012, Seção III,2, *e*, e Seção XI).

j) Supervisão por investigador altamente qualificado e experiente, requerendo emprego de recursos humanos e materiais necessários que garantam o bem-estar do sujeito da pesquisa (Res. CNS n. 466/2012, Seção II. 16 e Seção III. 2.*h*).

k) Adequação entre a competência do pesquisador e o projeto proposto.

l) Previsão de procedimentos que garantam a confidencialidade, a privacidade e a imagem da pessoa envolvida na experiência científica e assegurem a não utilização de informações que possam prejudicar a sua autoestima ou o seu prestigio (Res. CNS n. 466/2012, Seção III.2, *i*).

m) Respeito aos valores morais, éticos, culturais, sociais e religiosos (Res. CNS n. 466/2012, Seção III.2, *k*).

n) Comunicação às autoridades sanitárias do resultado da pesquisa sempre que este contribua para a melhoria das condições da saúde da coletividade (Res. CNS n. 466 / 2012. Seção III. 2, *m*).

o) Uso do material biológico e dos dados obtidos na pesquisa exclusivamente para a finalidade prevista no seu protocolo Res. CNS n. 466/2012, Seção III. 2, *q*).

p) Garantia de que as pesquisas em comunidades, sempre que possível, traduzir-se-ão em benefícios cujos efeitos continuem a se fazer sentir após sua conclusão. Quando, no interesse da comunidade, houver benefício real em incentivar ou estimular mudanças de costumes ou comportamentos, o protocolo de pesquisa deve incluir, sempre que possível, disposições para comunicar tal benefício às pessoas e/ou comunidades de CNS n.466/2012, Seção III, 2, *l*).

q) Comprovação, nas pesquisas conduzidas no exterior ou com cooperação estrangeira, dos compromissos e das vantagens para os participantes das pesquisas e para o Brasil, decorrentes de sua realização (Res. CNS n. 466/2012, Seção III. 2, *p)*.

r) Consideração, nas pesquisas realizadas em mulheres em idade fértil ou em mulheres grávidas, da avaliação de riscos e benefícios e as eventuais interferências sobre a fertilidade, a gravidez, o embrião ou o feto, o trabalho de parto, o puerpério, a lactação e o recém-nascido (Res. CNS n. 466/2012, Seção III.2, *r*).

s) Consideração de que as pesquisas em mulheres grávidas devem ser precedidas de pesquisas em mulheres fora do período gestacional, exceto quando a gravidez for o objeto fundamental da pesquisa (Res. CNS n. 466/ 2012. Seção III.2, *s*).

t) Garantia, para mulheres que se declarem expressamente isentas de risco de gravidez, quer por não exercerem práticas sexuais ou por as exercerem de forma não reprodutiva, do direito de participarem de pesquisas sem o uso obrigatório de contraceptivos (Res. CNS n. 466/2012, Seção III.2, *t)*.

u) Descontinuidade somente após análise e manifestação por parte do Sistema CEP/CONEP/CNS/MS que a aprovou, das razões dessa descontinuidade, a não ser em casos de justificada urgência em benefício de seus participantes (Res. CNS n. 466/2012, Seção III.2, *u*, e Seção VII .1 a 6).

São direitos do sujeito da pesquisa que devem, obrigatoriamente, constar no TCLE:

a) o acesso gratuito às informações associadas ao seu material biológico humano armazenado; às informações obtidas a partir do seu material biológico humano utilizado; as informações genéticas conseguidas pela análise de seu material biológico humano usado, inclusive aquelas que implicam riscos para doenças não preveníveis ou riscos familiares e ao aconselhamento genético, quando aplicável (Res. CNS 466/2012, Seção III.3,*d* e *d.1*);
b) o anonimato em quaisquer formas de divulgação das informações ou resultados associados ao material biológico humano utilizado;
c) a retirada do consentimento, a qualquer tempo;
d) a designação das pessoas que poderão ter acesso à sua informação genética, em caso de óbito ou condição incapacitante, e
e) o acesso às informações sobre as finalidades do armazenamento, incluindo seu responsável, os riscos e benefícios potenciais, as garantia de qualidade da conservação e integridade de seu material biológico, bem como as medidas para garantir a privacidade e a confidencialidade (Portaria n. 2.201/2011, art. 8º).

A proteção dos direitos dos sujeitos da pesquisa, em particular a confidencialidade dos dados e a conservação adequada do material biológico humano armazenado, cabem ao pesquisador e à instituição responsáveis. O sujeito da pesquisa deve ser comunicado sobre a perda, alteração ou destruição de suas amostras biológicas ou da decisão de interrupção da pesquisa, quando for o caso, como também sobre o fechamento ou transferência do biorrepositório ou do biobanco (Portaria n . 2.201/2011, art. 9º).

Fácil é perceber que tal pesquisa norteia-se pelos seguintes princípios bioético- jurídicos:

a) Respeito pela autonomia da vontade, que requer livre deliberação do sujeito envolvido na experiência biomédica em atenção à sua capacidade de autodeterminação e à proteção daquele que tiver sua autonomia diminuída ou alterada, por ser dependente ou vulnerável, permitindo-se sua recusa ao experimento ou que a autorização seja dada pelo seu representante legal.

Pelo Enunciado n. 401 do CJF, aprovado na V Jornada de Direito Civil: "Não contraria os bons costumes a cessão gratuita de direitos de uso de material biológico para fins de pesquisa científica, desde que a manifestação de vontade tenha sido livre e esclarecida e puder ser revogada a qualquer tempo, conforme as normas éticas que regem a pesquisa cientifica e o respeito aos direitos fundamentais".

b) Beneficência, ante a obrigação de maximizar benefícios e minimizar danos. Logo: os riscos inerentes da pesquisa devem ser razoáveis ou proporcionais às vantagens esperadas; o projeto da pesquisa tem de ser sólido e antecedido por uma avaliação cuidadosa dos riscos previsíveis em comparação com os benefícios previstos para o participante ou para a comunidade, o investigador deve ser pessoa cientificamente qualificada, e o supervisor, médico clinicamente competente para a condução da pesquisa e para a salvaguarda do bem-estar e da integridade do participante, sendo hábeis não só para interromper a investigação se descobrirem que os perigos ultrapassam os benefícios potenciais como também para relatar com exatidão os resulta dos da pesquisa para fins de publicação. Como esse princípio veda qualquer intenção deliberada de causar dano, algumas vezes, é expresso, nesse aspecto, como sendo o princípio da não maleficência.

c) Justiça distributiva, pois deve haver uma distribuição equânime tanto dos ônus como das vantagens decorrentes da pesquisa[2]

3. DIRETRIZES ÉTICO-INTERNACIONAIS PARA PESQUISAS OU EXPERIÊNCIAS BIOMÉDICAS EM SERES HUMANOS

O Conselho para Organizações Internacionais de Ciências Médicas (CIOMS) publicou, em colaboração com a Organização Mundial da Saúde (OMS), em Genebra, no ano de 1993, as Diretrizes Internacionais para Pesquisas Biomédicas Envolvendo Seres Humanos, com o propósito de indicar critérios que orientem a condução não só de experiências científicas desenvolvidas juntamente com cuidados a pacientes (pesquisas clínicas), tendo fins terapêuticos, preventivos, de diagnósticos ou profiláticos para o participante, desde que possam oferecer esperança de salvar-lhe a vida, restabelecer sua saúde ou aliviar seu sofrimento, mas também pesquisas

[2] DINIZ, Maria Helena, *O estado atual do biodireito,* São Paulo: Saraiva, 2013, p. 551 a 563.

biomédicas não terapêuticas (pesquisas não clínicas), que contribuem tão somente para o conhecimento generalizável, permitidas desde que se protejam a vida e a saúde das pessoas nas quais o experimento biomédico é realizado e se respeite a dignidade humana. Nem se poderia olvidar do respeito às populações vulneráveis (Resolução 510/2016 do CNS, art. 2º, XXVI), que por qualquer razão têm sua capacidade de autodeterminação reduzida, no que atina ao consenso livre e esclarecido (Resolução n. 466/2012 do CNS e Seção III, 1, *a* e 2, *j* e Resolução do CNS 510/2016). Nas experiências científicas não se pode causar dano aos vulneráveis por motivos biológicos (crianças, deficientes físicos e mentais (Lei n. 13.146/2015, art. 10, §único e 12, §§1º e 2º), pessoas hospitalizadas, sociais (soldados e prisioneiros) e políticos (imigrantes ilegais e refugiados políticos)[3]. As diretrizes propostas foram as seguintes:

a) Consentimento pós-informação individual, que é o acordo feito por escrito, mediante o qual o sujeito da pesquisa ou, se for o caso, seu representante legal, autoriza sua participação na experiência científica, por ter pleno conhecimento da natureza dos procedimentos e dos riscos a que se submeterá, com capacidade de livre-arbítrio e sem qualquer coação, intimidação ou influência indevida. Tal consenso baseia-se no princípio de que os indivíduos competentes têm o direito de decidir livremente sobre sua participação na pesquisa biomédica (Resolução CNS 510/2016, arts. 2º, I, V, XXII, 4º a 17). Assim sendo, para toda experiência científica envolvendo seres humanos, o investigador deverá obter o consentimento pós-informação do possível participante ou, na hipótese de ser vulnerável ou incapaz de dar sua anuência, o consenso, em seu lugar, de um representante devidamente habilitado para tal.

b) Prestação de informações essenciais para os possíveis participantes da pesquisa, mediante o uso de palavras adequadas ao nível de sua compreensão, esclarecendo: que cada indivíduo é convidado a participar da pesquisa; os objetivos e os métodos da experiência; a duração esperada de sua participação: os benefícios que poderão,

[3] GUIMARÃES, M. Carolina S. e NOVAES, Sylvia C. Novaes, Autonomia reduzida e vulnerabilidade: liberdade de decisão, diferença e desigualdade, *Bioética, 7*: 21 – 2. Sobre aspectos éticos das pesquisas em seres humanos em instituições do 545: Res. CNS n. 580/2018, que regulamentou o item XIII, *n.* 4 da Res. CNS n. 466/2012.

razoavelmente, ser esperados, por exemplo, em pesquisas planejadas para avaliação de vacinas ou remédios, deve-se dizer aos participantes se e como o produto estará à sua disposição, se sua segurança e eficácia ficarem comprovadas; o risco ou o desconforto previsíveis associados a sua participação no experimento, os procedimentos ou tratamentos alternativos que possam ser tão vantajosos para os participantes quanto o que estará sendo testado; a extensão com que será mantido o sigilo dos registros nos quais os pacientes estiverem identificados; a extensão da responsabilidade do investigador, se for o caso, em prestar serviços médicos aos participantes. Se o pesquisador for médico, deverá esclarecer os participantes se agirá como tal ou como investigador e médico. Se atuar apenas como investigador, deverá aconselhar os participantes a buscar, fora do âmbito da pesquisa, os cuidados médicos que forem necessários; que será fornecido tratamento gratuito para tipos especificados e danos ligados à experiência, que os participantes ou suas famílias serão compensados por deficiências ou mortes deles resultantes e que são livres para recusar-se a participar do experimento e abandoná-lo a qualquer momento sem penalidades ou perda de benefícios aos quais teriam direito.

c) Imposição de obrigações aos investigadores em relação ao consentimento pós-informação, como as de transmitir ao possível participante todas as informações necessárias para um adequado consentimento pós-informação: dar ao possível participante total assistência, oportunidade e estímulo para fazer perguntas; excluir a possibilidade de engano injustificado, influência indevida ou intimidação; solicitar o consenso apenas depois que o possível participante tiver conhecimento adequado dos fatos relevantes e das consequências da participação e suficiente oportunidade para considerar se deseja participar; obter, como regra geral, de cada possível participante um formulário assinado, como prova do consentimento pós- informação e renovar o consenso pós-informação de cada participante se houver mudanças importantes nas condições ou procedimentos da pesquisa (Resolução CNS n. 510/2016, art. 2º, XX).

d) Vedação de indução indevida à participação. Os participantes poderão ser pagos por seu incômodo e tempo e deverão ser reembolsados por eventuais despesas decorrentes de sua participação na pesquisa

(p. ex., as de alimentação ou transporte), podendo também receber serviços médicos gratuitos. Entretanto, as quantias pagas não deverão ser tão grandes nem os serviços médicos tão extensos que induzam a pessoa a consentir em participar na pesquisa contra seu melhor julgamento ("indução indevida"). Todos os pagamentos, reembolsos e serviços médicos a serem fornecidos aos participantes deverão ser aprovados por um comitê de revisão ética.

e) Imposição de garantias em caso de envolvimento de menores em pesquisas cientificas. Deveras, antes do engajamento de crianças em pesquisas biomédicas, o investigador deverá garantir que: elas não sejam envolvidas em experimentos que possam ser igualmente bem executados com adultos; o propósito da pesquisa seja a obtenção de conhecimentos relevantes para as necessidades de saúde das crianças, porque às vezes sua participação é indispensável para a pesquisa de moléstias da infância; o representante legal dê o consentimento pós-informação em seu lugar (Código de Ética Médica , art. 101, §§1º e 2º. 102, § único, 110; Res. 41/95, art. 12 do Conselho Nacional dos Direitos da Criança e do Adolescente; Res. 466/2012, do Conselho Nacional da Saúde, Seção II, 2, 5 e 10); a); os menores, em regra acima de 13 anos, possam dar conscientemente seu consenso, após terem sido informados, na extensão permitida pela sua capacidade, maturidade e inteligência, desde que tal anuência seja complementada pela de seu representante legal; a recusa das crianças em participar da pesquisa seja levada em conta e respeitada na medida do possível, pois, se for prejudicial à sua saúde, poderá ser suprida pelo representante legal ou pelo juiz da Vara da Infância e da Juventude. Respeitar-se-á a recusa na participação do experimento pediátrico, a não ser que a criança receba terapia para a qual não existam alternativas medicamente aceitáveis, hipótese em que a vontade dos pais poderá sobrepor-se à objeção do paciente; o risco (Res. CNS n 510/2016, arts. 18 a 21) apresentado por intervenções que não visam beneficiar o participante-criança individual seja pequeno e comensurável com a importância do conhecimento a ser ganho. A participação de crianças em pesquisas não terapêuticas só será admitida se os riscos forem mínimos e desde que tenha havido consentimento esclarecido do seu responsável legal; as intervenções que visem fornecer um benefício terapêutico sejam provavelmente tão vantajosas para o participante-criança individual quanto qualquer alternativa disponível. Justificam-se os riscos se os experimentos pediátricos trouxerem benefícios diretos, diagnósticos, terapêuticos ou preventivos para ele ou ainda vantagens para a sociedade; a observação da pesquisa por um dos pais seja uma realidade, para que possa retirar a criança da pesquisa se isso for o melhor para seus interesses ou para sua saúde; o apoio médico e psicológico seja constante e adequado: a intervenção estatal venha a impor limites à experiência pediátrica, isto é, em havendo riscos mínimos e pequeno benefício para a sociedade, permitir-se-á a negociação livre entre a família e o investigador, riscos pequenos e elevado benefício social, impedir-se-á que a família deixe de participar do experimento, riscos enormes e diminuto benefício social, será proibido o recrutamento de menores, protegendo-se o direito de recusa, e ,por fim, existindo riscos altos para um grande benefício social , estimular-se-á a participação na pesquisa[4].

f) Outorga de garantias a pessoas com distúrbios mentais ou comportamentais que se sujeitarem a pesquisas científicas, por não serem capazes de dar um consentimento pós-informação adequado. O investigador deverá assegurar que: os doentes mentais não par-

[4] Gaylin, apud Fagot–Largeault, Anne, L'homme bio-éthique, in *Collection recherches interdisciplinaire dirigée par Pierre Delaire,* Maloine, p. 200. Anzani e Triberti, *L' uomo, la norma, La ricerca scientific,* Inar, s/d. cap.3, p. 60 cs: Oliveira, Cybele (A bioética sob a perspectiva do direito da criança e do adolescente, *Revista de Direito Constitucional e Internacional, 55:* 176-193) ensina, tendo por base a lição de Pessini e Barchifontaine (*Problemas atuais de bioética,* São Paulo, Loyola, 2002, p.147), que: "Atualmente, entre as diretrizes destinadas a regular a participação de crianças e adolescentes em pesquisas científicas, recomenda- se aos pesquisadores que tomem determinadas cautelas, entre elas, garantir que: as crianças não serão envolvidas em pesquisas que possam ser igualmente bem executadasem adultos; o propósito da pesquisa deverá ser a obtenção de conhecimentos relevantes às necessidadesde saúde das crianças; o pai, a mãe ou o guardião legal da criança deverá conceder validamente o consentimento informado no lugar do menor; o consentimento de cada criança deve ser obtido, segundo sua capacidade e discernimento: a recusa da criança em participar da pesquisa deve ser sempre respeitada, a não ser que, segundo o protocolo da pesquisa, a criança receba terapia para a qual não existam alternativas medicamentosas aceitáveis: o risco apresentado por intervenções que não visam beneficiar o participante-criança individual seja pequeno e comensurável com a importância do conhecimento a ser obtido; as intervenções que visem a fornecer um benefício terapêutico sejam, provavelmente, pelo menos tão vantajosas para o participante-criança individual quanto qualquer alternativa disponível".

ticipem de pesquisas que possam ser igualmente bem executadas em pessoas que gozem de plena saúde mental[5]; o propósito da pesquisa seja a obtenção de conhecimentos relevantes às necessidades particulares de saúde de pessoas com distúrbios mentais ou comportamentais. Realmente, somente elas podem participar de pesquisas sobre a origem e o tratamento de certas doenças psiquiátricas e de determinados comportamentos graves; o consentimento de cada doente mental seja dado conforme sua capacidade, evitando-se eventual submissão arbitrária, e que sua recusa em participar de pesquisa não clínica seja respeitada. Quando uma investigação tiver beneficio terapêutico, sua objeção também deverá ser respeitada, salvo se não houver nenhuma outra alternativa médica razoável para seu tratamento, o consentimento pós-informação, em caso de participante sem discernimento, seja dado pelo seu representante legal, embora, às vezes, tal anuência tenha um valor duvidoso, tendo-se em vista que o doente mental pode ser tido como uma carga indesejável por sua família. Se se tratar de pessoa internada por ordem judicial, haverá necessidade de autorização do juiz para envolvê- la em experimento científico; o grau de risco ligado às intervenções que não visem beneficiar o participante individual seja pequeno e comensurável com a importância do conhecimento a ser ganho: intervenções que buscam fornecer um benefício terapêutico sejam provavelmente pelo menos tão vantajosas para o participante individual quanto qualquer outra alternativa. Os doentes mentais não poderio ser privados dos possíveis benefícios de medicamentos sob investigação, principalmente quando inexistir outra terapia equi-

[5] Nos anos de 1946 a 1951, na Suécia, a alguns doentes mentais eram fornecidos doces e balas, com grande quantidade de açúcar, sem que seus representantes legais tivessem ciência disso, para averiguar a consequência nos dentes e lançar uma campanha de prevenção contra cáries. Em Willowbrook, em 1960, a título de experimento científico, o vírus de hepatite viral foi inoculado em retardados mentais. Nas décadas de 50 e 60, na Noruega, efetuaram-se experiências com raios X em deficientes mentais para verificar seus efeitos na esterilização humana. Vide VIEIRA, Tereza R., Bioética e direito, cit., p. 124; ALBUQUERQUE, Roberto C. de. (Lei de prevenção de doenças hereditárias e o programa de eutanásia durante a Segunda Guerra Mundial, *Revista CEJ 40*:43-51) analisa o extermínio de deficientes na Alemanha nazista, colocado em prática com a cumplicidade de médicos e juristas, por programas de esterilização compulsória e de eutanásia direcionados às denominadas "vidas sem valor ", aplicando a Lei de Prevenção de Doenças Hereditárias de 14-7-1933.

valente ou superior. Como a infecção direta do cérebro pelo HIV pode causar dano mental, o paciente poderá ser submetido a testes clínicos de drogas, vacinas para tratamento da lesão, desde que aprovados por um comitê de revisão ética. Se houver possibilidade de previsão de que uma pessoa capaz poderá, em razão de AIDS ou do mal de Alzheimer, perder o discernimento para decidir sobre cuidados médicos, dever- se-á permitir-lhe que designe as condições nas quais participaria de uma pesquisa biomédica, indicando a pessoa que consentirá em seu lugar, de acordo com seu desejo previamente expresso.

g) Proibição de experiências em presidiários atentatórias à sua dignidade e à sua integridade físico-psíquica. Todavia, poderão ser objeto de uma pesquisa médica para fins terapêuticos, desde que recebam dela um benefício direto e significativo para sua saúde. Prisioneiros com moléstias graves (AIDS, câncer, hepatite) ou em risco delas não devem ter arbitrariamente negado seu acesso a medicamentos, vacinas ou outros agentes em investigação que possam trazer-lhes vantagem terapêutica ou preventiva, principalmente quando inexistirem produtos equivalentes ou superiores disponíveis. Veda-se a participação voluntária de preso sadio em pesquisas ou testes clínicos, porque pode ser influenciado por promessas de recompensa, como diminuição da pena, antecipação da liberdade condicional etc. Além disso, estão sob a proteção estatal, não tendo liberdade decisória plena, uma vez que se encontram em posição subalterna[6].

h) Fornecimento pelo investigador de certas garantias em pesquisas científicas envolvendo participantes de comunidades subdesenvolvidas (Resolução CNS 466/2012, Seção III,2. *l* e Resolução CNS 510/2016, art. 28). O pesquisador deverá assegurar que essas pessoas não sejam comumente envolvidas em experimentos que possam ser executados razoavelmente bem em comunidades desenvolvidas; a pesquisa responda as necessidades de saúde e as prioridades da comunidade em que será executada; envidem-se esforços para garantir o imperativo ético de que o consentimento de indivíduos participantes seja pós- informação, e, se tal consenso não puder ser

[6] *Vide* McDonald, Why do prisioners volunteer to be experimental subjects? *JAMA*, v. 202, n. 6.

obtido, a decisão de consentir de cada participante deverá partir de um intermediário confiável, como um líder comunitário respeitado; a revisão e a aprovação das propostas para a pesquisa sejam feitas por um comitê de revisão ética que tenha entre seus membros pessoas familiarizadas com os costumes e tradições da comunidade. Tais experiências serão necessárias ante o fato de certas doenças ocorrerem em algumas comunidades sociais subdesenvolvidas, determinando uma grande carga de mortalidade, deverão respeitar os padrões éticos e as expectativas culturais dessas sociedades, bem como a dignidade e o bem-estar de cada participante individual. Os líderes de uma comunidade, como detentores do poder de representação, poderão permitir a realização de pesquisas e pedir a colaboração de todos, desde que cada membro possa concordar ou não em participar, sem sofrer qualquer represália na hipótese de discordar. A agência patrocinadora deverá garantir que, ao término dos testes bem-sucedidos, o produto ou medicamento obtido seja colocado à disposição dos habitantes da comunidade que dele necessitarem. Deve haver contribuição (atual e potencial) da pesquisa para o ser humano, para a comunidade na qual está inserida e para a sociedade, possibilitando a promoção de qualidade digna de vida, a partir do respeito aos direitos civis, sociais, culturais e a um meio ambiente ecologicamente equilibrado (Resolução CNS 510/2016, art. 2º, III).

i) Decisão do comitê de revisão ética para o desenvolvimento de estudos epidemiológicos quando o consenso individual pós-informação for impraticável ou desaconselhável e para determinar se os planos do investigador para proteger a segurança e o respeito pela privacidade de participantes da pesquisa e manter o sigilo dos dados são adequados. Investigadores que pretendem realizar estudos epidemiológicos deverão consultar as Diretrizes Internacionais para a Revisão Ética de Estudos Epidemiológicos (CIOMS, 1991; CNS, Resolução 510/2016, art. 22 a 27) e obter acordo e cooperação das autoridades responsáveis pela saúde pública da localidade cuja população deverá ser submetida à pesquisa. Sobras anônimas de amostras de sangue, urina, saliva ou tecidos podem ser examinadas sem a anuência dos envolvidos, desde que se garanta o seu direito ao sigilo. Quando o foco da análise é uma comunidade inteira, e não pessoas isoladas, pode-se testar, por exemplo, o uso de um aditivo ao suprimento de água da coletividade ou um novo método de controle de vetores de moléstias, como ratos e mosquitos. O consentimento individual ou a recusa de uma pessoa a ser exposta à intervenção não tem sentido, salvo se estiver disposta a retirar-se da comunidade. Todavia, se o estudo epidemiológico envolver contatos pessoais entre investigador e participantes individuais, as exigências gerais para a anuência pós-informação serão aplicáveis. Aceitável será não obter o consenso pós-informação de cada um dos participantes se a pesquisa envolver indivíduos primariamente como membros de grupos populacionais, pois bastará a concordância do líder do grupo.

j) Distribuição equânime de ônus e benefícios da participação na pesquisa. Indivíduos e comunidades a serem convidados para participar de pesquisas biomédicas deverão ser selecionados de tal maneira que os ônus e benefícios possam ser equanimemente distribuídos. É necessária uma justificação especial para convidar pessoas vulneráveis (crianças, doentes mentais, prisioneiros), e, se elas forem selecionadas, os meios de proteção de seus direitos e de seu bem-estar deverão ser aplicados de modo rigoroso, assegurando-lhes acesso razoável a qualquer medicamento diagnóstico, preventivo ou terapêutico que se tornar disponível em razão da experiência científica.

k) Seleção de gestantes ou nutrizes como participantes de pesquisa com fins terapêuticos. Em nenhuma circunstância gestantes ou nutrizes deverão participar de pesquisas não clínicas, exceto se tal experimento tiver riscos mínimos para o feto ou para a lactente e seu objetivo for a obtenção de novos conhecimentos sobre gravidez e lactação. Em regra, mulheres grávidas ou que estejam amamentando não deverão participar de testes clínicos, salvo os planejados para proteger ou melhorar a sua saúde ou a do feto, e para os quais mulheres não grávidas ou que não estão amamentando não seriam participantes adequadas. Foi em razão do sucesso dessas pesquisas que, hodiernamente, se realizam cirurgias fetais no útero materno para correção de certas malformações, sem que haja risco para a gestante e seu filho. Admissível seria experiência para a descoberta de método que impeça o contágio do feto com vírus de que sua mãe é portadora, por exemplo, ou para averiguar se medicamentos para tratamento de infecção pelo HIV seriam ou não excretados no leite materno, pois, se o forem, a nutriz deverá interromper o aleitamento. Igualmente lícitos seriam os testes de um dispositivo para detectar anormalidades fetais ou testes de tratamentos para condições agravadas pela gestação, como náusea, vômito, diabete ou hipertensão. Dever- se-ão levar em conta nas pesquisas realizadas em grávidas e nutrizes a avaliação de riscos e benefícios e as eventuais interferências sobre a fertilidade, a gravidez, o feto, o trabalho de parto, o puerpério, a lactação e o recém-nascido.

l) Sigilo dos dados de pesquisa pelo investigador (Resolução CNS 510/2016, art. 2º, III e XIX). O participante do experimento deverá ser informado quanto aos limites da capacidade do pesquisador em salvaguardar o sigilo e as consequências previstas se houver quebra deste. Isso é assim porque o pesquisado tem direito à privacidade e de esperar que todas as informações sejam mantidas em segredo, sendo divulgadas tão somente a quem delas precisar. Experiências sobre pessoas e grupos podem envolver coleta de dados, cuja divulgação a terceiros poderá causar ansiedade ou dano, por isso, o pesquisador deve omitir informações que possam identificar os participantes individuais ou limitar o acesso àqueles dados. Em estudos de prontuários médicos praticamente é impossível a obtenção do consenso pós-informação de cada paciente, o que será, então, dispensado pelo comitê de revisão ética, mas o doente deverá ser notificado quanto àquela prática.

m) Compensação equitativa de participantes de pesquisas biomédicas por danos acidentais em seu patrimônio ou em sua integridade física que provoquem lesão ou deficiência permanente ou temporária (Resolução CNS 510/2016, art. 2º, VII, VIII e XXIV). Em caso de morte do participante, seus dependentes terão direito a uma compensação material. Não se poderá exigir que os participantes renunciem ao direito de compensação, nem que precisem provar a negligência ou falta de um grau razoável de aptidão por parte do investigador para que possam pleiteá-la. A responsabilidade civil do investigador é objetiva.

n) Procedimentos de revisão e aprovação da proposta para condução de pesquisa envolvendo seres humanos levados a efeito por um ou mais comitês consultivos multidisciplinares, independentes de revisão ética e científica, antes de ser iniciada pelo investigador para avaliação da segurança e da qualidade dos medicamentos e vacinas a serem usados e dos aspectos científicos dos testes clínicos a serem aplicados. Isso é imprescindível, porque a experiência científica em seres humanos com base pouco sólida poderia expor os participantes a altos riscos. Os testes clínicos deverão ser precedidos de experimentos em laboratórios, incluindo aplicações em animais, e avaliação cuidadosa dos riscos previsíveis, averiguando- se se há uma probabilidade razoável de sucesso sem riscos indevidos, trazendo benefícios para os participantes, para terceiros e para a coletividade. Os comitês de revisão ética não terão poderes para impor sanções aos investigadores que violarem os padrões exigidos na condução da pesquisa biomédica, mas deverão notificar as autoridades governamentais assim que houver qualquer desobediência séria ou continuada. A revisão ética deverá basear-se num protocolo detalhado, compreendendo: declaração clara dos objetivos da pesquisa; descrição precisa de todas as intervenções propostas, incluindo doses propostas de remédios e a duração planejada de terapia; descrição dos planos para retirar ou suspender tratamentos durante a pesquisa; cálculo do poder estatístico do estudo, especificando os critérios para seu término e demonstrando que será recrutada a quantidade adequada de participantes; critérios determinando a admissão e a retirada de participantes, incluindo detalhes do procedimento para obtenção do consentimento pós--informação; indicação de participações econômicas, ou não, das obrigações financeiras assumidas pelos participantes, tais como pagamento por serviços médicos, apresentação de planos, em pesquisa que envolva risco de lesão física, para fornecimento de tratamento médico e compensação pelo óbito ou deficiência causados; resultado de pesquisas relevantes *in vitro* e em animais que comprovem a segurança da vacina ou do medicamento a ser testado; indicação dos benefícios e riscos previstos da participação; identificação da organização patrocinadora da pesquisa; apresentação de relatório dos compromissos financeiros do patrocinador para com a instituição de pesquisa, investigadores, participantes do experimento e, quando apropriado, para com a comunidade; apresentação de planos para informar os participantes dos riscos e benefícios que poderão ocorrer durante a pesquisa e sobre seus resultados, qualificação dos participantes; justificativas para o envolvimento, como participantes da pesquisa, de pessoas ou grupos sociais vulneráveis; apresentação de provas da competência do investigador e da adequação de suas instalações para uma condução segura e eficiente da experiência científica; indicação das medidas que serão tomadas para a proteção do sigilo dos dados.

o) Obrigações dos países hospedeiro e patrocinador em pesquisas patrocinadas por fontes externas. Se a pesquisa for realizada num país hospedeiro, mas patrocinada, financiada e, ás vezes, total ou parcialmente executada por uma agência internacional ou nacional, com a colaboração ou anuência das autoridades, instituições e pessoal apropriados do país hospedeiro, acarretará dois deveres: revisão ética e científica do protocolo de pesquisa, conforme os padrões do país de origem da agência patrocinadora externa, aprovação ética e científica no país daquela agência, para que as autoridades competentes do pais hospedeiro, incluindo em comitê nacional ou local de revisão ética, possam considerar que a pesquisa proposta atende as suas próprias exigências éticas[7].

Além disso, é preciso não olvidar que no Brasil, pelo Código de Ética Médica , é vedado ao médico: deixar de usar experimentalmente qualquer tipo de terapia correta liberada para uso no País (art.102), pois a utilização de terapêutica experimental é permitida quando aceita pelos órgãos competentes e com o consentimento do paciente ou de seu representante legal, adequadamente esclarecidos da situação e das possíveis consequências (art.102, parágrafo único); obter vantagens pessoais, ter qualquer interesse comercial ou renunciar à sua independência profissional em relação

[7] Sobre o assunto: *Bioética-pesquisas em seres humanos*, v.3,1995; FREITAS, Corina D. B. e HOSSNE, W. S., Pesquisa com seres humanos, in *Iniciação à bioética*, p.193-204; LEVINE, *Ethics and roulation of dinical research*, Baltimore, Urban and Schwarzenberg, 1996, p.332-61; PINA, Andrea, Le nouveau droit français de l' obligation d' information sur les risques médicaux, *Lex Medicinae*, Revista Portuguesa de Direito da Saúde, 1:83-96, 2004. Pesquisadores da Infineon e do Instituto Max Planck desenvolveram um *chip* biossensor que capta sinais dos neurônios e os transmite para um processador eletrônico, possibilitando a análise do funcionamento das células nervosas (p. ex., o armazenamento de informações no cérebro) para decifrar doença incurável, como Alzheimer (http:// www.dw-world.deDeutschewelle).O Estado de S. Paulo (Uma esperança no tratamento do câncer, 16-5-2004, p.15-A).

a financiadores de pesquisa médica da qual participe (art. 104); realizar pesquisa médica em ser humano sem submeter o protocolo a aprovação de comissão, de acordo com a lei vigente (art.100); executar ou participar de pesquisa médica atentatória à dignidade humana (art.99) ou lesiva ao seu paciente (cap. I. n. VI, XII, XXV, cap. XIV, n. II).

Infere-se de tudo o que se analisou que também estão vedados: a experiência em ser humano para fins bélicos, políticos, raciais e eugênicos (Código de Ética Médica, art. 99); a clonagem humana (Lei n. 11.105/2005, art. 64, IV) e a utilização de tratamento ainda não admitido pelos órgãos competentes; a submissão da pessoa contra sua vontade a práticas que coloquem em risco sua integridade física e psíquica; a experimentação de métodos de análise psiquiátrica e o uso de narcóticos ou medicamentos não testados; as alterações em caracteres genéticos para criar uma super-raça (Resolução CFM n.2168/2019, Seção I, n. 5); os experimentos em embriões humanos para fins cosmetológicos ou de construção de armas biológicas de extermínio etc . (Lei n. 8.974/95 (ora revogada), Lei n.11.105/2005, art.6, III, *in fine*, e Instrução Normativa da Comissão Técnica Nacional de Biossegurança n. 8/97). Apesar disso, contrariando a Carta Magna (arts. 1º, III, e 54 *caput*), a Lei n. 11.105/2005 veio admitir, para fins de pesquisa e terapia o uso de células-tronco embrionárias de embriões humanos, obtidos e não utilizados na fertilização *in vitro*, desde que inviáveis ou congelados há três anos ou mais, havendo anuência dos genitores e aprovação do projeto de pesquisa pelo Comitê de Ética em pesquisa (art. 5º, I e II, §§ 1º e 2º-no mesmo sentido o Decreto n. 5.591/2005, art. 63, I e II,§§ 1º e 2º e a Resolução do CNS n. 466/2012, Secção VIII). Além de essa utilização ser atentatória à dignidade humana, não seria ela conducente a um "admirável mundo novo", repleto de "fazendas de embriões" ou de "usinas de células – tronco embrionárias" voltadas à produção de órgãos humanos sobressalentes? O aperfeiçoamento da manipulação de células-tronco adultas não dispensaria o uso clínico das embrionárias?

Cientistas norte-americanos e japoneses, após retirarem células comuns da pele de camundongo, conseguiram reprogramá-las para que elas tenham o comportamento de células-tronco embrionárias, tornando-as capazes de gerar qualquer tipo de tecido; com isso, poder-se-á obter, para fins terapêuticos, tais células em seres humanos sem que se tenha a destruição de embriões[8].

[8] Sobre esse tema: DINIZ, Maria Helena. *O estado atual do biodireito*, São Paulo: Saraiva, 2013, p. 551- 89; WEISS, Rick, O poder de dividir, *National Geographic Brasil*, jul. 2005, p. 49; ESCOBAR,

Todavia lícita é a medicina eletrônica que visa a recomposição do organismo humano, fazendo experiências para devolver a visão (implante de um micro-*chip* dentro da retina), a audição (implante mecânico do tipo coclear), ou para substituir coração (coração artificial feito de titânio e plástico), pernas, braços e mãos do paciente. Pela nanotecnologia , nanocápsulas (nanopartículas, com um centro de sílica coberto por uma fina camada de ouro), injetadas no sangue, são suscetíveis de atingir um tumor cancerígeno, e ao serem submetidas à ação de luz infravermelha (35º), matam as células malignas, sem danificar o tecido que se encontra ao redor daquele tumor. Sendo um avanço, pois, na quimioterapia, a droga injetada na corrente sanguínea mata as células não cancerosas, deixando uma "trilha tóxica" até chegar ao tumor.

Por tais razões seria imprescindível uma lei especial que regesse pesquisa em seres humanos, colocando limites e respeitando a dignidade humana.

CONCLUSÕES

As pesquisas e experiência em seres humanos trazem, em seu bojo, questões ético- jurídicas pelo enorme risco acarretado para os que delas participam, pois podem sofrer dano físico, psíquico e social, gerando responsabilidade civil do lesante.

A experimentação científica em ser humano deve estar regida pelos princípios: do respeito pela autonomia da vontade do sujeito nela envolvido; da beneficência e da justiça distributiva.

As diretrizes ético-internacionais para pesquisas biomédicas em seres humanos devem ser seguidas, como obtenção do consentimento pós-informação individual; prestação de informações claras; imposição de obrigações aos investigadores e de garantias, havendo menores engajados em pesquisa;

Herton e Amorim, Cristina, Célula – tronco: após aprovação, esperança, *Jornal da Tarde*, 4-3-2005, p.6; *Folha de S. Paulo*, nota da redação- Célula adulta "pensa" que é embrionária,7-6-2007. p. A-19; *Destak* (1-10-2008, p.5) noticia que cientistas brasileiros conseguiram criar as primeiras células-tronco embrionárias do País, após a utilização de 35 embriões congelados doados pelos pais, destruindo-os para a remoção das células- tronco embrionárias capazes de se transformar em qualquer tipo de célula do corpo humano para tratamento de doenças incuráveis. O Metromundo (27-4-2011.p.16) noticiou que nos EUA uma equipe de cientistas conseguiu criar células- tronco do sistema nervoso a partir de células embrionárias que poderão permitir, no futuro, sua aplicação em testes clínicos para recuperação desde tecidos até órgãos inteiros, mas, no entanto, as técnicas atuais não são seguras para gerar um número suficiente de células estáveis aptas para uso em tratamento de seres humanos.

vedação de indução indevida à participação; outorga de garantas a portadores de deficiência envolvidos na experiência e a participação da comunidade subdesenvolvida; proibição de experiência biomédica em presidiários que fira sua integridade físico-psíquica; ato decisório do Comitê de Revisão ética para desenvolvimento de estudos epidemiológicos quando o consenso individual pós-informação for impraticável ou desaconselhável; distribuição equânime de ônus e benefícios da participação da pesquisa; seleção de gestantes como participantes de pesquisa com fins terapêuticos; confidencialidade dos dados de pesquisa pelo pesquisador; indenização justa dos danos sofridos pelos participantes; revisão e aprovação de proposta de pesquisa por comitê consultivo multidisciplinar; imposição de deveres aos países (hospedeiro e patrocinador) em pesquisa patrocinada por fonte externa.

REFERÊNCIAS

ALBUQUERQUE, Roberto C. de. Lei de prevenção de doenças hereditárias e o programa de eutanásia durante a Segunda Guerra Mundial, *Revista CEJ 40*:43-51.

ANZANI e TRIBERTI, *L'uomo, la norma, La ricerca scientific*, Inar, s/d. DINIZ, Maria Helena. *O estado atual do biodireito*, São Paulo: Saraiva, 2013.

ESCOBAR, Herton e AMORIM, Cristina, Célula – tronco: após aprovação, esperança, *Jornal da Tarde*, 4-3-2005, p.6.

FAGOT-LARGEAULT, Anne. L'homme bio-éthique, in *Collection recherches interdisciplinaire dirigée par Pierre Delaire*, Maloine.

FERRAZ, Sérgio. *Manipulação biológica e princípios constitucionais: uma introdução*, Porto Alegre: Fabris, 1999.

FRANÇA, Genival Veloso de, *Direito médico*, São Paulo, 1996.

FREITAS, Corina D. B. e HOSSNE, W. S., Pesquisa com seres humanos, in *Iniciação à bioética*, p.193-204.

GUIMARÃES, M. Carolina S. e NOVAES, Sylvia C. Novaes, Autonomia reduzida e vulnerabilidade: liberdade de decisão, diferença e desigualdade, *Bioética*, *7*: 21 – 2 e seguintes.

LEVINE, *Ethics and roulation of dinical research*, Baltimore, Urban and Schwarzenberg, 1996.

LIMA NETO, Francisco Vieira, Inovações legislativas contra a discriminação genética: notícia sobre as experiências de Portugal, Estados Unidos e União Europeia, *Revista Brasiliense de Direito Comparado, 35:* 33 e seguintes.

MCDONALD, Why do prisioners volunteer to be experimental subjects? *JAMA*, v. 202, n. 6.

OLIVEIRA, Cybele (A bioética sob a perspectiva do direito da criança e do adolescente, *Revista de Direito Constitucional e Internacional, 55:* 176-193.

PESSINI e BARCHIFONTAINE. *Problemas atuais de bioética*, São Paulo, Loyola, 2002.

PINA, Andrea, Le nouveau droit français de l ' obligation d ' information sur les risques médicaux, *Lex Medicinae*, Revista Portuguesa de Direito da Saúde, 1:83-96, 2004.

VIEIRA, Tereza Rodrigues, *Bioética e direito*, São Paulo, 1999.

WEISS, Rick, O poder de dividir, *National Geographic Brasil*, jul. 2005, p. 49 e seguintes.

BREVES CONSIDERAÇÕES SOBRE A RESPONSABILIDADE CIVIL DA PLATAFORMA "AIRBNB" E AFINS, DO ANFITRIÃO E DO LOCATÁRIO/HÓSPEDE

Maria Helena Marques Braceiro Daneluzzi*
Maria Ligia Coelho Mathias**

INTRODUÇÃO

O trabalho visa analisar a responsabilidade civil da plataforma "Airbnb" e afins, como empresas intermediadoras de locação/hospedagem, sob a perspectiva da relação de consumo bem como discorrer sobre a responsabilidade civil do anfitrião e do locatário/hóspede, considerando as normas do Código de Defesa do Consumidor e do Código Civil.

Antes de tratar, especificamente do tema, vale ressaltar, a inquestionável força da moderna tecnologia como fenômeno transformador da sociedade. Exemplo disso são as novas plataformas virtuais, que possibilitam a oferta de diversos recursos e serviços, destacando-se dentre as mais conhecidas a Uber e o "Airbnb". Por meio delas os usuários têm menor dispêndio de recursos, quando comparadas com as modalidades tradicionais de trans-

* Doutora e Mestre em Direito Civil pela PUC-SP.
Professora da Faculdade de Direito da PUC-SP.
Coordenadora Acadêmica do Curso de Especialização em Direito de Família e Sucessões do COGEAE/ PUCSP.
Procuradora do Estado de São Paulo.

** Doutora e Mestre em Direito Civil pela PUC-SP.
Professora da Faculdade de Direito da FAAP.
Vice Coordenadora Acadêmica do Curso de Especialização em Direito de Família e Sucessões do COGEAE/ PUCSP.
Advogada.

porte por taxi, no caso do Uber e o sistema de hospedagem em hotéis, na hipótese do "Airbnb". A dinâmica dessas transformações faz como que essas novas modalidades de contratação fiquem, por um período de tempo sem regulamentação normativa específica de âmbito nacional, embora haja projetos de lei.

Nessas circunstâncias, exige-se da doutrina e jurisprudência, esforço substancial para tentar fixar os parâmetros legais para sua utilização. Ademais, as circunstâncias de serem plataformas mundialmente globalizadas, dificultam a uniformidade no tratamento normativo a ser estabelecido em cada país nos quais atuam. Há, sem dúvida, um feixe de relações jurídicas complexas decorrentes dessas modalidades de contratação. Nessas circunstâncias, o presente estudo está voltado a considerações sobre a responsabilidade civil dos integrantes na relação jurídica, a saber: a plataforma "Airbnb" e afins, o locatário/hóspede e o anfitrião.

1. "AIRBNB" COMO PRESTADOR DE SERVIÇOS DE LOCAÇÃO/ HOSPEDAGEM

A indicação de vários serviços como hospedagem e locação se deve à circunstância de inexistir quer na doutrina quer na jurisprudência uniformidade na terminologia adotada. Com a consolidação do termo, no futuro, essa referência será desnecessária.

Anotamos em outra oportunidade que: *"Por intermédio do "Airbnb"*[1]*, que atua como uma rede social e está baseado na confiança, uma pessoa anuncia o seu espaço para efeito de hospedagem e a outra reserva a acomodação, que pode ser um ou mais quartos simples, compartilhados ou todo o imóvel, como uma casa completa, incluindo todas as facilidades que ela pode oferecer, a exemplo da cozinha e área de lazer . Há notícia de oferecimento pelo sistema de casas na árvore, iate e até iglu. Cabe ao anfitrião aprovar ou não a reserva de acordo com a forma preferida por quem vai receber o hóspede. Essa reserva é precedida de uma avaliação de riscos pela plataforma, por meio de triagem sobre os anfitriões e hóspedes. Para a concretização da hospedagem o pretendente, envia um pedido ao anfitrião para fazer uma reserva, podendo ser aceito ou não. Se aceito deverá ocorrer o pagamento, mas se não for acolhido o pedido ou inexistir resposta em 24 horas, em regra, não haverá qualquer cobrança. Ambos, anfitrião e hóspede, precisam estar cadastrados para que possam avaliar os perfis pessoais e os imóveis ofertados.*

[1] https//www.airbnb.com.br>help>article acessado em 30/5/19

Verifica-se que esse procedimento tem pontos de contato com os agentes de viagem on line, todavia, essa figura atípica transcende a simples aproximação caracterizando-se como prestação de serviços sui generis, aproximando-se da locação por temporada e da hospedagem, erigindo-se em figura jurídica híbrida, com preponderância da hospedagem. A par disso, o fato do pagamento se realizar por meio do "Airbnb", que recolhe uma taxa de serviço ou comissão, denota elemento próprio do contrato de corretagem, mas com ele não se confunde."[2]

Importa acrescentar, ainda, que a cessão onerosa para o uso do imóvel, mediante a utilização das plataformas "Airbnb" e afins, é facultada ao proprietário, ao usufrutuário e ao locatário, este quando autorizado no contrato a sublocar. Não há dúvida que com relação ao proprietário, sendo ele detentor do direito de usar, fruir e dispor, pode ceder o uso do imóvel mediante renumeração. Nesse caso está se valendo da prerrogativa de fruir as utilidades do bem. Da mesma forma, o usufrutuário, em decorrência do desmembramento dos direitos inerentes à propriedade, é titular temporariamente dos direitos de usar e fruir, podendo, destarte, desfrutar do bem, no sentido de tirar proveito econômico, facultando que alguém o ocupe mediante remuneração. Por fim, o locatário autorizado a sublocar pelo proprietário pode, da mesma forma, transferir a posse a outrem.

Cumpre deixar sedimentado que o locatário/hóspede, dentro do sistema adotado pela plataforma, não poderá ser considerado possuidor, diferentemente do locatário convencional ou tradicional cuja ocupação caracteriza posse, com as consequências dela decorrentes. No caso o sistema "Airbnb", o ocupante, ainda que denominado locatário, não será considerado possuidor em nosso entendimento, em razão de ter mais pontos de contato com a hospedagem em vez da locação convencional, propriamente dita. Reiteramos que a relação do referido locatário com o imóvel é de detenção, em razão do contrato ser de natureza mista (locação/hospedagem) e preponderar a hospedagem. Daí por que, o locatário/hóspede não teria legitimidade para ajuizar ações possessórias, por exemplo.

Uma das principais razões para a busca dessa modalidade é aspecto financeiro, uma vez que se revela mais acessível, comparativamente às diárias ou tarifas cobradas pelos hotéis. Outra razão que conduz à escolha da plataforma é a possibilidade de reunir familiares e amigos num mesmo ambiente. Com isso, o grupo permanece mais unido o que facilita a reu-

[2] Revista Argumentum – Marília/SP, n.2 . p. 626/627.

nião e deslocamento de todos, bem como favorece as decisões na organização de passeios. Vê-se, igualmente, proveito na forma de seleção do imóvel que pode ser tomada com base nos filtros que a plataforma oferece, de tal sorte que se possa escolher a localização do imóvel e os bens que o integram, tais como: cozinha equipada, estacionamento, lavadora e secadora de roupas, piscina, prancha de surf, bicicleta etc.

Por outro lado, ingressando no tema objeto do estudo, há desvantagens no sistema. Verdade é que essa modalidade de hospedagem não oferece a mesma segurança encontrada em um hotel, que se submete a rigorosas exigências legais e administrativas para que possa exercer sua atividade. Há maior probabilidade de que ocorram acidentes se a contratação se der pela plataforma "Airbnb", embora haja um sistema de avaliação de riscos antes de ser confirmada a reserva. Esse cuidado não evitou, por exemplo a trágica morte de seis turistas brasileiros em Santiago, no Chile, em maio de 2019, por inalação de gás dentro de um apartamento. No caso, a plataforma "Airbnb" arcou com as despesas de traslado dos corpos, dentre outras. Sob a perspectiva do nosso sistema, a relação entre locatário/hóspede e a plataforma é uma relação de consumo[3], podendo ser considerado como

[3] "RESPONSABILIDADE CIVIL. Danos materiais e morais. Prestação de serviço. Locação de imóvel de temporada pela plataforma digital AIRBNB. 1. Hipótese em que autora locou imóvel situado na Austrália, país em que iria fazer curso de inglês. Infestação do imóvel por percevejos, que provocou na autora reação alérgica, causando-lhe inúmeras erupções e feridas pelo corpo. Tentativa frustrada de solucionar o problema com a limpeza e desinsetização do imóvel. Circunstância em que a autora foi obrigada a deixar o imóvel bem antes do término da locação. Falha na prestação do serviço configurada. 2. Danos materiais. Acolhimento, em parte, da pretensão recursal, com a majoração da indenização por danos materiais para inclusão do valor total despendido pela autora com a locação do imóvel. 3. Danos morais. Fixação pela sentença em R$ 4.000,00. Majoração para R$ 10.000,00. 4. Sentença reformada, em parte. Pedido inicial julgado parcialmente procedente, em maior extensão. Recurso, em parte, provido. (TJSP. Apelação n. 1013261-89.2017.8.26.0011. Rel. João Camillo de Almeida Prado Costa, 19ª C, j. 13/5/2019). Ainda: Apelação Sítio eletrônico na internet que oferece hospedagens Airbnb. Não há nulidade na sentença que está devidamente fundamentada e dotada dos demais requisitos legais para sua validade – Não há nulidade na oitiva de testemunhas residentes fora da Comarca perante a qual tramita o processo, por meio de videoconferência, o que é expressamente previsto no ordenamento jurídico (art. 453, § 1º, do CPC/2015) – Está a autora, na condição de consumidora, favorecida pela inversão do ônus da prova; incumbia, pois, à ré, demonstrar fato impeditivo, extintivo ou modificativo do direito da autora, sendo certo que todas as provas contidas no processo são consideradas para a formação da convicção do julgador – Ainda que o Airbnb não seja o efetivo anfitrião ou locador dos imóveis oferecidos, é dessa empresa que o consumidor busca a prestação do serviço que lhe garanta

fornecedor[4], uma vez que se beneficia com a transação realizada. Na posição de consumidores estão tanto o anfitrião quanto o hóspede. O mesmo não se pode dizer, via de regra, que as relações entre anfitrião e locatário/hóspede sejam consumeristas, salvo se o anfitrião fizer disso sua atividade econômica na qualidade de prestador de serviços e não como eventual locador, o que resultará não só na sua responsabilidade como fornecedor solidário como também encarregado pelos tributos[5].

uma hospedagem tranquila, no local ali divulgado, pelo preço previamente ajustado, e com a garantia da empresa de que o consumidor não está sendo vítima de uma fraude ao aceitar se hospedar em um imóvel indicado na plataforma; logo, Airbnb responde, sim, por eventuais danos causados aos consumidores, incumbindo a ela, querendo, e se for o caso, buscar eventual reparação de danos causados por atos praticados por terceiros – Se o consumidor enfrentou problemas durante a hospedagem, a empresa ré tinha a obrigação de tomar as medidas necessárias para verificar o que estava ocorrendo com o hóspede, o qual contatou diretamente o anfitrião porque a própria Airbnb lhe deu essa opção para que dificuldades fossem solucionadas, em tese, de maneira mais rápida, em razão das alegadas milhões de hospedagens que a plataforma administra – O dano moral é evidente se não houve razoável atendimento à consumidora na busca pela solução do problema que ela encontrou durante a estadia – A quantificação do dano moral deve pautar-se pela razoabilidade, envolvendo-se o caráter repressivo de novas ofensas, por parte do agressor, e o caráter compensatório à vítima, levando-se em conta, ainda, a condição socioeconômica das partes e as circunstâncias do caso sob exame – Quanto aos danos materiais, de afastar-se a condenação quanto àqueles que não foram devidamente comprovados no curso do processo – Quanto à restituição da quantia paga, não se há de falar em devolução integral, uma vez que incontroverso que a hospedagem foi utilizada por um determinado período, devendo ser levado em conta, também, que mesmo esse período no qual o serviço foi prestado, a qualidade não foi adequada, razão pela qual razoável o abatimento proporcional do preço – De corrigir-se o valor utilizado na condenação para aquele que corresponde à quantia que realmente foi paga – Não há ilegalidade na utilização, autorizada, de cartão de crédito de terceiro para a realização do pagamento, prática comum, principalmente no Brasil – Ausente prejuízo, não há nulidade na juntada de novos documentos em grau de recurso – Não se há de falar em ausência de prejuízo pelo fato de a parte consumidora ter se programado para gastar um determinado valor antes mesmo dos contratempos, uma vez que esse foi um gasto programado para a hipótese de um serviço prestado da maneira prometida e não como aconteceu no caso concreto. Recurso provido em parte". (TJSP. Apelação nº 1009888-93.2017.8.26.0320, Rel. Lino Machado, 30ª C, j. 25/7/2018).

[4] Art. 3° Fornecedor é toda pessoa física ou jurídica, pública ou privada, nacional ou estrangeira, bem como os entes despersonalizados, que desenvolvem atividade de produção, montagem, criação, construção, transformação, importação, exportação, distribuição ou comercialização de produtos ou prestação de serviços. (Lei n. 8.078/90)

[5] Sob esse aspecto ver: Projeto de Lei n. 2474/2019, de autoria do senador Angelo Coronel, que altera a Lei n. 8.245 de 18 de outubro de 1991 e Lei complementar 99/2017, do município de Caldas Novas.

Demais disso, o anfitrião tem a possibilidade de cancelar a oferta do imóvel consoante a política de cancelamento permitido pelo "Airbnb", o que pode redundar em perda da reserva feita, o que será melhor detalhado mais adiante.

Considerando, também, que o anfitrião buscará valorizar sua propriedade, o locatário/hóspede deve ficar atento às características relatadas e principalmente às fotos postadas que podem não corresponder exatamente à realidade que será encontrada no local. Recomenda-se observar, ainda, a taxa de limpeza que fica a cargo do locatário/hóspede e que pode encarecer a estadia.

2. IDENTIFICAÇÃO DO FORNECEDOR, CONSUMIDOR E SERVIÇO

O recente fenômeno em franca expansão das inovações tecnológicas amplia cada vez mais as formas e os modelos de negócios realizados no meio virtual. Dada a facilidade e agilidade que oferecem, ganham a cada dia mais simpatia das pessoas e, por consequência, mais adeptos dos recursos que oferecem. Insere-se nesse contexto a plataforma "Airbnb" que não exerce simples função de aproximar as partes, facilitando o contato entre comprador e vendedor como o site "*Mercado Livre*"[6], mas vai além, funciona como uma plataforma colaborativa, viabiliza o negócio já com modelo estruturado pela plataforma e intermedeia tais negócios, cobrando pelos serviços prestados, qualificando-se, destarte, como fornecedor. Em razão disso, atrai para reger eventual conflito ou responsabilidade civil o Código de Defesa do Consumidor. Sob essa perspectiva, questão que pode gerar alguma polêmica é a de considerar, também, o anfitrião como fornecedor em face

6 *"Apelação. Ação ordinária c.c. indenização por danos morais. Aquisição de produto supostamente adulterados pela internet (MERCADO LIVRE). Nexo causal entre a conduta da ré e os danos suportados pela autora não demonstrados. Controle de qualidade do produto que foge do âmbito de atuação da empresa. Responsabilidade civil não demonstrada. Pretensão subsidiária de substituição do polo passivo não prevalece, tendo em vista que a autora não observou, no momento oportuno, a faculdade prevista no art. 338, do CPC/15. Sentença mantida. Recurso desprovido". Ap. n. 1021098-94.2017.8.26.0562. TJSP. 27ª C. Dir. Priv. Rel. Des. Ana Catarina Strauch. J. 16.4.18.*

Consta do acórdão: *"Com efeito, a ré apenas disponibilizou seu espaço eletrônico para a divulgação do anúncio publicitário, não participando do negócio jurídico entabulado entre consumidor e a vendedora. Ademais, a insurgência da autora está relacionada com o suposto vício no produto adquirido, o que foge do âmbito dos serviços de divulgação disponibilizados pela ré, pois esta não tem como realizar o controle de qualidade dos produtos comercializados na sua plataforma, uma vez que não tem qualquer acesso ao bem, que passa diretamente para o comprador."*

do locatário/hóspede, quando, com se disse, ofertar imóveis para locação como atividade econômica. O artigo 3º do referido Código, assim descreve fornecedor e serviço:

> *Art. 3° Fornecedor é toda pessoa física ou jurídica, pública ou privada, nacional ou estrangeira, bem como os entes despersonalizados, que desenvolvem atividade de produção, montagem, criação, construção, transformação, importação, exportação, distribuição ou comercialização de produtos ou prestação de serviços.*
>
> ....
>
> *§ 2° Serviço é qualquer atividade fornecida no mercado de consumo, mediante remuneração, inclusive as de natureza bancária, financeira, de crédito e securitária, salvo as decorrentes das relações de caráter trabalhista.*

E, para além disso, a plataforma "Airbnb" exercendo a intermediação na aquisição do serviço de locação/hospedagem, está sob sua responsabilidade a idoneidade e seriedade do que anuncia. Para tanto, o art. 30 do CDC, preceitua:

> *Art. 30. Toda informação ou publicidade, suficientemente precisa, veiculada por qualquer forma ou meio de comunicação com relação a produtos e serviços oferecidos ou apresentados, obriga o fornecedor que a fizer veicular ou dela se utilizar e integra o contrato que vier a ser celebrado.*

Na relação jurídica estabelecida por meio da plataforma "Airbnb" identificamos, facilmente, o locatário/hóspede como consumidor, mesmo porque, indubitavelmente, qualifica-se como destinatário final do serviço oferecido. Insta frisar que, nessa posição de consumidor, também se encontra o anfitrião[7] que contrata com a plataforma, dado que ao valer-se dos

[7] "ACÓRDÃO Apelações Cíveis. Ação Indenizatória (dano material e moral). Locação de imóvel por temporada, através de plataforma colaborativa (**Airbnb**). Alegação de falha na prestação do serviço. Cancelamento da hospedagem. Relação envolvendo a anfitriã e a empresa, que atua como uma espécie de "imobiliária on line" (**Airbnb**). Sentença de procedência parcial. Irresignação de ambas as partes. Reforma do julgado com a improcedência da pretensão autoral. Possibilidade de incidência das regras do CDC. Relação de consumo evidenciada. Ausência de falha na prestação do serviço. Período de hospedagem que, in casu, não ultrapassou os 28 dias, sendo, portanto, considerado de curta duração. Alteração das datas da reserva com anuência da parte Autora. Possibilidade de cancelamento da reserva, sem a necessidade de retenção de valores. Cancelamento realizado pelo hóspede, antes do período de cinco dias da data do check in. Desnecessidade de retenção de valores. Ausência de dano moral. Impossibilidade de inclusão

serviços oferecidos, se sujeita aos requisitos e condições por ela exigidos. Com efeito, extrai-se do art. 2º Código de Defesa do Consumidor que:

Art. 2° Consumidor é toda pessoa física ou jurídica que adquire ou utiliza produto ou serviço como destinatário final.

Parágrafo único. Equipara-se a consumidor a coletividade de pessoas, ainda que indetermináveis, que haja intervindo nas relações de consumo.

3. RESPONSABILIDADE CIVIL DA PLATAFORMA "AIRBNB' E AFINS

Os tribunais têm enfrentado demandas propostas por locatários/hóspedes, concernentes na sua maioria, em falha ou má prestação dos serviços e propaganda enganosa. São eles que, efetivamente, usufruem do serviço oferecido. A atividade de intermediação exercida pela plataforma "Airbnb", como visto, está inserida no Código de Defesa do Consumidor na qualidade de prestadora de serviço, nos termos do art. 3º da Lei 8.078/90, respondendo objetivamente pelos danos aos consumidores (artigos 14 e 20 parágrafo 2º do CDC).

Estabelecida que a responsabilidade é objetiva para todas as relações de consumo, não se cogita da culpa necessária para a configuração da responsabilidade subjetiva. É bom ressaltar que os outros elementos configuradores da responsabilidade civil precisam estar presentes para que se completem os requisitos necessário à responsabilização. São eles a comprovação do nexo de causalidade entre a conduta do fornecedor e o dano causado ao consumidor. O nexo causal é o liame entre a conduta e o resultado, isto é, a relação de causa e efeito. Já o dano é o prejuízo juridicamente relevante, é a lesão a um bem jurídico e se biparte em material e moral. Para

dos custos com a contratação de advogados nos danos materiais. Ausência de ilícito capaz de ensejar condenação ao pagamento de danos materiais. Honorários sucumbenciais devidos pela parte autora, na razão de 20% (vinte por cento) sobre o valor atribuído à causa. Jurisprudência e Precedentes citados: AgInt no AREsp 914889/RO Relator(a) Ministro PAULO DE TARSO SANSEVERINO TERCEIRA TURMA Data do Julgamento 20/02/2018 DJe 08/03/2018;AgInt no REsp 1653575/SP Relator(a) Ministra MARIA ISABEL GALLOTTI QUARTA TURMA Data do Julgamento 16/11/2017 DJe 23/11/2017;AgRg no AREsp 746234/RS Relator(a) Ministro HERMAN BENJAMIN SEGUNDA TURMA Data do Julgamento 27/10/2015 DJe 19/11/2015; REsp 509304/PR Relator(a) Ministro RICARDO VILLAS BÔAS CUEVA TERCEIRA TURMA Data do Julgamento 16/05/2013 DJe 23/05/2013. DESPROVIMENTO DO 1º RECURSO e PROVIMENTO DO RECURSO ADESIVO". (Ap. n. 0299903-60.2016.8.19.0001. TJRJ. 21ª C. Cível. Rel. Des. Regina Lucia Passos. J. 29.1.19.

sua identificação leva-se em conta o efeito da lesão e não o bem lesionado. Daí por que um imóvel que tenha necessidade de reparação urgente para que o locatário possa ocupar ou que não comporte utilização em razão de falta de higiene, tendo o hóspede/locatário que se acomodar em hotel, podem acarretar não somente danos materiais como o custo do reparo ou da hospedagem, com também dano moral decorrente de efetivo aborrecimento ou por comprometimento de seu bem estar. A insatisfação ou aborrecimentos próprios do cotidiano não são alçados a dano moral. Há, ainda, danos morais que são considerados *in re ipsa,* ou seja, de presunção absoluta, prescindindo de comprovação, como dor infligida injustamente a alguém pela perda de um ente querido, a exemplo dos parentes que perderam familiares na trágica morte ocorrida no Chile pela intoxicação das pessoas por gás.

Na análise do caso concreto leva-se em conta, também, a vulnerabilidade do consumidor. Nesse particular, pela sistemática da relação de consumo, todo consumidor é vulnerável, uma vez que não possui o domínio ou conhecimento específico sobre todos os aspectos do contrato, considerando a complexidade de informações, bem como, ordinariamente, não dispõe de experiência jurídica específica. Em adição, não desfruta do mesmo ou superior poder econômico comparativamente ao do fornecedor. Resume-se em vulnerabilidade em técnica, jurídica e socioeconômica.

Já a hipossuficiência está ligada à possibilidade ou não de realização ou obtenção da prova. A questão deve ser analisada no caso concreto. Se reconhecida a hipossuficiência, ocorrerá a inversão do ônus da prova, como nos casos em que o consumidor não tenha meios para arcar com o processo, o socorre a Lei de Assistência Judiciária (art. 4º, da Lei n. 1.060). No Código de Defesa do Consumidor há dispositivo relacionado à inversão do ônus da prova (inciso VIII, do art. 6º), prevendo dentre os direitos básicos do consumidor: " *a facilitação da defesa de seus direitos, inclusive com a inversão do ônus da prova, a seu favor, no processo civil, quando, a critério do juiz, for verossímil a alegação ou quando for ele hipossuficiente, segundo as regras ordinárias de experiências*"

A responsabilidade civil do fornecedor alcança o consumidor por equiparação (artigos 2º, parágrafo único, 17 e 39 do CDC), assim consideradas as pessoas que não contrataram com o fornecedor, no entanto, sofrem, também, as consequências da falha ou defeito do serviço. Suponha que o hóspede/locatário tenha recebido convidados no imóvel e ocorre um incêndio decorrente de falta de manutenção do ar condicionado, queimando o locatário e seus convidados. No exemplo, o locatário é o consumidor final e os convidados consumidores por equiparação, ocupando uma posição de vulnerabilidade. Não fossem os convidados considerados consumidores por equiparação, a questão da responsabilidade civil seria analisada consoante aos normas previstas no Código Civil e não no Código de Defesa do Consumidor.

Como se pode perceber, caso incidissem as normas do Código Civil para reger a questão, os convidados estariam incumbidos de provarem a culpa tão somente, do dono do imóvel, ficando fora dessa relação jurídica o "Airbnb". Como os consideramos consumidores por equiparação, são beneficiados pelo estatuto protetivo. A jurisprudência tem-se defrontado com casos de responsabilidade civil decorrente de contratação por meio da plataforma "Airbnb", sendo necessário ressaltar que as questões envolvendo cancelamento de hospedagem dependem do caso concreto.[8]

[8] "Apelação. Consumidor. Ação indenizatória por danos materiais e morais. Autora que alega ter contratado no site da ré locação de imóvel para viagem aos estados unidos, com rompimento do ajuste, por parte do anfitrião (proprietário), apenas 4 dias antes da ida para o destino. Sentença de improcedência. Inconformismo da demandante, que apela para ver integralmente reformado o decisum. Razão que não lhe assiste. Cerne da presente questão que se refere acerca da responsabilidade da empresa recorrida quanto ao cancelamento da locação do imóvel contratado pela apelante, bem como se existe o dever de indenizar pelos danos materiais e morais que alega esta última terem ocorrido. Falha do serviço não verificada. Há de se ter em mente que o sítio eletrônico da suplicada funciona como uma plataforma colaborativa, onde os locadores oferecem seus imóveis, e os locatários buscam imóveis dentro de sua preferência e orçamento. Quem utiliza os serviços dos sites de intermediação para locação por temporada, sabe de antemão que há risco de inadimplemento, seja na hipótese de o hóspede não comparecer, seja no caso do locador desistir de locar seu imóvel. Adesão aos serviços de locação disponibilizados pelo sítio eletrônico que envolve também a assunção dos riscos correspondentes. Termos de uso e políticas do **airbnb** que expressamente preveem a possibilidade da ocorrência de cancelamentos de reservas e a política adotada para tais casos, com ampla transparência aos locatários. Recorrida que não se esquivou de ressarcir os valores gastos com a locação cancelada. Ausência de ato ilícito por parte da demandada, não havendo dano material a ser ressarcido nem moral a ser compensado. Sentença que não merece retoque. Desprovimento do recurso" (TJRJ – apl cível n. 0240946-32.2017.8.19.0001, 19ª c cível, rel. Guaraci de campos vianna, j. 02.07.19).
Por seu turno, o Tribunal de Justiça de São Paulo pronunciou-se da seguinte forma:
"Ementa: Apelação – Prestação de serviços – ***Airbnb***– Hospedagem em Nova Iorque contratada com seis meses de antecedência – Cancelamento noticiado poucos dias antes da data programada para a viagem, por desistência do anfitrião – Ação indenizatória – Sentença de rejeição dos pedidos – Irresignação parcialmente procedente – Decisão de primeiro grau

reformada, para acolhimento parcial de ambos os pedidos – Responsabilidades pelas verbas da sucumbência distribuídas em proporção. Relação de consumo – Independentemente da polêmica doutrinária e jurisprudencial em torno da natureza jurídica da relação travada entre o contratante dos serviços (hóspede) e o designado anfitrião, se de hospedagem ou de locação por temporada, é indubitável que o vínculo disso oriundo para com a plataforma de serviços, seja frente ao hóspede, seja em face do anfitrião, caracteriza típica relação de consumo, à luz do que dispõem os arts. 2º e 3º do CDC. Responsabilidade civil da plataforma de serviços – Mercado de compartilhamento. Atividade empresarial em exame para cujo êxito é indispensável que plataformas de serviço como a ré construam e preservem a respectiva reputação nesse mercado, já que a confiança no serviço é algo de fundamental importância para que o indivíduo se disponha a compartilhar o que é seu com estranhos ou a compartilhar o uso de bem ou serviço pertencente a desconhecido. Ré que, nessas condições, não atua como mera intermediadora entre o interessado na hospedagem e o anfitrião, tanto porque não se limita a aproximar os interessados, mas, muito além disso, estabelece as regras contratuais que disciplinarão a relação entre aqueles personagens, recebe os pagamentos e os retém até que tenha efetivo início a hospedagem, anuncia previamente e impõe penalidades aos contratantes faltosos etc. Por onde se conclui que a plataforma de serviços ré se apresenta e é vista pela massa consumidora como garante das relações travadas em função da correspondente intermediação. Atividade empresarial essa que, ao mesmo tempo que lhe gera polpuda remuneração, também impõe riscos ao fornecedor, entre os quais, justamente, o que é tratado nestes autos, oriundo do cancelamento unilateral da hospedagem por parte do anfitrião. Donde a plena incidência da chamada teoria da responsabilidade pelo risco da atividade, expressa no art. 927, parágrafo único, do CC. Plataforma de serviços ré que, de toda sorte, responderia por promessa de fato de terceiro não realizado, nos exatos termos do art. 439 do CC, sem que se pudesse cogitar da escusa prevista no art. 440 do mesmo estatuto, quer por não demonstrada a ratificação da obrigação pelo terceiro, quer porque a eventual desistência do negócio, pelo terceiro, se inseriria no risco da atividade empresarial da demandada. Consequente responsabilidade civil da ré pelo ocorrido, pouco importando os motivos invocados pelos participantes da relação para o respectivo inadimplemento. Conforme ainda o microssistema consumerista, é inválida e de nenhum efeito a cláusula que intente atenuar a responsabilidade do fornecedor de serviços em situações tais (CDC, art. 51, I). Danos materiais – Diferença entre o que os autores pagaram pela hospedagem contratada (que lhes foi restituído) e o que gastaram com hospedagem em hotel. Verba sem sombra de dúvida devida, como indenização por danos materiais. Danos materiais – Diferença entre o valor pago pelos autores, em dólares americanos, e o que lhes foi restituído pela ré, em moeda nacional, em função do cancelamento unilateral da hospedagem, mediante aplicação da variação cambial verificada entre a data do pagamento e da data da restituição. Pretensão não comportando acolhida, por infringir o chamado princípio nominalista, expresso no art. 315 do CC, não encontrar respaldo no contrato celebrado entre os litigantes, e extrapolar o dano experimentado pelos autores. Hipótese em que, a partir do princípio da "restitutio in integrum", adequado teria sido pleitear que a restituição tomasse por base o que os autores pagaram para saldar a fatura do cartão de crédito, em que, aí sim, estava embutida a variação cambial verificada desde o momento da operação até a data da emissão da fatura. Danos morais – Episódio em questão do qual adveio aos autores sofrimento significativo, em medida

3.1. RESPONSABILIDADE CIVIL DO ANFITRIÃO

A posição contratual do anfitrião alcança duas vertentes. Uma na relação que estabelece com a plataforma "Airbnb" e outra entre ele e o locatário/hóspede.

Na primeira situação não se verifica dificuldade reconhecer a incidência do CDC, uma vez que a plataforma desenvolve atividade de prestação de serviço, recebe o pagamento e fixa regras contratuais às quais o anfitrião adere, sem discutir o conteúdo do contrato. É ele destinatário fático e econômico do serviço . O elemento vulnerabilidade está presente em favor do anfitrião pois não domina todas as regras que regem o contrato. Pode, talvez, escolher uma dentre várias alternativas de contratação, mas não lhe é dado o direito de alterá-la. Da mesma forma, pode ser reconhecida sua vulnerabilidade jurídica, pois, em regra, falta-lhe conhecimentos jurídicos específicos. Por último, presente está a vulnerabilidade fática ou socioeconômica dado o inquestionável poder econômico, superioridade técnica, jurídica e fática da plataforma.

Já a responsabilidade do anfitrião em face da plataforma "Airbnb", não se insere no regime legal do CDC. A relação é contratual regida pelo direito comum, cabendo à plataforma a prova do descumprimento do avençado, segundo a sistemática adotada pelo Código Civil. Todavia, há uma questão que se coloca para discussão e debate, que resume no seguinte: na relação anfitrião/hóspede/locatário podemos vislumbrar uma relação de consumo em favor dos dois últimos? Será possível diferenciar a responsabilidade do anfitrião se consideramos a ocupação a título de locação ou hospedagem?

Bem, o artigo 3º do CDC dispõe que: "*Fornecedor é toda pessoa física ou jurídica, pública ou privada, nacional ou estrangeira, bem como os entes despersonalizados, que desenvolvem atividade de produção, montagem, criação, construção, transformação, importação, exportação, distribuição ou comercialização de produtos ou prestação de serviços*".

que extrapola os aborrecimentos do cotidiano e que, assim, merece proteção jurídica. Com efeito, afora a indiscutível frustração, os apelantes certamente enfrentaram enorme estresse para, às pressas, pesquisar e obter nova hospedagem, além do desconforto da hospedagem de quatro pessoas num quarto de hotel, de tamanho bastante inferior ao do imóvel antes contratado, por quinze dias. Dano moral que se reconhece, arbitrada a correspondente indenização em R$ 10.000,00, para cada um dos quatro autores, sobretudo à luz da técnica do desestímulo. Deram parcial provimento à apelação". (Ap. 1101154.11.2018.8.26.0100. 19ª C. de Direito Privado, Rel. Des. Ricardo Pessoa de Mello Belli, j. 24.9.19).

No § 2° considera serviço como *"qualquer atividade fornecida no mercado de consumo, mediante remuneração"*. Verificamos que não há exigência legal de que o fornecedor seja um profissional, mas sim que exerça sua atividade mediante remuneração. Pois bem, o contrato de locação tem como partes o locador e o locatário. O primeiro autoriza o segundo, por certo prazo de tempo, dele se utilizar. A particularidade, aqui, reside em ter como intermediária a plataforma "Airbnb". Poderia, nesse caso, ser o locador, considerado fornecedor em relação ao locatário, se exercer a atividade de locação com habitualidade e com intuito de lucro? Em nosso ordenamento, as normas do CDC, que se aplicam a quaisquer contratos de consumo, seriam incompatíveis com as regras previstas na lei de locação (Lei 8.245/91)? A situação do locatário pode ser considerada como de vulnerabilidade a ponto de merecer tutela especial?

Nesse contexto, afastando a lei de locação, no caso de ser considerar o contrato como de hospedagem poder-se-ia vislumbrar o hospedeiro como fornecedor e o hóspede como consumidor se, da mesma forma o referido hospedeiro exercer a atividade de hospedagem com habitualidade e com intuito de lucro?

Com efeito, sem pretender esgotar o tema, se uma pessoa de forma eventual se vale da plataforma para oferecer seu imóvel à locação/hospedagem, parece-nos que não poderiam o locador ou hospedeiro serem considerados fornecedores do serviço. Todavia, se exercem a atividade de locação ou hospedagem com habitualidade, oferecendo um serviço remunerado com objetivo de lucro, a despeito de haver um fornecedor ("Airbnb" e afins), o locador ou o hospedeiro não são considerados terceiros, mas sim integrantes ou parte da rede de fornecimento de serviços e, por consequência, atraindo para a relação jurídica, que estabelecem com o locatário/hóspede, o Código de Defesa do Consumidor. Por esta razão não vislumbraríamos, na segunda hipótese, incompatibilidade de regramentos jurídicos ou diferenciação da responsabilidade do locador/hospedeiro, em face do locatário/hóspede, uma vez que os diplomas legais que regem a locação ou a hospedagem disciplinam diferentes aspectos da relação jurídica entabulada. Em assim entendendo, não há como deixar de reconhecer a vulnerabilidade do locatário/hóspede.

Tendo em conta a referida relação locatário/hóspede, o Tribunal de Justiça do Rio Grande do Sul, pela Primeira Turma Recursal Civil, decidiu que a locadora havia descumprido o contrato, pois desistiu da avença dias antes do termo inicial. A ação havia sido ajuizada em face da locadora e da "Airbnb", mas foi julgada extinta com relação à última. Restando no polo passivo a locadora, foi está condenada ao pagamento de danos materiais, por conta da necessidade de locação de outro imóvel por valores superiores. (Recurso Inominado n. 71008411217, 1ª Turma Recursal, Rel. José Ricardo de Bem Sanhudo, j, 30.4.19).

3.2. RESPONSABILIDADE CIVIL DO HÓSPEDE

O locatário/hóspede, por seu turno, contrata com a plataforma e com o locador. Com a plataforma sua responsabilidade é contratual, disciplinada pelo Código Civil. Portanto, qualquer infração contratual em que incida o locatário/hóspede, poderá a plataforma "Airbnb" se voltar contra o locatário/hóspede, fundado nas disposições do Código Civil.

Em face do locador a responsabilidade é, também, contratual. O locador não se enquadra como consumidor e destinatário final de qualquer serviço prestado pelo locatário/hóspede. Em face disso, eventual responsabilidade que o locatário tenha por prejuízos causados ao locador, a regra legal a ser aplicada é o Código Civil. Lembremos que é obrigação do locatário conservar o imóvel e devolvê-lo como recebeu, sob pena de cometer ato ilícito, que importe em dano, e, por consequência o dever de indenizar, nos termos 186 do Código Civil.

3.3. RESPONSABILIDADE SOLIDÁRIA E O DIREITO DE REGRESSO

Há responsabilidade solidária e objetiva entre a plataforma "Airbnb" e o locador, por danos sofridos pelo locatário/hóspede no imóvel locado. Mesmo sendo a responsabilidade objetiva, é necessária a prova do nexo causal. Bem ilustra a hipótese o citado caso notório ocorrido no Chile, em que a responsabilidade pelo vazamento do gás é do proprietário do imóvel, e da plataforma "Airbnb". No sistema do CDC são responsáveis solidários passivos todos os que introduziram o produto ou o serviço no mercado por eventuais defeitos ou vícios. Fica a critério do consumidor escolher contra quem pretende dirigir a ação, se ao proprietário ou à plataforma, ou ainda, se desejar, pode exercer sua pretensão em face de ambos. Em regra, a ação é movida em face da plataforma, que pode se voltar contra o proprietário, após o ressarcimento ou indenização paga ao consumidor. A indenização pode abranger dano material e moral.

O fundamento legal está disposto no art. 14 do CDC, segundo o qual:

> *Art. 14. O fornecedor de serviços responde, independentemente da existência de culpa, pela reparação dos danos causados aos consumidores por defeitos relativos à prestação dos serviços, bem como por informações insuficientes ou inadequadas sobre sua fruição e riscos.*

3.4. EXCLUDENTES DA RESPONSABILIDADE

As causas que excluem a responsabilidade do fornecedor de serviço, previstas no diploma consumerista, são duas: inexistência de defeito e culpa exclusiva do consumidor ou terceiro (§ 3º, do art. 14, do CDC). O nexo causal é elemento indispensável para se firmar a responsabilidade civil, ou seja, os danos eventualmente experimentados devem decorrer da conduta ou omissão ilícitas do fornecedor. Se o locatário/hóspede experimentou um dano que não tem qualquer relação com o fornecedor, não é possível haver indenização. De qualquer forma, se o defeito inexiste cabe ao fornecedor o ônus da prova de que o serviço que oferece não se apresenta defeituoso.

A culpa exclusiva do consumidor ocorre quando sua conduta ou omissão são as causas determinantes do dano. Suponha que haja um aviso afixado, informando que a cerca que circunda a casa é eletrificada e o locatário/hóspede ignora a advertência e sofre uma descarga elétrica. O locatário/hóspede é o único responsável pelos danos que sofrer.

Apontam-se, também, como excludentes da responsabilidade caso fortuito e força maior que, da mesma forma, rompem o nexo causal. Nessas hipóteses não existe relação de causa e efeito entre a conduta do fornecedor e o dano.

CONCLUSÕES

Não há no tema um ponto final. Todas as questões aqui tratadas são inovadoras e ensejam, para se firmar posições, debate na doutrina e pronunciamento judicial. É um ambiente movediço que demanda adequação da legislação em vigor às novas modalidades de contratação imposta pela revolução tecnológica, cada dia mais célere no seu desenvolvimento.

O Código de Defesa do Consumidor representou um marco na evolução legislativa, todavia entrou em vigência quando a internet ainda era incipiente. Seus dispositivos, no entanto, têm aplicação atual, desafiando o tempo. A relevância do tema despertou nosso interesse em contribuir com a discussão. Por essa razão, sem pretender dar a última palavra, procuramos identificar as partes de uma relação de consumo quando nela participa plataforma *online* que intermedeia locação/hospedagem e sugerir as correspondentes responsabilidades.

Entendemos que há relação de consumo entre anfitrião e a plataforma e desta com relação ao locatário/hóspede, sendo as respectivas relações jurídicas, concernentes à responsabilidade civil, regidas pelo Código de Defesa do Consumidor. Indagamos, sem resposta definitiva, se há relação de consumo entre o anfitrião e o locatário/hóspede, para definir o tratamento relativamente à responsabilidade civil, com submissão da questão às regras do Código Civil ou Código de Defesa do Consumidor.

A responsabilidade civil do locatário/hóspede em face da plataforma e do anfitrião é regida pelas regras do Código Civil. Despontam com excludentes da responsabilidade pelo Código de Defesa do Consumidor, a inexistência de defeito e a culpa exclusiva do consumidor ou terceiro. Acrescenta-se o caso fortuito e força maior.

A LACUNA AXIOLÓGICA NO ÂMBITO DA REVISÃO CONTRATUAL POR ONEROSIDADE EXCESSIVA NO DIREITO CIVIL BRASILEIRO E SEU PREENCHIMENTO PELA VIA DO PRINCÍPIO DA IGUALDADE

MARIANA RIBEIRO SANTIAGO*

INTRODUÇÃO

Um dos princípios clássicos do direito contratual é a obrigatoriedade das convenções, pelo qual, uma vez obedecidos os requisitos legais para a existência, validade e eficácia do contrato, a avença se torna obrigatória entre as partes, que não podem, em regra, desligar-se da relação jurídica, senão por outro pacto com esse objetivo. O princípio da obrigatoriedade das convenções foi expressamente atenuado pelo art. 478, do Código Civil Brasileiro de 2002, tendo sido aceita a possibilidade de extinção contratual ante o desequilíbrio drástico entre as prestações contratuais, em decorrência da alteração das circunstâncias da celebração do contrato, adotando a teoria da imprevisão.

Contudo, o Código de Defesa do Consumidor brasileiro, de 1990, já admitia a possibilidade de revisão contratual, no art. 6º, V, restritivamente aplicado às relações de consumo, indo além da teoria da imprevisão, adotando a teoria da base do negócio jurídico, haja vista não exigir como requi-

* Pós-doutora em Direito pela *Justus-Liebig-Universität Giessen*.
Doutora e Mestre em Direito pela PUC-SP.
Bacharel em Direito pela Universidade Federal da Bahia.
Professora do Programa de Mestrado e Doutorado em Direito da Universidade de Marília.
Editora-chefe da Revista *Argumentum*.
Advogada.

sito essencial para a revisão contratual que o desequilíbrio seja causado por fato imprevisível. Tal situação apresenta-se como problemática passível de estudo aprofundado, pelo quadro de desigualdade e injustiça que pode ensejar na prática das relações contratuais, mormente em casos de contrato civis de adesão, que apresentam por natureza um quadro de desequilíbrio entre as partes, assim como se observa nos contratos de consumo.

Na problemática que circunda o tema escolhido, nota-se que existem importantes questões acerca da possibilidade de revisão dos contratos contida no art. 478, do Código Civil brasileiro de 2002, que adotou a teoria da imprevisão, se confrontado com o art. 6º, V, do Código de Defesa do Consumidor brasileiro, que adotou a teoria da base objetiva. O conflito adquire magnitude preocupante ao se detectar que ditas normas exigem requisitos diversos para a referida revisão, com o impacto em termos de igualdade, justiça e segurança jurídica.

Mostra-se preciso, assim, discutir a matéria amplamente e delimitar o campo de incidência das normas em comento, esclarecendo sobre a possibilidade da aplicação da teoria da base objetiva também nos contratos civis no direito brasileiro, balizando a sua aplicação de forma harmoniosa com o ordenamento jurídico pátrio, tarefa para a qual a pesquisa acadêmica resta essencial.

A importância e atualidade já expostas do tema ventilado, bem como a ausência de discussões doutrinárias e jurisprudenciais estabelecendo uma opinião consolidada sobre o assunto justificam um estudo aprofundado da questão, ora proposto. A pesquisa proposta visa investigar a abrangência do princípio da obrigatoriedade das convenções no âmbito do direito civil, utilizando-se, inclusive, de elementos de direito comparado, na tentativa de elucidar as hipóteses de aplicação de exceções baseadas na teoria da imprevisão e na teoria da base objetiva, comparando tais pensamentos e sua utilização pelo direito brasileiro e pelo direito alemão.

Como consequência, pretende-se também analisar a possibilidade de se revisar contratos civis de adesão pela teoria da base objetiva, adotada pelo Código de Defesa do Consumidor, e definir as repercussões disso no terreno da igualdade, justiça e segurança jurídica.

A despeito da suma importância da matéria ventilada, o tema ainda não foi objeto de pesquisa aprofundada sob o prisma que ora se pretende, lacuna esta que, ao ser preenchida, certamente trará um auxílio doutrinário ao intérprete e ao aplicador do Direito, contribuindo para que a possibilidade de revisão dos contratos possa ser aplicada de forma mais eficaz e em consonância com as normas constitucionais.

Para a obtenção dos resultados almejados pela pesquisa, o método de abordagem a ser seguido será o dialético jurídico, que abrange o fenômeno, fato concreto, e a teoria, de forma simultânea, buscando o resultado com o confronto entre os dois. Quanto ao método de procedimento de pesquisa, será utilizada uma combinação dos métodos histórico, comparativo e funcionalista. O propósito é analisar a evolução das teorias que alargam o âmbito da revisão contratual no âmbito do direito civil e verificar o impacto no princípio da obrigatoriedade das convenções no direito brasileiro e no direito alemão. Em relação ao método de investigação, que corresponde às fontes que serão usadas no decorrer do trabalho, o estudo será constituído a partir de pesquisa bibliográfica, processada em livros e revistas, buscando-se uma interpretação doutrinária da lei.

1. REVISANDO O PRINCÍPIO DA OBRIGATORIEDADE DOS CONTRATOS: UM PARALELO ENTRE A TEORIA DA IMPREVISÃO E A TEORIA DA BASE OBJETIVA

O direito privado é governado pela idéia de autonomia privada, o que autoriza cada pessoa a decidir em autodeterminação livre como deseja moldar suas condições de vida, dentro do quadro da ordem legal, com desdobramentos em matéria de propriedade, contrato, empresa etc. Especificamente em relação ao direito contratual, os contratantes podem, em regra, determinar conjuntamente o conteúdo do contrato livremente, alterar os acordos subsequentemente e cancelar o contrato como um todo[1].

Como consequência da autonomia privada, o princípio da obrigatoriedade das convenções, na sua concepção clássica, consagra o entendimento de que, uma vez obedecidos os requisitos legais para a existência, validade e eficácia do contrato, a avença se torna obrigatória entre as partes, que não se podem desligar da relação jurídica senão por outro pacto com esse objetivo. Trata-se do *pacta sunt servanda*[2].

Conforme Ripert[3], existe uma regra moral segundo a qual o contrato deve manter o caráter sagrado que tira da palavra dada, do dever de cons-

[1] KÖTZ, Hein. *Vertragsrecht.* Tübingen: Mohr Siebeck, 2009. p. 10.

[2] "Os pactos devem ser cumpridos".

[3] RIPERT, Georges. *A regra moral nas obrigações civis.* Tradução Osório de Oliveira. São Paulo: saraiva, 1937. p. 44.

ciência imposto ao devedor e da fé do credor na promessa feita. Vale ressaltar que tal enunciação legal torna-se desnecessária à medida que a força obrigatória do contrato é ínsita à própria natureza do instituto, sem o que não desempenharia a sua própria função jurídico-econômica.

Os contratantes não podem se furtar ao cumprimento do contrato, sob pena de execução patrimonial (é o nexo liberdade contratual – responsabilidade contratual ao qual se refere Enzo Roppo[4]). Esse princípio de que o patrimônio do devedor responde pelas suas dívidas está intimamente ligado ao princípio da força obrigatória dos contratos, algo que sempre foi considerado um fator de segurança para os negociantes. Segundo Caio Mario da Silva Pereira[5],

> o princípio da força obrigatória do contrato contém ínsita uma idéia que reflete o máximo de subjetivismo que a ordem legal oferece: a palavra individual, enunciada na conformidade da lei, encerra uma centelha de criação, tão forte e tão profunda que não comporta retratação, e tão imperiosa que, depois de adquirir vida, nem o Estado mesmo, a não ser excepcionalmente, pode intervir, com o propósito de mudar o curso de seus efeitos.

Já na opinião de Silvio Rodrigues[6], a obrigatoriedade deve ser encarada do ponto de vista social, e não individual: "aquele que, através de livre manifestação da vontade, promete dar, fazer ou não fazer qualquer coisa, cria uma expectativa no meio social, que a ordem jurídica deve garantir", estando aí o fundamento da obrigatoriedade, segundo o referido autor.

A obrigatoriedade dos contratos, todavia, também já encontrava originariamente certos limites, considerados na concepção clássica, presente no Código Civil brasileiro de 1916. Esses limites são a força maior e o caso fortuito. Agostinho Alvim[7], ao distinguir caso fortuito e força maior, considera que no caso fortuito haveria um "impedimento relacionado com a pessoa

[4] ROPPO, Enzo. *O contrato*. Tradução Ana Coimbra e M. Januário C. Gomes. Coimbra: Almedina, 1988. p. 128.

[5] PEREIRA, Caio Mario da Silva. *Instituições de direito civil: fontes das obrigações*. 10. ed. Rio de Janeiro: Forense, V. 3, 2001. p. 6.

[6] RODRIGUES, Silvio. *Direito civil: dos contratos e das declarações unilaterais da vontade*. 27. ed. São Paulo: Saraiva, V. 3, 2002. p. 12.

[7] ALVIM, Agostinho. *Da inexecução das obrigações e suas conseqüências*. 4 ed. atual. São Paulo: Saraiva, 1980. p. 330.

do devedor ou com a sua empresa"; e a força maior seria "o fato externo que não se liga à pessoa, ou à empresa, por nenhum laço de conexidade".

A força maior e o caso fortuito independem da vontade do contratante, e dentro do sistema de responsabilidade subjetiva, regra no nosso sistema civil, funcionam como excludentes da culpabilidade. Atingem a obrigatoriedade do contrato, possibilitando a extinção da relação contratual, por via da resolução por inexecução contratual involuntária, sem o ressarcimento de perdas e danos (sanção aplicada a quem agiu culposamente, o que não é o caso)[8].

Fora as hipóteses de caso fortuito e força maior, na concepção tradicional do princípio da obrigatoriedade seria impossível admitir que acontecimentos supervenientes rompendo o equilíbrio contratual pudessem ocasionar a revisão judicial do contrato. Todavia, todas as mudanças sociais, econômicas e políticas observadas no Século XX demonstraram que a aplicação exacerbada do princípio da obrigatoriedade das convenções poderia causar patologias graves no contrato, prendendo os contratantes injustamente num contrato flagrantemente desequilibrado, como se observa, por exemplo, no contexto dos contratos de adesão.

Atualmente, o princípio da obrigatoriedade das convenções foi atenuado, por influência dos novos fatos da realidade social, tendo sido aceita a possibilidade de revisão contratual ante o desequilíbrio drástico entre as prestações contratuais, em decorrência da alteração das circunstâncias em que se processou a celebração do contrato.

Foram fatores históricos e sociais, como a Primeira Guerra Mundial, que revelaram a injustiça da aplicação do princípio da obrigatoriedade em seus termos absolutos[9]. O marco decisivo nessa mudança de pensamento foi a Lei de Failliot, promulgada na França em maio de 1918, consagrando a possibilidade de revisão de contratos celebrados antes de 1º de agosto de 1914, em que as partes estivessem em situação de ruína, em decorrência do estado de guerra.

Com base nessa mesma visão, os canonistas, já nos séculos XII e XIII[10], muito antes da deflagração da Primeira Grande Guerra, criaram a cláusula

[8] DINIZ, Maria Helena. *Tratado teórico e prático dos contratos*. 3 ed. São Paulo: Saraiva, v. 1, 1999. p. 181.

[9] GOMES, Orlando. *Contratos*. Atualizado por Humberto Theodoro Júnior. 25 ed. Rio de Janeiro: Forense, 2002. p. 37.

[10] FONSECA, Arnoldo Medeiros da. *Caso fortuito e teoria da imprevisão*. 3 ed. rev. e atual. Rio de Janeiro: Forense, 1958. p. 198.

rebus sic satantibus, cujo teor é o seguinte: "*contractus qui habent tractum successivum et dependentiam de futuro rebus sic stantibus intelliguntur*"[11].

A teoria da imprevisão juntou à noção de cláusula *rebus sic stantibus* a exigência da imprevisibilidade, por parte do prejudicado, acerca da alteração das circunstâncias. Os requisitos exigidos para a revisão, de acordo com a teoria da imprevisão são: a) tratar-se de contrato de execução continuada; b) fato superveniente extraordinário e imprevisível; c) alteração radical da base negocial; e d) onerosidade excessiva para uma das partes (desequilíbrio das prestações).

O Código Civil brasileiro de 2002, ao tratar do adimplemento das obrigações, estabelece, no art. 317, que "quando, por motivos imprevisíveis, sobrevier desproporção manifesta entre o valor da prestação devida e o do momento de sua execução, poderá o juiz corrigi-lo, a pedido da parte, de modo que assegure, quanto possível, o valor real da prestação".

Tendo em vista que o referido dispositivo não faz referência a fatos extraordinários do desequilíbrio, Judith Martins-Costa[12] visualiza no art. 317 uma proximidade com a Teoria da Onerosidade Excessiva, de matriz italiana, cujos requisitos para a revisão são o desequilíbrio das prestações, com onerosidade excessiva para uma das partes, e o fato imprevisível. Todavia, especificamente ao tratar dos contratos, dispõe o Código Civil, no art. 478, que "nos contratos de execução continuada ou diferida, se a prestação de uma das partes se tornar excessivamente onerosa, com extrema vantagem para a outra, em virtude de acontecimentos extraordinários e imprevisíveis, poderá o devedor pedir a resolução do contrato. Os efeitos da sentença, que a decretar, retroagirão à data da citação", onde se percebe a adoção da teoria da imprevisão.

A respeito do referido art. 478, embora o texto legal se refira expressamente à possibilidade de resolução, e não à revisão ou modificação, ao contrário, por exemplo, do que faz o Código português, pode-se considerar que houve a adoção, no nosso ordenamento, com base no citado

[11] "Nos contratos de trato sucessivo ou a termo, o vínculo obrigatório entende-se subordinado à continuação daquele estado de fato vigente ao tempo da estipulação" (MONTEIRO, Washington de Barros. *Curso de direito civil: direito das obrigações*. 29 ed., rev. e atual. São Paulo: Saraiva, 2ª parte, 1997. p. 10).

[12] MARTINS-COSTA, Judith. *Comentários ao novo Código Civil: do direito das obrigações, do adimplemento e da extinção das obrigações*. Rio de Janeiro: Forense, v. 5, t. 1, 2003. p. 251.

artigo, da teoria da imprevisão, pelo princípio interpretativo *a maiori ad minus*[13].

Muito se especulou se a teoria da imprevisão se fundamenta na equidade, na idéia de que é injusto deixar que alguém se arruíne por causa de prestação excessivamente onerosa, levando em conta a situação do devedor. Orlando Gomes[14], todavia, considera mais segura uma outra orientação, que procura embasar em princípios jurídicos a restrição da regra *pacta sunt servanda*, tentando uma solução sistemática da questão, no intuito de evitar o subjetivismo dos que recorrem à equidade.

Entre as teorias que repelem o subjetivismo da equidade como fundamento da possibilidade de revisão contratual está a teoria da base objetiva do negócio jurídico. Essa teoria idealiza uma base objetiva do negócio, a qual se constitui em um conjunto de circunstâncias necessárias para que o objetivo das partes seja atingido, sendo que, se essas circunstâncias não existem ou não perduram, a conservação do contrato não tem sentido, independentemente da representação mental das partes a respeito dessas circunstâncias[15].

Na lição de Larenz[16], a base objetiva seria *"el conjunto de circunstancias cuya existencia o persistencia presupone debidamente el contrato – sépanlo o no los contratantes –, ya que, de no ser así, no se lograría el fin del contrato, el propósito de las partes contratantes y la subsistencia del contrato no tendría 'sentido, fin u objeto'"*.

Segundo esse autor[17], as conseqüências jurídicas da falta ou desaparecimento da base objetiva do negócio devem ser deduzidas do sentido do contrato e não podem depender do arbítrio de eqüidade do juiz.

[13] Pelo argumento *a maiori ad minus*, que possibilita uma interpretação extensiva, se a lei autoriza o mais, implicitamente, *a fortiori* (por mais forte razão), permite o menos, que no caso seria a revisão contratual (DINIZ, Maria Helena. *As lacunas no direito.* 7 ed. atual. São Paulo: Saraiva, 2002. pp. 170-172).

[14] GOMES, Orlando. *Transformações gerais do direito das obrigações.* São Paulo: Revista dos Tribunais, 1967. p. 46.

[15] GOMES, Orlando. *Transformações gerais do direito das obrigações.* São Paulo: Revista dos Tribunais, 1967, p. 52.

[16] LARENZ, Kart. *Base del negocio jurídico y cumplimiento del contrato.* Tradução Carlos Fernandez Rodrigues. Madrid: Revista de Derecho Privado, 1956, p. 37.

[17] LARENZ, Karl. *Base del negocio jurídico y cumplimiento del contrato.* Tradução Carlos Fernandez Rodrigues. Madrid: Revista de Derecho Privado, 1956. p. 189.

Acerca da matéria, o Código Civil alemão (Bürgerliche Gesetzbuch – BGB)[18], em sua seção 313 (1)[19], também estabelece a possibilidade de revisão dos contratos pela quebra do equilíbrio objetivo entre as prestações das partes, sem nenhuma menção a fato extraordinário, embora haja referencia à alteração não prevista, lembrando-se que tal seção se aplica igualmente a contratos civis e relações de consumo, regulamentados no mesmo dispositivo.

Segundo a leitura dos comentários ao Código Civil alemão[20], o referido art. 313 é uma expressão das ideias de Larenz e visa equilibrar os interesses das partes em caso de ruptura material das bases contratuais, devendo ser aplicado em consonância com o princípio da boa-fé objetiva, materializada no art. 242, do Código Civil alemão [21]. No seu artigo "Good faith: semiotic approach", Marietta Auer[22] ensina, acerca da boa-fé objetiva: "the function of good faith in contract law, as understood in this article, lies in its ability to introduce altruist notions into the law while mediating their tension with the underlying individualist principle of private autonomy"[23].

[18] Civil Code in the version promulgated on 2 January 2002 (Federal Law Gazette [*Bundesgesetzblatt*] I page 42, 2909; 2003 I page 738), last amended by Article 4 para. 5 of the Act of 1 October 2013 (Federal Law Gazette I page 3719).

[19] Section 313. Interference with the basis of the transaction: "(1) If circumstances which became the basis of a contract have significantly changed since the contract was entered into and if the parties would not have entered into the contract or would have entered into it with different contents if they had foreseen this change, adaptation of the contract may be demanded to the extent that, taking account of all the circumstances of the specific case, in particular the contractual or statutory distribution of risk, one of the parties cannot reasonably be expected to uphold the contract without alteration. (2) It is equivalent to a change of circumstances if material conceptions that have become the basis of the contract are found to be incorrect. (3) If adaptation of the contract is not possible or one party cannot reasonably be expected to accept it, the disadvantaged party may revoke the contract. In the case of continuing obligations, the right to terminate takes the place of the right to revoke".

[20] BRUDERMÜLLER, Gerd et al. *Palandt Bürgerliches Gesetzbuch*. 76 neubearbeitete auflage. München: C.H.Beck, 2017. p. 521. WESTERMANN, Harm Peter et al. *Erman Bürgerliches Gesetzbuch*. 15 neubearbeitete auflage. Köln: Ottoschidt, 2017. p. 1.419.

[21] Section 242. Performance in good faith:
An obligor has a duty to perform according to the requirements of good faith, taking customary practice into consideration.

[22] AUER, Marietta. Good faith: semiotic approach. *Revista Argumentum*. São Paulo, v. 18, n.1, 181-206, Jan.-Abr./2017. p. 193.

[23] "A função da boa-fé na lei contratual, como compreendida neste artigo, está na sua capacidade de introduzir noções altruístas na lei, mediando a tensão com o individualismo subjacente do princípio da autonomia privada" (tradução livre).

Sobre as perspectivas gerais da atual regulamentação contratual alemã, Manfred Wolf[24] avalia que:

> "Der BGH[25] hat mit seiner Rechtsprechung im AGB[26]-Recht die Neugestaltung von einen formal liberalen zu einem materiell gerechten Vertragsrecht wesentlich beeinflußt. Neben der Vorgabe wichtiger Grundentscheidungen für das AGB-Gesetz hat er auch nach Inkrafttreten dieses Gesetzes dessen Anwendung und Weiterentwicklung in beherrschender Weise gefördert. Dies giltsowohl für die Ausgestaltung zahlreicher einzelner Vertragstypen als auch für die Bestimmung der Grenzen richterlicher Inhaltskontrolle in § 8 AGBG[27] sowie für die Entwicklung neuer Prinzipien wie dem Transparenzgebot.
>
> Im Zuge der ständigen Entwicklungen im Geschäfts- und Wirtschaftsverkehr sowie dem Wandel sozialer Problemfelder und Wertungen muß sich auch die Rechtsprechung immer wieder neuen Problemen stellen. Dazu könnten in Zukunft diskriminierende Preisgestaltungen gehören, auch dürfte die Rechtsfolge der Unwirksamkeit nicht mehr ohne weiteres mit dem Transparenzgebot verknüpft werden. Die neuere Gesetzgebung und das Bemühen um die Rechtsangleichung in der EG sollten im Verkehr zwischen Unternehmern die Gestaltungsspielräume erweitern. Dazu kann sowohl die stärkere Betonung der Selbstverantwortung beim Aushandeln als auch die richtige Verteilung der Begründungslasten für die Annahme der Unangemessenheit führen. Darüber hinaus stellt die Einbettung ins europäische Recht die Frage nach der mittelbaren Drittwirkung der Grundfreiheiten des EG-Vertrags und deren Berücksichtigung im Rahmen von § 9 AGBG. Es bleibt zu wünschen, daß der BGH seine bisher oft bewährte Rolle als Pioner der Praxis gerade auch im europäischen Kontext in Zusammenarbeit mit dem EuGH[28] wird erfolgreich weiter spielen können"[29].

[24] WOLF, Manfred. Vertragsfreiheit u. Vertragsrechts im Lichte der AGB-Rechtsprechung des BGH. In: 50 Jahre Bundesgerichtshof: Festgabe aus der wissenschaft. CANARIS, Claus-Wilhelm et al. (herausgeber). München: Verlag C.H. Beck Munchen, Band I, 2000. p. 127.

[25] Bundesgerichtshof (BGH) – Supremo Tribunal Federal alemão (Tradução livre).

[26] Allgemeinen Geschäftsbedingungen (AGB) – cláusulas contratuais gerais (Tradução livre).

[27] Ausführungsgesetz zum Bürgerlichen Gesetzbuch (AGBG) – Lei das Cláusulas Contratuais Gerais (Tradução livre). A Lei das Cláusulas Contratuais Gerais entrou em vigor em 01 de abril de 1977, representando o entendimento jurisprudencial sobre a matéria à época da sua promulgação. Desde 01 de janeiro de 2002, o direito das cláusulas contratuais gerais está regulado pelo Código Civil alemão, nos artigos 305 a 310.

[28] Gerichtshof der Europäischen Union (EuGH) – Tribunal de Justiça da União Europeia (Tradução livre).

Antes mesmo da positivação da revisão dos contratos por onerosidade excessiva no Código Civil brasileiro, o Código de Defesa do Consumidor brasileiro, de 1990, já admitia essa possibilidade, mas numa linha diversa, devido à natureza especial desta codificação. Como os grandes problemas referentes ao universo do consumo não se revestiam, até datas relativamente recentes, da gravidade que se observa na atualidade, a defesa do consumidor não havia sido constitucionalmente contemplada, até a Constituição portuguesa de 1976[30]. Sobre o espírito da referida Constituição portuguesa, pode-se afirmar que tal diploma legal é deliberadamente um projeto e não apenas um estatuto, pois não se limita a definir regras de organização política, econômica e social, mas impõe um verdadeiro programa de transformação da sociedade daquele país[31].

A Constituição Federal do Brasil, de 1988, inegavelmente, desempenhou papel fundamental na história da regulamentação das relações de consumo. O aludido diploma, calcado nos pilares da dignidade da pessoa humana (art. 1º, I) e da solidariedade social (art. 3º, I), ao expressar as

[29] "Com a sua jurisprudência acerca das cláusulas contratuais gerais, o Supremo Tribunal Federal alemão influenciou significativamente a reorganização de uma lei formalmente liberal para um direito de contrato materialmente justo. Além da especificação de decisões básicas importantes para a lei das cláusulas contratuais gerais, ele também promoveu sua aplicação e desenvolvimento posterior de forma dominante mesmo após a entrada em vigor desta lei. Isto aplica-se tanto ao design de vários tipos individuais de contratos como à determinação dos limites do controle de conteúdo judicial no § 8 da lei das cláusulas contratuais gerais, bem como ao desenvolvimento de novos princípios, como o requisito de transparência.
No decorrer dos constantes desenvolvimentos no tráfego comercial e econômico, bem como a mudança dos campos e avaliações do problema social, a jurisprudência sempre deve enfrentar novos problemas. No futuro, isso poderia incluir estruturas de preços discriminatórias, e a consequência jurídica da ineficácia não deveria mais estar vinculada à exigência de transparência sem mais detalhes. Legislação recente e esforços para alinhar com a legislação na União Europeia devem aumentar a liberdade de movimento entre os comerciantes. Isso pode dever-se tanto à maior ênfase na auto-responsabilidade na negociação e à distribuição adequada das justificativas para a suposição de inadequação. Além disso, a integração na legislação europeia levanta a questão do efeito indireto de terceiros das liberdades fundamentais nos tratados da União Europeia e a sua consideração no contexto do § 9 da lei das cláusulas contratuais gerais. Resta esperar que o Supremo Tribunal Federal alemão possa continuar com sucesso o seu papel comprovado como pioneiro na prática, especialmente no contexto europeu, em cooperação com o Tribunal de Justiça da União Europeia" (Tradução livre).

[30] Silva, José Afonso da. *Curso de direito constitucional positivo*. 24 ed. rev. e atual. São Paulo: Malheiros, 2005. p. 263.

[31] Prata, Ana. *A tutela constitucional da autonomia privada*. Coimbra: Almedina, 1982. p. 59.

noções de iniciativa privada (art. 1º, IV) e de propriedade (art. 5º, XXII e XXIII), dentro das limitações compatíveis com o ideal da socialidade, já contempla a defesa do consumidor (art. 5º, XXXII, e 170, V).

É dentro desse paradigma de justiça social ora narrado que a Constituição propõe as bases da defesa do consumidor, incluindo-se, nesse desiderato, a regulamentação das relações de consumo através do Código de defesa do Consumidor, Lei nº 8.078 de 11 de setembro de 1990. Trata-se de uma lei de função social peculiar, ou seja, ocasiona modificações profundas nas relações juridicamente relevantes na sociedade, visando tutelar um grupo específico de indivíduos, considerados vulneráveis no livre mercado, intervindo de maneira imperativa[32].

O próprio Código de Defesa do Consumidor, em seu art. 1º, dispõe que suas normas se dirigem à proteção prioritária dos consumidores e se constituem em normas de ordem pública, inafastáveis pela vontade individual, interessando, assim, mais diretamente à sociedade que aos particulares, na árdua tarefa de transformar uma realidade social, como uma faceta do exercício da cidadania[33].

Especificamente sobre o tema da revisão contratual, o art. 6º, V, do Código de defesa do Consumidor determina: "são direitos básicos do consumidor: V – a modificação das cláusulas contratuais que estabeleçam prestações desproporcionais ou sua revisão em razão de fatos supervenientes que as tornem excessivamente onerosas". O artigo retrocitado aplica-se, restritivamente, às relações de consumo, e vai além da teoria da imprevisão, adotando a referida teoria da base do negócio jurídico, haja vista não exigir como requisito essencial para a revisão contratual que o desequilíbrio seja causado por fato imprevisível. A previsibilidade das alterações, nesse caso, não obsta a revisão, tornando o âmbito de incidência do art. 6º, do Código de Defesa do Consumidor brasileiro, ainda mais amplo do que o do art. 478, do Código de 2002.

O argumento para a adoção da teoria da base objetiva no Código de Defesa do Consumidor brasileiro, simplificando o processo de revisão con-

[32] MARQUES, Cláudia Lima. *Contratos no Código de Defesa do Consumidor: o novo regime das relações contratuais*. 4 ed. rev., atual. e ampl. São Paulo: Revista dos Tribunais, 2002. p.505.

[33] MARQUES, Cláudia Lima. *Contratos no Código de Defesa do Consumidor: o novo regime das relações contratuais*. 4 ed. rev., atual. e ampl. São Paulo: Revista dos Tribunais, 2002. pp.505-506. FILOMENO, José Geraldo Brito. Manual de direitos do consumidor. 3 ed. São Paulo: Atlas, 1999. p. 28.

tratual, é a hipossuficiência e desigualdade natural entre as partes na relação de consumo.

Todavia, tal contexto de desigualdade também se observa nos contratos civis de adesão, onde, atualmente, por força do referido art. 478, do Código Civil brasileiro de 2012, que a adota a teoria da imprevisão, a revisão por onerosidade excessiva dependeria da comprovação de fato extraordinário e imprevisível a interferir na relação contratual.

2. A LACUNA AXIOLÓGICA E A NECESSIDADE DO ALARGAMENTO DO ÂMBITO DA REVISÃO/EXTINÇÃO CONTRATUAL NO CÓDIGO CIVIL BRASILEIRO NOS CASOS DE CONTRATOS CIVIS DE ADESÃO

A desigualdade entre as partes que se observa nos contratos de adesão está ligada à formação destes contratos, onde se observa o sacrifício da autonomia privada da parte mais frágil da relação. Tal processo tem origem histórica do grande desenvolvimento industrial ocorrido desde a metade do Século XIX, quando os modelos contratuais até então conhecidos não bastavam mais às relações comerciais, bem como passaram a ser celebrados de maneira progressivamente massificada[34].

Em regra, na formação dos contratos há três fases: negociações preliminares, proposta e aceitação. As negociações preliminares consistem nas conversações prévias, sondagens e estudos sobre os interesses dos contraentes, tendo em vista o contrato futuro, sem que haja, a princípio, qualquer vinculação jurídica entre os participantes; a proposta é uma declaração receptícia de vontade dirigida de uma parte à outra, manifestando a intenção de se vincular num referido negócio; e a aceitação é a manifestação expressa ou tácita do destinatário da proposta, aderindo a esta em todos os seus termos, tornando o contrato definitivamente concluído. Nos contratos de adesão, contudo, este processo se mostra alterado[35].

O contrato por adesão, ou contrato *standard*, é aquele que elimina a fase das negociações preliminares, sendo todas as cláusulas predispostas por uma das partes, e a outra parte, aderente, tem apenas a alternativa de

[34] SCHAPP, Jan. *Introdução ao direito civil (Einführung in das Bürgerliche Recht)*. Tradução Maria da Glória Lacerda Rurack e Klaus-Peter Rurack. Porto Alegre: Sergio Antonio Fabris Editor, 2006. p. 331.

[35] DINIZ, Maria Helena. *Tratado teórico e prático dos contratos*. 3. ed. São Paulo: Saraiva, v.1 , 1999. pp. 82-83.

aceitar ou não as cláusulas contratuais, em bloco. O aderente, geralmente a parte economicamente mais frágil da relação negocial, não discute as cláusulas contratuais, nem apresenta contraproposta. Assim, pode-se notar que a liberdade contratual, no caso do contrato por adesão, expande-se para uma das partes, às custas da restrição da liberdade contratual da outra parte.

São características do contrato por adesão a uniformidade, a predeterminação e a rigidez. Uniformidade implica que o predisponente obtenha de número indeterminado de aderentes a aceitação passiva das mesmas condições, sendo invariável o conteúdo de todas as relações contratuais, o que só se caracteriza na hipótese de predeterminação unilateral das cláusulas contratuais; a predeterminação significa que uma das partes preestabeleceu as cláusulas contratuais sem interferência do outro contratante; a rigidez é uma conseqüência da uniformidade, que seria desfigurada se houvesse flexibilidade em relação à estipulação das cláusulas de um negócio para outro[36].

Como lembra Carlos Roberto Gonçalves[37], embora os contratos de adesão normalmente estejam ligados a relações de consumo, há possibilidade de se verificar contrato civil de adesão, como, por exemplo, o contrato de franquia[38], razão pela qual o tema também foi tratado no Código Civil brasileiro.

Na tentativa de compensar a desigualdade entre as partes no contrato por adesão, o Código Civil brasileiro procura favorecer a parte contratante mais fraca, estabelecendo, em seus arts. 423 e 424, respectivamente, que "quando houver no contrato de adesão cláusulas ambíguas ou contraditórias, dever-se-á adotar a interpretação mais favorável ao aderente" e "nos contratos de adesão, são nulas as cláusulas que estipulem a renúncia antecipada do aderente a direito resultante da natureza do negócio".

Na mesma linha, o Código de Defesa do Consumidor brasileiro, ao se pronunciar sobre a matéria, estabelece, no seu art. 54: "contrato de adesão é aquele cujas cláusulas tenham sido aprovadas pela autoridade com-

[36] Gomes, Orlando. *Contratos.* Atualizado por Humberto Theodoro Júnior. 25. ed. Rio de Janeiro: Forense, 2002. pp.118-119.

[37] Gonçalves, Carlos Roberto. *Direito civil brasileiro: Contratos e atos unilaterais.* 9 ed.. São Paulo: Saraiva, Vol. 3, 2012. p. 101.

[38] Decisão do Superior Tribunal de Justiça do Brasil: REsp 1602076/SP, Relatora Ministra Nancy Andrighi, Terceira Turma, julgado em 15/09/2016.

petente ou estabelecidas unilateralmente pelo fornecedor de produtos ou serviços, sem que o consumidor possa discutir ou modificar substancialmente seu conteúdo".

No Código Civil alemão (Bürgerliche Gesetzbuch – BGB) se observa que foi dedicado um maior espaço para a disciplina dos contratos de adesão, entre os arts. 305 a 310, com redação extensa e com subdivisões variadas, nos quais se define o processo de formação (305 e 305a), identificam-se as limitações (305b, 305c, 306, 306a e 307), abarcando, de forma similar, o que se disciplinou no direito brasileiro, e, inclusive, exemplificando-se o que seria considerado como cláusula proibida (308 e 309), finalizando com um último artigo esclarecendo o âmbito de aplicação das referidas regras (310).

De acordo com o autor Jan Schapp[39], os referidos artigos 305 a 310, do Código Civil alemão, aplicam-se também aos contratos celebrados na órbita do consumo, verificando-se um controle de conteúdo, consideradas as circunstâncias que acompanham a conclusão do contrato, havendo assim uma verificação supra-individual e generalizante, combinada com a perspectiva concreta e individual.

As questões ligadas aos contratos civis de adesão, entretanto, podem não estar relacionadas à interpretação de cláusulas ambíguas ou contraditórias, bem como podem não envolver renúncia antecipada de direito, que geraria nulidade, por força do art. 424, do Código Civil, acima citado. É possível que tais contratos sejam atingidos de forma superveniente a sua formação por um desequilíbrio que gere onerosidade excessiva para uma das partes.

Ao se perceber que o contexto de desigualdade entre as partes se observa de forma idêntica nos contratos civis de adesão e nos contratos consumeristas, é possível concluir que a revisão contratual por onerosidade excessiva dos primeiros, ao seguir o referido art. 478, do Código Civil brasileiro de 2012, que a adota a teoria da imprevisão, ou seja, que exige a comprovação de fato extraordinário e imprevisível, mostra-se injusta, comparando-se com a possibilidade de revisão estabelecida no Código de Defesa do Consumidor, dando ensejo a uma lacuna axiológica.

[39] SCHAPP, Jan. *Introdução ao direito civil (Einführung in das Bürgerliche Recht)*. Tradução Maria da Glória Lacerda Rurack e Klaus-Peter Rurack. Porto Alegre: Sergio Antonio Fabris Editor, 2006. P. 354.

O problema das lacunas se mostra em dois aspectos. O primeiro se caracteriza pela própria discussão acerca da possibilidade da existência das lacunas; o segundo implica em, admitida a existência das lacunas, apontar a maneira como estas devem ser preenchidas, ou seja, no procedimento de integração[40].

Verificam-se duas principais concepções antitéticas sobre o tema: a que não reconhece a existência de lacunas, por defender que o sistema jurídico é um todo orgânico suficiente na disciplina de todos os comportamentos humanos, e a que admite a existência das lacunas, com base na crença de que os ordenamentos não podem prever todas as situações de fato que se encontram em constante evolução. O entendimento acerca da lacuna se mostra, assim, absolutamente relacionado com a concepção do sistema jurídico adotada[41].

Para aqueles que defendem um sistema normativo como um todo fechado e completo, no qual o campo da experiência está delimitado por um conjunto de casos e condutas, o problema analisado se mostra solucionado de forma negativa, pela regra "tudo o que não está juridicamente proibido, está permitido", a supostamente garantir sempre uma resposta no sistema[42]. Numa outra linha, ao definir sistema jurídico, Maria Helena Diniz[43] afirma que

> 'sistema' significa nexo, uma reunião de coisas ou conjunto de elementos, e método, um instrumento de análise. De forma que o sistema não é uma realidade nem uma coisa objetiva; é o aparelho teórico mediante o qual se pode estudar a realidade. É, por outras palavras, o modo de ver, de ordenar, logicamente, a realidade, que, por sua vez, não é sistemática. (...) Do exposto pode-se concluir que o direito não é um sistema jurídico, mas uma realidade que pode ser estudada de modo sistemático pela Ciência do Direito. É indubitável que a tarefa mais importante do jurista consiste em apresentar o direito

[40] FERRAZ JR., Tércio Sampaio. *Introdução ao estudo do direito: técnica, decisão, dominação.* 5 ed., 2. reimpr. São Paulo: Atlas, 2007. p. 219.

[41] DINIZ, Maria Helena. *As lacunas do direito.* 7 ed. atual. São Paulo: Saraiva, 2002. pp. 23 e 27. FERRAZ JR., Tércio Sampaio. *Introdução ao estudo do direito: técnica, decisão, dominação.* 5 ed., 2. reimpr. São Paulo: Atlas, 2007. p. 220.

[42] DINIZ, Maria Helena. *As lacunas do direito.* 7 ed. atual. São Paulo: Saraiva, 2002. pp. 27-28. FERRAZ JR., Tércio Sampaio. *Introdução ao estudo do direito: técnica, decisão, dominação.* 5 ed., 2. reimpr. São Paulo: Atlas, 2007. p. 220.

[43] DINIZ, Maria Helena. *As lacunas do direito.* 7 ed. atual. São Paulo: Saraiva, 2002. pp. 25-26.

sob uma forma ordenada ou 'sistemática', para facilitar o seu conhecimento, bem como seu manejo por parte dos indivíduos que estão submetidos a ele, especialmente pelos que o aplicam.

Visualizando o direito como uma realidade complexa, cuja sistematização assume caráter aberto e incompleto, nas dimensões normativa, fática e axiológica, torna-se inevitável a conclusão sobre a existência de uma desordem, uma descontinuidade, apresentando um 'vazio', uma lacuna, por não se encontrar soluções expressas para todos os casos[44]. Conforme ensina Karl Engisch[45],

> Uma lacuna é uma incompletude insatisfatória no seio de um todo. Aplicado ao Direito, o conceito de lacuna significa que se trata de uma incompletude insatisfatória no seio de um todo jurídico. (...) As lacunas são deficiências do Direito positivo (do Direito legislado ou do Direito consuetudinário), apreensíveis como faltas ou falhas de conteúdo de regulamentação jurídica para determinadas situações de fato em que é de esperar essa regulamentação e em que tais falhas postulam e admitem a sua remoção através duma decisão judicial jurídico-integradora. As lacunas aparecem, portanto, quando nem a lei nem o Direito consuetudinário nos dão uma resposta imediata a uma questão jurídica.

Na classificação de Maria Helena Diniz[46], a qual adotamos, é possível se identificar três espécies de lacuna, quais sejam, a) a normativa, na ausência de norma para a resolução do caso; b) a ontológica, quando, havendo norma, esta não corresponda aos fatos sociais; c) a axiológica, na falta de norma justa, ou seja, se da aplicação da norma resulte uma solução insatisfatória ou injusta.

Há referência, ainda, na obra da citada autora[47], às lacunas de conflito ou antinomias reais, que se observam na existência de várias soluções incompatíveis para a aplicação de determinada norma, deixando o julga-

[44] DINIZ, Maria Helena. *As lacunas do direito.* 7 ed. atual. São Paulo: Saraiva, 2002. pp. 27-28. FERRAZ JR., Tércio Sampaio. *Introdução ao estudo do direito: técnica, decisão, dominação.* 5 ed., 2. reimpr. São Paulo: Atlas, 2007. p. 220.

[45] ENGISCH, Karl. *Introdução ao pensamento jurídico.* Trad. J. Baptista Machado. 8 ed. Lisboa: Fundação Calouste Gulbenkian, 2001. pp. 276 e 279.

[46] DINIZ, Maria Helena. *As lacunas do direito.* 7 ed. atual. São Paulo: Saraiva, 2002. p. 95.

[47] DINIZ, Maria Helena. *As lacunas do direito.* 7 ed. atual. São Paulo: Saraiva, 2002. p. 95.

dor numa situação insustentável, porque não há solução normativa cabível ou porque não há uma solução unívoca. Trata-se, em verdade, de caso de conflito de normas. No estudo ora empreendido, interessa-nos, particularmente, a espécie das lacunas axiológicas, a qual acreditamos estar presente no artigo 478, do Código Civil, acerca da possibilidade de extinção/revisão dos contratos por onerosidade excessiva, pois, se aplicado igualmente aos casos de contratos paritários e contratos e adesão, gera um resultado injusto.

Ressalve-se que a concepção de justiça adotada no presente estudo é a de justiça distributiva já presente na obra de Aristóteles[48] e, mais tarde, aperfeiçoada por teóricos como John Rawls[49], ou seja, tratar desigualmente os desiguais, na medida da sua desigualdade, para dessa forma, dentro de um determinado contexto, alcançar uma igualdade real[50].

Uma vez identificada a referida lacuna axiológica, cabe-nos apontar o caminho para o preenchimento de tal vazio, produzindo uma aplicação jurídica adequada para a norma em tela. Trata-se de procedimento de integração da norma[51].

Neste ponto, cabe frisar a diferenciação entre as figuras da interpretação, da integração e da aplicação da norma. A aplicação da norma se dá em decorrência da competência de um órgão ou autoridade, que impõe uma diretriz de direito num caso concreto. Antes de aplicar o direito, contudo, o órgão ou autoridade precisa interpretá-lo, ou seja, proceder à escolha, de natureza axiológica, de vários sentidos possíveis para a norma. Mas, se a norma apresenta lacuna, o processo de interpretação não é suficiente para preencher tal vazio, fazendo-se necessário o uso da integração[52].

O procedimento de integração contém ferramentas utilizadas tanto na constatação quanto no próprio preenchimento da lacuna, os quais, embora correlatos, são independentes, podendo haver situação na qual, após a

[48] Aristóteles. *Ética a Nicômaco.* São Paulo: Nova Cultural, 1996. p. 199.

[49] Rawls, John. *Uma teoria da justiça.* Tradução Almiro Pisetta e Lenita M. R. Esteves. São Paulo: Martins Fontes, 2000. p. 64.

[50] Canaris, Claus-Wilhelm. *Pensamento sistemático e conceito de sistema na ciência do direito.* 3 ed. Lisboa: Fundação Calouste Gulbenkian, 2002. p. 18.

[51] Reale, Miguel. *Lições preliminares de direito.* 27 ed. atual. 7 tir. São Paulo: Saraiva, 2002. pp. 295-296.

[52] Reale, Miguel. *Lições preliminares de direito.* 27 ed. atual. 7 tir. São Paulo: Saraiva, 2002. pp. 295-296.

constatação, seja vedado o preenchimento, como as lacunas em matéria penal, cujo preenchimento cabe exclusivamente ao Poder Legislativo[53].

Os mecanismos da integração das lacunas se encontram previstos na Lei de Introdução às Normas do Direito Brasileiro[54], nos artigos 4º e 5º. Trata-se da analogia, dos costumes, dos princípios gerais do direito e da equidade, a serem utilizados nessa ordem no procedimento de integração[55]. Conforme lembra Tércio Sampaio Ferraz Jr.[56],

> não podemos esquecer que os diversos ordenamentos jurídicos nacionais enfrentam a integração de modo diferente, havendo os que expressamente determinam quais os instrumentos, como é o caso do brasileiro, mas havendo também os que são omissos a esse respeito, gerando uma espécie de lacuna de segundo grau por falta de norma sobre o modo de preenchimento, como é o caso do ordenamento alemão.

Cabe ao aplicador do direito, ante uma questão dúbia, indagar acerca da existência de disposição geral expressa e precisa sobre o tema; caso negativo, o técnico recorrerá aos preceitos sobre casos similares; se ainda assim não encontrar solução, irá até os costumes; na ausência destes, direcionará a busca para os princípios gerais; e, finalmente, não logrando êxito na utilização de tais instrumentos, far-se-á necessário o recurso à equidade[57]. Referência sobre o tema, Savigny[58] entende que, na analogia, a legislação completa-se a si mesma, pois

> o jurista deve descobrir artificialmente a regra, segundo a qual o caso será decidido, isto é, em parte mediante uma mera conclusão de uma norma geral, e em parte tentando encontrar, na legislação, uma regra especial que se refira a um caso semelhante. Esta fica reduzida, então, a uma regra superior, e é resolvido o caso, que não foi decidido segundo esta regra (superior).

[53] FERRAZ JR., Tércio Sampaio. *Introdução ao estudo do direito: técnica, decisão, dominação*. 5 ed., 2. reimpr. São Paulo: Atlas, 2007. p. 314.

[54] A denominação da "Lei de Introdução ao Código Civil" foi alterada para "Lei de Introdução às Normas do Direito Brasileiro", pela Lei 12.376, de 30 de dezembro de 2010.

[55] DINIZ, Maria Helena. *As lacunas do direito*. 7 ed. atual. São Paulo: Saraiva, 2002. pp. 134-135.

[56] FERRAZ JR., Tércio Sampaio. *Introdução ao estudo do direito: técnica, decisão, dominação*. 5 ed., 2. reimpr. São Paulo: Atlas, 2007. p. 314.

[57] DINIZ, Maria Helena. *As lacunas do direito*. 7 ed. atual. São Paulo: Saraiva, 2002. pp. 134 e 212.

[58] SAVIGNY, Friedrich Carl Von. *Metodologia jurídica*. Tradução Hebe A. M. Caletti Marenco. Campinas, SP: Edicamp, 2001. p. 44.

De acordo com Karl Larenz[59],

> Entendemos por analogia a transposição de uma regra, dada na lei para a hipótese legal (A), ou para várias hipóteses semelhantes, numa outra hipótese B, não regulada na lei, «semelhante» àquela. A transposição funda-se em que, devido à sua semelhança, ambas as hipóteses legais hão-de ser identicamente valoradas nos aspectos decisivos para a valoração legal; quer dizer, funda-se na exigência da justiça de tratar igualmente aquilo que é igual. (...) As duas situações de facto serem «semelhantes» entre si significa que concordam em alguns aspectos, mas não noutros. Se concordassem absolutamente em todos os aspectos que hão-de ser tomados em consideração, então seriam «iguais». Por essa razão as previsões legais podem não ser absolutamente iguais nem desiguais entre si; mas têm de concordar precisamente nos aspectos decisivos para a valoração jurídica. (...) Na analogia jurídica trata-se sempre, portanto, de um processo de pensamento valorativo e não unicamente de uma operação mental lógico-formal.

Na problemática ventilada, observa-se a similaridade entre os casos de contratos de adesão civis e contratos de consumo, ambos calcados no natural desequilíbrio das partes, onde a parte mais fraca tem a sua autonomia privada substancialmente limitada, bem como divergindo frontalmente dos demais contratos civis, calcados na paridade das partes e sua plena liberdade. A regulamentação das duas figuras, contudo, ocorre de forma diversa na legislação brasileira.

A similitude apontada permite concluir que a teoria da base objetiva, adotada no Código de Defesa do Consumidor brasileiro, é mais adequada e justa para a revisão dos contratos civis de adesão, em hipótese de onerosidade excessiva, se comparada à atual redação do artigo 478, do Código Civil, o qual adota a teoria da imprevisão. Uma vez reconhecida possibilidade da aplicação da teoria da base objetiva, a exemplo do que se observa no Código de defesa do Consumidor brasileiro, aos contratos civis de adesão, para fins de revisão ou extinção contratual por onerosidade excessiva, seria suficiente a comprovação de que há um desequilíbrio superveniente entre as prestações das partes, gerando um ônus excessivo para uma delas, sem a necessidade de que o desequilíbrio decorra de fato extraordinário.

[59] LARENZ, Karl. Metodologia da ciência do direito. Tradução José Lamego. 3 ed. Lisboa: Fundação Calouste Culbenkian, 1991. pp. 540-541.

Todavia, tendo em vista o artigo 1º, do Código de Defesa do Consumidor, destacar a sua qualidade de norma de ordem pública, com alto grau de repercussão no interesse público e que não pode ser alterada pela vontade das partes, isso torna questionável a possibilidade de aplicação analógica para solução da problemática levantada.

De fato, como ensina Savigny[60], "aquilo que for exceção a uma regra legal, aquilo que for particular, não se pode estender, por analogia, para outros casos semelhantes", ou seja, em algumas normas, a possibilidade de aplicação de analogia é restringida, a exemplo do que se percebe no direito penal brasileiro e, conforme entendemos, o Código de Defesa do Consumidor.

O próximo passo na direção do preenchimento da lacuna ora apontada, conforme o artigo 4º, da Lei de Introdução às Normas do Direito Brasileiro, é aferir a existência de costume sobre o tema. O costume é uma norma que se torna exigível por ser derivada de longa prática uniforme numa sociedade, notando-se a geral e constante repetição de dado comportamento sob a convicção de corresponder a sua obrigatoriedade a uma necessidade jurídica[61]. Dentro desse quadro, não se vislumbra costume que possa ser aplicado ao caso investigado.

Na sequência, cabe apontar para a hipótese de integração por princípio geral do direito, a que nos parece a via adequada para o problema estudado, considerando-se o princípio da igualdade. Os princípios gerais do direito são elementos normativos aplicáveis em casos concretos problemáticos, independentemente de restarem positivados, ou não, em normas, não sendo, portanto, meras máximas ou regras heurísticas. Possuem caráter geral, mas procedem de uma estimação objetiva, ética e social[62]. Ao definir os princípios jurídicos, Karl Larenz[63] ensina serem estes "*los pensamientos directores de una regulación jurídica existente o posible. En sí mismos no son todavía reglas susceptibles de aplicación, pero pueden transformarse en reglas*".

Especificamente sobre o princípio da igualdade, é preciso não confundir o seu aspecto formal com o seu aspecto material. A ideia característica de igualdade, de que todos são iguais perante a lei, representa o aspecto formal do princípio, pelo qual o direito deve ser aplicado de forma obje-

[60] SAVIGNY, Friedrich Carl Von. *Metodologia jurídica*. Tradução Hebe A. M. Caletti Marenco. Campinas, SP: Edicamp, 2001. p. 47.

[61] DINIZ, Maria Helena. *As lacunas no direito*. 7 ed. atual. São Paulo: Saraiva, 2002. p. 197.

[62] DINIZ, Maria Helena. *As lacunas no direito*. 7 ed. atual. São Paulo: Saraiva, 2002. p. 233.

[63] LARENZ, Karl. *Derecho justo*. Tradução Luis Díez-Picazo, Madri: Civitas, 1985. pp. 32-33.

tiva, sem discriminações. Nas palavras de Konrad Hesse[64], "cada um é, em forma igual, obrigado e autorizado pelas normalizações do direito, e, ao contrário, é proibido a todas as autoridades estatais, não aplicar direito existente a favor ou à custa de algumas pessoas".

Não se pode olvidar, contudo, da relevância do reconhecimento do aspecto material da igualdade, pelo que, aos diferentes, cabe tratamento desigual. Segundo Konrad Hesse[65], o princípio da igualdade "proíbe uma regulação desigual de fatos iguais; casos iguais devem encontrar regra igual. A questão é, quais fatos são iguais e, por isso, não devem ser regulados desigualmente".

Analisando-se, comparativamente, os contratos de adesão e os contratos paritários, as diferenças correspondem à aspectos essenciais do procedimento de formação, com repercussão em termos de autonomia privada, conforme narrado anteriormente. Trata-se, assim, de diferença que atinge o cerne central de tais contratos, podendo ser considerada uma diferença essencial, que justifica tratamento desigual.

O artigo 478, do Código Civil, ao tratar igualmente o processo de revisão/extinção dos contratos, sem ressalvas para o caso dos contratos de adesão, produz resultado injusto e deve ser corrigido pela integração baseada no princípio da igualdade material, facilitando-se o processo em relação aos contratos de adesão, na linha da teoria da base objetiva, ou seja, sem a exigência da comprovação da extraordinariedade.

A opção pela ampliação do artigo 478 do Código Civil, com base no princípio da igualdade, estaria em plena sintonia com os ideais de justiça distributiva, à medida que permite que a norma seja aplicada desigualmente aos casos nitidamente desiguais, como os contratos civis de adesão e os contratos civis paritários, ambos indiscriminadamente abarcados pelo citado dispositivo.

CONCLUSÕES

O Código Civil brasileiro, em seu artigo 478, ao adotar, para todas as espécies de contrato, a teoria da imprevisão, na regulamentação da possibilidade de quebra da obrigatoriedade, para fins de revisão e extinção por

[64] HESSE, Konrad. *Elementos de Direito Constitucional da República Federal da Alemanha*. Tradução de Luís Afonso Heck. Porto Alegre: Sergio Antonio Fabris, 1998. p. 330.

[65] HESSE, Konrad. *Elementos de Direito Constitucional da República Federal da Alemanha*. Tradução de Luís Afonso Heck. Porto Alegre: Sergio Antonio Fabris, 1998. p. 330.

onerosidade excessiva, exige, indiscriminadamente, como requisito para este processo, a origem extraordinária do fato gerador do desequilíbrio.

Quadro diverso se observa no Código de Defesa do Consumidor brasileiro, o qual adota a teoria alemã da base objetiva, idealizada por Karl Larenz, que permite a revisão/extinção apenas diante da comprovação do desequilíbrio superveniente entre as prestações das partes. O Código de Defesa do Consumidor brasileiro, por sua vez, aplica-se aos contratos celebrados especificamente na seara do direito do consumidor, tipicamente contratos de adesão.

Nos casos de contratos civis de adesão, assim, não cabe a aplicação do Código de Defesa do Consumidor, mas do artigo 478, do Código Civil brasileiro, o que produz efeitos injustos, tendo em vista as peculiaridades de formação de tal espécie contratual, comparativamente com os demais contratos, nos quais se pressupõe igualdade entre as partes. Tal quadro permite constatar a existência de lacuna axiológica no art. 478, do Código Civil brasileiro.

Segundo os critérios estabelecidos na lei brasileira para a integração das lacunas, conclui-se que a analogia e os costumes não são formas adequadas para solucionar o problema referente ao artigo 478, do Código Civil, remetendo a solução aos princípios gerais do direito. Nessa linha, o princípio da igualdade pode ser utilizado de forma eficiente, à medida que prescreve tratamento desigual aos desiguais.

Nessa linha, mostra-se salutar a aplicação da teoria da base objetiva para a revisão dos contratos civis de adesão, permitindo a revisão/extinção pelo simples desequilíbrio superveniente entre as prestações das partes, sem necessidade de comprovação de extraordinariedade da situação que ensejou o desequilíbrio.

REFERÊNCIAS

ALVIM, Agostinho. *Da inexecução das obrigações e suas conseqüências*. 5 ed. São Paulo: Saraiva, 1980.

ARISTÓTELES. *Ética a Nicômaco*. São Paulo: Nova Cultural, 1996.

AUER, Marietta. Good faith: semiotic approach. *Revista Argumentum*. São Paulo, v. 18, n.1, 181-206, Jan.-Abr./2017.

BRUDERMÜLLER, Gerd et al. *Palandt Bürgerliches Gesetzbuch*. 76 neubearbeitete auflage. München: C.H.Beck, 2017.

CANARIS, Claus-Wilhelm. Pensamento sistemático e conceito de sistema na ciência do direito. 3. ed. Lisboa: Fundação Calouste Gulbenkian, 2002.

DINIZ, Maria Helena. *As lacunas no direito.* 7 ed. atual. São Paulo: Saraiva, 2002.

DINIZ, Maria Helena. *Tratado teórico e prático dos contratos.* 3 ed. São Paulo: Saraiva, v. 1, 1999.

ENGISCH, Karl. *Introdução ao pensamento jurídico.* Trad. J. Baptista Machado. 8 ed. Lisboa: Fundação Calouste Gulbenkian, 2001.

FERRAZ JR., Tércio Sampaio. *Introdução ao estudo do direito: técnica, decisão, dominação.* 5 ed., 2. reimpr. São Paulo: Atlas, 2007.

FILOMENO, José Geraldo Brito. Manual de direitos do consumidor. 3 ed. São Paulo: Atlas, 1999.

FONSECA, Arnoldo Medeiros da. *Caso fortuito e teoria da imprevisão.* 3 ed. rev. e atual. Rio de Janeiro: Forense, 1958.

GOMES, Orlando. *Contratos.* Atualizado por Humberto Theodoro Júnior. 25 ed. Rio de Janeiro: Forense, 2002.

GOMES, Orlando. *Transformações gerais do direito das obrigações.* São Paulo: Revista dos Tribunais, 1967.

GONÇALVES, Carlos Roberto. *Direito civil brasileiro: Contratos e atos unilaterais.* 9 ed.. São Paulo: Saraiva, Vol. 3, 2012.

HESSE, Konrad. *Elementos de Direito Constitucional da República Federal da Alemanha.* Tradução de Luís Afonso Heck. Porto Alegre: Sergio Antonio Fabris, 1998.

KÖTZ, Hein. *Vertragsrecht.* Tübingen: Mohr Siebeck, 2009.

LARENZ, Karl. *Base del negocio jurídico y cumplimiento del contrato.* Tradução Carlos Fernandez Rodrigues. Madrid: Revista de Derecho Privado, 1956.

LARENZ, Karl. *Derecho justo.* Tradução Luis Díez-Picazo, Madri: Civitas, 1985.

LARENZ, Karl. Metodologia da ciência do direito. Tradução José Lamego. 3 ed. Lisboa: Fundação Calouste Culbenkian, 1991.

MARQUES, Cláudia Lima. *Contratos no Código de Defesa do Consumidor: o novo regime das relações contratuais.* 4 ed. rev., atual. e ampl. São Paulo: Revista dos Tribunais, 2002.

MARTINS-COSTA, Judith. *Comentários ao novo Código Civil: do direito das obrigações, do adimplemento e da extinção das obrigações.* Rio de Janeiro: Forense, v. 5, t. 1, 2003.

MONTEIRO, Washington de Barros. *Curso de direito civil: direito das obrigações.* 29 ed., rev. e atual. São Paulo: Saraiva, 2ª parte, 1997.

PEREIRA, Caio Mario da Silva. *Instituições de direito civil: fontes das obrigações.* 10. ed. Rio de Janeiro: Forense, V. 3, 2001.

PRATA, Ana. *A tutela constitucional da autonomia privada.* Coimbra: Almedina, 1982.

RAWLS, John. *Uma teoria da justiça.* Tradução Almiro Pisetta e Lenita M. R. Esteves. São Paulo: Martins Fontes, 2000.

REALE, Miguel. *Lições preliminares de direito.* 27 ed. atual. 7 tir. São Paulo: Saraiva, 2002.

RIPERT, Georges. *A regra moral nas obrigações civis.* Tradução Osório de Oliveira. São Paulo: Saraiva, 1937.

RODRIGUES, Silvio. *Direito civil: dos contratos e das declarações unilaterais da vontade.* 27. ed. São Paulo: Saraiva, V. 3, 2002.

ROPPO, Enzo. *O contrato.* Tradução Ana Coimbra e M. Januário C. Gomes. Coimbra: Almedina, 1988.

SAVIGNY, Friedrich Carl Von. *Metodologia jurídica.* Tradução Hebe A. M. Caletti Marenco. Campinas, SP: Edicamp, 2001.

SCHAPP, Jan. *Introdução ao direito civil (Einführung in das Bürgerliche Recht)*. Tradução Maria da Glória Lacerda Rurack e Klaus-Peter Rurack. Porto Alegre: Sergio Antonio Fabris Editor, 2006.

SILVA, José Afonso da. *Curso de direito constitucional positivo*. 24 ed. rev. e atual. São Paulo: Malheiros, 2005.

WESTERMANN, Harm Peter et al. *Erman Bürgerliches Gesetzbuch*. 15 neubearbeitete auflage. Köln: Ottoschidt, 2017.

WOLF, Manfred. Vertragsfreiheit u. Vertragsrechts im Lichte der AGB-Rechtsprechung des BGH. In: 50 Jahre Bundesgerichtshof: Festgabe aus der wissenschaft. CANARIS, Claus-Wilhelm et al. (herausgeber). München: Verlag C.H. Beck Munchen, Band I, 2000. p. 127.

ARBITRAGEM NO DIREITO DE FAMÍLIA E DAS SUCESSÕES: POSSIBILIDADES E CASUÍSTICA

MÁRIO LUIZ DELGADO*

INTRODUÇÃO

Não é de hoje que a possibilidade de utilização da arbitragem para a resolução de litígios de Direito de Família e Sucessões vem suscitando discussões na doutrina e na jurisprudência. O panorama inicial, lamentavelmente contrário à desestatização desse tipo de demanda, tem sofrido paulatina evolução a partir de uma crescente conscientização social sobre a necessidade, por um lado de assegurar maior autonomia privada nas relações de família e, de outro, simplificar e desburocratizar os mecanismos para solução dos litígios, limitando ao mínimo a intervenção do Estado, cada vez mais restrita às situações de amparo às pessoas em situação de vulnerabilidade, especialmente crianças e adolescentes, e à prevenção e repressão à violência doméstica.

Um bom exemplo dessa limitação à intervenção estatal se deu com desjudicialização do divórcio e do inventário. Desde o advento da Lei n.

* Doutor em Direito Civil pela USP.
Mestre em Direito Civil Comparado pela PUC-SP.
Especialista em Direito Processual Civil pela Universidade Federal de Pernambuco. Professor Titular do programa de mestrado e doutorado da FADISP.
Professor dos cursos de especialização em Direito Privado da EPD – Escola Paulista de Direito.
Membro do Conselho Superior de Assuntos Jurídicos e Legislativos da FIESP. Conselheiro da Câmara de Mediação e Arbitragem do IASP.
Advogado.

11.441/2007, tornou-se possível o divórcio administrativo ou extrajudicial em cartório de notas, desde que inexistissem filhos menores ou incapazes e as partes estivessem em acordo. A lei em questão alterou o CPC então vigente de forma a permitir, no âmbito dos inventários e divórcios consensuais, sua realização pela via administrativa, promovendo a celeridade e a informalização dos procedimentos.

Embora não se constituísse o sistema contido no antigo Código de Processo Civil, com vistas a tais procedimentos, em um dos que se pudesse mais criticar, o volume de postulações, bem como as eventuais dificuldades resultantes de problemas cartorários ou da própria burocracia judicial acabavam por, em muitos casos, transformar o simples em difícil e o rápido em demorado, com evidente repercussão negativa em relação às partes interessadas e, como corolário, na opinião pública.

A alteração legislativa restringiu a intervenção do Estado na vida privada das pessoas, na medida em que possibilitou que os inventários e os divórcios consensuais, sem filhos menores ou incapazes, não necessitem mais se submeter à tutela prévia do Poder Judiciário, já combalido e assoberbado com tantas demandas judiciais.

No contexto atual das relações familiares, constata-se, ainda, uma tendência crescente para desregulamentação legal das relações conjugais, no que se convencionou chamar de "privatização do casamento", eis que "o estado não deveria mais tutelar essas relações através de normas imperativas, mas tão somente mediante regras supletivas (*standards*), em caso de não manifestação expressa do casal". A privatização das relações conjugais e convivenciais, segundo Renata Multedo, "permite que as pessoas estabeleçam as próprias regras de convivência, evitando-se, assim, intervenções injustificadas e desnecessárias, salvaguardando-se o intervencionismo para as situações patológicas"[1].

Notadamente quanto à arbitragem no Direito de Família e das Sucessões, prevalecia a ideia distorcida de indisponibilidade de todo e qualquer direito subjetivo, ainda que de natureza patrimonial, o que retiraria dos

[1] MULTEDO, Renata Vilela. **Liberdade e família– Limites para intervenção do Estado nas relações conjugais e parentais** .Rio de Janeiro: processo, 2017, pp. 41 e 235. E mesmo no âmbito das relações parentais, prossegue a autora, "já se questiona até que ponto delegar ao Estado, por meio dos órgãos judicantes, a incumbência de dirimir as divergências entre os pais sobre a administração do cotidiano dos filhos, principalmente quando estes detêm a autoridade parental, é uma alternativa possível ou a melhor alternativa". (Op. cit., p. 41-42).

litígios emergentes dessas relações jurídicas o requisito objetivo da arbitrabilidade. Já se disse, por exemplo, que os conflitos familiares estariam sempre imantados de fortes sentimentos e isso faria com que os direitos discutidos naqueles processos se situassem em uma ordem de indisponibilidade[2]. Ora, nada mais equivocado, como demonstraremos no decorrer deste trabalho.

A legislação pátria, quer o Código Civil, quer a Lei de Arbitragem (LArb), não faz esse tipo de objeção. Os requisitos objetivos e subjetivos para a opção pela arbitragem foram originalmente postos no art. 1º da Lei nº 9.307/96, ou seja, capacidade para contratar e disponibilidade e patrimonialidade do objeto do litígio. O Código Civil de 2002 acrescentou posteriormente, em seu art. 852, ser vedado o compromisso arbitral (leia-se a convenção de arbitragem)[3] para solução de questões de estado, de direito

[2] CIVIL E PROCESSUAL CIVIL. CAUTELAR. ALIMENTOS PROVISIONAIS. CPC, ART. 806. (...) Convenção arbitral. Direito indisponível. Descabimento em conformidade com o disposto no art. 1º da Lei n. 9.307/96, a arbitragem pode ser utilizada exclusivamente para resolver litígios relativos a direitos patrimoniais disponíveis, de forma que resta afastada, regra geral, sua aplicação sem relação às lides envolvendo direito de família. (TJSC; AC 2015.068323-3; Balneário Camboriú; Quinta Câmara de Direito Civil; Rel. Des. Luiz Cézar Medeiros; Julg. 22/03/2016; DJSC 08/04/2016; Pág. 233)

[3] Como bem destacam José Antonio Fichtner, Sergio Nelson Mannheimer e André Luís Monteiro, apesar de o mencionado dispositivo se referir textualmente apenas ao compromisso arbitral, "a noção de arbitrabilidade nele empregada se dirige, na verdade, ao gênero convenção de arbitragem , até porque não faria sentido lógico ou jurídico criar uma distinção entre compromisso arbitral e cláusula compromissória com base na arbitrabilidade da matéria. O que é inarbitrável via cláusula compromissória é inarbitrável via compromisso arbitral e vice-versa. Na nossa visão, o art. 852 do Código Civil alterou o próprio critério de arbitrabilidade objetiva no Direito brasileiro. O diploma material civil não alterou o critério de arbitrabilidade apenas para as arbitragens iniciadas a partir do compromisso arbitral, mas para toda e qualquer arbitragem. Observe-se que sustentar uma diferença de arbitrabilidade objetiva com base na espécie de convenção de arbitragem que dá origem, no caso concreto, ao processo arbitral acaba por deixar uma matéria regulada por norma cogente – a arbitrabilidade objetiva – ao arbítrio exclusivo das partes, que podem transformar a cláusula compromissória em compromisso arbitral e vice-versa conforme bem entenderem. Não faz sentido lógico, pois ontologicamente não há distinção entre cláusula compromissória e compromisso arbitral. A diferença entre as duas espécies de convenção de arbitragem é meramente temporal, a partir do momento em que surge o litígio. A cláusula compromissória se refere a conflito eventual e futuro; o compromisso arbitral, a conflito certo e presente Não há diferença entre a cláusula compromissória e o compromisso arbitral que justifique a adoção de diferentes critérios de arbitrabilidade objetiva para essas duas espécies de convenção de arbitragem". (**Teoria geral da arbitragem**. Rio de Janeiro: Forense, 2019, pp. 397-398)

pessoal de família e de outras que não tenham caráter estritamente patrimonial o que, segundo alguns autores, teria feito com que o ordenamento jurídico brasileiro passasse a adotar o critério da exclusiva patrimonialidade para fins de definição dos limites da arbitrabilidade objetiva, ao invés do critério misto (e cumulativo) da livre disponibilidade e da patrimonialidade, utilizado no art. 1º da Lei 9.307/1996, ampliando, assim, o espectro da arbitrabilidade objetiva, pois bastaria que o litígio fosse patrimonial (independentemente da disponibilidade) para que pudesse ser submetido à arbitragem.

Não traremos essa discussão para o âmbito do Direito de Família e Sucessões. O caráter patrimonial disponível do direito em discussão perante o juízo arbitral é condição *sine qua non* – na dicção da lei especial, para que a disputa seja submetida à arbitragem, porém a averiguação da patrimonialidade e da disponibilidade não se imiscui nas razões subjetivas e existenciais que sempre jazem subjacentes a todo e qualquer litígio.

A questão da indisponibilidade e irrenunciabilidade de alguns dos direitos subjetivos emergentes das relações de família está longe de constituir óbice ao uso da arbitragem, do contrário as partes maiores e capazes jamais poderiam transacionar nesse tipo de litígio. Fato é que nem todos os direitos subjetivos nas relações de família, patrimoniais ou extrapatrimoniais, são indisponíveis. Oportuno antecipar, por exemplo, que existe uma quase unanimidade na doutrina e na jurisprudência quanto à renunciabilidade da obrigação alimentar entre cônjuges e companheiros.

Por último, uma indagação subjetiva: qual o receio daqueles que se opõem à arbitrabilidade dos litígios do Direito de Família e Sucessões? Em que aspectos a jurisdição estatal estaria mais preparada para absorver e resolver esses litígios? Se a arbitragem estiver submetida ao Direito brasileiro, o tribunal arbitral, tanto quanto o Juiz togado, aplicará o direito material, especialmente o Código Civil, o Código de Processo Civil e todos os diplomas legais de que o Juiz da Vara de Família também faria uso, apenas com maior agilidade[4]. Em outras palavras, o Estado Juiz não é melhor

[4] Essa mesma reflexão é desenvolvida por Fabiane Verçosa no tocante à arbitragem de dissídios individuais trabalhistas: "O receio que demonstram alguns doutrinadores – normalmente os laboralistas – de que, na arbitragem, o empregado corre o risco de ser menos tutelado do que na Justiça do Trabalho sempre nos pareceu infundado. Afinal, o mecanismo a tutelar os direitos do empregado não é, a rigor, a Justiça do Trabalho, mas, sim, o *Direito (Material) do Trabalho*". [Cf. **Arbitragem para a resolução de dissídios individuais trabalhistas em**

ou mais eficiente que o juiz privado. Aliás, a experiência tem nos mostrado justamente o contrário, com uma Justiça estatal extremamente despreparada para lidar com conflitos intersubjetivos que extrapolam os limites de um discurso normativo ou decisório meramente subsuntivo. Precisas, nesse particular, as palavras de Renata Multedo quando afirma que, "se a experiência de recorrer ao Judiciário é traumática para a maioria dos grupamentos de pessoas, no caso da família essa experiência é especialmente indesejável. No âmbito familiar, as partes geralmente estão de tal modo envolvidas no litígio que não conseguem enxergar uma saída. Não à toa, foi constatado que, com o aumento da judicialização dos conflitos familiares, proporcionalmente se avolumou a insatisfação com as soluções judiciais"[5].

Logo, os conflitos do Direito de Família e Sucessões possuem maiores chances de serem solucionados da forma mais adequada, e condizente com os interesses das partes envolvidas, por meio da arbitragem. No que tange à proteção dos integrantes da família, ao respeito à ordem pública e aos bons costumes, pouco importa, e não deveria ser relevante, o fato de uma demanda ser apreciada pelo Estado juiz ou pelo tribunal arbitral, especialmente por que ambos estarão compelidos a fornecer as mesmas respostas legais que conferem aos vulneráveis e hipossuficientes a mais ampla e prioritária proteção.

1. ARBITRABILIDADE NAS RELAÇÕES JURÍDICAS DE FAMÍLIA E DE SUCESSÕES – NORMAS DE ORDEM PÚBLICA E DIREITOS PATRIMONIAIS DISPONÍVEIS

Pode-se definir a arbitrabilidade como a condição de validade da convenção de arbitragem (cláusula compromissória e compromisso arbitral), ou seja, é o enquadramento da convenção aos requisitos do art. 104 do Código Civil[6] e que lhe garante o ingresso no plano da validade[7].

tempos de reforma da CLT e de conjecturas sobre a extinção da Justiça do Trabalho: o direito trabalhista na encruzilhada. Revista Brasileira de Arbitragem. Ano XVI, nº 61, (jan/fev/mar 2019). Curitiba: Comitê Brasileiro de Arbitragem, p. 15].

5 Op. cit., p. 288.

6 Art. 104. A validade do negócio jurídico requer: I – agente capaz;II – objeto lícito, possível, determinado ou determinável;III – forma prescrita ou não defesa em lei.

7 Analisando a convenção de arbitragem sob a teoria de Pontes de Miranda, é possível verificar o seu deslocamento pelos três planos (existência, validade e eficácia). O jurista alagoano nos mostrou que existência,validade e eficácia são conceitos inconfundíveis: "Para que algo valha é preciso que exista. Não tem sentido falar-se de validade ou de invalidade a respeito do que

Diz-se arbitrabilidade subjetiva quando relacionada à capacidade do agente e arbitrabilidade objetiva quando diz respeito à licitude, possibilidade e determinabilidade do objeto. Na síntese de José Antonio Fichtner, Sergio Nelson Mannheimer e André Luís Monteiro, trata-se da "possibilidade teórica de submissão de um conflito de interesses à arbitragem em razão das características subjetivas e objetivas da disputa. Procura-se, por meio da arbitrabilidade, estabelecer, basicamente, quem pode se submeter à arbitragem (arbitrabilidade subjetiva ou *ratione personae*) e o que pode ser submetido ao processo arbitral (arbitrabilidade objetiva ou *ratione materiae*)"[8].

não existe. A questão da existência é questão prévia. Somente depois de se afirmar que existe é possível pensa-se em validade ou em invalidade. Nem tudo que existe é suscetível de a seu respeito discutir-se se vale, ou se não vale. Não se há de afirmar nem de negar que o nascimento, ou a morte, ou a avulsão, ou o pagamento valha. Não tem sentido. Tão-pouco, a respeito do que não existe: se não houve ato jurídico, nada há que possa ser válido ou inválido. Os conceitos de validade ou de invalidade só se referem a atos jurídicos, isto é, a atos humanos que entraram (plano da existência) no mundo jurídico e se tornaram, assim, atos jurídicos"(Cf **Tratado de direito privado**, V. IV. Rio de Janeiro: Borsoi, 1970, p. 7). A convenção de arbitragem ingressa no plano da existência desde que esteja subscrita (ou aceita) pelas partes e haja definido o objeto do litígio. Desloca-se ao plano da validade depois de confirmada a capacidade das partes, a licitude, possibilidade e determinabilidade do objeto, ou seja, se o litígio, além de possível e determinado ou determinável, pode ser submetido à arbitragem de acordo com as leis vigentes, e a forma escrita. Finalmente será eficaz, deslocando-se ao plano da produção de efeitos, desde que proporcione a instauração da arbitragem. O princípio da competência-competência dá ensejo a que mesmo a convenção inválida produza efeitos. A discussão sobre a validade ou invalidade de uma convenção de arbitragem em litígios de Direito de Família e Sucessões deve ser submetida prioritariamente ao árbitro, senhor exclusivo de sua própria competência, só se admitindo o controle jurisdicional estatal em momento posterior.

[8] Cf. Ob. cit., p. 361.Os autores também fazem referência à obra de Philippe Fouchard, Emmanuel Gaillard e Berthold Goldman, para sustentar que a arbitrabilidade constitui um conceito fixado por cada ordenamento jurídico: Na verdade, a arbitrabilidade é uma noção utilizada pelos Estados soberanos para definir aquilo que tem interesse em julgar e aquilo em que admitem, via consenso das partes, a delegação da jurisdição aos árbitros. Há, portanto, um inegável componente público na ideia de arbitrabilidade. Philippe Fouchard, Emmanuel Gaillard e Berthold Goldman explicam este aspecto de forma didática: 'In any society, it is quite understandable that the legislature should consider that certain types of dispute should not be left to a private dispute resolution mechanism such as arbitration. Even in an international context this is a legitimate concern. For example, it is not appropriate for arbitrators to pronounce a divorce or hear a paternity dispute. The difficulty thus lies not in the principle that certain issues are non-arbitrable, but in determining the limits of that non-arbitrability, and in the rules governing that determination'" (Ob. cit., p. 361-362).

Nos litígios de família e de sucessões, a arbitrabilidade subjetiva é delimitada pela capacidade das partes que subscrevem ou aderem à convenção de arbitragem, abrangendo tanto a "capacidade de direito ou de gozo", como a "capacidade de fato ou de exercício". Como anota Anderson Schreiber, "para que possa exercer pessoalmente os direitos de que é titular, a ordem jurídica exige que a pessoa humana, além de personalidade, seja dotada de capacidade. A doutrina costuma distinguir a capacidade em duas espécies: a) capacidade de direito; e b) capacidade de fato. A capacidade de direito, também chamada capacidade de gozo ou capacidade de aquisição, é usualmente definida como a aptidão para adquirir direitos na vida civil". Já "a capacidade de fato é a faculdade concreta de exercer por si mesmo os direitos, sem necessidade de assistente ou representante. Toda pessoa humana tem personalidade e capacidade de direito, mas não tem necessariamente capacidade de fato. Enquanto a capacidade de direito exprime a aptidão para ser titular de direitos (titularidade), a capacidade de fato diz respeito ao exercício de direitos."[9]

Exatamente por isso, ou seja, pela abrangência do art. 1º da LArb, abarcando capacidade de gozo e capacidade de exercício[10], também os menores, desde que representados ou assistidos, podem submeter os seus litígios à arbitragem, da mesma forma que os entes despersonalizados, como o espólio ou o condomínio edilício[11]. Obviamente, a depender do caso, será também necessária a competente autorização judicial para que o represen-

[9] SCHREIBER, Anderson; TARTUCE, Flávio; SIMÃO, José Fernando; DELGADO, Mário Luiz; MELO, Marco Aurélio Bezerra de. **Código Civil Comentado. Doutrina e Jurisprudência**. Rio de Janeiro: Forense, 2019, pp. 5 e 7.

[10] Cabe o registro de que importante corrente de pensamento entende que a convenção de arbitragem não seria sequer um negócio jurídico de direito privado, mas sim um negócio jurídico processual de que trata o art. 190 do CPC , razão pela qual a capacidade referida na Lei nº 9.307/1996 não seria a capacidade de fato do Direito Privado, mas sim a capacidade de ser parte e a capacidade de estar em juízo da Teoria Geral do Processo. (Cf. **Teoria geral da arbitragem** / José Antonio Fichtner, Sergio Nelson Mannheimer, André Luís Monteiro. Rio de Janeiro: Forense, 2019, p. 375).

[11] CIVIL E PROCESSUAL CIVIL. RECURSO ESPECIAL. RECURSO MANEJADO SOB A ÉGIDE DO NCPC. CONDOMÍNIO. CONVENÇÃO CONDOMINIAL DEVIDAMENTE REGISTRADA. NATUREZA JURÍDICA INSTITUCIONAL NORMATIVA. CLÁUSULA COMPROMISSÓRIA ARBITRAL. NOVO CONDÔMINO. SUBORDINAÇÃO À CONVENÇÃO. INCOMPETÊNCIA DO JUÍZO ESTATAL. DOUTRINA. PRECEDENTES. RECURSO ESPECIAL NÃO PROVIDO.(...) 3. Diante da força coercitiva da Convenção Condominial com cláusula arbitral, qualquer condômino que ingressar no agrupamento condominial está

tante subscreva a convenção de arbitragem. A regra é a de que todos aqueles que precisam de permissão judicial para dispor de direitos, também dela necessitarão para firmar a cláusula compromissória. O inventariante do espólio ou o administrador de massa falida, por exemplo, dependem de ordem judicial. O condomínio edilício apenas da autorização da assembleia de condôminos. No caso dos menores representados ou assistidos, a autorização judicial será necessária quando o litígio envolver a alienação ou oneração de bens imóveis (pertencentes aos menores) ou a possibilidade de assunção de obrigações em seu nome, nos termos e condições do art. 1.691 do Código Civil[12]. Porém, se a decisão a ser proferida pelo tribunal arbitral não tiver objeto a alienação, disposição ou renúncia a bens ou direitos, nada obsta que o representante possa, independentemente de ordem judicial, escolher o método de solução dos conflitos.

A arbitrabilidade objetiva nas relações de família e de sucessões, por outro lado, tem os seus contornos oscilantes na doutrina, a depender do critério legal adotado – o da exclusiva patrimonialidade do Código Civil ou o critério misto da livre disponibilidade e da patrimonialidade utilizado no art. 1º da LArb.

O que se tem percebido, pela média das opiniões doutrinárias, é o predomínio do critério misto, com ênfase maior para a disponibilidade do que para a patrimonialidade, como se depreende das lições de Cândido Rangel Dinamarco, quando afirma "haver um estreito paralelismo entre a possibilidade ou impossibilidade da disposição de direitos e a admissibilidade ou inadmissibilidade da renúncia à jurisdição estatal."[13]

obrigado a obedecer às normas ali constantes. Por consequência, os eventuais conflitos condominiais devem ser resolvidos por arbitragem.
4. **Havendo cláusula compromissória entabulada entre as partes elegendo o Juízo Arbitral para dirimir qualquer litígio envolvendo o condomínio, é inviável o prosseguimento do processo sob a jurisdição estatal.**5. Recurso especial não provido.(REsp 1733370/GO, Rel. Ministro Ricardo Villas Bôas Cueva, Rel. p/ Acórdão Ministro Moura Ribeiro, TERCEIRA TURMA, julgado em 26/06/2018, DJe 31/08/2018).

[12] Art. 1.691. Não podem os pais alienar, ou gravar de ônus real os imóveis dos filhos, nem contrair, em nome deles, obrigações que ultrapassem os limites da simples administração, salvo por necessidade ou evidente interesse da prole, mediante prévia autorização do juiz. Parágrafo único. Podem pleitear a declaração de nulidade dos atos previstos neste artigo:I – os filhos;II – os herdeiros;III – o representante legal.

[13] Dinamarco, Cândido Rangel. **A arbitragem na teoria geral do processo**. São Paulo: Malheiros, 2013. p. 75.

Em conflitos fundados no Direito de Família e das Sucessões, de forma geral, encontram-se fora da esfera de disponibilidade, ou fora dos limites de atuação da autonomia privada dos litigantes, as questões relativas ao estado das pessoas naturais (se casadas, divorciadas ou separadas), ao nome civil, à filiação, ao poder familiar, aos direitos da criança e do adolescente, à ordem da vocação hereditária, à sucessão legítima, à sucessão legitimária e ao exercício dos direitos da personalidade. São questões para as quais a jurisdição estatal, fundamentada na ordem pública ou inspirada em valores de natureza política, econômica, social, moral ou cultural, promove uma espécie de "reserva de mercado", impedindo a submissão desses litígios ao processo arbitral.

1.1. A ORDEM PÚBLICA

Em oposição à arbitrabilidade dos litígios de família, costuma-se afirmar que todo o direito material de família e sucessões é composto por normas de ordem pública e, como tais, indisponíveis. Registre-se, de proêmio, que a própria distinção entre normas de ordem pública e de ordem privada apresenta-se bastante intricada[14], uma vez que "toda disposição, ainda que ampare um direito individual, atende também, embora indiretamente, ao interesse público; hoje até se entende que se protege aquele por amor a este".[15]

[14] Para Dolinger, "a principal característica da ordem pública é justamente a sua indefinição (...) o princípio de ordem pública é de natureza filosófica, moral, relativa, alterável e, portanto, indefinível". (DOLINGER, Jacob. **Direito internacional privado (Parte Geral)**. 9ª ed. Rio de Janeiro: Renovar, 2008, p.394). Para Tolomei três seriam as características básicas que podem ser atribuídas à ordem pública: relatividade, instabilidade e a contemporaneidade: "Da mesma forma que a noção de ordem pública não é idêntica de um país para outro, também ela não é estável, alterando-se conforme a evolução dos fenômenos sociais dentro de cada país. A ordem pública emana da *mens populi*, vislumbrando-se daí, à evidência, sua intrínseca instabilidade e relatividade. Os exemplos são marcantes, sobretudo no direito de família. Por último, temos a terceira característica: a sua contemporaneidade. Cumpre ao aplicador da lei orientar-se pelo estado da situação à época em que vai analisar a questão, relegando para segundo plano a mentalidade prevalente à época da ocorrência do fato jurídico. Até porque, variando – como variam – os valores sociais, igualmente se modificam os interesses protegidos pela ordem pública". (TOLOMEI, Carlos Young. **A proteção do direito adquirido sob o prisma civil-constitucional: uma perspectiva sistemático-axiológica**. Rio de Janeiro: Ed. Renovar, 2005, p.228-229).

[15] MAXIMILIANO, Carlos. **Hermenêutica e Aplicação do Direito**. Rio de Janeiro: Forense, 12ª ed., p. 216.

Beviláqua definiu as leis de ordem pública como sendo "as que, em um Estado, estabelecem os princípios, cuja manutenção se considera indispensável à organização da vida social, segundo os preceitos do Direito".[16] A sua característica mais importante, portanto, seria a inderrogabilidade, ou seja, o não poder ser afastada pela vontade do interessado[17]. Atuaria, no direito interno, "como princípio limitador da vontade das partes, cuja liberdade não é admitida em determinados aspectos da vida privada." [18]

Em poucas palavras, seriam de ordem pública aquelas normas em que visivelmente predomina o interesse da sociedade coletivamente considerada[19], o qual sobreleva a tudo, enquanto que, nas normas de ordem privada, a proteção ao direito individual constitui objetivo primordial. Como exemplos daquelas, dentro do sistema do Código Civil, a doutrina costuma citar as normas que têm por objeto fixar o estado das pessoas, a capacidade, a validade dos atos e negócios jurídicos, a organização da família, a constituição e funcionamento das pessoas jurídicas, a disciplina da posse e dos direitos reais, além de todas as prescrições relativas à ordem de sucessão hereditária.

No entanto, a existência de normas de ordem pública incidentes sobre uma determinada relação jurídica litigiosa não torna o litígio inarbitrável, mas apenas impede que o julgador (privado ou estatal) deixe de aplicá-las, face a sua natureza cogente e imperativa. Quer seja o tribunal arbitral ou Estado Juiz incumbido de solucionar o conflito, não poderá relegar a aplicação ou modificar o conteúdo de uma norma de ordem pública.

A ordem pública, tanto quanto os bons costumes, servirá de elemento direcionador da atuação do árbitro, limitando a autonomia das partes no que toca à eleição das regras de direito a serem aplicadas, nos termos previstos no § 1º do art. 2º da LArb [20]. Assim, em um litígio de direito sucessório,

[16] *Apud* Serpa Lopes, Miguel Maria de. **Lei de Introdução ao Código Civil**, vol. I, 2ª ed. Rio de Janeiro/São Paulo: Livraria Freitas Bastos, 1959, p. 28.

[17] Muito embora essa característica seja posta em dúvida pela doutrina.

[18] Dolinger, Jacob. **Direito internacional privado**, p. 393.

[19] Daí propor Dolinger, como critérios de aferição da ordem pública, a mentalidade e "sensibilidade médias de determinada sociedade em determinada época. Aquilo que for considerado chocante a esta média será rejeitado pela doutrina e repelido pelos tribunais" (...) Daí ter sido a ordem pública comparada à moral, aos bons costumes, ao direito natural e até à religião". (Dolinger, Jacob. **Direito internacional privado**, p.394-395).

[20] Art. 2º A arbitragem poderá ser de direito ou de eqüidade, a critério das partes.§ 1º Poderão as partes escolher, livremente, as regras de direito que serão aplicadas na arbitragem, desde que não haja violação aos bons costumes e à ordem pública.

em que os filhos pretendam invalidar cláusula do testamento do pai que lhes privou da legítima, não poderia haver a eleição, em um eventual compromisso arbitral, de regras de um ordenamento jurídico alienígena em que não se reconheça o direito à legítima ou o título de sucessores legitimários dos descendentes. Da mesma forma, em um pacto antenupcial ou em um contrato de união estável, em que previstas penalidades por violação ao dever de fidelidade (ou de lealdade), não poderia a cláusula compromissória escolher as regras de um ordenamento jurídico em que se admita a poligamia.

Em suma, não se confundem os conceitos de direito indisponível e ordem pública. A aplicação compulsória pelo árbitro, em determinada situação concreta, de normas cogentes ou imperativas não acarreta violação à própria ordem pública. De onde se conclui que a incidência de normas de ordem pública nas relações de família e sucessões não constitui óbice à submissão do eventual conflito à jurisdição privada.

1.2. A DISPONIBILIDADE DO DIREITO ARBITRÁVEL

Já dissemos não serem sinônimos os conceitos de ordem pública e de direito indisponível. Muitos direitos subjetivos fundados em normas de ordem pública são disponíveis, no sentido de poderem ou não ser exercidos por seus respectivos titulares. Em outras palavras, direito disponível é aquele de que se pode dispor, quer seja no que se refere à cessão de titularidade, quer seja no que tange à renúncia, inexistindo disposição legal que obrigue o seu exercício, exclusivamente pelo titular original.

A doutrina costuma generalizar, pontuando que de maneira geral, não estão no âmbito do direito disponível as questões relativas ao direito de família e das sucessões, normalmente insertas em litígios nos quais deve interferir o Ministério Público.

Essa posição mais restritiva mostra-se, obviamente, ultrapassada, até mesmo porque a intervenção obrigatória do Ministério Público encontra-se hoje limitada, praticamente, à defesa de interesses de menores e incapazes. Nos processos judiciais em que todas as partes são maiores e capazes, não existe mais a intervenção obrigatória do *parquet*.

De outra sorte, reflete uma concepção ultrapassada de família, marcada pelo intervencionismo e pelo paternalismo judicial estatal, intervindo o Estado para assegurar a prevalência do modelo de família casamentária, patriarcal, pautada nos costumes e na religião. No entanto, já foi superada a concepção monopolista do casamento como formatação legal da família, desde que se conseguiu distinguir o direito de constituir família e o direito de contrair casamento. O elenco das entidades familiares posto no art. 226 do pergaminho constitucional é reconhecido, de forma quase consensual, como meramente exemplificativo. Rol aberto a comportar indefinidas formas de constituição de família, todas elas igualmente protegidas pelo Estado. O ponto em comum a todas, a justificar o reconhecimento e o incentivo estatal é a afetividade, pois se muitas são as famílias em seus diversos arranjos familiares próprios, inegável que todas elas terão a sua formação pressuposta pelo afeto, como elo que as une e reúne. A propósito, o conceito legal de família que melhor traduz essa diversidade nos foi legado pela Lei nº 11.340/2006 (Lei Maria da Penha), que define a família como sendo a comunidade formada, em face da parentalidade legal ou admitida, *por afinidade, ou por vontade expressa* (art. 5º, II). Em outras palavras, a família hodierna é formada por aqueles que se sentem e se tratam como família. Familiares são pessoas que manifestam a vontade (juridicamente reconhecida) de integrar a mesma família, de onde podemos concluir que a família é, acima de tudo, *locus* da autonomia privada que se manifesta pela afetividade.

Os conflitos que surgem no seio das relações jurídicas insertas nas novas molduras normativas das famílias, se em dado momento histórico tinham na jurisdição estatal o seu depositário exclusivo, atualmente, na contemporaneidade, demandam cada vez menos a presença do Estado e cada vez mais a concretização da autonomia privada de cada um dos membros da entidade familiar, considerados em sua individualidade.

Por fim, uma última nota que serve a chamar atenção para a necessidade de não se confundir patrimonialidade com disponibilidade, como veremos no tópico seguinte. O direito a alimentos entre parentes, ou entre pais e filhos, tem conteúdo patrimonial, face à sua conversibilidade em pecúnia, mas é indisponível, eis que irrenunciável e insuscetível de cessão ou compensação, por expressa vedação legal (CC, art. 1.707).

1.3. A PATRIMONIALIDADE DO LITÍGIO

Em geral, apenas os litígios que tenham por objeto direitos patrimoniais podem ser submetidos à arbitragem. A distinção entre direitos subjetivos (ou situações jurídicas)[21] patrimoniais e extrapatrimoniais é bem explo-

[21] É conhecido o embate doutrinário que grassa em torno do uso das expressões direito subjetivo e situação jurídica. Paul Roubier critica o que chama de "abuso da palavra direito",

rada na doutrina. Menezes Cordeiro destaca que "a situação patrimonial tem conteúdo econômico, podendo ser avaliada em dinheiro; a situação não patrimonial – ou pessoal, embora este termo tenha, em Direito, outros significados – pelo contrário, não tem conteúdo econômico e não concita, à partida, uma equivalência monetária. Este princípio não deve ser perturbado pela possibilidade de arbitrar, por danos causados em situações não patrimoniais – portanto por danos morais , uma indenização em dinheiro: a avaliação então feita tem, contudo, apenas um sentido compensatório, não exprimindo um conteúdo econômico intrínseco."[22] O autor lusitano conclui afirmando que "a avaliação em dinheiro dá, a qualquer situação, natureza econômica. O problema resolve-se pela normativização do critério. É patrimonial a situação cuja troca por dinheiro seja admitida pelo Direito. Compreende-se, a esta luz, que determinadas situações possam ser ou não patrimoniais, consoantes o período histórico atravessado"[23].

utilizada para designar uma série de prerrogativas, que permitem ao titular, por diversos meios, obter tal ou qual vantagem, preferindo, por isso, a expressão "situação jurídica", no lugar de "direito", pela vantagem de estar mais próxima da realidade ao evocar um complexo de direitos e deveres. Segundo Roubier, as situações jurídicas estariam separadas em subjetivas, porquanto originadas principalmente a partir da vontade privada, e objetivas, quando produto direto do direito objetivo. Ambas compostas por um complexo de direitos e deveres, sendo que nas situações subjetivas, os direitos e vantagens prevaleceriam sobre os deveres e ônus, enquanto nas situações objetivas os deveres e os ônus suplantariam os direitos e as vantagens. Roubier define a *situação jurídica subjetiva* como uma situação regularmente estabelecida, seja por ato de vontade, seja pela lei, de onde decorrem principalmente prerrogativas em benefício de seu titular, às quais ele poderá, em princípio, renunciar. Contrapondo-se às situações jurídicas subjetivas, existiriam as situações jurídicas objetivas, estabelecidas tendo em vista as exigências da ordem pública e não apenas o desejo dos particulares, e onde os ônus e os deveres prevalecem sobre as vantagens e os direitos, como se dá nas situações relacionadas ao estado das pessoas e à organização da família. Na relação entre cônjuges não há que se falar em direitos, senão em deveres (por ex. fidelidade, coabitação, assistência moral e material, etc.). O mesmo se diga na situação dos pais frente aos filhos (por ex. dever de guarda, cuidado, educação, alimentação, etc.) e vice versa (dever de obediência, respeito, etc.). Nas situações jurídicas de incapacidade, jamais se poderia falar no direito do menor à sua menoridade (opondo-se, por ex. à lei posterior redutora da maioridade civil) ou de um direito dos interditos à sua incapacidade . São todas situações criadas e impostas pelo direito objetivo, sem qualquer preocupação com o desejo dos particulares.(Cf. ROUBIER, Paul.**Droits subjectifs et situations juridiques** Paris: Dalloz, 2005, p. 76 e segs).

[22] MENEZES CORDEIRO, António Menezes. **Tratado de Direito Civil Português**. Coimbra: Almedina. Novembro 2000, p.143.

[23] Idem.

A conclusão de Menezes Cordeiro nos remete, justamente, às questões fundadas no Direito de Família, as quais, na atual quadra histórica, caminham a passos largos para uma maior contratualização e consequente patrimonialização. Aliás, nessa seara, as principais demandas submetidas às varas de família do Poder Judiciário são marcantemente patrimoniais, ainda quando veiculadas nas chamadas "ações de estado" ou travestidas de caracteres pessoais e afetivos. Veja-se o caso das ações de investigação de paternidade ou de reconhecimento de paternidade socioafetiva, onde raramente se postula o reconhecimento de vínculos com quem é desprovido de patrimônio. Uma disputa sobre a guarda dos filhos pode ter impactos na fixação dos alimentos. O descumprimento de cláusulas de um acordo judicial relativo ao regime de convivência entre pais e filhos é passível de ensejar a aplicação de *astreintes*. Até mesmo a prática de alienação parental pode ser sancionada com a aplicação de multa pecuniária.

Entre os doutrinadores brasileiros, Orlando Gomes explica, com propriedade, a divisão dos direitos subjetivos em patrimoniais e extrapatrimoniais, conforme sejam suscetíveis, ou não, de apreciação pecuniária: "Os direitos patrimoniais subdividem-se em reais e pessoais. Estes compreendem, por sua vez, os direitos de crédito, ou obrigacionais, e certos direitos de família. Todos os direitos reais são patrimoniais, bem como o direito hereditário. Há, porém, direitos pessoais extrapatrimoniais. Tais são os direitos puros de família".[24] Portanto, nem todos os direitos de família são extrapatrimoniais.

Para Gomes, "a importância prática da distinção entre direitos patrimoniais e extrapatrimoniais manifesta-se principalmente na transmissibilidade, inexistente nos últimos. Os direitos patrimoniais, pessoais ou reais, são essencialmente transmissíveis. Os direitos extrapatrimoniais, quer os personalíssimos quer os que constituem o *status familiae*, 'resistem a toda espécie de transação entre particulares', isto é, não podem ser alienados, a título oneroso ou gratuito"[25].

Assim, a patrimonialidade é condição *sine qua non*, repita-se, para a arbitrabilidade dos litígios que surgem entre cônjuges, companheiros, parentes ou herdeiros. Mas não basta que o direito envolvido na disputa tenha conteúdo patrimonial, exigindo-se, também, que se trate de direito disponível.

[24] GOMES, Orlando. **Introdução ao direito civil.** 5a ed. Rio de janeiro, Forense 1977, pp. 133/134.

[25] Idem.

1.4. A DISPONIBILIDADE DOS DIREITOS PATRIMONIAIS DE FAMÍLIA

A doutrina do Direito de Família tem manifestado oposição ao uso da arbitragem para solução de contendas familiares, ainda que se trate de direito patrimonial de família. Afirma-se que mesmo os litígios patrimoniais entre cônjuges e companheiros trazem imbricados aspectos existenciais, não se podendo separar os bens das afeições de cada um, o que afastaria tanto o conteúdo "puramente patrimonial", como a disponibilidade dos direitos em conflito[26].

Não compactuamos com essa posição. Não se pode negar o caráter de patrimoniais disponíveis a todos os direitos em relação aos quais os cônjuges, os companheiros, os herdeiros ou os parentes possam validamente transacionar, considerando apenas o conteúdo imediato da pretensão, sem qualquer preocupação com eventual carga de afetividade imantada nas demandas ou com os interesses extrapatrimoniais e psicológicos subjacentes.

Em outras palavras, pouco importa se o núcleo gerador da controvérsia tenha natureza extrapatrimonial. Uma disputa sobre a partilha de bens entre cônjuges ou companheiros será sempre patrimonial disponível, ainda que o móvel do conflito seja outra questão, como o apego afetivo por um bem determinado, a infidelidade, a guarda dos filhos ou mesmo o inconformismo de um dos parceiros com o rompimento por iniciativa do outro. Se questões de natureza psicológica ou afetiva impulsionam um dos cônjuges ou companheiros a disputar a propriedade de determinado bem, uma tal postura anímica não transforma a natureza patrimonial do litígio.

Não existe, assim, qualquer limitação normativa quanto à disponibilidade de questões patrimoniais, somente por que advindas dos conflitos de família. Nesse sentido, Joel Dias Figueira Jr defende inexistir qualquer obstáculo a "que as lides de caráter puramente patrimonial disponível, decorrentes de relações de família, sejam resolvidas, isoladamente, por meio da jurisdição arbitral, como, por exemplo, as complexas partilhas de bens de casais decorrentes de dissolução de casamento ou união estável; em outros termos, admite-se a resolução desses conflitos pela via arbitral

[26] Francisco Cahali, por exemplo, registra a sua dificuldade em vislumbrar proveito expressivo às partes nessas situações, preferindo "deixar esta matéria ainda aos cuidados do Poder Judiciário". (CAHALI, Francisco. **Curso de arbitragem** 7ª ed. São Paulo: Thompson Reuters Brasil, 2018, pp. 459-460).

desde que não haja cumulação de ações, tais como alimentos, guarda de filhos, direito de visitação etc., partindo-se do pressuposto lógico de que as partes gozam plenamente de capacidade civil e que a relação entre eles (casamento ou união estável) encontra-se já dissolvida (judicial ou extrajudicialmente), nada obstando que as partes insiram cláusula arbitral em pacto antenupcial ou contrato de convivência"[27].

Restrito o litígio a efeitos meramente patrimoniais, ainda que decorrente de relações familiares, ressalta Francisco Cahali, "inexiste óbice legal, tanto no direito de família, como na legislação sobre arbitragem para a utilização deste expediente na solução dos conflitos (arbitrabilidade objetiva), sempre no pressuposto de se verificar a capacidade das partes (arbitrabilidade subjetiva)"[28].

Não temos dúvida, portanto, em aderir integralmente a essa corrente doutrinária, consentânea com o novo Direito de Família e das Sucessões que se projeta na atualidade, cada vez mais contratualizado e avesso à intervenção estatal no controle das escolhas patrimoniais dos integrantes da entidade familiar.

2. A INSERÇÃO DA CLÁUSULA COMPROMISSÓRIA NOS PACTOS ANTENUPCIAIS E NOS CONTRATOS DE CONVIVÊNCIA

O art. 1.639 do CCB é expresso quando dispõe ser "lícito aos nubentes, antes de celebrado o casamento, estipular, quanto aos seus bens, o que lhes aprouver". A autonomia privada na definição do regime patrimonial aplicável pode ser exercida, ainda com mais ênfase, nos contratos de convivência em união estável.

A regra do art. 1.639 veicula o princípio da liberdade convencional, um dos princípios norteadores do regime de bens, também chamado princípio da liberdade das convenções antenupciais, pelo qual os futuros cônjuges estipulam as regras que lhes forem mais convenientes na regência e administração de seus bens, presentes, passados e futuros[29]. Podem os nuben-

[27] FIGUEIRA JR, Joel Dias. **Arbitragem.** 3ª ed. Rio de Janeiro: Forense, 2019, p. 149.

[28] CAHALI, Francisco. **Curso de arbitragem** cit., p. 456.

[29] Como observa Fabiana Domingues Cardoso, "hodiernamente, a doutrina majoritária consagra três princípios primordiais ao regime matrimonial, são eles: o da variedade de regimes, o da liberdade convencional e, por fim, o da mutabilidade controlada". (CARDOSO, Fabiana Domingues. **Regime de bens e pacto antenupcial.** Rio de Janeiro : Forense ; São Paulo: MÉTODO, 2010, p. 46)

tes ou os companheiros pactuar, inclusive, a composição de um regime de bens diferente daqueles legalmente fixados, bem como misturar as regras existentes no Código Civil, para compor um regime personalizado às suas necessidades e pretensões. E o limite a essa livre escolha, pondera Fabiana Domingues Cardoso, "é o respeito às leis, aos bons costumes, às regras de ordem pública, bem como a natureza e aos preceitos do casamento"[30]. Segunda a autora, "os nubentes possuem a liberdade para o casamento e para a escolha das regras que serão aplicadas ao patrimônio do casal, porém dentro dos limites impostos pela legislação."[31]

Como esteio nesse princípio, podem nubentes convencionar no pacto até mesmo um negócio jurídico processual, conforme enunciado de nossa autoria, aprovado na I Jornada de Direito Processual Civil promovida pelo Centro de Estudos Judiciários do Conselho da Justiça Federal[32].

O art. 190 do CPC atribui às partes a possibilidade de celebração de negócio jurídico processual, desde que o processo verse sobre direitos que admitam autocomposição. Nos litígios de família podemos vislumbrar a utilidade em se afastar, via NJP, por exemplo, uma perícia contábil na empresa ou a realização de um balanço especial para apuração do valor de ativos ou de participações societárias para fins de partilha.

E como o NJP pode ser celebrado antes que surja o processo, nada obsta que se faça no bojo de pacto antenupcial ou de contrato de convivência, cabendo ao juiz controlar a validade da convenção, recusando-lhe aplicação somente nos casos de nulidade ou de inserção abusiva em contrato de adesão ou em que alguma parte se encontre em manifesta situação de vulnerabilidade.

A inclusão desse tipo de cláusula, que poderia ser utilizada, por exemplo, para restringir o valor da partilha de participações sociais, em pacto antenupcial, é perfeitamente possível, pois se as partes poderiam até mesmo excluir da comunhão a totalidade das quotas ou ações, em convenção de regime híbrido, também poderiam limitar o valor da partilha. Quem pode o mais, por óbvio, pode o menos.

O mesmo raciocínio pode ser empregado para justificar a inserção da cláusula compromissória no pacto antenupcial, desde que tenha por objeto

[30] Ob. cit., p. 47.

[31] Ob. cit., p. 52.

[32] **Enunciado 18**: A convenção processual pode ser celebrada em pacto antenupcial ou em contrato de convivência, nos termos do art. 190 do CPC.

direitos patrimoniais disponíveis, compatibilizando-se, assim, o art. 1º da LArb com o art. 104 do CC, no que tange à licitude do objeto como requisito geral de validade dos negócios jurídicos.

Nas relações entre os cônjuges ou entre os companheiros, não há que se falar em direitos patrimoniais indisponíveis. Todos os direitos subjetivos que emergem das relações jurídicas patrimoniais entre parceiros conjugais são disponíveis. Assim, *v.g.*, a discussão envolvendo o direito de qualquer dos cônjuges a partilhar bem adquirido antes ou durante o casamento pode ser tranquilamente submetida à jurisdição arbitral, tanto em face de cláusula inserida na convenção matrimonial, quer previamente ao casamento, quer após o casamento, mediante alteração do regime de bens, nos termos do § 2º do art. 1.639 do CCB, como em decorrência de compromisso arbitral que venha a ser celebrado após o surgimento do conflito.

A doutrina majoritária comunga desse entendimento de forma razoavelmente tranquila. Para Francisco Cahali, uma "situação clara a se sustentar a viabilidade do juízo arbitral é aquela relativa à partilha de bens decorrentes da dissolução do casamento, da união estável ou mesmo da relação homossexual (homoafetiva). Podem, então, os cônjuges, companheiros ou parceiros, no exercício da autonomia da vontade, de comum acordo, reservar à arbitragem a solução de conflito relativo à partilha de bens. Eleita a arbitragem por qualquer de suas formas (compromisso arbitral ou cláusula de arbitragem), ela se impõe às partes, afastando a possibilidade de se levar ao Judiciário a questão."[33]

2.1. DA ARBITRABILIDADE DOS ALIMENTOS DEVIDOS ENTRE CÔNJUGES E COMPANHEIROS

Até mesmo o direito a alimentos, especialmente no que se refere ao *quantum* e à forma de cumprimento da obrigação alimentar, se *in pecunia* ou *in natura*, é arbitrável, não servindo de argumento contrário nem mesmo a redação atual do art. 1.707 do Código Civil[34], a transparecer a imprópria ideia de indisponibilidade dos alimentos.

Conforme enunciado aprovado na III Jornada de Direito Civil, promovida pelo Centro de Estudos Judiciários do Conselho da Justiça Federal, "o

[33] CAHALI, Francisco. **Curso de arbitragem** cit., p. 456.

[34] Art. 1.707. Pode o credor não exercer, porém lhe é vedado renunciar o direito a alimentos, sendo o respectivo crédito insuscetível de cessão, compensação ou penhora.

art. 1.707 do Código Civil não impede que seja reconhecida válida e eficaz a renúncia manifestada por ocasião do divórcio (direto ou indireto) ou da dissolução da ´união estável'. A irrenunciabilidade do direito a alimentos somente é admitida enquanto subsista vínculo de Direito de Família". Em outras palavras, somente seriam irrenunciáveis, e portanto indisponíveis, os alimentos devidos entre parentes.

Joel Dias Figueira Jr destaca ser "bastante controvertido na doutrina (nacional e estrangeira) o tema da arbitrabilidade no que concerne aos alimentos, prevalecendo, contudo, o entendimento no sentido de que, nada obstante tratar-se de direito indisponível, a definição do seu *quantum* tem natureza puramente patrimonial, tratando-se de obrigação decorrente de casamento ou união estável já dissolvidos, pois a obrigação alimentar fundada no poder familiar não admite renúncia e, portanto, é indisponível, na exata medida em que envolve interesse de menores"[35].

Cahali, por sua vez, apesar de reconhecer, de um lado, "a livre disposição quanto aos alimentos", afirma que tão somente "os efeitos patrimoniais derivados da obrigação alimentar, ou seja, o valor da pensão propriamente dito, e não o reconhecimento do direito de percebê-la ou a obrigação de honrá-la, é matéria que pode ser objeto de arbitragem." [36]

Essa posição, no entanto, mostra-se contraditória com o entendimento consolidado quanto à ampla renunciabilidade (grau máximo da disponibilidade) dos alimentos devidos entre cônjuges e companheiros. A irrenunciabilidade dos alimentos entre pessoas que foram unidas pelo casamento ou pelo companheirismo, portanto, está superada na jurisprudência. A propósito, como já tivemos a oportunidade de escrever, o próprio direito aos alimentos entre cônjuges e companheiros não mais se justifica[37]. Em um passado não tão distante, ainda marcado por uma profunda assimetria entre os gêneros, os alimentos fixados normalmente em favor da ex mulher tinham o objetivo de manter o padrão social. O Código Civil Brasileiro, quando se refere aos alimentos entre cônjuges (art. 1.694), ainda persiste em afirmar que essa verba deve ser fixada de modo a permitir ao outro "*viver de modo compatível com a sua condição social*". Entretanto, esse

[35] Op. cit., p. 149.

[36] Cahali, Francisco. **Curso de arbitragem** cit., p. 459.

[37] Cf. Delgado, Mário Luiz. **Pensão alimentícia entre cônjuges é categoria em extinção**. Disponível em : https://www.conjur.com.br/2017-jul-26/mario-delgado-pensao-alimenticia-entre-conjuges-extincao

cenário mudou radicalmente e os alimentos deixaram de ser analisados sob a ótica de assegurar à mulher o mesmo "conforto econômico" de que desfrutava enquanto casada, mas, sim, sob uma perspectiva da inclusão da mulher no mercado de trabalho, visando, ao final, colocá-la em posição de igualdade frente ao homem.

O Superior Tribunal de Justiça tem posição pacífica no sentido de que os alimentos conjugais, quando fixados, devem sê-lo por prazo certo, suficiente para, levando-se em conta as condições próprias do alimentado, permitir-lhe uma potencial inserção no mercado de trabalho em igualdade de condições com o alimentante. Isso reflete a evolução da obrigação alimentar ao longo dos últimos anos no Brasil, notadamente no que tange à substituição do binômio tradicional necessidade/possibilidade pelo trinômio contemporâneo da necessidade/possibilidade/razoabilidade, e que trouxe aos alimentos devidos entre ex-cônjuges e ex-companheiros o conceito de excepcionalidade, que repudia a anacrônica presunção de que aquele que recebe os alimentos possa permanecer inerte – quando tenha capacidade laboral, deixando ao outro a perene obrigação de sustentá-lo. Em outras palavras, não basta que o devedor tenha possibilidade de pagar e que o credor tenha necessidade de receber os alimentos.

É preciso investigar se o pagamento de um cônjuge ou companheiro ao outro, por longo tempo, é também razoável. O dever de assistência material entre os cônjuges e companheiros, previsto no Código Civil e que se converte em obrigação alimentar quando da dissolução do vínculo, não se presta como supedâneo de "aposentadoria" àquele que se mantém omisso e que não procura, por seu próprio esforço, obter os meios necessários à sobrevivência. Admitir-se o contrário, seria premiar o enriquecimento sem causa.

Assim, são perfeitamente arbitráveis, não apenas o *quantum* ou a forma de pagamento dos alimentos conjugais ou convivenciais, mas também o próprio direito de percebê-los por ocasião do rompimento do vínculo. O direito aos alimentos, nessas situações, é plenamente disponível, não se justificando qualquer restrição de submissão da demanda alimentar entre parceiros afetivos ao juízo arbitral.

2.2. DISPOSIÇÕES PACTÍCIAS NÃO PATRIMONIAIS

Questão mais controvertida diz respeito à discussão envolvendo outras questões que podem ser inseridas no contrato matrimonial. Tem sido cada vez mais frequente a inserção de cláusulas não patrimoniais nos pactos antenupciais e nos contratos de convivência, a exemplo das que disciplinam os direitos e deveres conjugais, a educação e a orientação religiosa da prole, as indenizações pelo término da relação afetiva ou multas pela violação de deveres conjugais e convivenciais, especialmente em casos de infidelidade; ou, ainda, os prêmios pecuniários pelo tempo de convivência. Esse tipo de cláusula não afasta a possibilidade de inserção da convenção de arbitragem no contrato matrimonial.

A disposição pactícia relativa a direitos pessoais enfrenta resistência na doutrina mais conservadora. Muitos e não menos eminentes são os que rechaçam a ideia de o pacto conter estipulações alusivas às relações pessoais dos consortes. No entanto, defendemos a superação dessa visão mais restritiva do Direito de Família e de seu papel no regramento das relações familiares. Uma das diretrizes adotadas pelo codificador de 2002, no que tange ao Direito de Família, foi a da intervenção mínima do Estado nas relações familiares, em consonância com o artigo XII da Declaração dos Direitos Humanos, segundo o qual "ninguém será sujeito à interferência em sua vida privada, na sua família". O Código Civil Brasileiro proíbe expressamente "a qualquer pessoa, de direito público ou privado, interferir na comunhão de vida instituída pela família" (art. 1.513). O alcance da norma tutela o princípio da dignidade da pessoa humana (CF, art. 1º, III), a não permitir a interferência estatal indevida nos domínios íntimos da família, fazendo surgir para os seus membros, em quaisquer das formas de entidade familiar, uma verdadeira autonomia existencial e patrimonial[38].

Sublinhe-se que o casamento (ao qual se equiparam as demais entidades familiares), pela sua natureza contratual, deve satisfazer, sempre, e não apenas ao tempo de sua celebração, os interesses dos contraentes e consortes. Essa satisfatividade, de caráter permanente, aperfeiçoa-se quando se torna possível a mudança do regime de bens durante a convivência e quando se assegura ao casal instituir regime patrimonial diverso daqueles instituídos pelo Código Civil, de natureza híbrida em face dos legais ou de natureza diferente, por escolha consensualizada, graduada por circunstâncias e condições preordenadas em pacto antenupcial ou convivencial. Este, portanto, como instrumento de livre manifestação de

[38] Nesse sentido o enunciado 635 , aprovado VIII Jornada de Direito Civil: *O pacto antenupcial e o contrato de convivência podem conter cláusulas existenciais, desde que estas não violem os princípios da dignidade da pessoa humana, da igualdade entre os cônjuges e da solidariedade familiar.*

vontades, não apenas será feito por escolha de regime legal que não o da comunhão parcial, como também quando de definição de "regime personalíssimo" que pode ser considerado como aquele que represente um regramento pessoal de vontade dos cônjuges ou conviventes na disciplina de suas relações pessoais.

A limitação imposta pela Lei de Arbitragem, por outro lado, diz respeito tão somente à natureza jurídica do litígio, que não poderá versar sobre direitos de caráter extrapatrimonial. Tudo o mais que tiver conteúdo patrimonial ou for passível de livre disposição, ainda que o seu conteúdo não seja exclusivamente patrimonial, pode ser decidido pela justiça privada[39].

Se os cônjuges ou companheiros pactuam sobre a fixação de multa ou de indenização pela violação dos deveres conjugais, (por ex. fidelidade ou lealdade, vida em comum, assistência material e imaterial, respeito e consideração mútuos), tanto a interpretação da cláusula, como a aplicação ao caso concreto, e também a imposição ou o afastamento das penalidades nela previstas, podem ser submetidas à deliberação do tribunal arbitral. A mesma conclusão não se aplica às disposições que envolvam a prole comum, tais como educação (optando, *v.g.*, pelo ensino domiciliar), orientação religiosa ou saúde, eis que aí prevalecem, sobre a autonomia privada dos pais, os interesses da pessoa vulnerável, a serem tutelados com exclusividade pela justiça estatal.

3. A INSERÇÃO DA CLÁUSULA COMPROMISSÓRIA NAS ESCRITURAS PÚBLICAS DE INVENTÁRIO, DE DIVÓRCIO E DE DISSOLUÇÃO DE UNIÃO ESTÁVEL

Se já demonstramos possível a inserção da cláusula compromissória em convenções pré-nupciais, com mais razão deve-se entender possível a convenção de arbitragem aposta nas escrituras de divórcio, dissolução de união estável e inventário. O único requisito se refere à disponibilidade e patrimonialidade dos interesses em jogo, o que na prática abrangerá a quase totalidade dos possíveis litígios, eis que aqueles procedimentos extraju-

[39] Ressalta Joel Dias Figueira Jr que "a limitação imposta pela Lei de Arbitragem diz respeito tão somente à natureza jurídica do litígio a ser objeto de conhecimento pela justiça privada, que, em hipótese alguma, poderá versar sobre direitos indisponíveis (patrimoniais ou imateriais)", como é o caso das "questões de natureza familiar ou de estado, isto é, as relativas à capacidade e ao estado das pessoas (p. ex., filiação, poder familiar, casamento) e criminais". (Op. cit. p. 149)

diciais criados pela Lei nº 11.441 de 2007 somente são possíveis se houver consenso entre todas as partes e não houver filhos ou herdeiros menores ou incapazes, nem nascituro.

Destaca, com propriedade, Joel Dias Figueira Jr que "nesses casos, a submissão da partilha ou prestação de contas à jurisdição arbitral exigirá que o compromisso seja firmado por todos os herdeiros e meeiro supérstite de maneira que, ausente ou discordante um deles, inadmissível será a instituição de arbitragem"[40].

Quais seriam então os litígios mais comuns que surgem após a lavratura desses atos extrajudiciais? Normalmente questões atinentes ao cumprimento de obrigações que foram ali convencionadas, a exemplo da obrigação alimentar, da promessa de doação de um determinado bem, da partilha dos bens que se mantiveram em condomínio, etc.

A inserção da convenção de arbitragem nesses instrumentos somente reforça a concretização da autonomia patrimonial dos membros da família, já manifestada na possibilidade de lavratura de escrituras de inventário e de partilha em cartório de notas, ainda que o autor da herança tenha deixado testamento, a despeito do disposto no art. 610 do CPC, desde que promovido, judicialmente, o respectivo registro, abertura e cumprimento (RAC), consoante previsão inserta nas Normas Gerais da Corregedoria Geral de Justiça de São Paulo e de outros Estados.

De igual modo, constitui exercício da autonomia patrimonial o uso das soluções extrajudiciais em litígios sucessórios, incluindo a inserção de cláusula compromissória nas escrituras de inventário e partilha.

4. CLÁUSULA COMPROMISSÓRIA EM ACORDO SUBMETIDO À HOMOLOGAÇÃO JUDICIAL

O art. 733 do CPC estabelece que o divórcio consensual, a separação consensual e a extinção consensual de união estável somente "poderão ser realizados por escritura pública não havendo nascituro ou filhos incapazes". Portanto, havendo nascituro ou filhos incapazes, o acordo entre os cônjuges ou companheiros depende de homologação judicial, com a intervenção obrigatória do Ministério Público.

Essa condição, no entanto, não impede a inserção da cláusula compromissória no acordo submetido a homologação judicial. E nessa hipótese,

[40] Op. cit., p. 151.

qualquer litígio envolvendo direitos patrimoniais disponíveis, e que surja após a homologação e exaurimento da jurisdição estatal, na fase de cumprimento do acordo judicial, será submetido à arbitragem.

A questão já foi apreciada pelo STJ em importante precedente relatado pelo ministro Sidnei Beneti. No julgamento do REsp 1.302.900, restou decidido que "a alegação de nulidade da cláusula arbitral instituída em Acordo Judicial homologado e, bem assim, do contrato que a contém, deve ser submetida, em primeiro lugar, à decisão do próprio árbitro, inadmissível a judicialização prematura pela via oblíqua do retorno ao Juízo".[41] Segundo o relator, não caberia ao Poder Judiciário apreciar, com exclusividade, "pretensão anulatória de sentença homologatória de acordo judicial pelo qual as partes tenham optado pela jurisdição arbitral", fundamentalmente, por que "a homologação judicial de acordo firmado entre as partes é elemento acidental do ato e não interfere na eficácia que esse acordo, de qualquer forma, teria entre as partes signatárias" e em função da nulidade da sentença homologatória do acordo não ser pleiteada sob alegação da atividade jurisdicional do Juízo homologante, mas "fincadas em alegações contrárias ao próprio acordo que foi levado à homologação".

Desse modo, em qualquer acordo judicial homologado pelo Juiz de Família, é possível a inserção da cláusula compromissória, cujo objeto restringir-se-á aos litígios patrimoniais futuros relativos ao cumprimento do acordo. A convenção de arbitragem fará com que eventual pretensão de

[41] DIREITO CIVIL E PROCESSUAL CIVIL. ARBITRAGEM. ACORDO OPTANDO PELA ARBITRAGEM HOMOLOGADO EM JUÍZO. PRETENSÃO ANULATÓRIA. COMPETÊNCIA DO JUÍZO ARBITRAL. INADMISSIBILIDADE DA JUDICIALIZAÇÃO PREMATURA. 1.- Nos termos do artigo 8º, parágrafo único, da Lei de Arbitragem a alegação de nulidade da cláusula arbitral instituída em Acordo Judicial homologado e, bem assim, do contrato que a contém, deve ser submetida, em primeiro lugar, à decisão do próprio árbitro, inadmissível a judicialização prematura pela via oblíqua do retorno ao Juízo. 2.- Mesmo no caso de o acordo de vontades no qual estabelecida a cláusula arbitral no caso de haver sido homologado judicialmente, não se admite prematura ação anulatória diretamente perante o Poder Judiciário, devendo ser preservada a solução arbitral, sob pena de se abrir caminho para a frustração do instrumento alternativo de solução da controvérsia.3.- Extingue-se, sem julgamento do mérito (CPC, art. 267, VII), ação que visa anular acordo de solução de controvérsias via arbitragem, preservando-se a jurisdição arbitral consensual para o julgamento das controvérsias entre as partes, ante a opção das partes pela forma alternativa de jurisdição. 4.- Recurso Especial provido e sentença que julgou extinto o processo judicial restabelecida.(REsp 1302900/MG, Rel. Ministro SIDNEI BENETI, TERCEIRA TURMA, julgado em 09/10/2012, DJe 16/10/2012).

modificação do acordo por qualquer das partes seja submetida, previamente, ao juízo arbitral, retirando da jurisdição estatal a competência até mesmo para a revisão do acordo por ela própria homologado.

5. CELEBRAÇÃO DE COMPROMISSO ARBITRAL EM AÇÕES JUDICIAIS DE PARTILHA DE BENS, APURAÇÃO DE HAVERES, INVENTÁRIO LITIGIOSO, INVALIDADE DE TESTAMENTO, COLAÇÃO E DE SONEGADOS

Nas demandas judiciais em curso, em não havendo prévia convenção de arbitragem, é sempre possível (e até mesmo desejável) a celebração do compromisso arbitral entre herdeiros em conflito, naturalmente no que se refira a direitos patrimoniais disponíveis, e que transfira o litígio da jurisdição estatal para a jurisdição arbitral[42]. Os requisitos para a celebração do compromisso são aqueles previstos nos arts. 9 a 11 da LArb. O compromisso arbitral será celebrado necessariamente por todas as partes do litígio, ou por termo nos autos perante o juízo ou tribunal onde tem curso a demanda, por instrumento público ou, ainda, por escrito particular, assinado por duas testemunhas, constando, necessariamente, o nome, profissão, estado civil e domicílio das partes; o nome, profissão e domicílio do árbitro, ou dos árbitros, ou, se for o caso, a identificação da entidade à qual as partes delegaram a indicação de árbitros; a matéria que será objeto da arbitragem; e o lugar em que será proferida a sentença arbitral.

Aqui não incidem as restrições do art. 852 do Código Civil, que proíbe o compromisso arbitral para solução de questões de estado, de direito pessoal de família e de outras que não tenham caráter estritamente patrimonial, eis que todos os litígios aqui aludidos, ainda que decorrentes da dissolução do casamento, da união estável ou da sucessão hereditária, possuem conteúdo patrimonial.

E ainda que se verifique a hipótese de uma "ação de estado" cumulada ou conexa, como ocorre normalmente com as ações de divórcio e partilha de bens, nada obsta que as questões patrimoniais sejam transferidas às justiça privada, mediante compromisso arbitral, mantendo-se a demanda judicial apenas quanto às demais questões não patrimoniais, como se dá com a decretação do divórcio ou com o reconhecimento da condição de herdeiro.

[42] Art. 9º O compromisso arbitral é a convenção através da qual as partes submetem um litígio à arbitragem de uma ou mais pessoas, podendo ser judicial ou extrajudicial.

O que se mantém submetido a exame do Judiciário é única e exclusivamente a matéria relacionada ao estado das pessoas. Ao juízo arbitral caberá decidir a divisão dos bens comuns, a partilha entre os herdeiros, os valores a serem colacionados, a imposição da pena de sonegados, a validade ou invalidade do testamento, etc.[43]

6. ARBITRAGEM E AS ESTRUTURAS SOCIETÁRIAS UTILIZADAS NO PLANEJAMENTO SUCESSÓRIO

A possibilidade de inserção de cláusula compromissória nos atos constitutivos das pessoas jurídicas de direito privado, especialmente das sociedades, quer sejam contratuais ou estatutárias, é matéria já sedimentada na doutrina.

Essa posição não sofre alteração ainda quando essas estruturas societárias são utilizadas no âmbito das operações de planejamento patrimonial familiar e sucessório.

São comuns as situações em que o planejamento sucessório, em relação às quotas de sociedade limitada por exemplo, ocorre no próprio contrato social, em que inserta a cláusula compromissória. Tal hipótese encontra-se regulada no art. 1.028 do Código Civil, dizendo expressamente que "[n]o caso de morte de sócio, liquidar-se-á sua quota, salvo: I – se o contrato dispuser diferentemente". Com efeito, o contrato pode prever, por exemplo, em caso da morte de um sócio, que o cônjuge, o companheiro, os herdeiros, ou determinado herdeiro, ingressarão na sociedade, mediante transmissão das quotas e alteração do contrato social, passando o sucessor a ocupar a posição do *de cujus* no quadro societário.

Ou ainda que a sociedade continuará apenas com os sócios sobreviventes, ou mesmo com outros beneficiários que não os herdeiros legítimos. O contrato pode igualmente estipular que os sucessores somente ingressam na sociedade com o consentimento dos demais sócios, ou que determinados

[43] Nesses casos, não existe qualquer inconveniente na "coexistência das duas jurisdições. E assim se diz por que a matéria a ser submetida a um ou outro juízo é necessariamente diversa. A análise do objeto do litígio é, pois, o alicerce para se sustentar a harmonia na dualidade de juízos. Ou seja, a exata identificação da matéria em conflito é que irá indicar se a um ou a outro meio de solução deverá ser encaminhada a controvérsia".(Cahali, Francisco. *Ensaio sobre arbitragem testamentária no brasil com paradigma no direito espanhol.* Artigo Publicado na *Revista de Mediação e Arbitragem* n. 17, Ano 5, abril-junho de 2008, Coord. Prof. Arnoldo Wald, Ed. Revista dos Tribunais, p. 54).

herdeiros, ou classe de herdeiros, não serão admitidos na sociedade. Sendo menor o herdeiro, aplica-se o disposto no art. 974, que permite aos incapazes, quer sejam os absolutamente incapazes (art. 3º), quer sejam os relativamente incapazes (art. 4º), participar da sociedade de que fazia parte o autor da herança (nos casos de sucessão hereditária – legítima ou testamentária).

A liberdade contratual dos sócios, para regular no ato constitutivo da sociedade, a sucessão de suas quotas, deve ser a mais ampla possível, só encontrando limites nas disposições de ordem pública, a exemplo dos arts. 421 e 422 do Código Civil, e nos princípios gerais do direito, tais como o da vedação ao enriquecimento sem causa. O contrato social, como negócio jurídico e instrumento da autonomia privada, pode especificar, portanto, quais herdeiros passarão a integrar a sociedade. Nessa hipótese, ocorre a atribuição imediata, em seu favor, das participações societárias, as quais serão excluídas do monte mor da sucessão, sem necessidade de se aguardar a partilha definitiva. Na sucessão *ab intestato*, a opção do contrato não pode resultar em desigualação dos quinhões hereditários, o que depende de disposição testamentária, observados os limites da legítima. Se o valor das quotas, na data de abertura da sucessão, exceder os direitos sucessórios do herdeiro eleito no contrato para ingressar na sociedade, a diferença deve ser colacionada e o ingressante se torna devedor dos demais.

Acrescente-se que a jurisprudência pátria já teve a oportunidade de se manifestar, confirmando a validade de contrato social que disciplinou a forma de transferência de quotas do capital social aos filhos para o caso de falecimento do autor[44].

É claro que, por conta do princípio da *affectio societatis*, a vedação do ingresso dos herdeiros no quadro social é válida, daí porque o art. 1.027 do CC/2002 dispor que "[o]s herdeiros do cônjuge de sócio, ou o cônjuge do que se separou judicialmente, não podem exigir desde logo a parte que lhes couber na quota social, mas concorrer à divisão periódica dos lucros, até que se liquide a sociedade".

[44] Eis o trecho relevante de acórdão do TJRJ: (..) o réu pretende ver declarada a nulidade do negócio jurídico consolidado no contrato particular de cessão de direitos celebrado na medida que tanto a cláusula 1ª quanto a 2ª estabelecem a forma da transferência de cotas do capital social a seus filhos para o caso de falecimento do autor, o que é vedado pelo art. 426 do Código Civil. (...) daí o desprovimento do recurso. (TJRJ; APL 0011029-19.2014.8.19.0045; Resende; Décima Nona Câmara Cível; Rel. Des. Guaraci de Campos Vianna; Julg. 04/07/2017; DORJ 06/07/2017; Pág. 390)

Assim, em que pese a existência de regras de direito sucessório no ato constitutivo da sociedade, isso não afasta a possibilidade de se se pactuar, no mesmo instrumento, a convenção de arbitragem, com submissão de todos os litígios futuros entre os sócios, incluindo eventuais herdeiros ingressantes, à jurisdição arbitral, em face da ampla margem da autonomia privada na disciplina da sucessão das quotas sociais.

7. ARBITRAGEM TESTAMENTÁRIA

Tanto na sucessão legítima, como na sucessão testamentária, existe ampla possibilidade de se convencionar, via compromisso arbitral celebrado por todos os herdeiros e legatários, a remessa à arbitragem dos os conflitos futuros que surjam entre eles.

A grande controvérsia reside na (in) validade de cláusula compromissória inserida em testamento, pois seria "sempre inviável a imposição a herdeiros e legatários, via testamento, da solução arbitral de litígios"[45]. A maioria da doutrina tem entendido, no que concerne à arbitragem testamentária, que a "nossa lei de regência não agasalha qualquer previsão a esse respeito, diferentemente de outros países"[46]. Decisões esparsas de alguns tribunais estaduais igualmente repelem a arbitragem testamentária, considerando nula a cláusula do testamento que obriga os sucessores a se valerem de juízo arbitral[47].

Assim, salvo a concordância de todos os herdeiros e legatários, via compromisso arbitral celebrado após o surgimento do conflito, não seria possível vislumbrar a arbitragem testamentária no direito brasileiro.

No entanto, essa interpretação restritiva precisa ser superada em prol de um Direito de Família e das Sucessões menos intervencionista e que assegure a plena autonomia privada das partes, especialmente no âmbito patri-

[45] Figueira Jr, Joel Dias. Op. cit., p. 151.

[46] Idem.

[47] INSTITUIÇÃO DE JUÍZO ARBITRAL. IMPOSSIBILIDADE. AUSÊNCIA DE CONVENÇÃO. (a) Arbitragem. Forma de solução de conflitos que pressupõe convenção das partes, não podendo ser imposta por terceiro (artigo 5º , inciso XXXV , da CF e artigo 3º da Lei nº 9.307 /1996). É nula a cláusula do testamento que obriga os sucessores a se valerem de juízo arbitral. No acordo de partilha, não se nota que era da vontade das partes estatuir uma cláusula compromissória (artigo 4º, caput e § 1º). (b) Multa aplicada pelo juízo a quo. Mantida. Caráter protelatório dos segundos embargos de declaração opostos pelos ora apelantes contra a sentença, na vã tentativa de alterar o resultado do julgamento. Recurso não provido.(TJ-SP – Apelação 9281671-30.2008.8.26.0000 -13/03/2014. Des. Rel. Roberto Maia)

monial. Sob essa ótica, deve-se admitir a arbitragem testamentária, com inserção de cláusula compromissória nos testamentos, ao menos quando estabelecida com relação à parcela disponível do patrimônio.

No Brasil não existe previsão específica para a arbitragem testamentária, e desperdiçamos a oportunidade de fazê-lo na última reforma da nossa LArb. A legislação espanhola, por exemplo, admite expressamente a validade de arbitragem instituída por disposição testamentária (Lei 60/2003, art.10)[48].

Mesmo sem um permissivo legal específico, julgamos válida, porquanto agasalhada no ordenamento vigente, a cláusula compromissória testamentária, tendo por objeto a solução de litígios que envolvam o patrimônio disponível do testador. A convenção de arbitragem, nesses casos, assemelha-se a um encargo da herança ou do legado, previsto nos arts. 1.897 e 1.938 do CC[49].

A nomeação de um herdeiro ou legatário, no testamento, pode fazer-se pura e simplesmente, ou, ainda, sob condição, para certo fim ou modo, ou por certo motivo. (art. 1.897). Como bem destaca Zeno Veloso, "a disposição testamentária que concede um legado pode vir acompanhada de *modus* ou encargo. Obviamente, o legatário é obrigado a cumprir os encargos do legado, sejam a benefício de terceiro ou de interesse geral, e, se desta última espécie for o encargo, o Ministério Público poderá exigir sua execução (art. 553). A doação pode ser revogada por inexecução do encargo, diz o art. 555. Como o art. 1.938 manda que se aplique ao legatário, nos legados com encargo, o disposto neste Código quanto às doações de igual natureza, a conclusão há de ser que a inexecução do encargo autoriza o interessado a pedir ao juiz a caducidade do legado modal"[50].

48 **Artículo 10 Arbitraje testamentário**. También será válido el arbitraje instituido por disposición testamentaria para solucionar diferencias entre herederos no forzosos o legatarios por cuestiones relativas a la distribución o administración de la herencia.

49 Art. 1.897. A nomeação de herdeiro, ou legatário, pode fazer-se pura e simplesmente, sob condição, para certo fim ou modo, ou por certo motivo. Art. 1.938. Nos legados com encargo, aplica-se ao legatário o disposto neste Código quanto às doações de igual natureza.

50 Cf. **Código Civil Comentado**.Coord. Ricardo Fiuza. São Paulo: Saraiva, 2016, p.2.009. Para José Fernando Simão, "sendo o legado acompanhado de encargo, aplicam-se ao legatário as regras referentes à doação com encargo, em especial a regra do art. 553, pela qual o donatário é obrigado a cumprir o encargo. Se o encargo for descumprido, caberá ao interessado, ou seja, àquele a quem o encargo beneficia, o direito de exigir seu cumprimento".(SCHREIBER, Anderson; TARTUCE, Flávio; SIMÃO, José Fernando; DELGADO, Mário Luiz; MELO, Marco

Logo, ao instituir legatários em relação a determinados bens ou herdeiros em relação a parcela de seu patrimônio disponível, pode o testador estabelecer, como encargo imposto aos beneficiários, que qualquer litígio que surja entre eles, envolvendo o cumprimento daquela disposição testamentária, deva ser submetido ao juízo arbitral[51]. Os herdeiros e legatários serão obrigados a cumprir o encargo, sob pena de caducidade da deixa testamentária. Assim, se um legatário resolver impugnar a validade da cláusula compromissória e submeter a disputa à jurisdição estatal, ainda que obtenha êxito, poderá perder a condição de sucessor testamentário.

Essa também é a opinião de Francisco Cahali, quando defende a arbitragem testamentária com paradigma no direito espanhol:

> "Pelo direito sucessório, respeitada a legitima, é facultado ao testador impor condições ou encargos a serem cumpridos pelos herdeiros instituídos e legatários (CC, arts. 1.897 e 1.938). Ao beneficiário, resta submeter-se à restri-

Aurélio Bezerra de. **Código Civil Comentado. Doutrina e Jurisprudência**. Rio de Janeiro: Forense, 2019, p. 1.515).

[51] Francisco Cahali propõe o seguinte exemplo concreto: "Figure-se a hipótese de, sempre no limite do disponível, o testador deixa por legado alguns imóveis a quatro legatários com arbitragem testamentária. Estes sucessores resolvem manter o condomínio sobre os bens. Entregue os quinhões, nasce conflito sobre a administração deste acervo, e pretensão de um deles inclusive à divisão. Para uma ou outra situação, agora entre condôminos, a solução é reservada ao juízo arbitral. A arbitragem para questões futuras, nos limites referidos, será um ritual a ser cumprido pelos herdeiros agraciados, como determinado no testamento. E deverá constar expressamente na partilha o convênio arbitral e seus contornos em relação a bens e herdeiros, para assim integrar o formal e posteriores registros deste patrimônio". (*Ensaio sobre arbitragem testamentária no brasil com paradigma no direito espanhol.* Artigo Publicado na *Revista de Mediação e Arbitragem* n. 17, Ano 5, abril-junho de 2008, Coord. Prof. Arnoldo Wald, Ed. Revista dos Tribunais, p. 54). Outra situação concreta lembrada pelo autor é a questão da divisão herança, quando envolvendo exclusivamente "os sucessores instituídos, sem a participação de herdeiros legítimos, e entre eles instaurar-se controvérsia quanto a partilha (unicamente em relação à forma de divisão dos bens, não quanto à interpretação do testamento), por provocação de qualquer das partes, deverá ser instaurado o juízo arbitral. Neste ambiente, será decidida a controvérsia, determinando-se, por exemplo, o critério a ser adotado na divisão, a exata avaliação dos bens, etc.., e até mesmo, se for o caso, poderá ser definida a partilha". Ou ainda, referindo-se à divergência entre os herdeiros quanto à avaliação dos bens: "o árbitro dará a solução, a ser observada, como definitiva, no inventário. Se o conflito refere-se aos critérios da partilha, estes serão definitivamente resolvidos no juízo arbitral, vinculando a todos no inventário judicial. E até mesmo se, nas circunstâncias possíveis, vier a ser decidida a partilha pelo árbitro, esta, entre as partes, faz coisa julgada, e não mais pode ser modificada".

ção ou renunciar à herança. Extrai-se do regime jurídico da arbitragem espanhola, que a arbitragem testamentária representa um encargo ao sucessor. O gravado com ela, resta juridicamente obrigado a ter determinada conduta em caso de litígio, ou seja, a imposição obriga o cumprimento pelo beneficiário.

(...)

Em síntese, ausente norma expressa a respeito, a convenção prevista no testamento deve ser considerada como um ônus (*lato sensu*) imposto ao sucessor instituído (herdeiro ou legatário). Aceita a herança, o herdeiro ou legatário estará juridicamente obrigado a cumprir a determinação do testador: eventuais conflitos entre os co-herdeiros relativamente àquela parcela hereditária serão submetidos ao juízo arbitral."[52].

A alegação de que estaria havendo uma imposição da convenção de arbitragem em negócio jurídico unilateral, como é o caso do testamento, que não foi subscrito pelos herdeiros e legatários, não deve ser motivo para resistência. Primeiro porque, a rigor, não há imposição alguma, na medida em que os herdeiros ou legatários não estão obrigados a aceitar a herança ou o legado. Não querendo se submeter à arbitragem, basta que renunciem à liberalidade que os beneficiou. Ao aceitarem a herança ou o legado, os beneficiários aderem também à convenção de arbitragem, que exige o assentimento (mas não a assinatura) de todas as partes. A manifestação dos herdeiros e legatários, nesses casos, será tácita, não havendo, assim, imposição da cláusula contra a sua vontade[53]. Segundo, porque a possibilidade de "*transmissão*" de cláusula compromissória a partes não-signatárias, nos casos de sub-rogação, cessão de créditos, assunção de dívida, fusões, cisões e incorporações, e especialmente na sucessão, é inquestionável, podendo-se sustentar, no caso da arbitragem testamentária, a transmissão *causa mortis* da cláusula compromissória aos herdeiros e legatários. A transmissão

[52] *Ensaio sobre arbitragem testamentária no brasil com paradigma no direito espanhol. Revista de Mediação e Arbitragem* n. 17 cit.

[53] O não comparecimento de herdeiros ou legatários ao ato de testar, e a óbvia ausência de assinatura no testamento, não deve constituir um óbice insuperável à extensão dos efeitos de uma cláusula compromissória inserida pelo testador no ato de última vontade, pois a manifestação de vontade nem sempre se verifica pela assinatura das partes na convenção de arbitragem, podendo ser deduzida de condutas e comportamentos dos beneficiados que evidenciem à sua vinculação à convenção, como ocorre com o ato de aceitação da herança ou do legado.

decorre da sucessão, eis que os herdeiros e legatários sucedem ao testador e, nesse sentido, passam a ocupar a posição de partes signatárias. Não faz sentido que o patrimônio seja transmitido aos sucessores, mas a cláusula que estabelece como serão resolvidos os litígios (patrimoniais) originados a partir dessa transmissão não o seja.

Exatamente no mesmo norte, o texto precursor de Francisco Cahali:

> "Instituída a arbitragem por testamento, considerada como encargo ao herdeiro ou legatário, este ao aceitar a herança, também aceita os ônus que a acompanham, e assume assim pela vontade expressada pelo recolhimento da herança, a obrigação legal de submeter eventual litígio com os co-herdeiros, relativamente a esta quota hereditária. Aberta a sucessão, com o falecimento, opera-se de imediato a transmissão, e já se defere aos sucessores o acervo (tanto que até podem ceder os direitos hereditários), assim, a herança pertence aos sucessores, porém no caso gravada com a convenção. E a partir de então a arbitragem vincula os herdeiros aos quais ela foi prevista. O momento em que o beneficiário aceita a herança é o exato instante em que o convênio arbitral adquire força obrigatória. Aceito o quinhão ou legado gravado, fica então o sucessor juridicamente obrigado a ter determinada conduta; no caso, submeter-se ao Juízo arbitral.
>
> Assim, a manifestação de vontade pela solução arbitral é indireta. Ao se aceitar a relação jurídica oferecida, no caso titularidade a herança, estar-se-á aceitando também a previsão de arbitragem que nela se contém. A situação é semelhante à sub-rogação ou cessão de contratos com cláusula de arbitragem. Nestes casos, o cessionário ou sub-rogado, ingressa na relação jurídica como se contratante originário fosse; e assim, em regra, submete-se automaticamente ao convenio arbitral, salvo disposição em contrário estabelecida pelas partes. A convenção sabe-se, é vinculante às partes contratantes e, em princípio, aos seus sucessores"[54].

[54] *Ensaio cit.* O autor ainda esclarece, no mesmo texto, que "a imposição ao inventário judicial quando existe testamento, não impede a previsão de arbitragem nas disposições de última vontade, nem tampouco a instauração do juízo arbitral nas situações próprias para este procedimento. Juízo arbitral e judicial convivem nesta situação, de forma harmônica, cada qual com jurisdição própria a determinadas matérias, ou seja, a um juízo reservam-se certos conflitos, que ao outro estarão excluídos de sua competência. Por primeiro, e mais fácil de se sustentar a independência entre os Juízos, indica-se a situação em que a ocorrência conflito entre os herdeiros se dá após a entrega dos quinhões. Ora, encerrado o inventário, cumprido o testamento, acaba e exaure-se a jurisdição estatal. A partir de então, as relações jurídicas

Também se mostra perfeitamente cabível o paralelo com a chamada "*extensão de efeitos*" da convenção de arbitragem a partes não signatárias, quando alguém que não celebrou uma cláusula compromissória passa a ser considerado, automaticamente, parte da arbitragem. Trata-se de situação relativamente pacífica na jurisprudência arbitral contemporânea. São numerosos os casos em que a jurisprudência do STJ tem afastado o princípio da relatividade em relação à convenção de arbitragem, como se verifica nas hipóteses em que cabível a desconsideração da personalidade jurídica[55]. No julgamento do REsp nº 1.698.730-SP, o Tribunal da Cidadania pontuou que a "prevalecer o entendimento de que o compromisso arbitral somente produz efeitos em relação às partes que formalmente o subscreveram, o processo arbitral servirá de escudo para evitar a responsabilização do terceiro que laborou em fraude, verdadeiro responsável pelas obrigações ajustadas e inadimplidas, notadamente se o instituto da desconsideração da personalidade jurídica – remédio jurídico idôneo para contornar esse tipo de proceder fraudulento – não puder ser submetido ao juízo arbitral".

O mesmo se diga dos conflitos societários que envolvem grupos econômicos. Tem-se entendido que se uma determinada companhia não subscreveu o contrato em que inserida a convenção arbitral, o simples fato dela ser integrante do mesmo grupo econômico das companhias signatárias, é quanto basta para que seja considerada abrangida pela convenção. O caso Dow Chemical v. Isover Saint Gobain foi, segundo Fernanda Sirotsky Scaletscky, "um dos primeiros precedentes advindos da jurisprudência arbitral internacional a enfrentar o tema da extensão da cláusula compromissória a partes não signatárias pertencentes a um mesmo grupo societário, tornando-se verdadeiro paradigma no assunto (...) O tribunal arbitral, ao julgar que a matriz norte-americana e a subsidiária francesa do grupo da

dos sucessores é tratada pelo direito comum. E neste, adquirido o bem com a previsão de convênio arbitral, futuros conflitos entre os demais co-herdeiros, atualmente condôminos deverão ser resolvidos, exclusivamente, pela arbitragem".

55 Como lembra Fernanda Sirotsky Scaletscky, "a regra geral é a de que a convenção arbitral possui efeito relativo (princípio da relatividade dos negócios jurídicos), sendo vinculante tão somente às partes que firmaram o contrato, não obrigando diretamente terceiros que não concluíram o negócio jurídico". [Cf. **A teoria dos grupos societários e a extensão da cláusula compromissória a partes não signatárias**. Revista Brasileira de Arbitragem . Ano XII,nº 46, (abril/maio/junho 2015).Curitiba: Comitê Brasileiro de Arbitragem, p. 23].

Dow Chemical estavam abrangidas pelos contratos que continham as convenções arbitrais e, logo, eram partes legítimas para participar do procedimento arbitral, acabou por consolidar o entendimento de que as empresas pertencentes a um mesmo grupo societário, apesar de terem personalidades jurídicas distintas, fazem parte de uma realidade econômica única, que deve ser levada em consideração pelo julgador."[56]

Em outros termos, tanto a jurisprudência arbitral internacional, como as decisões do STJ, vem caminhando em direção a uma revisitação dos limites subjetivos da convenção de arbitragem, cujos efeitos também podem atingir terceiros não signatários da convenção e, portanto, originalmente não seriam partes no procedimento arbitral.

Os precedentes acima nos estimulam a pensar que também os litígios propostos por herdeiros não beneficiados pelo testamento e, portanto, não vinculados ao "encargo", desde que discutam a validade da própria deixa testamentária, como no caso em que um herdeiro legítimo proponha uma ação de invalidade contra o legatário, devam ser submetidos ao juízo arbitral, desde que o conflito envolva exclusivamente parcela do patrimônio disponível do testador. Assim, repita-se, se um herdeiro legítimo ou um herdeiro necessário pretendem impugnar a disposição testamentária que contemplou um determinado legatário, e no testamento havia cláusula compromissória, devem fazê-lo no juízo arbitral, competente, prioritariamente, para decidir sobre a sua própria competência.

O princípio da competência-competência dá ensejo a que discussão sobre a validade ou invalidade de uma convenção de arbitragem em litígios de Direito de Família e Sucessões deva ser submetida prioritariamente ao árbitro, senhor exclusivo de sua própria competência, só se admitindo

[56] Cf. **A teoria dos grupos societários e a extensão da cláusula compromissória a partes não signatárias**. Revista Brasileira de Arbitragem cit., pp. 27 e 29. Segundo a autora, "o caso Dow Chemical acabou firmando, no cenário internacional, sobretudo sob os auspícios da CCI, a 'regra fundamental da matéria' que aqui se analisa, ou seja, a possibilidade jurídica da extensão da cláusula compromissória a empresas não signatárias, mas pertencentes a um mesmo grupo societário, desde que estas tenham participado, efetivamente, da negociação, da execução ou da rescisão do negócio jurídico firmado por outra(s) empresas(s) pertencente(s) ao grupo" (p. 30). No Brasil, o *leading case* teria sido o "caso Trelleborg, julgado pelo Tribunal de Justiça de São Paulo ('Tribunal paulista" ou "TJSP') no ano de 2006, tendo em vista ser o julgado paradigmático sobre o tema no Brasil, ao aplicar o entendimento advindo do caso Dow Chemical para discutir a possibilidade de extensão da cláusula compromissória à empresa controladora do grupo Trelleborg." (p. 35).

o controle jurisdicional estatal em momento posterior. A jurisprudência do STJ tem se firmado no sentido de que a mera existência da cláusula compromissória implica reconhecer a competência do juízo arbitral para decidir, com absoluta primazia sobre o Poder Judiciário, todas as questões relativas à validade e à eficácia, tanto da própria convenção de arbitragem, como do negócio jurídico em que inserta a cláusula compromissória.

No julgamento do REsp 1.550.260, a Terceira Turma deu concretude ao princípio *Kompetenz-Kompetenz*, reafirmando que é "o próprio árbitro quem decide, em prioridade com relação ao juiz togado, a respeito de sua competência para avaliar a existência, validade ou eficácia do contrato que contém a cláusula compromissória". Segundo o autor do voto vencedor, ministro Villas Bôas Cueva, "a competência do juízo arbitral precede, em regra, à atuação jurisdicional do Estado para dirimir litígios relativos a direitos patrimoniais disponíveis. A sentença arbitral produz entre as partes envolvidas os mesmos efeitos da sentença judicial e, se condenatória, constitui título executivo. Além disso, tão somente após a sua superveniência é possível a atuação do Poder Judiciário para anulá-la, nos termos dos artigos 31, 32 e 33 da Lei 9.307/1996". Nem mesmo a invocação do Código de Defesa do Consumidor (CDC) serve de fundamento para afastar a cláusula compromissória. Ao julgar o REsp 1.598.220, o Tribunal da Cidadania destacou o caráter obrigatório e vinculante da norma extraída do parágrafo único do art. 8º LArb, que tem o condão de derrogar a jurisdição estatal, no que tange à análise prévia da existência, validade e eficácia da cláusula compromissória, que deve ser submetida, em primeiro lugar, à deliberação do juízo arbitral.

CONCLUSÕES

Não mais se justificam as restrições ao uso da arbitragem como opção à solução de todo e qualquer conflito patrimonial emergente das relações fundadas no Direito de Família e das Sucessões.

A possibilidade de inserção de cláusula compromissória nos pactos antenupciais, nos contratos de convivência, nas escrituras públicas de inventário, de divórcio e de dissolução de união estável e mesmo nos acordos submetidos a homologação judicial não deveria atrair mais nenhuma controvérsia. Como também não se discute a viabilidade da celebração do compromisso arbitral em ações de partilha de bens, apuração de haveres, inventário litigioso, invalidade de testamento, colação e sonegados. Nas estruturas societárias utilizadas no planejamento sucessório, como é o caso das *holdings* patrimoniais, a celebração da convenção de arbitragem nos contratos sociais (ou nos pactos parassociais) já é uma realidade constante.

Talvez o único ponto em relação ao qual ainda se possa suscitar alguma discussão, diga respeito à arbitragem testamentária, vale dizer, à validade ou invalidade de cláusula compromissória inserida em testamento, como instrumento apto a vincular herdeiros e legatários.

Nesse particular, a nossa conclusão é peremptória no sentido de poder o testador estabelecer, em legado ou herança abrangente de sua disponível, como encargo imposto aos beneficiários, que qualquer litígio futuro que surja entre eles ou com terceiros, envolvendo o cumprimento daquela disposição testamentária, deva ser submetido ao juízo arbitral. Não se trata de imposição da convenção de arbitragem em negócio jurídico unilateral, não subscrito pelos herdeiros e legatários, pois estes não estão obrigados a aceitar a herança ou o legado. Não querendo se submeter à arbitragem, basta que renunciem à liberalidade que os beneficiou. Ao aceitarem a herança ou o legado, os beneficiários aderem também à convenção de arbitragem, que exige o assentimento (mas não a assinatura) de todas as partes.

A manifestação dos herdeiros e legatários, nesses casos, será tácita, não havendo, assim, imposição da cláusula contra a sua vontade. Sem falar que, quando da abertura da sucessão, ocorre a transmissão *causa mortis* da cláusula compromissória aos herdeiros e legatários, que sucedem ao testador e, nesse sentido, passam a ocupar a posição que o *de cujus* ocupava no âmbito da convenção, vale dizer, a posição de parte signatária. Convém repetir: não faz sentido que o patrimônio seja transmitido aos sucessores, mas a cláusula que estabelece como serão resolvidos os litígios (patrimoniais) originados a partir dessa transmissão não o seja.

O CONTRATO DE TRANSPORTE EM RELAÇÃO À CRIANÇA E AO ADOLESCENTE

NACOUL BADOUI SAHYOUN*
NAJLA PINTERICH SAHYOUN**

INTRODUÇÃO

O contrato de transporte é utilizado pelos membros da sociedade de forma diária com o intuito de a população percorrer longas distâncias em um curto espaço de tempo. Ocorre que, dada a facilidade e às espécies de transporte, ele poderá ser utilizado por todas as classes sociais e faixas etárias. Em face das alterações perpetradas pelas Leis nº 13.726/2018 e 13.812/2019 há que se fazer uma análise do contrato de transporte em face dos menores de 18 (dezoito) anos, à luz da nova redação do artigo 83, do Estatuto da Criança e do Adolescente, bem como da lei editada em 2018, que tem por intuito racionalizar e desburocratizar os procedimentos dos atos administrativos, garantindo, desta forma, a facilidade no transporte dentro e fora do território nacional.

1. DO CONTRATO DE TRANSPORTE

O contrato de transporte pode ser considerado uma das formas mais usuais de negócio jurídico, ante a sua presença desde os primórdios da sociedade,

* Mestre em Direito Civil pela Universidade Estadual Paulista.
Pós-graduado em Filosofia do Direito pela Universidade Estadual de Londrina.
Juiz de Direito.
** Mestre em Direito pela PUC-SP.
Pós-graduada em Direito Processual Civil pela Escola Paulista da Magistratura.

pois o seu surgimento foi verificado "quando a civilização atinge determinado estágio que faz brotar a necessidade de intercâmbio de pessoas e coisas[1]", ganhando destaque no Direito Romano, através da "*Lex Rhodia de iactu,* de origem grega, que regulou os casos de avaria marítima e lançamento ao mar dos bens transportados, na hipótese de perigo de naufrágio[2]", afastando-se, assim, dos princípios reguladores dos contratos de empreitada e locação de serviços.

Embora o contrato de transporte remonte a décadas passadas, a sua regulamentação só ocorreu com a edição do Código Civil de 2002, já que, anteriormente, a relação jurídica era disciplinada por normas esparsas como o Código Comercial, que não era suficiente em tratar todas as questões postas.

Nesse sentido são as lições de Caio Mário da Silva Pereira ao afirmar que: "O nosso Código Comercial de 1850 tinha regulado o contrato de forma deficiente, assim como ocorre em outros sistemas jurídicos, tais como o Código francês, paupérrimo; o suíço das Obrigações, incompleto, como o alemão. O Código estrangeiro mais atualizado, por ser moderno, é o italiano, de 1942, que já regula o assunto em melhores termos[3]".

Foi, então, com o Código Civil de 2002 e com a elaboração de um capítulo próprio que o contrato de transporte foi regulamentado entre os artigos 730 e 756. Todavia, a fim de não limitar a disciplina dos negócios às normas internas, o artigo 732, CC determinou que "aos contratos de transporte, em geral, são aplicáveis, quando couber, desde que não contrariem as disposições deste Código, os preceitos constantes da legislação especial e de tratados e convenções internacionais".

A interpretação deste artigo permite dizer que o contrato em questão poderá ser disciplinado tanto por normas gerais, como é o caso do Código Civil; por normas especiais, em situações em que o transporte constitui uma relação de consumo – orientado pela Lei nº 8.072/90 (Código de Defesa do Consumidor), segundo o que dispõe o Enunciado nº 369, do CJF, aprovado na IV Jornada de Direito Civil, ao dispor que: "Diante do preceito constante no art. 732 do Código Civil, teologicamente e em uma

[1] Venosa, Silvio de Salvo. *Direito Civil* – Vol. 3 – Contratos, 18ª edição, São Paulo, Atlas, 2018, p. 652.

[2] Venosa, Silvio de Salvo. *Direito,* op. cit. p. 652.

[3] Pereira, Caio Mário da Silva. *Instituições de Direito Civil* – Vol. III – Contratos, 22ª edição, Editora Forense, Rio de Janeiro, 2018, p. 289.

visão constitucional de unidade do sistema, quando o contrato de transporte constituir uma relação de consumo, aplicam-se as normas do Código de Defesa do Consumidor que forem mais benéficas a este" ou, por tratados e convenções internacionais, de forma subsidiária, desde que não afronte a ordem interna.

O referido contrato pode, então, ser conceituado como "aquele em que uma pessoa ou empresa se obriga, mediante retribuição, a transportar, de um local para outro, pessoas ou coisas animadas ou inanimadas[4]". Da leitura do conceito é possível averiguar que o contrato se subdivide em transporte de coisas ou pessoas, tendo como caracteres principais: a bilateralidade, a onerosidade, a comutatividade e a consensualidade.

O contrato de coisas ou de mercadorias, segundo Maria Helena Diniz, "é aquele em que o expedidor ou remetente entrega ao transportador determinado objeto para que, mediante pagamento de frete, seja remetido a outra pessoa (consignatário ou destinatário), em local diverso daquele em que a coisa (móvel ou semovente) foi recebida[5]". Por sua vez, o contrato de transporte de pessoas "é aquele em que o transportador se obriga a remover uma pessoa e sua bagagem de um local para outro, mediante remuneração[6]".

Apesar da subdivisão, ater-se-á, nesse artigo, apenas ao contrato de transporte de pessoas, disciplinado pelos artigos 734 a 742, do Código Civil, trazendo à tona o transporte de crianças e adolescentes.

2. DA CRIANÇA E DO ADOLESCENTE NO CONTRATO DE TRANSPORTE

Para que o contrato de transporte seja celebrado, indispensável o preenchimento das condições elencadas no artigo 108, do Código Civil, quais sejam: agente capaz; objeto lícito, possível e determinado ou determinável e a forma prescrita e não defesa em lei. Contudo, se o contratante, denominado passageiro, é menor de idade, de que forma o contrato será aperfeiçoado? Admite-se que o passageiro use o meio de transporte sem qualquer acompanhamento? E na hipótese de transporte internacional?

[4] Diniz, Maria Helena. *Curso de direito civil brasileiro*. v.3, 34ª edição, Editora Saraiva, São Paulo,2018, p. 501.

[5] Diniz, Maria Helena. *Curso*. op. cit, p. 505.

[6] Diniz, Maria Helena. *Curso*. op. cit, p. 521.

Com o intuito de responder aos questionamentos suscitados, deve-se valer da legislação especial, consistente na Lei nº 8.069/90 (Estatuto da Criança e do Adolescente).

O Estatuto da Criança e do Adolescente é pautado, segundo o artigo 1º[7], no princípio da proteção integral da criança e do adolescente, com base em normas constitucionais (artigos 6º[8] e 227[9], ambos da Constituição Fede-

[7] Art. 1º Esta Lei dispõe sobre a proteção integral à criança e ao adolescente.

[8] Art. 6º São direitos sociais a educação, a saúde, a alimentação, o trabalho, a moradia, o transporte, o lazer, a segurança, a previdência social, a proteção à maternidade e à infância, a assistência aos desamparados, na forma desta Constituição.

[9] Art. 227. É dever da família, da sociedade e do Estado assegurar à criança, ao adolescente e ao jovem, com absoluta prioridade, o direito à vida, à saúde, à alimentação, à educação, ao lazer, à profissionalização, à cultura, à dignidade, ao respeito, à liberdade e à convivência familiar e comunitária, além de colocá-los a salvo de toda forma de negligência, discriminação, exploração, violência, crueldade e opressão

§ 1º O Estado promoverá programas de assistência integral à saúde da criança, do adolescente e do jovem, admitida a participação de entidades não governamentais, mediante políticas específicas e obedecendo aos seguintes preceitos:

I – aplicação de percentual dos recursos públicos destinados à saúde na assistência materno-infantil;

II – criação de programas de prevenção e atendimento especializado para as pessoas portadoras de deficiência física, sensorial ou mental, bem como de integração social do adolescente e do jovem portador de deficiência, mediante o treinamento para o trabalho e a convivência, e a facilitação do acesso aos bens e serviços coletivos, com a eliminação de obstáculos arquitetônicos e de todas as formas de discriminação.

§ 2º A lei disporá sobre normas de construção dos logradouros e dos edifícios de uso público e de fabricação de veículos de transporte coletivo, a fim de garantir acesso adequado às pessoas portadoras de deficiência.

§ 3º O direito a proteção especial abrangerá os seguintes aspectos:

I – idade mínima de quatorze anos para admissão ao trabalho, observado o disposto no art. 7º, XXXIII;

II – garantia de direitos previdenciários e trabalhistas;

III – garantia de acesso do trabalhador adolescente e jovem à escola;

IV – garantia de pleno e formal conhecimento da atribuição de ato infracional, igualdade na relação processual e defesa técnica por profissional habilitado, segundo dispuser a legislação tutelar específica;

V – obediência aos princípios de brevidade, excepcionalidade e respeito à condição peculiar de pessoa em desenvolvimento, quando da aplicação de qualquer medida privativa da liberdade;

VI – estímulo do Poder Público, através de assistência jurídica, incentivos fiscais e subsídios, nos termos da lei, ao acolhimento, sob a forma de guarda, de criança ou adolescente órfão ou abandonado;

VII – programas de prevenção e atendimento especializado à criança, ao adolescente e ao jovem dependente de entorpecentes e drogas afins.

ral) e internacionais de direitos humanos, como é o caso da Declaração Universal dos Direitos Humanos e da Convenção Internacional sobre os Direitos da Criança, uma vez que os menores de idade (artigo 2º, ECA[10]) são considerados pessoas em desenvolvimento e merecem toda a proteção da sociedade e do amparo do Estado, através da implementação de normas específicas e de políticas públicas.

Desta forma, "o art. 227 representa o metaprincípio da prioridade absoluta dos direitos da criança e do adolescente, tendo como destinatários da norma a família, a sociedade e o Estado. Pretende, pois, que a família se responsabilize pela manutenção da integridade física e psíquica, a sociedade pela convivência coletiva harmônica, e o Estado pelo constante incentivo à criação de políticas públicas. Trata-se de uma responsabilidade que, para ser realizada, necessita de uma integração, de um conjunto devidamente articulado de políticas públicas[11]". Diante da situação peculiar da criança e do adolescente, o Estatuto da Criança e do Adolescente regulamenta a viagem das crianças e adolescentes, nos artigos 83 a 85, dispondo sobre as peculiaridades que o contrato de transporte deverá ter quando envolver menores de 18 anos.

Observa-se da leitura desse diploma, a mitigação do artigo 108, do Código Civil, ao permitir que a criança e o adolescente utilizem o transporte urbano, desde que paguem o preço da passagem ou bilhete e que o itinerário seja urbano, possibilitando a formalização do contrato, bem como a sua validade, mesmo que celebrado por incapaz.

§ 4º A lei punirá severamente o abuso, a violência e a exploração sexual da criança e do adolescente.
§ 5º A adoção será assistida pelo Poder Público, na forma da lei, que estabelecerá casos e condições de sua efetivação por parte de estrangeiros.
§ 6º Os filhos, havidos ou não da relação do casamento, ou por adoção, terão os mesmos direitos e qualificações, proibidas quaisquer designações discriminatórias relativas à filiação.
§ 7º No atendimento dos direitos da criança e do adolescente levar-se- á em consideração o disposto no art. 204.
§ 8º A lei estabelecerá:
I – o estatuto da juventude, destinado a regular os direitos dos jovens;
II – o plano nacional de juventude, de duração decenal, visando à articulação das várias esferas do poder público para a execução de políticas públicas.

[10] Art. 2º Considera-se criança, para os efeitos desta Lei, a pessoa até doze anos de idade incompletos, e adolescente aquela entre doze e dezoito anos de idade.

[11] Rosato, Luciano Alves e outros. *Estatuto da criança e do adolescente. Comentado artigo por artigo.* 9ª edição, Editora Saraiva, São Paulo, 2017, p. 62.

Mario Luiz Ramidoff discorda desse posicionamento ao defender que, apesar de o menor trafegar por todo o território nacional ele "não tem capacidade civil para aquisição de passagens para os transportes-rodoviário, aéreo, fluvial ou marítimo-interestaduais, vedando-se, assim, a possibilidade de tal comercialização, senão que, com maior razão, por entrega ou aquisição simulada por intermédio de terceira pessoa[12]".

Agora, quando a viagem for para fora da comarca as exigências tornam-se mais rígidas, conforme se observa do *"caput"* do artigo 83, do Estatuto da Criança e do Adolescente que dispõe, segundo a redação conferida pela Lei nº 13.812/2019, que "nenhuma criança ou adolescente menor de 16 (dezesseis) anos poderá viajar para fora da comarca onde reside desacompanhado dos pais ou dos responsáveis sem expressa autorização judicial".

A inovação trazida pela lei, com a inclusão do termo "adolescente menor de 16 (dezesseis) anos", no *caput*, ampliou a abrangência dessa norma, exigindo, desta forma, que os adolescentes também estejam acompanhados ou autorizados judicialmente para que saiam da comarca onde residam, sendo que o intuito da lei foi oferecer maior cuidado às crianças e aos adolescentes, prevenindo que essas viagens causem o desaparecimento ou o sequestro dos menores.

Há que se ressaltar que, embora a Lei nº 13.812/2019 tenha alterado o *caput* do artigo 83, do Estatuto da Criança e do Adolescente, ela manteve as exceções nos parágrafos, permitindo que tanto a criança quanto o adolescente menor de 16 (dezesseis) anos transitem para fora da comarca, sem a necessidade de autorização quando se tratar de comarcas contíguas à residência da criança e do adolescente menor de 16 (dezesseis) anos; se na mesma unidade da Federação ou incluídas na mesma região metropolitana.

A exceção deveria estar adstrita às comarcas contíguas e às cidades incluídas na mesma região metropolitana, já que perpassa a ideia de menor distância e de viagens curtas. Diante da extensão geográfica que os Estados possuem, a autorização para percorrer cidades dentro da mesma unidade da Federação traduz a ideia de longos trajetos sozinho e desacompanhado, permitindo que a criança fique exposta a maiores riscos não condizentes com o princípio regulador do Estatuto da Criança e do Adolescente, no que se refere a proteção integral da pessoa em desenvolvimento.

[12] RAMIDOFF, Mario Luiz. *Saberes do direito-Direitos difusos e coletivos IV-Estatuto da Criança e do Adolescente.* BIANCHINI, Alice e GOMES, Luiz Flávio (coord). Editora Saraiva, 2012, p. 51.

Logo, se o *caput* do artigo 83, do Estatuto da Criança e do Adolescente foi alterado para evitar maiores violações aos direitos da criança e do adolescente, nada mais justificado do que a restrição quanto às exceções aos fatos apontados, impedindo o deslocamento de grandes distâncias dentro do território nacional.

As exceções não se restringem aos casos apontados acima, pois o parágrafo primeiro, alínea 'b'[13] aponta outras duas situações que possibilitam a viagem da criança e do adolescente menor de 16 (dezesseis) anos, sem autorização judicial. Contudo, apesar da desnecessidade de autorização, a opção se mostra condizente com a proteção do menor, ante a exigência de estar, sempre, acompanhado por parente ascendente ou colateral até o terceiro grau ou por pessoa maior previamente autorizada pelos pais ou responsável.

Quando o transporte for de pessoas para fora do território nacional, a regulamentação fica ainda mais rígida, pois o Estatuto da Criança e do Adolescente impõe limitações tanto à criança quanto ao adolescente, nesse caso, até a idade de 18 (dezoito) anos, permitindo que a viagem ocorra apenas na companhia de ambos os pais ou responsável ou, na companhia de um dos pais, autorizado, expressamente, pelo outro, através de documento com firma reconhecida.

O intuito da regra estampada no artigo 85 do ECA é garantir, mais uma vez, a proteção das crianças e adolescentes, principalmente nas situações em que os pais são separados ou divorciados, em que o genitor, não detentor da guarda, viaje e desapareça com o filho para outro país, bem como, com o intuito de prevenir o tráfico internacional de pessoas, amplamente combatido em nosso ordenamento.

Observa-se, entretanto, que a edição da Resolução nº 131/2011 do Conselho Nacional de Justiça afrouxou a proteção conferida aos menores de dezoito anos ao permitir que a viagem internacional, independentemente de autorização judicial, ocorrerá desde que em companhia de terceiro maior e capaz designados pelos genitores com autorização de ambos e com firma reconhecida. Para isso, "o documento deverá ser elaborado em duas vias, sendo que uma deverá ser retida pelo agente de fiscalização da Polí-

[13] Art. 83, §1º-
b) a criança estiver acompanhada:
1) de ascendente ou colateral maior, até o terceiro grau, comprovado documentalmente o parentesco;
2) de pessoa maior, expressamente autorizada pelo pai, mãe ou responsável.

cia Federal no momento do embarque e a outra deverá permanecer com a criança ou o adolescente, ou com o terceiro maior e capaz que o acompanhe. Além disso, o documento deverá conter prazo de validade, a ser fixado pelos pais ou responsáveis (que tenham guarda legal ou tutela)[14]".

Essa mesma Resolução permitiu, em seu artigo 2º, a dispensa de autorização judicial para que a criança e o adolescente residentes fora do Brasil, detentores ou não de outra nacionalidade, retornem para o seu país de origem, desde que cumpridas as seguintes condições: "I) em companhia de um dos genitores, independentemente de qualquer autorização escrita; II) desacompanhado ou acompanhado de terceiro maior e capaz designado pelos genitores, desde que haja autorização escrita dos pais, com firma reconhecida", sendo que a comprovação da residência no exterior far-se-á mediante atestado de residência emitido pela repartição consular brasileira há menos de 2 (dois) anos.

Outra inovação que contraria a Lei nº 13.812/2019, desprotegendo a criança e o adolescente, é a estampada na Lei nº 13.726/2018, que tem como objetivo racionalizar e desburocratizar os atos e procedimentos administrativos dos Poderes da União, dos Estados, do Distrito Federal e dos Municípios, em seu artigo 3º, inciso VI[15], autorizando a viagem ao exterior, dos menores de dezoito anos, com uma simples autorização conferida pelos pais, independentemente do reconhecimento da firma, desde que ambos os genitores estejam presentes no momento do embarque.

A modificação perpetrada por esta lei tornou ilegal a parte final dos incisos I e II da Resolução do CNJ que deverá se adequar à nova previsão legal por ser uma norma posterior e hierarquicamente superior, uma vez que as resoluções se encontram no último patamar hierárquico, segundo a pirâmide kelseniana. Como se a desproteção causada à criança e ao adolescente não fosse suficiente, por dispensar a autorização judicial, a lei 13.726/2018 contrariou o entendimento dos Tribunais Superiores, como por exemplo, no REsp 1.249.489/MS, j. 13.08.2013, rel. Min. Luiz Felipe Salomão[16]

[14] ROSATO, Luciano Alves e outros. *Estatuto.* Op. cit. p. 286.

[15] Art. 3º-Na relação dos órgãos e entidades dos Poderes da União, dos Estados, do Distrito Federal e dos Municípios com o cidadão, é dispensada a exigência de:
IV-apresentação de autorização com firma reconhecida para viagem de menor se os pais estiverem presentes no embarque.

[16] Direito da criança e do adolescente – Negativa de embarque de criança para o exterior. É lícita a conduta de companhia aérea consistente em negar o embarque ao exterior de criança

que dispunha sobre a legalidade da conduta das companhias áreas que se recusavam a embarcar menores, quando os pais estivessem presentes no momento do embarque e emitissem uma autorização de próprio punho.

A Resolução nº 121, CNJ e a Lei nº 13.726/2018 violam, também, a normatização estrangeira, como é o caso de Portugal que, no artigo 23[17], do Decreto-lei nº 138/2006 e no artigo 31[18], do Decreto-lei nº 23/2007, exige

acompanhada por apenas um dos pais, desprovido de autorização na forma estabelecida no art. 84 do ECA, ainda que apresentada – conforme estabelecido em portaria da vara da infância e da juventude – autorização do outro genitor escrita de próprio punho e elaborada na presença de autoridade fiscalizadora no momento do embarque. Isso porque, quando se tratar de viagem para o exterior, exige-se a autorização judicial, que somente é dispensada se a criança ou o adolescente estiverem acompanhados de ambos os pais ou responsáveis, ou se viajarem na companhia de um deles, com autorização expressa do outro por meio de documento com firma reconhecida (art. 84 do ECA). Dessa forma, portaria expedida pela vara da infância e juventude que estabeleça a possibilidade de autorização do outro cônjuge mediante escrito de próprio punho elaborado na presença das autoridades fiscalizadoras no momento do embarque não tem a aptidão de suprir a forma legalmente exigida para a prática do ato. Ademais, deve-se ressaltar que o poder normativo da justiça da infância e da juventude deve sempre observar o princípio da proteção integral da criança e do adolescente e, sobretudo, as regras expressas do diploma legal regente da matéria. Além disso, é válido mencionar que, não obstante o País tenha passado por uma onda de desburocratização, a legislação deixou clara a ressalva de que o reconhecimento de firma não seria dispensado quando exigido em lei, bem como que a dispensa seria exclusivamente para documentos a serem apresentados à administração direta e indireta (art. 1.o do Dec. 63.166/1968, art. 2.o do Dec. 83.936/1979 e art. 9.o do Dec. 6.932/2009).

[17] Artigo 23º

[...]

1 – Os menores, quando não forem acompanhados por quem exerça o poder paternal, só podem sair do território nacional exibindo autorização para o efeito.

2 – A autorização a que se refere o número anterior deve constar de documento escrito, datado e com a assinatura de quem exerce o poder paternal legalmente certificada, conferindo ainda poderes de acompanhamento por parte de terceiros, devidamente identificados.

3 – ...

4 –

[18] Artigo 31º Entrada e saída de menores

1 – Sem prejuízo de formas de turismo ou intercâmbio juvenil, a autoridade competente deve recusar a entrada no País aos cidadãos estrangeiros menores de 18 anos quando desacompanhados de quem exerce o poder paternal ou quando em território português não exista quem, devidamente autorizado pelo representante legal, se responsabilize pela sua estada.

2 – Salvo em casos excepcionais, devidamente justificados, não é autorizada a entrada em território português de menor estrangeiro quando o titular do poder paternal ou a pessoa a quem esteja confiado não seja admitido no País.

a companhia ou autorização dos responsáveis, devidamente certificada, garantindo a veracidade e a fé pública do consentimento, bem como da legislação do Mercosul que, como um todo, exige um documento formal e autenticado para que o menor saia do seu país, conforme se observa, exemplificadamente, nas normas argentinas, presentes na Dirección Nacional de Migraciones ao prever que "Necesitan autorización para egresar del país las personas que no hayan alcanzado los DIECIOCHO (18) años de edad, sean de nacionalidad argentina o extranjeros que sean beneficiarios de una residência permanente, temporaria o precaria en la REPUBLICA ARGENTINA o que hubieran permanecido en el territorio nacional por lapso igual o mayor a un año a partir de su último ingresso".

Logo, os dispositivos da Resolução e da Lei de 2018 só poderiam ser equiparados às medidas adotadas pelos países desenvolvidos, como é o caso da Europa, que possui o Tratado de Schengen, acordo internacional formado por 26 (vinte e seis países), na esmagadora maioria pertencente ao bloco da União Europeia, que permite o livre acesso dos cidadãos entre os países signatários da convenção, sem que haja a submissão ao controle das fronteiras.

Entretanto, o que se observa é que o Brasil não possui o aparato dos países europeus, principalmente, no que tange ao combate ao crime organizado e ao terrorismo.

Verifica-se, portanto, que a edição da *novel* legislativa veio com o intuito de proteger a criança e ao adolescente quando da utilização do transporte urbano e internacional, garantindo que a sua condição de pessoa em pleno desenvolvimento seja amparada da forma como previsto nas normas constitucionais e internacionais, protetoras dos direitos humanos, evitando-se,

3 – Se o menor estrangeiro não for admitido em território português, deve igualmente ser recusada a entrada à pessoa a quem tenha sido confiado.
4 – É recusada a saída do território português a menores estrangeiros residentes que viajem desacompanhados de quem exerça o poder paternal e não se encontrem munidos de autorização concedida pelo mesmo, legalmente certificada.
5 – Aos menores desacompanhados que aguardem uma decisão sobre a sua admissão no território nacional ou sobre o seu repatriamento deve ser concedido todo o apoio material e a assistência necessária à satisfação das suas necessidades básicas de alimentação, de higiene, de alojamento e assistência médica.
6 – Os menores desacompanhados só podem ser repatriados para o seu país de origem ou para país terceiro que esteja disposto a acolhê-los se existirem garantias de que à chegada lhes sejam assegurados o acolhimento e a assistência adequados.

com maior rigor, o sequestro e o desaparecimento no território nacional e fora dele.

CONCLUSÕES

Conclui-se, do exposto, que, ao diminuir as formalidades legais para o ingresso e egresso de crianças e adolescentes, através da Resolução do CNJ e da lei editada em 2018, o Brasil estaria desprotegendo os menores de 18 (dezoito) anos e violando o princípio basilar do Estatuto da Criança e do Adolescente, estampado no artigo 3º[19] do diploma, sendo que essa disfunção ficou ainda mais evidente com as alterações trazidas pela Lei nº 13.182/2019, a qual restringiu a liberdade de viajar, inclusive, em face dos adolescentes menores de 16 (dezesseis) anos.

Isso porque, o ordenamento jurídico pretendeu, de um lado, proteger, rigorosamente, os menores de 18 (dezoito) anos, com a alteração da redação do artigo 83, do Estatuto da Criança e do Adolescente, enquanto as regras anteriores a 2019 foram afrouxadas, sob a justificativa de desburocratizar o procedimento administrativo ou facilitar o intercâmbio de pessoas.

Verifica-se, assim, que, diante da observância dos princípios da proteção integral e da pessoa em desenvolvimento, torna-se insustentável a manutenção da Resolução nº 121, do CNJ e da Lei nº 13.726/2018, pois, pelos critérios de hierarquia, cronologia e especialidade, prevalece a Lei nº 13.812/2019, que foi editada, com o intuito de salvaguardar, ainda mais, os direitos dos menores de 18 anos.

Além disso, desta maneira, o direito brasileiro estará em consonância com o sistema internacional, que mantém a alta burocratização para o transporte de menores, garantindo-se, assim, a dignidade da pessoa humana e proteção integral da criança e do adolescente, nos moldes do

[19] Art. 3º A criança e o adolescente gozam de todos os direitos fundamentais inerentes à pessoa humana, sem prejuízo da proteção integral de que trata esta Lei, assegurando-se-lhes, por lei ou por outros meios, todas as oportunidades e facilidades, a fim de lhes facultar o desenvolvimento físico, mental, moral, espiritual e social, em condições de liberdade e de dignidade.
Parágrafo único. Os direitos enunciados nesta Lei aplicam-se a todas as crianças e adolescentes, sem discriminação de nascimento, situação familiar, idade, sexo, raça, etnia ou cor, religião ou crença, deficiência, condição pessoal de desenvolvimento e aprendizagem, condição econômica, ambiente social, região e local de moradia ou outra condição que diferencie as pessoas, as famílias ou a comunidade em que vivem.

que dispõe a legislação interna e internacional, em especial, da Convenção Internacional sobre a Criança.

REFERÊNCIAS

DINIZ, Maria Helena. *Curso de direito civil brasileiro.* Volume 3, 33ª edição, Editora Saraiva, São Paulo, 2017.

PEREIRA, Caio Mário da Silva. *Instituições de Direito Civil* - Vol. III - Contratos, 22ª edição, Editora Forense, Rio de Janeiro, 2018.

RAMIDOFF, Mario Luiz. *Saberes do direito-Direitos difusos e coletivos IV-Estatuto da Criança e do Adolescente.* BIANCHINI, Alice e GOMES, Luiz Flávio (coord). Editora Saraiva, São Paulo, 2012.

ROSATO, Luciano Alves. *Estatuto da criança e do adolescente. Comentado artigo por artigo.* 9ª edição, Editora Saraiva, São Paulo, 2017.

VENOSA, Silvio de Salvo. *Direito Civil* - Volume 3 - Contratos, 18ª edição, Editora Atlas, São Paulo, 2018.

INTEGRATIONSKRAFT DER VERFASSUNG

PETER HÄBERLE[*]

1. EINLEITUNG – ZUEIGNUNG

Dieser Beitrag gilt einem Staatsrechtslehrer, dem vielzitierten "Professor aus Heidelberg", der das Glück hatte, gleichzeitig wirmächtiger Bundesverfassungsrichter und Professor (nicht nur für das Steuerrecht) zu sein. Überdies wagte er sich sogar an "Privatentwürfe" für ein Gesetzeswerk in Gestalt seines Steuergesetzbuches (2011). Seine Freunde und Schüler haben ihn bereits vor zehn Jahren durch ein Kolloquium in Heidelberg (2002) geehrt[1]. Heute bringen sie ihm eine ganzheitlich konzipierte Festschrift, vielleicht ein Handbuch, dar. Angesichts der oft beklagten, aber nie beendeten Flut von Festschriften ist es ein Glücksfall, dass die eingeladenen Autoren um einen konkreten Beitrag gebeten werden, der sich systematisch in ein Gesamtkonzept einfügen kann. Solche strengen Themenfestschriften sollten Schule machen, erweisen sich doch die üblichen Festschriften mit ihren ganz heterogenen Beiträgen oft als "Grab".

[*] Doutor em Direito pela Universidade de Freiburg – Alemanha.
Doutor *Honoris Causa* pelas seguintes universidades: Universidade Aristóteles de Tessalônica, Universidade de Granada, Pontifícia Universidade Católica do Peru, Universidade de Brasília, Universidade de Lisboa e Universidade de Buenos Aires.

[1] *Rudolf Mellinghoff/Gerd Morgenthaler/Thomas Pühl (Hg.), Die Erneuerung des verfassunfsstates,2003.*

Dem Verfasser deiser Zeilen wurde das Thema: "Die Integrationskraft von Verfassungen" zugeteilt. Er erlaubt sich, diese Vorgabe ein Stück weit zurückzunehmen und einzuschränken durch die Formulierung in: "Die – *begrenzte* – Integrationskraft von Verfassungen". Dies ist bewusstes Programm, aus Gründen deer Sache, nicht nur aus Bescheidenheit.

Freilich wäre dieses Thema ohne *Rudolf Smend* (1928/1956)[2] weder gestellt noch nach Maβgabe der folgenden Überlegungen vorläufig beantwortet worden. Gemeint ist seine Integrrationslehre einerseits und sein zum Klassikertext gereiftes Wort andererseits: "Es gibt nur soviel Staat, wie die Verfassung konstituiert."Kongenial hat dies später der Kronjurist der SPD *Adolf Arndt* ähnlich formuliert. Die neue Verfassung Brandenburgs (1992) denkt parallel, insofern sie ihren groβen Text beginnen lässt mit den Worten:" Wir, die Bürgerinnen und Bürger Brandenburgs, geben uns diese Verfassung...". Von "Staat" ist nicht die Rede. Damit ist allen offenen und versteckten, in Deutschland so beliebten präkonstitutionellen bzw, postmonarchischen Staatsverständnissen eine klare Absage erteilt: freilich leben diese in der Literatur nach wie vor weiter[3], während der Schweiz und manchen Autoren in Österreich dieser deutsche Staatsbegriff stets unverständlich war. Die Idee von *Rudolf Smendl Adolf Arndt* ist besonders fruchtbar für die Europadebatte: EU und Europarat haben (Teil-) Verfassungen, ohne dass sie Staaten wären.

2. ERSTER TEIL: DIE DEN STAAT KONSTITUIERENDE VERFASSUNG – "VERFASSUNGSSTAAT" – VERSTÄNDNISSE VON VERFASSUNGEN – DAS "GEMISCHTE" VERFASSUNGSVERSTÄNDNIS – INTEGRATIONSPROGRAMME – GRENZEN – AKTEURE

2.1. VORBEMERKUNGEN

Wort und Sache von "Verfassungstheorie" haben derzeit Konjunktur[4]. Der Verfasser dieses Beitrags darf darauf hinweisen, dass er imJahre 1974 den

[2] Verfassung und verfassungsrecht, 1928, bzw. Art. Integrationslehre. Integration, 1956, jetzt in: *ders* Staatsrechtliche Abhandfungen, 2010, S. 119 ff,bzw 475ff.

[3] Vgl nur *Josef* betser, Staat und Verfassung, in: HStR, Bd. I, 1987, § 13 Rn. 41: der modern Staat als relationstitutioneller Grundypus".

[4] Vgl den Sammelband Otto Depenheruerl/ *Christoph Grabenworter* *Hg.). Verfassungstheorie, 2010,; *ThomasVedseting/Stefan Korioth* (Hg.), Der Eigenwert des Verfassungsrechts, 2011; *Hasso Hofmann*, Vom Wesen der Verfassung, in JöR 51 (2003), S. I ff.; Hans Vorländer (Hg.). Integration und Verfassung, 2002; *Dieter Grimm*, DieZükunft der Verfassing, 2002, – Teilaspekte auch in

Aufsatz gewagt hat: "Verfassungstheorie ohne Naturrecht"[5]. Im Rückblick bedauert er freilich, dass ein Fragezeichen am Ende des Titels fehlt. Denn erst später wurde ihm (schon 1976 von *Günter Dürig* angemahnt) klar, dass das *Naturrecht* bei aller Anerkennung der Integrationsinhalte und -kräfte einer Verfassungstheorie und des Verfassungsrechts als letzte "Reserve" national wie übernational präsent bleiben muss. Vor allem die Menschenwürde als "kulturanthoropologische Prämisse" des Verfassungstaates kann wohl zu keiner Zeit des Rückgriffs auf *vorstaatlich gedachtes* Naturrecht entbehren, zu prekär sind alle Erscheinungsformen von Staaten, auch und selbst der Verfassungsstaat und seine "Welt" sowie der nationale und international Frieden. So sehr die Verfassungstheorie heute eine gewisse Renaissance erlebt (auch in Italien: *Gustavo Zagrebelsky*; Diritto mite, 1992), so hartnäckig gebärden sich alle offenen und versteckten Formen von "Staatlichkeit". Speziell in Deutschland bleibt es wohl bei einem "ewigen Ringen" um das Verhältnis von Staat und Verfassung. Der autor dieses Beitrags freilich hat sich seit langem, auf der Linie seines akademischen Lehrers *Konrad Hesse,* für das Denken "von der Verfassung her" entschieden. Inwiefern dies im Völkerrecht möglisch ist, zeigt sich wohl im weiteren Verlauf der Diskussion um die "Konstitutionalisierung" des Völkerrechts[6]. Inwieweit dies vom Europarecht her geboten ist, muss erprobt werden. Der Verfasser votiert für Begriff und Sache des "Europäischen Verfassungsrechts" (statt "Europarecht"). Die Nationalstaaten sind – wegen der Unionsbürger – *ideel* nicht mehr die vielzitierten "Herren der Verträge". Sie haben ihren unversichtbaren, aber bescheideneren Platz im Rahmen des übergreifenden Europäischen Vefassungsrechts. Darum gibt es auch Versuche zur Etablierung einer "Europäischen Verfassungslehre"[7], nicht einer "europäischen Staatslehre".

dem Band Helmuth Schulze-Fielit; (Hg.), Staatsrechtslebre als Wissenschät, in Beih, 7. Die Verwaltüng 2007; Rolf Gröschner u.a. (Hg.). Freistaarlichkeit, 2011; *Mathias Jestaedt/Oliver Lepsius/Christoph Möllers/Cristoph Schönberger.* Das entgrenzte Gericht, 2011.

[5] AöR 99(1974), S. 437 ff. (wiederahgedruckt in *M. Friedrich . (Hg.), Verfassung, 1978, S. 418 ff.)*

[6] Zur konttttoversen Konstititionalisierungsdebatte *Armin von Bogdandy,* Constitutionalism in International Law: Comment on a Proposal frim Germany, in: Harvard International Law Review 47 (2006), S. 223 ff., verwiesen sei auch die Aufsatzreibe "Zur Zukunft der Völkerrechts in issenschaft in Deutsschland: "Zwischen Konstitutionalisierung und Fragmentierung des Völkerrects", in: ZaöRV 67 (2007); jüngst *Karl-Heinz Ladeurr,* Ein recht der Netzwerbe für die Weltgesellschaft oder Konstitutionalisierung der Völkergemeinschaft? In: AVR 49 (2011), S. 246 ff.

[7] Vom Verf., 20010/2002, 2011.

2.2. STAATS- UND VERFASSUNGSLEHREN (AUSWAHL)

Im Folgenden seien einige Staatsrechtslehrer mit Aussagen zu unserem Thema vergegenwärtigt, Georg Jellinek[8] versteht die Verfassung nur von ihrer "erhöhten formellen Geltungskraft" her. *Carl Schmitt* (1928) deutet sie im Rahmen seines Dezisionismus als Entscheidung normativ "aus dem Nichts" (dies wird schon durch die komplexen pluralistischen Vorgänge der Verfassungsgebung etwa in Portugal und Spanien (1976/78) sowie durch die teils rezipierende, teils neu schaffende Verfassungsgebung nach dem "annus mirabilis" 1989 in Osteuropa widerlegt; überdies: mit *Carl Schmitt* kann man weder die Schweiz erkären, noch Europa bauen. Im Verfassunfsstaat geschieht Verfassungsgebung nicht aus einem Naturzustand, sondern im Kulturzustand), *Hermann Heller* konzipiert sein Denken im Rahmen seiner groβen Staatslehre von 1934 konsequent vom "Staat" her und auf diesen hin. *Werner Kägi* spricht von "rechtlicher Grundordnung des Staates" (1945). *Hosrt Ehmke* deutete die Verfassung als Beschränkung und Rationalisierung der Macht sowie als Gewährleistung eines freien politischen Lebensprozesses (1953). *Ulrich Scheuner* (1963)[9] erfand die schöne Formed von der Verfassung als "Norm und Aufgabe", wobei wir das Diktüm von *Rudonf Smend* hinzufügen dürfen: "Verfassung als Anregung und Schranke" (1928). Der Verfasser dieses Festschriftenbeitrags wagte noch als Privatdozent in Tübingen im Blick auf *Jürgen Habermax* die Formed von der "Verfassung als öffentlicher Prozess" (1969)[10] und er unterfütterte diese dynamische und auf die Öffentlichkeit spezitisch vertrauende Formel durch den Gedanken von der "Verfassung *als* Kultur" (1982). Im ersten Jahrzehnt des 21. Jahrhundert suchte er den Durchbruch zur Idee "Verfassung *aus* Kultur"[11].

Das eigene "gemischte" Verfassungsverständnis will nicht eklektizistisch sein. Es kann aber doch zum Ausdruck bringen, dass die meisten der hier nur kursorisch zur Spräche gebrachten Verfassungsverständnisse jeweils ihre *relative* Berechtigung haben. Viele Kontroversen in Deutsch-

[8] Allgemeine Staatslehre, 1900, 6. Neudruck 1959, s. 534.

[9] Art. Verfasung,, jtzt in: *ders*, staatstheorie und Staatsrecht, 1978, S. 171 (172 f.).

[10] Besprechungsaufsatz Öffentlichkeit und Verfassung in : ZIP 1969, S. 273 ff.

[11] Dokumentiert in dem Band: Verfassungsvergleichung in europa- und weltbürgerlicher Absicht, 2009. Siehe auch *Markus Kotzur,* Dir Verfassungskultut der Mitgliedstaaten und die Gemeineuropäische Verfassungskultur, in: Dimitris Th. Tsatsos (Hg.), Die Unionsgrundordnung. Handbuch zur Europäinschen Verfassung, 2010, S. 245 ff.

land entstanden und entstehen allein aus der Tatsache, dass jeder Autor "sein" Verfassungsverständnis absolut setzt, zuweilen nicht ohne Rechthaberei. Hier einige Beispiele für die gebotene Differenzierung: Es gibt Textfelder geschriebener Verfassungen, die sehr präzise und detailliert normiert sind, man denke an die vielen Ziffern bzw. Stichworte von bundesstaatlichen Kompetenzverteilungsnormen (z. B. Art. 73 und 74 GG, Art. 10 BVG Österreich. Art. 21 Verf. Brasilien von 1988/2007; im Regionalstaat z.B. Art. 117 Verf. Italien).

Hier wirkt das Wort von der Verfassung als "Generalklausel" oder "Rahmenordnung" deplatziert. Der viel zitierte Generalklauselcharakter der Grundrechte[12] ist ebenfalls nur differenziert richtig. Manche Normstücke von Grundrechtsgarantien sind sehr konkret (z. B. der Jugendschutz" in Art. 5 Abs. 2 GG), andere Grundrechte haben hingegen den viel zitierten Generalklauselcharakter. Man denke "neben der Kuntst (Art. 5 Abs. 3 GG) – nur an den weiten und offen gewordenen Begriff "Familie" (Art. 6 Abs. 1 GG). 1949 verstand man unter "Familie" gewiss nur das Ehepaar (Mann und Frau) mit mindestens einem Kind. Heute wird "Familie" zu Recht als Begriff geöffnet, so dass z.B. Groβeltern mit einem unehelichem Enkel als Familie gelten. Sogar ein Bundespräsident *(Horst Köhler)* formulierte in seinen guten Zeiten das schöne Wort, dass Familie überall dort sei, wo Kinder sind. Sodann: Selbst gewisse dezisionistische ("politische") Elemente sind in der Entwicklung des Verfassungsstaates nicht zu übersehen: so, wenn das Bundesverfassungsgericht groβe Grundsatz-Urteile fällt – oft i.S. der "Echternacher Springprozession" (Solange I, Solange II bzw. Lissabon-Urteil und Mangold/Honeywell-Beschluss). Die Idee von der Verfassung als "öffentlicher Prozess" hat ihr bestes Anschauungsmaterial in der Rolle verfassungsrichterlicher Sondervoten. Was heute erts ein prospektives Sondervotum (z.B. von Frau *Rupp-von Brünneck)* etwa in Sachen öffentlich- rechtliche Positionen als Eigentum im Sinne von Art. 14 GG war, kann im Laufe der Zeit zur Mehrheit im Verfassungsgericht warden (so geschehen in BVerfGE 32, 129 bzw, 53, 257 (289))[13].

Selbst das Verständnis der "Verfassung als Kultur" darf nicht verabsolutiert werden. Es gibt Themenfelder, auf denen Verfassungsnormen

[12] Dazn shon meine Dissertation, Die Wesengehaltgarantie des Art. 19 Abs. 2 GG, 1962, 1983, S. 102. 168, 186 u.6.

[13] Ein Beispiel Für ein *retrospektives*Sondervotum (des Richters *Landau*) findes sich in der Sache Mangold/Honeyqell (BVerfGE 126, 318 ff.)

bloβe Technik sind. Man denke an Regelungen etwa von Fristen (z. B. Art. 76 Abs. 2 Satz 2 GG). “Anregung” im Sinne von *Rudolf Smend* ist die Verfassung sehr oft. Erinnert sei an Verfassungsaufträge (seinerzeit in Sachen deutsche Wiedervereinigung) oder an (integrierende) Hymmen und Flaggen, die in Verfassungsstaaten nicht in allgemeine Bürgerpflichten umschlagen dürfen (anders die Praxis in totalitären Staaten) sowie an den einer UN-Konvention (2006/2008, “BRK”) gemäβen Integrationsauftrag für Behinderte (Art. 3 Abs. 3 Satz 2 GG)[14]. Die Förderung “des Zusammenhalts aller gesellschaftlichen Gruppen” (Art. 9 Abs. 1 Ziff. 1 Verf. Oberösterreich von 1991) gehört hierher[15]. Der Schrankencharakter vieler Verfassungsnormen (z. B bei der Gewaltenteilung) ist evident. Man denke auch an die älteste, klassische Dimension der Grundrechte als Abwehrrechte, *Ulrich Scheuners* Verständnis der Verfassung als “Norm und Aufgabe” ist ebenfalls sehr differenziert auf die verschiedenen (Text-)Felder von verfassungsstaatlichen Verfassungen anzuwenden. “Norm” sind die Grundrechte in den meisten ihrer Dimensionen, Aufgaben sind sie nur dort, wo ihnen Pflichten inhärent sind,. Selbst das Verfassungsverständnis von *Georg Jellinek* behält einen begrenzten Anwendungsbereich: Das Zweidrittel-Erfordernis bei Verfassungsänderungen ist ein Beispiel für die erhöhte formelle Geltungskraft (Art. 79 Abs. 2 und Art. 79 Abs. 1 Satz 1 GG, Art. 83 Verf. Thüringen von 1993).

Besondere Bedeutung kommt der Lehre von der “Offenheit der verfassung” *(Konrad Hesse)* und der “Offenen Verfassunfsinterpretation” *(Peter Häberle)* sowie der späteren “offenen Gesellschaft der Verfassungsinterpreten” (1975) zu. Sie lässt erkennen, dass jede Verfassung im Waldel der Zeit steht und zugleich unabänderliche Grumdelemente festschreibt (Art. 79 Abs. 3 GG, art. 110 Abs. 1 Verf. Griechenland, Art. 288 Verf. Portugal, art. 159 Verf. Angola von 1992, Art. 125 Verf. Niger von 1992, Art. 88 Verf. Djibouti von 1992/2007, Art. 130 Verf. Republik Guinea-Bissau von 1993, Art. 441 f. Verf Ecuador von 2008). *Konrad Hesses* Erinnerung an die “normative Kräft der Verfassung” (1959) ist eine Antithese zur “normativen Kräft des Faktischen” *(Georg Jellinek)*. Vor jeder Selbstüberschätzung der Erkenntnisfähigkeit und Gestaltungskraft des staatsrechtslehrers sei

[14] Vgl. BVerfGE 96, 288 (302 f.). verfassungsvergleichend ergiebig Art. 4 Abs. 4 Verf. Niederösterreich von 1979/2004, art. 13 Abs. 2 Verf. Tirol von 1989/2003, art. 7 Abs. 2 lit. f regionalstatut Latium (2004).

[15] S. auch art. 11 abs.3 Regionalstatut Apulien von 2004: “coesione sociale”.

gewarnt. Letztlich weiβ nur der "Weltgeist", wann, wo und wie sich Elemente des Wandels und der Daüer in der Gesthichte einer konkreten Verfassung abwechseln.

Sicher ist, dass jede nationale Verfassung sich Integrationspolitik erlaubt und Integegrationskräfte braucht. All dies wird spätter bei der Frage nach den "Akteurem" beim Namen genannt. Die Verfassung lässt jedoch auch Räume für Desintegration, Infragestellung (Verfassungsänderungen!, im GG bald 60!) oder Abstinenz und Dissens (zu) – man denke an den in den 50er Jahren in Deutschland bekannten Standpunkt des "Ohne mich": geschützt durch den status negativus der Grundrechte, vielleicht sogar an den zivilen Ungehorsam (vgl. Präambel, letzter Spiegelstrich Verf. Republik Kongo von 1992). So braucht die "normative Kräfatt der Verfassung" Elemente und Phasen der Integration *und* der Differenz zugleich.

Aus der eigenen kleinen Förschungswerkstatt des Verfassers hier nur einige Sticheorte: die 1979 entwickelte Kontexttheorie[16] sowie das Teststufenparadigma aus dem Jahre 1989[17], schlieβlich das Wort von der "Verfassungskultur" und die Erarbitung der "Geistklauseln" in manchen geschriebenen Verfassungen. Auch hier tut Selbstbescheidung Not. Ein *Montesquieu* kongeniales Buch "Vom Geist der Verfassungen" ist bis heute nicht geschrieben worden. Es könnie auch nur durch einen umfassenden weltweiten kulturwissenschaflich inspirierten Verfassungsvergleich in Sachen Texte, Judikate und Theorien[18] gedeihen, der die Möglichkeiten und Horizonte des "einsamen Gehirns" eines Forschers auch im Zeitalter des vernetzten Internet übersteigt. All dies meint das skizzierte "gemischte" Verfassungsverständnis, wobei das Pluralismusprinzip für Medien optimal Art. 17 Verf. Ecuador von 2008) eine tragende Konnexgarantie ist: i.S. der "Verfassung des Pluralismus" (1980, s, auch Präambel Verf. Bosnien-Herzegovina von 1969: "pluralistic society").

[16] Vgl. Kommentierte Verfassungsrechtsprechung, 1979, S. 44 FF.: Die Verfassung im Kontextm, in: Daniel Thürer u.a. (Hg.) Verfassungsrecht der Schweiz, 2001, S. 17 ff.

[17] Textstufen als Entwicklungswege des Verfassungsstaates, in:> FS für Karl Josef Partsch, 1989, S. 555 ff. "Selbst nur für "semantisch" gehaltene oder "aufgehobene" Verfassungstexte sind oft aussagekräftiger als so manche wissenschaftliche Literatur – Zum Verfassungstext geronnen ist der Begriff "Kontext" in Art. 2 Verf. Singapur von 1976/82 und Art. 259, 260 verf. Kenia. 2010.

[18] Fast sensationell is die Textstufe in Art. 2 Abs. 2 lit. e Verf. Malawi von 1994: Verweis auf "comparable foreign case law" (zit. Nach JöR 47 (1999), S. 563).

2.3. INTEGRATIONSFELDER, KRÄFTE, RESSOURCEN, QUELLEN, VERGEMEINSCHAFTSVORGÄNGE, THEMEN, INTEGRATIONS-PROGRAMME, INTEGRATIONS-ARTIKEL, INTEGRATIONSPOLITIK, AKTEURE – IM GANZEN: "KULTUR"

Es gibt eine Reihe von Themenfeldern verfassungsstaatleicher Verfassungen, die als "Ressource" für Gemeinschaftungsvorgänge und ihre "Akteure" besonders wichtig sind Genannt seien typische Integrationsartikel wie offene Gottesklauseln in der Idealform der Verfassungen Polens (1997) und Albaniens (1998) mit ihrer Einbeziehung auch der Nichtgläubigen, die Präambeln mit ihren bürgernahen Sprache sowie ihren Zukunftsvisionen (z.B, Präambel Verf. Kosovo von 2008), auch die in afrikanischen Verfassungen beliebten "Wahlsprüche" (z. B. Art. 4 Abs. 4 Äquatorial-Guinea von 1991, Art. 4 Abs. 1 Madagaskar von 1995) sowie Nationalsymbole wie Artikel zu Flaggen, Hymnen sowie Feiertagen – als emtrionale Konsensquellen – bis hin zu Mosaiksteinen der Erinnerungskultur[19] wie Museen und Archive (vorbildlich Art. 379 Verf. Ecuador von 2008). Hierher gehöben neben Sprachen-Artikeln (vorbildlich Art. 3 Verf. Namibia von 1990, Art. 4 nBV Schweiz von 1999) und Schutzaufträgen für im Ausland lebende Staatsbürger (vgl. Art. 15 Verf. Kosovo und art. 13 Verf. Serbien von 2006) auch gemeinschaftsbildende Grundrechte, die einen "status corporativus" schaffen, etwa die Religionsfreiheit und die Freiheit für Vereine und Gewerkschaften. Die politischen, z.B. (Wahl-)Rechte,die ihren letzten Ursprung in der Menschenwürde haben, gehören ebenfalls hierher. Im Ganzen ist es die als offen, pluralistisch konzipierte Kultur, die die Möglichkeit für Integrationskräfte bereit hält, aber auch für das Gegenteil (die Verweigerung, Dissens und Alternativen).

2.4. "GEGENLAGER",DIE VERFASSUNG DES PLURALISMUS, DER VIELFALT, DER DIFFERENZ

Bei allen von den Verfassungen angeregten (nicht erzwingbaren) Vergemeinschaftungsvorgängen ist auch an deren Grenzen zu erinnern. Garantiert werden sie durch die aus (berechtigtem) Misstrauen geborene horizontale und vertikale Gewaltenteilung, auch das Subsidiatitätsprinzip (Art. 23 Abs. 1 Satz 1 GG, Art. 88-6, Verf. Frankreich von 1958/2008, Art. 5 Abs. 1 EUV) ist ein gestuftes Integrations-programm, sowie durch den

[19] Aus der Lit.: *Peter Häberle,* Die Erinnerungskultur im verfassungsstaat, 2011.

grundrechtlichen status negativus, den Privatheitsschutz (zuletzt Art. 31 Verf. Kenia von 2010) sowie durch den Minderheitenschutz (vorbildlich: Art. 45, 80 Verf,. Serbien von 2006). Der Verfassungsstaat muss die "Ohne-mich-Bürger" ebenso ertragen wie alle Arten der z.B. durch die Demonstrationsfreiheit gesicherten Opposition ("Wutbürger"). Vor allem ist an die Freiwilligkeit bei allen Formen der Huldigung an Staatssymbole wie Flaggen und Hymnen zu erinnern, auch darf der Bürger nicht überfordert werden. Die Trennung von Staat und Religionsgesellschaften bzw. Das Neutralitätsprinzip (BVerfGE 123, 148 (178)) im Geiste eines offenen Religionsverfassungsrechts gehört hierher. Bei all dem ist freilich zu bedenken, dass der Staat – entgegen einer beliebten Vokabel – durchaus seine eigenen Voraussetzungen mit gestaltet bzw, garantiert, greitbar etwa in Form der Erziehungsziele in den Schulen (z.B. art. 131 Verf Bayern, Art. 28 Verf. Brandenburg, Art. 16 Abs. 2 Verf Girechenland von 1975/2001) und in seinen Engagements in Sachen Kulturpolitik (z.B. Art. 30 Verf. Thüringen von 1993, Art. 42 Verf. Bern von 1993). "Parallelgesellschaften" sollen vermieden werden. Darum ringen etwa interne Integrationsprogramme für Einwanderer, auch die kulturelle Integrationspolitik Deutschlands in Form von Islamzentren an Universitäten (zuletzt in Tubingen, 2012), Art. 80 Verf. Serbien von 2006 gelingt eine vorbildliche ganz neuartge allgemeine Toleranz-Klausel: "spirit of tolerance".

3. ZWEITER TEIL: WERDENDE VERFASSUNGSGEMEINSCHAFTEN – TEILVERFASSUNGEN INSBESONDERE IN DER EU, AUFTEILUNG DER INTEGRATIONSAUFGABEN UND -AKTIVITÄTEN SOWIE AKTEURE – DIE FINANZKRIZE

3.1. NATIONALE TEILVERFASSUNGEN IN REGIONALEN VERANTWORTUNGSGEMEINSCHAFTEN WIE EU UND MERCOSUL, REGIONALISIERUNG UND GLOBALISIERUNG

Die integrationskraft der Klassischen nationalen Verfassungen ist heute von ganz neuer Seite her tief- und weigehend begrenzi: zunächst von den überregionalen Zusammenschlüssen her, in welcher Form auch immer[20]. Speziell in der EU sind die nationalen Verfassungen nur noch *Teil*verfas-

[20] Die besondere Ausstrahlung des GG "nach außen" sei nicht vergessen, dazu *Thilo Rensmann*, Wertordming und Verfassung, Das Grundgesetz im Kontext grenzüberschreeeeeitender Konstitutionalisierung, 2007

sungen, eine These aus dem Jahre 2001[21]. Das europäische Verfassungsrecht dringt osmotisch in die nationalen Verfassungsräume ein und begrenzt damit deren Integrationsprogramm und Integrationskraft. Es kommt zu Kompensationsvorgängen. Konkret: Viele Themen und Funktionen sind von Deutschland oder Italien nach Brüssel und Luxemburg, aber auch nach Straβburg abgewandert. Man denke an die Lebensbereiche der Grundrechte oder an Teilgebiete des Privat- und Strafrechts (Stichwort: Europäisches Privat- und Strafrecht[22]. Mag auch der Vertrag von Lissabon (2007/2009) die Europa-Symbole wie die Europaflagge und die Europahymne sowie den Europatag formal-textlich abgeschafft haben, in der europäischen Verfassungswirklichkeit sind sie fast vor jedem Rathaus oder bei gröβeren politischen Ereignissen präsent. Damit werden auch Integrationsktäfte in Bezug auf Europa wach gehalten, z. B. wehen allerorts die Nationalflaggen neben der Europaflagge. Mit anderen Worten: Die auf den *Nationalstaat* bezogene Integrationslehre von *Rudolf Smend* ist, so klassisch sie bleibt, heute nicht mehr durchzuhalten; sie ist ins Europäische umzudenken, neu zu formulieren; das Wort von der "Einheit der Verfassung" ist zu modifizieren in "partielle Einheit". Der in den meinsten neueren Verfassungen fixierte "Vorrang der Verfassung"[23] ist insofern neu zu lesen. Was die nationale Verfassung an Integrationskräften verloren hat, leistet jetzt die übergeordnete regionale Gemeinschaft, konkret die EU bzw, das Europa des Europarates zu ihren Anteilen. Hiert haben das Gemeineuropäische Verfassungsrecht (1991), ebenso das Gemeinamerikanische und Gemeinasiatische Verfassungsrecht ihren Platz (2003/1997). Zu ihren Mosaiksteinen gehören Artikel des "nationalen Europaverfassungsrechts"[24]

[21] *Peter Häberle,* Das Gründgesetz als Teilverfassung im Kontext der EU/EG, in: FS für Hartmut Schiedermair, 2001, S. 81 ff.

[22] Dazu zuletzt *Joachim Vogel,* Strafrecht und Strafrechtswissensechaft im internationalen und europäichen Rechtsraum, im: JZ 2012, S. 25 FF.: *Ulrich Sieber,* Die Zukunft des Europäischen Strafrechts, in: ZStW 121 (2009), S. 1 ff.

[23] Beispiele: Art. 6 Verf. Malta von 1964, Art. 3 Abs. 2 und 3 Verf. Benin von 1990, Art. 5 Verf. Bulgarien von 1991, art. 4 Verf. Kolumbien von 1991, Art. 6 Verf. Georgien von 1995, Art. 1 Verf. Südafrika von 1996/2007, Art. 4 Verf. Westkap von 1997, art. 1 Verf. Nepal von 2006.

[24] Beispiele Art. 23 GG, Art. 88-1 bis 7 Vert. Frankreich, Art. 1 Verf. Oberöstereich von 2001. Art. 1 Abs. 4 Regionalstatut Umbrien von 2005, – In Sachen afrikanische Einheit: Präambel Verf. Tschad von 1996. Präambel Verf. Mali von 1992; ein Souveränitätsverzicht findet sich sogar in Art. 146 verf. Burkina-Faso.

Akteure sind in Europa die Unioisbürger. Ein europäisches Integrationsprogramm findet sich in Art. 2 EUV (Grundwerte der Union), auch in Sachen "kulturelles Erbe Europas" (gemäβ Art. 3 Abs. 3 Satz 4 ebd.) sowie in der Präambel ("kulturelles, religiöses und humanistisches Erbe Europas").

Die *Globalisierung*[25] hat zwei Aspekte: Einerseits *relativiert* si die Möglichkeiten der auf die innere Integration zielenden Nationalstaaten, andererseits *stützt* sie diese, indem sie sie als cooperative Verfassungsstaaten in die Welt ausgreifen lässt. In dem Maβe, wie der Mensch zum "Völkerrechtssubjekt"[26] reift, wird die Integrationsaufgabe universal.

Ein Wort zu den *Akteuren* in Sachen Integrationsprozess der nationalen (Teil-) Verfassungen: es sind die Verfassungsorgane (z.B. in Gestalt ihrer Öffentlichkeitsarbeit), die Pluralgruppen, die staatlichen Schulen (dank der Bildungziele, prominent: Art. 16 Abs. 2 Verf, Griechenland). Letzten Endes agieren die Bürger. Für Verfassungen gibt es keine "Lebensversicherungen". Es ist die Gemeinschaft ihrer Bürger, die sie am Leben erhält. Selbst der Verfassungsjurist hat nur betscheidene Möglichkeiten, der Jubilar *Paul Kirchhof* hat sie in seiner Biographie optimal ausgeschöpft[27].

Auf internationaler Ebene sind die NGOs zu unverzichtbaren Akteuren geworden, neben den UN und ihren Unterorganisationen, auch den Internationalen Gerichtshöfen Von ihnen allen hängt es ab, ob es einmal zu einer "universalen Verfassungslehre" kommen wird (auf den Spuren von *Hugo Grotius, Montesquieu* und *Immanuel Kant).*

[25] Aus der Lit.: *Peter Häberle,* Menschenrechte und Globalisierung, in JöR 55 (2007), S. 397 ff.; jüngst *Astrid Niederbergerl Philipp Schink* (Hg.), Globalisierung. Ein interdisziplinares Handboch, 2001: vorher schon *Ulrich Steger* (Hg.), Facetten der Globalisierung, 1999, zu den strukturellen veränderungen der Staatlichkeir durch Globalisierung; *Christian Walter,* Die Europärsche Menschenreschtskonvention als Konstitutionalisierungsprozess, in ZaöRV 59 (1999), S. 961 ff., 968 ff.: *ders.* Die Folgen der Globalisierung für die Europäische Verfassungsdiskussion, in: DVBl, 2000, S. 1 ff.

[26] Dazu *Anne Peters.* Das subjektive internationale Reht, in: JöR 59 (2011), S. 411 ff.

[27] Von seinem Staatsrechtslehterreferat in Innsbrucl ("Besteuerung und Eigentum"), in VVDStRL, 39 (1981), S. 213 ff. über den Handbuchartikel (z.B. HStR, Bd, III. 1988) § 59 ("Mittel staatlicher Handelns") bis zum Gedächtnisblatt (für *Hans Scbhneider,* in JöR 60 (2012), S. 367 ff.).

3.2. INSBESONDERE: DIE FINANZKRISE ALS GEFAHR FÜR DIE TEILVERFASSUNGEN IN EUROPA

Die aktuelle Finanzkrise bildet eine akute Gefahr für das Ensemble der Teilverfassungen in Europa und ihre sie verlebendigenden Integrationsvorgänge[28], Speziell die Wirkung der in der Schweiz erfundenen "Schuldenbremse" (§ 120 KV Basel-Stadt von 2005)[29] – Ausdruck des generationenübergreifenden Verfassungsverständnisses und eine Konnexgarantie zur Ewigkeitsklausel des Art. 79 Abs. 3 GG – ist der Testfall für die Integrationskraft von Verfassungen. Die "soziale Marktwirschaft", in manchen europäischen Ländern ausdrücklich Verfassungstext (vgl. Art. 20 Verf. Polen von 1997, Art. 7 Abs. 3 Verf. Tirol von 1989/2003), muss darum bemüht sein, die außer Kontrolle geratenen Finanzmärkte zu reguliere und die (amerikanischen) Rating-Agenturen in die Schranken zu weisen (am besten öffentlich-rechtlich, europäisch, jedenfalls mit Unabhängigkeitsstatus).

AUSBLICK

Die – begrenzte – Integrationskraft von "Verfassungen des Pluralismus" bleibt ein Thema der Vergleichenden Verfassungslehre, wenn sie kulturwissenschaftlich konzipiert ist. Die welweiten Entstehungsvorgänge von regionalen Verantwortungsgemeinschaften, z.B. Mercosul, der Andenpakt oder die alten und neuen Zusammenschlüsse in Asien (dei Länder von Äsean, jüngst die Eurasische Wirtschaftsgemeinschaft zwischen Russland, Weissrunssland und Kasachstan) relativieren die herkömmlich kinzipierte normative Kraft der nationalen Verfassungen. Doch gibt es Kompensationsvorgänge von der "höheren" Ebene her. Diese sind auch unverzichtbar, da jede menschliche Gemeinschaft von der Kommune über den Kanton (bzw. das Land) bis zum Verfassunfsstaat und der diesen überwölbenden internationalen Zusammenschlüsse ("Verbünde") bedarf. Hier ist das Völkerrecht als konstitutionelles Menschheitsrecht in den Blick zu nehmen. Das große Wort von der "Verfassung der Völkerrechtsgemeinschaft" *(Alfred Verdross)* wäre auch im Blick auf mögliche, von der UN eingeforderte und freigesetzte Integrationskräfte zu untersuchen, die zu denen des Verfas-

[28] *Chtistiph Ohler,* Finanzkrisen als herausforderung der internationalen, europäischen und nationalen Rechtsetzung, in: DVBl 2011, S. 1061 ff.

[29] Aus der Lit.: *Maxi Koemm,* Eine Bremse für die Staatsverschulding?, 2011.

sungsstaates komplementär wirken. Die Idee des "Weltbürgers" [30]deutet die möglichen Horizonte an. Beispiele sind *Immanuel Kant, Albert Schweitzer, Nelson Mandela* und *Václav Havel*. Sie alle wirken ihresseits vorbildhaft in die Integrationsprozesse nationaler Verfassungen hinein (als "Wohltäter der Menschheit" i.S.d. bildungsidealistischen Erziehungsziels in Art. 56 Abs. 5 S. 2 Verf. Hessen von 1946); fast weltweit.

BIBLIOGRAPHIE

Depenheuer, Otto, u.a. (Hg.), Verfassunfstheorie, 2010.
Ehrenzeller, Bernhard, u.a. (Hg.), Vom Staatsbürger zum Weltbürger, 2011.
Grimm, Dieter, Die Zukunft der Verfassung, 2002.
Häberle, Peter, Verfassungslehre als KLulturwissenschaft, 1982, 1998.
ders, Menschenrechte und Globalisierung, in: JöR 55 (2007), S. 397 ff.
ders, Europäische Verfassungslehre, 2011.
ders, Die Erinnerungskultur im Verfassungsstaat, 2011.
Hofmann Hasso, Vom Wesen der Verfassung, in: JöR 51 (2003), S. 1 ff.
Smend, Rudolf, Staatsrechtliche Abhandlungen, 2010.
Tsatsox, Dimitri Th. (Hg.), Die Unionsgrundordnung, 2010.

[30] Dazu jetzt der Hand Bernhard Ebrenzeller u.a. (Hg.), Vom Staatsbürger zum Weltbürger, 2011.

DA SOBRELEGIFERAÇÃO NO CIVILISMO BRASILEIRO

Regnoberto Marques de Melo Júnior*

INTRODUÇÃO

A lei brasileira nº 13.655, de 25 de abril de 2018, que "inclui no Decreto--Lei nº 4.657, de 4 de setembro de 1942 (Lei de Introdução às Normas do Direito Brasileiro, LICC), disposições sobre segurança jurídica e eficiência na criação e na aplicação do direito público", em vigor desde 26 de abril de 2018, e em especialmente o seu artigo 29, vigente desde 23 de outubro de 2018, trouxe importantes limites à toxicidade da inflação e tropismo legiferante que domina as três funções estatais brasileiras, "in crescendo modo" mormente a partir da a constituição de cinco de outubro de 1988.

De par com a Lei Complementar nº 95, de 26 de fevereiro de 1998, e seus regulamentos, Decreto nº 2.954, de 1999, Decreto nº 4.176, de 2002, Decreto nº 9.191, de 2017, – estas, normas de direção à legiferação em sentido estrito –, a então conhecida "Lei de Introdução ao Código Civil" (LICC), hoje "Lei de Introdução às Normas do Direito Brasileiro" (LINB), na redação dada pela Lei nº 12.376, de 2010, ainda atendendo pelo principal título de DECRETO-LEI nº 4.657, de 4 de setembro de 1942, formam essas leis o sistema jurídico que regulamentará não somente a legiferação em si, mas doravante, a esperável aplicação do direito, notadamente no domínio publicista, se é que há alguma divisão tangível na organicidade

* Doutor e Mestre em Direito pela PUC-SP.
Professor da Faculdade de Direito da UFC.

do direito, não obstante assim insistam os documentos autorizados, sacados do concílio dos legisladores nacionais.

Nestas breves linhas, refletiremos sobre o alcance e sentido dos inéditos enunciados, e seu impacto na práxis e limites da edição jurídica estatal, sobretudo na sensível questão da sobrelegiferação civilística.

1. ANTES, O LIMITE DO LIMITE

A Lei nº 13.655, de 2018, averbou à LINB, o dever estatal de concrecção, em todos as esferas locais de poder, municipal, estadual e federal. Este dever de concreção, veiculado no Art. 20 da LINB, impõe, de um lado, sopesar a concreção das decisões de qualquer origem, e de outro lado, que este dever seja devidamente motivado, justificado, arrazoado, seja quanto ao seu conteúdo positivo (de fazer), seja negativo (não fazer).

A Lei nº 13.655, de 2018, averbou ainda à LINB, o dever de concreção especial nas prestações negativas. Nestes, conforme Art. 21, a dicção estatal decisória invalidante – administrativo ou judicial – expressamente indicará as suas consequências jurídicas e administrativas, e zelará pela morigeração dos resultados práticos, e prevenção dos abusos, móvel anímico, aliás, desta importante lei de 2018, a ponto de afastar a imposição dos "sujeitos atingidos ônus ou perdas que, em função das peculiaridades do caso, sejam anormais ou excessivos".

A Lei nº 13.655, de 2018, inova à LINB, no dever de concreção hermenêutica nas regras sobre gestão pública a partir do seu Art. 22. Impõe ao aplicador estatal o dever de considerar, na interpretação deste pontual campo de esforço (gestão pública), os empeços reais, concretos, fáticos do gestor, considerando o equilíbrio entre os interesses públicos e privados. E, novamente, como enuncia no Art. 21, fixa ao administrador e ou magistrado judicante o dever de equidade no julgamento.

Deste há cuidadosa prescrição na disposição sancionante e aplicação deste veredito sancionador e extensões (como verbalizado no Art. 21, § 3º, "As sanções aplicadas ao agente serão levadas em conta na dosimetria das demais sanções de mesma natureza e relativas ao mesmo fato").

Relevante é o impacto desta diretriz hermenêutica no ordenamento da improbidade administrativa (Constituiçao de 1988, CF/1988, arts. 15, 37 etc., Leis nº 8.112/1990; 8.429/1992; 8.666/1993, enfim).

A Lei nº 13.655, de 2018, inova, mais, à LINB, no dever de concreção de impessoalidade. No seu novo Art. 23, está escrito: "A decisão administrativa, controladora ou judicial que estabelecer interpretação ou orientação nova sobre norma de conteúdo indeterminado, impondo novo dever ou novo condicionamento de direito, deverá prever regime de transição quando indispensável para que o novo dever ou condicionamento de direito seja cumprido de modo proporcional, equânime e eficiente e sem prejuízo aos interesses gerais." Este dever de "prever regime de transição quando indispensável" é cláusula reforçativa. Não uma condição suspensiva.

Daí por que se chamou de dever de concreção de impessoalidade, de isenção. É o sobredever de moralidade pública o que coliga "a interpretação ou orientação nova sobre norma de conteúdo indeterminado, impondo novo dever ou novo condicionamento de direito" ao lapso temporal razoável. Em continuação, a Lei nº 13.655, de 2018, estatui ao direito brasileiro, pela LINB, o dever de concreção limitativo revisional. No Art. 24, aditado, a revisão de ato estatal considerará o tempus de regência. No moinho do Direito as suas águas passadas sempre se lhe moverão.

O indeclinável respeito da lei ao direito adquirido, ato jurídico perfeito e a coisa julgada, prescrito na CF/1988, Art. 5º, XXXVI, acolhe aqui sua feição prática quando minucia o objeto da limitação: o ato estatal, judicial ou extrajudicial. Diz-lhe o parágrafo único, são "orientações gerais as interpretações e especificações contidas em atos públicos de caráter geral ou em jurisprudência judicial ou administrativa majoritária, e ainda as adotadas por prática administrativa reiterada e de amplo conhecimento público".

Quando forem revistas, e todo ato administrativo é revisável, a qualquer tempo, pelos princípios da legalidade e justiça, para lhe conformar ao direito, mormente o direito legal, vedam-se-lhes retroações invalidantes.

A Lei nº 13.655, de 2018, inova ainda o direito brasileiro, pela LINB, no dever de concreção eficacial na solução do contencioso público. Segundo o novo Art. 26, abre-se ao Estado a transação especial que vise dissipar dúvida ou contenção mediante compromisso. Lembremos que compromisso é espécie de transação, cabendo a esta prevenir, além de remediar direitos patrimoniais disponíveis. O núcleo de dever da passagem é o de acordar. O de promover o ajuste sem o sacrifício do interesse público (indisponivel ex se) e sempre com a publicidade e oitiva pública do assunto.

A Lei nº 13.655, de 2018, estende, pela LINB, o dito dever de concreção eficacial na solução do contencioso público. No Art. 27 cuida da forma de extinção obrigacional conhecida por "compensação" ocorrrente quando as partes forem mutuamente credora e devedora uma da outra, e as dívidas forem líquidas, vencidas e de coisas fungíveis (CC/2002, arts. 368 ss.). Neste caso, di-lo o citado art. 27, a compensação, que pode ser judicial ou extrajudicial, será objeto de decisão específica, devidamente motivada, e équa (que afaste injustiças). O direito novo, quando é o caso de feito judicializado, reforça o negócio jurídico processual, prevista nos arts. 200 a 202 do CPC/2015.

A Lei nº 13.655, de 2018, ratifica, pela LINB, o direito de responsabilização subjetiva do servidor público. A dicção do art. 28 que textualiza que, "O agente público responderá pessoalmente por suas decisões ou opiniões técnicas em caso de dolo ou erro grosseiro" de modo alguma retira ou condiciona a conhecida responsabilidade dita objetiva do Estado. Responsabilidade objetiva é a tese de política jurídica que permite o ânimo de danar pré-considerado na lei federal, facilitando assim a concreção do juízo. Nesta hipótese, cabe à vítima do dano civil apenas o ônus de prová-lo pela lógica do nexo de causalidade, questão de fato, não de direito.

A responsabilidade estatal tem o epicentro normativo no CC/2002, Art. 43, "As pessoas jurídicas de direito público interno são civilmente responsáveis por atos dos seus agentes que nessa qualidade causem danos a terceiros, ressalvado direito regressivo contra os causadores do dano, se houver, por parte destes, culpa ou dolo."

O direito regressivo do estado contra o seu servidor é o objeto deste Art. 28 da LINB, que o nitidizou quanto a dever de "responsa" (pareceres, e.g.) e que se conexiona inexoravelmente com os Arts. 122 a 126-A da Lei 8112/1990. A responsabilidade do agente público sempre será a clássica responsabilidade subjetiva, como de resto a de todos profissionais em geral (Lei 8078/1990, art. 14, § 4º).

A Lei nº 13.655, de 2018, inova importantemente, pela LINB, o direito processual legiferante administrativo, quando prevê no Art. 29, "Em qualquer órgão ou Poder, a edição de atos normativos por autoridade administrativa, salvo os de mera organização interna, poderá ser precedida de consulta pública para manifestação de interessados, preferencialmente por meio eletrônico, a qual será considerada na decisão." E no § 1º, "A convocação conterá a minuta do ato normativo e fixará o prazo e demais condições da consulta pública, observadas as normas legais e regulamentares específicas, se houver."

Três observações são cabíveis aqui nessa passagem.

Primeiro, o objeto: o ato normativo administrativo será todo aquele que atinja terceiros. Não se incluem os de mera organização interna, como seja, portarias e quejandos, que realoquem servidores, decidam e ou orientem processos internos.

A segunda observação diz respeito ao dever de publicidade. A frase "poderá ser precedida de consulta pública" não significa uma opção. Significa uma diretriz de fato. O "poder ser" deverá ser uma imposição toda vez que o interesse público assim o exigir. E este o interesse público exigirá sempre a exposição prévia do rascunho, ou minuta, da regra administrativa em estudo de edição, quando houver seqquer a expectativa de impactos sociais e econômicos e jurídicos, caros à LINB. Especialmente neste ajuste veiculado pela Lei nº 13.655, de 2018, quando o ato administrativo puder atingir a terceiros, ele será devidamente publicado com antecedência. É esta a regra. Não a exceção.

A terceira observação diz respeito à ligação com o Art. 30. A noção deste comando do Art. 29 é o de publicar a minuta com antecedência. O "poder ser" é um "ser" sempre que terceiros (cidadania etc.) forem atingíveis pela norma interna. O sobreprincípio da segurança jurídica assim o confirma.

A Lei nº 13.655, de 2018, confirma a inovação, pela LINB, do dever de concreção, visando a segurança jurídica. Pelo art. 30, ligado ao supradito, Art. 29, o alvo de "aumentar a segurança jurídica na aplicação das normas" passa pela mais ampla publicidade dos "regulamentos, súmulas administrativas e respostas a consultas" editados pelo Poder Público.

E valiosamente frisa o parágrafo único do art. que "terão caráter vinculante em relação ao órgão ou entidade a que se destinam, até ulterior revisão". Como se disse na passagem do art. 29, desde antes de sua edição, e especialmente após a mesma, o dever de publicidade dos atos administrativos, visto inclusive pelo subenfoque da transparência e compartilhamento das informações, é tarefa inafastável do Estado pelos seus agentes, de qualquer função (judicial, executiva e legislativa).

Perfaz desvio de finalidade, e nulifica o ato, o administrador que abusa do direito de normar para beneficiar a si ou ao ente, surpresando o destinatário da norma administrativa e desequilibrando o ônus próprio da relação jurídica que vincula administrado e Administração. E em boa hora assim o regula a LINB como veículo de sobredireito.

2. A SOBRELEGIFERAÇÃO NO CIVILISMO

Por civilismo chame-se o direito civil e sua dogmática. Como primeiro motor do direito ocidental, e historicamente (como a partir do Code Civil de 1804, da França) confundido com a fixidez da regra religiosa, o cânon do direito civil é o objeto de lei nacional e federal, assim até hoje encapsulado na regra constitucional (CF/1988, art. 22), que reserva para a União a criação de lei sobre direito civil.

Por direito deve-se entender o ordenamento político jurídico. O conjunto de qualquer manifestação de vontade que possa produzir efeito jurídico. O direito civil é o campo do direito dito privado que, com o direito comercial, e sua hoje subeespécies, direito de empresa, direito do trabalho, enfim, rege as relações patrimoniais e extrapatrimoniais entre entes na mesma linha de disponibilidade de direitos e devres (daí a alcunha "direito privado").

O direito civil é um direito eminemente legal. Seus deveres e direitos são de origem legal nacional e federal. Nacional porque provém e se dirige à nação. Federal porque, neste sistema de governo que preza pela autonomia, o direito civil preserva esta provisão e direção aos órgãos federais, vinculando os demais entes que lhe são politicamente inferiores, como sejam, o estado membro e o município. Noutras palavras, mesmo não estando dentro de um estado unitário, mas uma federação, o direito civil não perde a sua característica de direito legal eminentemente unitário, da união.

O direito civil em verdade requer a centralização. Não comporta a delegação de poder normativo. Como o faz o administrativo, por exemplo. Seu núcleo (civilístico) é por demais sensível para permitir abertura. É direito real o que a lei nacional diz que é. Seu objeto é politico e não jurídico. Identicamente, se a lei nacional civil resolve tutelar certo bem jurídico emprestando-lhe a tez de direito da personalidade ele o fará. É uma prerrogativa principesca deste campo do direito dito privado.

Lamenta-se verificar, contudo, a delegação indireta na legiferação civil. Diz-se isso ilustrativamente, porque se a delegação é politicamente possível, vale dizer, haver uma lei ou ato administrativo estadual ou municipal que contrarie ou inove, por exemplo, certo dispositivo do Código Civil, porque a própria lei civil federal assim lhe permitiu, esta passagem legal é visceralmente nula de pleno direito.

Mas, como dito, lamenta-se verificar a existência cotidiana desta erva daninha legista. Os atos administrativos são os principais instrumentos para a falta. Especialmente no campo fiscal e notarial, este abrangendo o tabelionato e os registros públicos. Como se não bastasse a pletora de leis nacionais a cada dia inflacionando o ordenamento, muitas viciadas de patentes inconstitucionalidades, a cidadania tem de conviver com toda a sorte de atos administrativos que literalmente entopem a fluidez do comércio econômico e jurídico, especialmente quanto ao trato da burocracia que formaliza os atos jurídicos.

Se é certo que o direito não se afixa na lex stricta, albergando, o seu espectro de existência, e coercibilidade (enforcement), os fatos e atos particulares (contratos, e.g.) a par dos fatos estatais (nas funções executivas e judiciárias), a lei, instrumento político-juridico estatal, é o seu veículo-mor de inovação e ou criação, como na regência dos direitos absolutos (reais e da personalidade, e.g.).

É desfuncionalidade jurídica severa, da qual se urge precatar, a provisão legal de cláusulas delegatórias que estendam o núcleo normativo, reservado à lei estrita, nacional e federal. Diz-se sobrelegiferação civilística este desbordo indevido de legislar sem poder. Não se trata de abuso de direito. Porque é claro como a luz do sol o poder-dever de legislar sobre direito civil pelo Congresso Nacional (CF/1988, art. 48). Se trata de obediência à competência funcional, cujo desrespeito caracteriza inclusive improbidade administrativa.

É importante que o exercício estatal de legislar sobre direito civil seja feito pela casa legislativa competente, que –, repita-se exaustivamente, pelo natural impacto causável e pela necessidade da mais ampla prospecção e publicidade das ideias em temas tão caros e delicados como propriedade, responsabilidade, família, enfim –, (que) é tão somente o Congresso Nacional. Mesmo que se acolha a ideia do tudo-poder, bem presente na esfera meramente politica, o direito não é lei. Muito menos o direito civil. Este exige lei. E, de novo, lei nacional, e, no nosso caso, brasileiro, lei federal. O direito civil é um complexo de valores e tradições legisladas. E este complexo não admite delegação.

Delegar em qualquer nível político, desde a Constituição, até a lei nacional, a regração de direito civil a ente fora do Congresso Nacional, é desfuncionalidade que deve ser evitada. Sobre essas tais "delegações" há tantos e variegados exemplos que é ocioso trazê-los *hic et nunc*. De todo modo é citável a própria Constituição. Os institutos dos decretos, da Medida Provisória, e dos atos normativos judiciários, a título de reger atos tabelionais e ou dos registros públicos, são outros exemplos de indevida transposição de poderes. Podem valer como declarações, instruções, mas não vinculam, a rigor, a cidadania. Não passam de atos administrativos declaratórios. A indução efacacial que eventuamente geram se limita ao caso concreto, comporta ataque e não podem pretender obrigar a cidadania como se norma legal o fosse.

Por fim, a questão da sobrelegiferação pelas súmulas vinculantes, extravagante conduto adotado em má hora pelo direito brasileiro pela Emenda Constitucional 45 de 2004 e Lei nº 11.417, de 19 de dezembro de 2006. Elas podem ser emitidas e esclarecerem, previnem e assim por diante. Vincularem, imporem, contudo, como se pudesse órgão judicante, a partir de caso concreto, criar norma abstrata e gerais, não. De modo algum. O direito não é campo político para mudar à vontade de príncipes, nada obstante os esforços da doutrina de Hans Kelsen que pretenderia reduzir o direito a algo posto, legislado, tão somente.. O direito tem faceta única: a naturalidade, a essencialidade anímica, que reclama e intui ideais e valores atemporais como a estabilidade, a equidade, a justiça. Por isso se diz que direito não muda. Não evolui, como hoje é comum ouvir. O direito é sistema de regras que visam a justiça pela segurança de seu conteúdo normativo.

Neste exemplo último, das súmulas vinculantes, seria a mais absoluta insensatez e negação dos mais comezinhos valores do estado democrático de direito se estender a função de legislador a um corpo funcional judicante que tem como único dever o oposto: o de preservar o legislado. Essa situação demonstra uma questão de especial gravidade que requer pronta atenção.

CONCLUSÕES

A lei brasileira nº 13.655, de 25 de abril de 2018, que "inclui no Decreto-Lei nº 4.657, de 4 de setembro de 1942 (Lei de Introdução às Normas do Direito Brasileiro, LICC), disposições sobre segurança jurídica e eficiência na criação e na aplicação do direito público", trouxe importantes luzes e limites à toxicidade da inflação e tropismo legiferante que domina as três funções estatais brasileiras, "in crescendo modo" mormente a partir da a constituição de cinco de outubro de 1988, notadamente no direito civil.

A Lei 13.655 de 2018 inovou a LINB e veio de contribuir também para reflexão da velha questão da sobrelegiferação civilística.

A Lei 13.655 de 2018 deve ser lida pareadamente com a Lei Complementar nº 95, de 26 de fevereiro de 1998, e seus regulamentos, Decreto nº 2.954, de 1999, Decreto nº 4.176, de 2002, Decreto nº 9.191, de 2017, – estas, normas de direção à legiferação em sentido estrito.

Este sistema jurídico regra não somente a legiferação em si, mas doravante, a esperável aplicação do direito, notadamente no domínio publicista, referindo-se este termo ao plano de maior intervenção estatal.

O direito não se afixa na lex stricta mas alberga no seu espectro de existência e coercibilidade quaisquer fatos além dos fatos estatais (nas funções executivas e judiciárias).

A lei, porém, é o seu instrumento político-juridico estatal e o seu veículo-mor de inovação e ou criação, sobretudo no direito civil, como na regência dos direitos absolutos (reais e da personalidade, e.g.).

É desfuncionalidade jurídica severa, da qual se urge precatar, a provisão legal de cláusulas delegatórias que estendam o núcleo normativo, reservado à lei estrita, nacional e federal. E agrava esta pecha quando a brecha aberta alcança o direito civil.

REFERÊNCIAS

Ascensão, José de Olveira. O direito: introdução e teoria geral. Uma perspectiva luso-brasileira. Lisboa: Fundação Ccalouste Gulbekian, 1977.

Aubry; Rau. Cours de droit civil français: D'après la méthode de Zacharie: Paris: Marchal et Billard, 1917. 8 vols.

BRASIL. Código Civil brasileiro. Lei n. 10406 de 2002. Disponível em <http://www.planalto.gov.br/ccivil_03/leis/2002/l10406.htm>.

BRASIL. Constituição da República Federativa do Brasil: promulgada em 5 de outubro de 1988. Disponível em <http://www.planalto.gov.br/ccivil_03/constituicao/constituicaocompilado.htm>.

BRASIL. Lei de Introdução ao Código Civil Brasileiro. Decreto-Lei n. 4657 de 1942. Disponível em <http://www.planalto.gov.br/ccivil_03/decreto-lei/Del4657.htm>.

Capitant, Henri (Org.). Vocabulaire juridique. Paris: Les Press Universitaires de France, 1936.

Carbonnier, Jean. Flexible droit: pour une sociologie du droit sans rigueur. Paris: LGDJ, 2014.

David, René. Jauffret-Spinosi, Camille. Goré, Marie. Les grands systèmes de droit contemporains. Paris: Dalloz, 2014.

D'Aguanno, Giuseppe. La Genesi ed L'evoluzione del diritto civile. Firenze: Fratelli Bocca Editori, 1890.

Diez-Picazo, Luis. Gullón, Antonio. Sistema de Derecho Civil. 9ª ed., Madri: Tecnos, 2016.

DINIZ, Maria Helena. As Lacunas no direito. Saraiva, São Paulo: Saraiva, 1989.

______. Ciência jurídica. São Paulo: Resenha Universitária, 1982.

______. Conceito de norma jurídica com problema de essência. São Paulo: Saraiva, 1985.

______. Conflito de normas. São Paulo: Saraiva, 1987.

______. Compêndio de introdução à ciência do direito. São Paulo: Saraiva, 1995.

______. Curso de Direito Civil Brasileiro. São Paulo: Saraiva, 2008. Vol. 7.

______. Dicionário Jurídico. São Paulo: Saraiva, 1998.

______. Norma constitucional e seus efeitos. São Paulo: Saraiva, 1992.

______. Lei de introdução ao código civil brasileiro interpretada. São Paulo: Saraiva, 1994.

FAGUNDES, Miguel Seabra. O Contrôle dos atos administrativos pelo poder judiciário. Rio de Janeiro: Ed. Forense, 1967.

GAMBARO, Antonio. SACCO, Rodolfo. VOGEL, Louis. Traité de droit comparé. Paris: LGDJ, 2011.

GENY, François. Méthode d'interpretation: et sources en droit privé positif. Paris: Librairie generale de droit, 1954.

GILISSEN, John (Org.). Le pluralisme juridique. Bruxelas: Université de Bruxelles, 1971.

HANSEN-MAGNUSSON, H. and WIENER, A. Studying Contemporary Constitutionalism: Memory, Myth and Horizon. JCMS: Journal of Common Market Studies, 48: 21–44. doi: 10.1111/j.1468-5965.2009.02040.x. (2010)

IP, Eric C. Globalization and the future of the law of the sovereign state. Int J Constitutional Law 2010 8: 636-655.

INFANTINO, Marta. Comparative Civil Liability Law. Notas de aula. Paris: Fondation pour le droit continental, Université Paris 2 Panthéon Assas, 2017.

LEHR, Ernest. Éléments de droit civil germanique. Paris: E. Plon & Cie., 1875.

KELSEN, Hans. Teoria geral do direito e do estado. São Paulo: Martins Fontes, 1992.

MELO JÚNIOR, Regnoberto Marques de. A Instituição notarial: No direito comparado e no direito brasileiro. Fortaleza: Imprensa Universitária, UFC, 1998.

QUEIRÓS, José Maria de. O abuso do direito. Fortaleza: Imprensa Universitária da UFC, 1977.

PFERSMANN, Otto. Le droit comparé comme interpretation et comme théorie du doit. Paris; RIDC, 2-2001, pp. 275 ss.

PELTZER, Federico J. M. (Colab.). Tratado de derecho civil. Buenos Aires: Editorial Perrot, 1998.

REALE, Miguel. Teoria tridimensioanal do direito: Situação atual. São Paulo: Saraiva, 1994.

ROCHA, José de Albuquerque. Súmula vinculante e democracia. São Paulo: Atlas, 2009.

SAVIGNY, Friedrich Karl Von. Metodologia jurídica. Buenos Aires: Valletta ediciones, 2004.

ESPINOLA, Eduardo; ESPÍNOLA FILHO, Eduardo. A Lei de introdução ao código civil. São Paulo: Renovar, 1995.

TRABUCCHI, Alberto. Instituzioni di diritto civile. Padua: Cedam, 1968.

TRIACA, Francesco. Elementi di diritto civile. Milão: Ulrico Hoepli, 1886.

VIEHWEG, Theodor. Tópica e Jurisprudência. Tércio Sampaio Ferraz Jr. Brasília: Editora do Senado, 1979.

VOIRIN, Pierre. Manuel de droit civil. Paris: L.G.D.J, 1991.

WALD, Arnoldo. JAUFFRET-SPINOSI, Camille. Le droit brésilien d'hier, d'aujourd'hui et de demain. Paris: Société de Législation Comparée, 2005.

YOUNGS, Raymond. English, French & German comparative law. New York: Routledge, 2014.

EVOLUÇÃO E CENÁRIO ATUAL DA PROTEÇÃO DE DADOS PESSOAIS

Renato Afonso Gonçalves*

INTRODUÇÃO

O avanço tecnológico vivenciado pela humanidade a partir da segunda metade do século XX fez com que dados de caráter pessoal circulassem livremente, sobretudo com o advendo da internet . Nesse novo cenário, as barreiras do tempo e espaço deixaram de existir configurando uma novo paradigma comunicacional.

Dioturnamente as pessoas fornecem ou expõem dados pessoais sobre o nome, nacionalidade, estado civil, sexo, crédito e condição econômica, religião, educação, saúde, expressão política e hábitos sociais que integram o seu *modus vivendi*. De posse dessas informações poderosos conglomerados econômicos estabelecidos em todo território global, através de avançadas ferramentas tecnológicas, constituem um provável perfil do indivíduo. Os dados pessoais constituem verdadeiros *ativos* para as empresas privadas num mercado de economia digital em franca ascensão, e elementos de investigação para as autoridades públicas, sobretudo no combate à criminalidade e ao terrorismo.

* Doutorando em Ciências Histórico-Jurídicas na Faculdade de Direito da Universidade de Lisboa.
Mestre em Direito das Relações Sociais pela PUC-SP.
Professor da Universidade Paulista – UNIP.
Advogado.

O espaço virtual evoluiu rapidamente para o que hoje denomina-se *internet of things – IoT*, onde a exposição pessoal gerada pelas novas tecnologias quase sempre se dá de forma voluntária, sobretudo através das redes sociais. Mas essa exposição também se dá de forma involuntária, na interface do cidadão com o Estado e no estabelecimento de relações comerciais e de consumo que exigem o fornecimento de dados pessoais como condição para a aquisição de produtos e serviços, dos mais essenciais à sobrevivência humana aos mais supérfluos. Os chamados *algoritmos* permitem o armazenamento gigantesco de informações (*bigdata*) que são relacionados, agrupados e contextualizados para o controle social e econômico (*data miting*). Com isso, a definição de perfis permite aos detentores das novas tecnologias não só conhecerem melhor a realidade em que estão inseridos, mas, sobretudo, impingirem comportamentos desejados de acordo com os seus interesses econômicos ou políticos.

O Fórum Econômico Mundial, através de detido relatório sobre o assunto, classifica a obtenção massiva de dados de caráter pessoal em três vertentes, quais sejam, aqueles *oferecidos voluntariamente* através de redes sociais; aqueles *observados*, como nas hipóteses de geolocalização nos celulares; e aqueles *inferidos*, fornecidos para o estabelecimento de contratos[1]

Trata-se, portanto, de uma *indústria* bilionária e poderosíssima cuja matéria prima preciosa consiste em nossos dados pessoais. Exemplo desse cenário é aquele referente à plataforma do Facebook. Em novembro de 2016 o portal BBC Brasil veiculou matéria apontando que o Facebook detinha 1,79 bilhão de usuários (1/4 da população mundial), faturando 7 bilhões de dólares. Cerca de 90% desses rendimentos decorrem de anúncios publicitários, já que o Facebook *possibilita atingir públicos muito específicos, segmentados por idade, sexo, escolaridade, profissão e mesmo por seus passatempos. Ao abrir uma conta na rede de Zuckerberg, o usuário dá permissão para que sua informação pessoal seja utilizada pela rede. Tudo o que é postado permite que a rede social conheça nossos hábitos e gostos. Isso é exatamente o que se oferece aos anunciantes. É por isso que, se você gosta de viajar, certamente vê na página muitas propagandas de companhias aéreas. Se for estudante, talvez veja mais anúncios de fabricantes de computadores.*[2]

[1] WORLD ECONOMIC FORUM – WEF. *Personal data*: the emergence of a new asset class. *World Economic Forum*, May 2011. Disponível em: http://www3.weforum.org/docs/WEF_ITTC_PersonalDataNewAsset_Report_2011.pdf.

[2] Quanto dinheiro o Facebook ganha com você (e como isso acontece). *BBC News Brasil*, 10 nov. 2016. Disponível em: https://www.bbc.com/portuguese/internacional-37898626.

Pois bem, o avanço tecnológico permitiu inúmeros e inegáveis avanços científicos. O mundo conectado prometia a divisão de experiencias entre as pessoas, o estabelecimento de um espaço contraposto à solidão, o armazenamento de nossas memórias e uma fonte de entretedimento. Tudo isso é verdade. Mas também é verdade que a conectividade livre nos transformou em mercadoria. A difusão de contratos de adesão em velocidade cada vez mais intensa não possibilita a leitura de seus termos e condições, comprometendo de sobremaneira a livre manifestação de vontade essencial ao estabelecimento de negócios jurídicos. A cada dia manifesta-se verdadeira catadupa de casos em que a privacidade exposta é violada.

Assim, vislumbra-se a imprecindível tarefa do Direito: compreender a nova realidade das relações humanas e compatibilizar a necessária harmonia entre avanço tecnológico e proteção dos direitos básicos da pessoa humana, verdadeiro padrão civilizatório conquistado às duras penas por séculos de história.

Nesse contexto se insere a proteção jurídica dos dados de caráter pessoal, objeto deste sintético artigo que abordará alguns de seus aspectos históricos e as linhas gerais gerais de regulação da matéria na Europa e no Brasil.

1. ENQUADRAMENTO JURÍDICO E EVOLUÇÃO DA PROTEÇÃO DE DADOS PESSOAIS

Os apectos atinentes à manipulação de dados pessoais guardam relação direta com proteção jurídica conferida à individualidade da pessoa humana, mormente a honra, privacidade e intimidade. Essa proteção ganhou *status* constitucional a partir de 1988, com a promulgação da Carta Magna que marca a ruptura definitiva com o sistema autoritário instalado no país em 1964.

A *dignidade da pessoa humana* integra os fundamentos da República (Art. 1º, III), consistindo em valor norteador de todo o sistema jurídico. A grande dimensão da *dignidade da pessoa humana* como princípio norteador do Direito é explicitada pelo jurista Marco Antonio Marques da Silva, ao ensinar que *a dignidade humana está ligada a três premissas essenciais: a primeira refere-se ao homem, individualmente considerado, sua pessoalidade e os direitos a ele inerentes, chamados de direitos da personalidade; a segunda, relacionada a inserção do homem na sociedade, atribuindo-lhe a condição de cidadão e seus desdobramen-*

tos; a terceira, ligada à questão econômica, reconhecendo a necessidade de promoção dos meios para a subsistência dos indivíduos.[3]

Nesse diapasão a Constituição Federal, como corolário da *dignidade humana*, confere proteção aos direitos da personalidade, prescrevendo que a pessoa tem direito a inviolabilidade da *intimidade*, da *vida privada*, da *honra* e da *imagem*, *assegurado o direito a indenização pelo dano material ou moral decorrente de sua violação* (Art. 5º, X). Consigne-se que esse preceito está em perfeita harmonia com o Art. XII da Declaração Universal dos Direitos do Homen, com os Artigos 16 e 17 do Pacto Internacional dos Direitos Civis e Políticos, e com os Artigos 11 e 18 da Convenção Americana de Direitos Humanos. Em outros dispositivos a Constituição amplia essa proteção ao dispor sobre a proibição da interceptação de comunicações telefônicas, telegráficas e de dados (Art.5º, XII); sobre a vedação à invasão de domicílio (Art.5º, XI), a vedação à violação de correspondência (Art.5º, XII), assim como a garantia do *Habeas Data* para o conhecimento de informações oriundas de registros ou bancos de dados públicos e sua retificação. (Art.5º, LXXII).

A Lei 10.406/2002 – Código Civil, dedica os Artigos 11 ao 21 para a proteção dos direitos da personalidade, tais como os direitos à identidade, ao próprio corpo, ao nome, à imagem, à honra, e à vida privada. No entanto, como adverte Gilberto Haddad Jabur, *os direitos da personalidade são, diante de sua especial natureza, carentes de taxação exauriente e indefectível. São todos indispensáveis ao desenrolar saudável e pleno das virtudes psicofísicas que ornamentam a pessoa.*[4]

Maria Helena Diniz nos ensina que *a personalidade consiste no conjunto de caracteres próprios da pessoa. A personalidade não é um direito, de modo que seria errôneo afirmar que o ser humano tem direito à personalidade. A personalidade é que apoia os direitos e deveres que dela irradiam, é objeto de direito, é o primeiro bem da pessoa, que lhe pertence como primeira utilidade, para que ela possa ser o que é, para sobreviver e se adaptar às condições do ambiente em que se encontra, servindo-lhe de critério para aferir, adquirir e ordenar outros* bens. [5]E prossegue a Mes-

[3] SILVA, Marco Antonio Marques da. *Cidadania e democracia: instrumentos para a efetivação da dignidade humana*. In: MIRANDA, Jorge; SILVA, Marco Antonio Marques da (Coords.). Tratado luso-brasileiro da dignidade humana. 2. ed. São Paulo: Quartier Latin, 2009. p. 224.

[4] JABUR, Gilberto Haddad. *Liberdade de pensamento e direito à vida privada*. São Paulo: Revista dos Tribunais, 2000. p. 28.

[5] DINIZ, Maria Helena. *Curso de direito civil brasileiro*. 22. ed. rev. e atual. São Paulo: Saraiva, 2005. v. 1, p. 121.

tra da PUC/SP, ao asseverar que os direitos da personalidade são *absolutos, intransmissíveis, indisponíveis, irrenunciáveis, ilimitados, imprescritíveis, impenhoráveis, inexpropriáveis e extrapatrimoniais.*[6]

Nesse diapasão, a privacidade é a expressão mais ampla do espectro da vida humana e de sua personalidade. Deriva da expressão inglesa *privacy* e do latim *privus*. Significa, portanto, tudo aquilo que é reservado do público ou exclusivo do particular, conformando-se como um aspecto negativo da liberdade, no sentido de ser um *direito de estar só*[7], um *direito a uma vida anônima*[8], ou ainda, um *refúgio impenetrável para a coletividade*[9]. Já a intimidade – *intimus*, é o núcleo central da privacidade, o espaço mais recôndito da vida humana.

Destes pressupostos, dignidade da pessoa humana e direitos da personalidade, é que surge a imperiosa *proteção dos dados de caráter pessoal*, ou um *direito à proteção de dados pessoais*. Trata-se de reconhecer que dados pessoais expressam o espectro de privacidade, intimidade e dignidade da pessoa. Nessa esteira, a doutrina construiu o direito a *autodeterminação informativa*[10], um direito derivado da privacidade e intimidade em face dos novos tempos, que nasce da tensão dialética entre norma jurídica e realidade social, a partir da conjugação de fatores sociopolíticos, econômicos e culturais, que fazem surgir o amplo leque de situações jurídicas subjetivas, decorrentes da ampliação das esferas de atuação do indivíduo em sociedade.

A fragilização da privacidade ante as novas tecnologias é que fez surgir essa nova realidade com a produção de disposições constitucionais, legais ou precedentes jurisprudenciais em inúmeros países, inclusive no Brasil, a partir da segunda metade do século passado.

[6] Id. Ibid., p. 122-123.

[7] Expressão cunhada pelo juiz norte-americano Cooley, em 1873, e que é analisada em obra referencial sobre o assunto denominada *The right to privacy*, de Samuel Warren e Louis Brandeis, 1890. Versão espanhola: WARREN, Samuel; BRANDEIS, Louis. *El derecho a la intimidad*. Madrid: Civitas, 1995.

[8] Noção de Adriano De Cupis. DE CUPIS, Adriano. *Os direitos da personalidade*. Tradução de Adriano Vera Jardim e Antonio MiguelCaeiro. Lisboa: Livraria Morais, 1961.

[9] Lição de Gilberto Haddad Jabur, *Liberdade de pensamento e direito à vida privada*, cit., p. 225.

[10] Obra central sobre o assunto foi produzida pelo Professor Doutor Pablo Lucas Murilo, ao analisar o Artigo 18 da Constituição espanhola. MURILLO DE LA CUEVA, Pablo Lucas. *El derecho a la autodeterminación informativa*. Madrid: Tecnos, 1990.

Relatório produzido pela Organização para a Cooperação e Desenvolvimento Econômico – OCDE[11], em 2015, identificou similaridade nos padrões básicos de proteção de dados pessoais em diversos países, fruto também da constante cooperação entre profissionais e cientistas de diversas áreas do conhecimento, preocupados com o crescente aumento do poder de Estados e grandes grupos econômicos, detentores de ferramentas aptas ao tratamento de dados de bilhões de pessoas. Essas similitudes também se deve ao fato de que com a globalização, as relações econômicas se intensificaram de tal forma que discrepâncias de normatização poderiam gerar entraves à relações comerciais no cenário internacional.

No campo da regulação constitucional aponta-se a Constituição Portuguesa de 1976 (Art. 35), e Espanhola de 1978 (Art. 18), como textos que pioneiramente incorporaram de forma expressa a proteção de dados pessoais.

No campo legislativo, o destaque inside sobre a Alemanha com a edição da Lei Federal de Proteção de Dados (Bundesdatenschuzgesetz – BDSG) em 1977, expressando, como explica Gustavo Gil Gasiola, uma reação a *projetos estatais para implementar bancos de dados centralizados sobre a população, em meio à euforia tecnológica que marcou o pós-guerra. O choque entre a recente lembrança (ou presença) dos governos autoritários e a iminência de tais projetos levou ao reconhecimento expresso da proteção de dados perante às pretensões públicas de aumentar seu poder informacional.*[12] O doutorando em direito público pela Universidade de Passau, Alemanha, esclarece que em 1983, houve o reconhecimento do direito fundamental à autodeterminação informativa (informationelles Selbstbestimung) pelo Tribunal Constitucional Alemão (Bundesverfassungsgericht – TCA), ao julgar a Lei do Censo (Volkszählungsurteil – 1 BvR 209/83, de 15.02.1983). O Tribunal discutiu a constitucionalidade de uma lei federal que permitia a coleta e tratamento de dados para fins estatísticos, bem como a transmissão anonimizada desses dados para a execução de atividades públicas. Esclarece o pesquisador que *a*

[11] ORGANISATION FOR ECONOMIC CO-OPERATION AND DEVELOPMENT – OECD. *Guidelines on the Protection of Privacy and Transborder Flows of Personal Data.* Paris: 2015. Disponível em: https://www.oecd.org/internet/ieconomy/oecdguidelinesontheprotectionofprivacyandtransborderflowsofpersonaldata.htm.

[12] In GASIOLA, Gustavo Gil. Criação e desenvolvimento da proteção de dados na Alemanha: a tensão entre a demanda estatal por informações e os limites jurídicos impostos. *Jota*, 29 maio 2019. Disponível em: https://www.jota.info/opiniao-e-analise/artigos/criacao-e-desenvolvimento-da-protecao-de-dados-na-alemanha-29052019.

permissão geral dada pela lei de comparação e troca de dados pessoais entre órgãos públicos, bem como a fixação da competência, foi considerada inconstitucional, por violar o princípio da autodeterminação informativa. O reconhecimento desse novo direito fundamental decorreu de uma interpretação do direito de personalidade e da dignidade da pessoa humana.[13]

Destaque-se também como referência a Lei Francesa nº 78-17, de 6 de janeiro de 1978, relativa ao tratamento de dados, arquivos e liberdades.[14] Seguindo esses exemplos, a Grã-Bretanha cria o *Data Ptotection Act* em 1984. Em 1992 é a vez da Espanha editar a Lei Orgânica nº 5 de Regulação ao Tratamento Automatizado dos Dados de Caráter Pessoal – LORTAD, destacando-se também a LOPD – Lei Orgânica de Proteção de Dados 15/1999 e a LOPDGDD – Lei Orgânica 3/2018, de Proteção de Dados Pessoais e garantía dos direitos digitais (executora do RGPD) . Em Portugal, temos a Lei 67/98, Lei 41/2004 e Lei 33/2008. Nos E.U.A. o assunto foi objeto dos *Fair Information Practice Principles*, desenvolvido pelo *Department of Health, Education and Welfare* em 1973, pelo *Privacy Act* em 1974, e pelo *Privacy Protection Act* em 1980.

No Brasil, para além do tratamento constitucional já descrito, contamos com a Lei nº 13.709, de 14 de Agosto de 2018, Lei Geral de Proteção de Dados – LGPD[15], que trata da proteção de dados pessoais e que será objeto de nossas reflexões em tópico a seguir. Neste momento, cumpre-nos destacar que até a edição da LGPD o tema era regulado pelos Artigos 43 e 44 da Lei 8078/90, Código de Defesa do Consumidor – CDC[16];

[13] Id. Ibid.

[14] Texto disponível no site da Commission nationale de l'informatique et des libertés. LA LOI «Informatique et Libertés». Loi n° 78-17 du 6 janvier 1978 relative à l'informatique, aux fichiers et aux libertés. Commission Nationale de l'Informatique et des Libertés (CNIL). *CNIL. Protéger les données personnelles, accompagner l'innovation, préserver les libertés individuelles*, 17 juin 2019. Disponível em: https://www.cnil.fr/fr/la-loi-informatique-et-libertes.

[15] A Lei 13.853, de 8 de Julho de 2019 fez alterações na Lei 13709/2018. BRASIL. Presidência da República. *Lei nº 13.853, de 8 de julho de 2019.* Altera a Lei nº 13.709, de 14 de agosto de 2018, para dispor sobre a proteção de dados pessoais e para criar a Autoridade Nacional de Proteção de Dados; e dá outras providências. Disponível em: http://www.planalto.gov.br/ccivil_03/_ato2019-2022/2019/lei/L13853.htm.

[16] Em 2002 publicamos a obra *Os Bancos de Dados das Relações de Consumo.* Nela traçamos um panorama da matéria no cenário internacional, cuidamos da análise dos bancos de dados no Brasil e nas relações de consumo, estudando, ainda, a garantia constitucional do *habeas data* e sua lei. Sobre o assunto ver: Gonçalves, Renato Afonso. *Bancos de dados nas relações de consumo.* São Paulo: Max Limonad, 2002 Efing, Antônio Carlos. *Bancos de dados e cadastros de*

pela Lei 9507, de 12 de Novembro de 1997 – *Habeas Data*; pelo Decreto nº 7.962/2013 – Comércio Eletrônico; e pela Lei nº 12.965, de 23 de abril de 2014 – Marco Civil da Internet.

Mas a grande referência para os atuais modelos de proteção de dados pessoais é produzida pela União Européia, que há muito tempo se debruça sobre o assunto, como pode-se observar pela Convenção de Estrasburgo de 1981, que tratou do direito à vida privada em face ao tratamento automatizado dos dados de carácter pessoal.[17]

A regulação européia surge em 1995 com a edição da Diretiva 95/46/CE/1995, objetivando que seus Estados-membros assegurassem *a proteção das liberdades e dos direitos fundamentais das pessoas singulares, notadamente o direito à vida privada, no que diz respeito ao tratamento de dados pessoais*[18], sendo complementada pela Diretiva 97/66, voltada ao setor das telecomunicações, e pelas Diretiva 2002/58 e 2006/24[19], voltadas às comunicações eletrônicas.

consumidores. São Paulo: Revista dos Tribunais, 2002; BESSA, Leonardo Roscoe. *O consumidor e os bancos de dados de proteção ao crédito*. São Paulo: Revista dos Tribunais, 2003.

[17] Texto integral em português acessível no *site* da Comissão Nacional de Proteção de Dados portuguesa: PORTUGAL. Comissão Nacional de Protecção de Dados. *Convenção para a Protecção das Pessoas Relativamente ao Tratamento Automatizado de Dados de Carácter Pessoal*. Disponível em: https://www.cnpd.pt/bin/legis/internacional/Convencao108.htm.

[18] PARLAMENTO EUROPEU. CONSELHO DA UNIÃO EUROPEIA. Directiva 95/46/CE do Parlamento Europeu e do Conselho, de 24 de outubro de 1995, relativa à protecção das pessoas singulares no que diz respeito ao tratamento de dados pessoais e à livre circulação desses dados. *Jornal Oficial*, L 281 de 23/11/1995 p. 0031–0050. Disponível em: https://eur-lex.europa.eu/legal-content/PT/ALL/?uri=CELEX%3A31995L0046; Directiva 97/66/CE do Parlamento Europeu e do Conselho de 15 de dezembro de 1997 relativa ao tratamento de dados pessoais e à protecção da privacidade no sector das telecomunicações. *Jornal Oficial*, L 24, 30.1.1998, p. 1–8. Disponível em: https://eur-lex.europa.eu/legal-content/PT/TXT/?uri=CELEX%3A31997L0066.

[19] Referida Diretiva surge após os ataques terroristas ocorridos em 2004 na cidade de Madrid, momento a partir do qual o Conselho Europeu passou a priorizar o debate sobre a utilização de dados coletados por provedores de comunicações eletrônicas como ferramenta em investigações criminais e cooperação internacional. PARLAMENTO EUROPEU. CONSELHO DA UNIÃO EUROPEIA. Directiva 2002/58/CE do Parlamento Europeu e do Conselho, de 12 de julho de 2002, relativa ao tratamento de dados pessoais e à protecção da privacidade no sector das comunicações electrónicas (Directiva relativa à privacidade e às comunicações electrónicas). *Jornal Oficial*, *L* 201, 31.7.2002, p. 37–47. Disponível em: https://eur-lex.europa.eu/legal-content/PT/TXT/?uri=uriserv:OJ.L_.2002.201.01.0037.01.POR; Directiva 2006/24/CE do Parlamento Europeu e do Conselho, de 15 de março de 2006, relativa à conservação de dados gerados ou tratados no contexto da oferta de serviços de comunicações electrónicas publicamente disponíveis ou de redes públicas de comunicações, e que altera a Directiva

Outro aspecto relevante é que o Tratado de Lisboa de 2007[20], conferiu efeito vinculativo à Carta dos Direitos Fundamentais da União Europeia, que em seus Artigos 7º e 8º consagram o respeito à vida privada e familiar e à proteção de dados pessoais.[21]

Nesse diapasão, reconhecendo a necessidade de uniformidade do tratamento de dados pessoais e o desenvolvimento de um Mercado Único Digital[22], a União Europeia editou o Regulamento (UE) 2016/679 do Parlamento Europeu e do Conselho de 27 de Abril de 2016, denominado Regulamento Geral de Proteção de Dados – RGPG, revogando a Diretiva 95/46/CE. Atente-se que nesse mesmo dia foram publicadas a Diretiva (UE) 2016/680, para proteger as pessoas singulares quanto ao tratamento de dados pessoais no âmbito de cooperação judiciária em matéria penal e cooperação policial, e a Diretiva (UE) 2016/681, relativa à utilização de dados pessoais para a identificação de passageiros no âmbito de combate ao terrorismo e grave criminalidade.

2. O *RGPD* EUROPEU

Como visto o RGPD – Regulamento (UE) 2016/679, constitui, talvez, o mais importante diploma de proteção de dados na atualidade, na medida em que busca o necessário equilíbrio entre o desenvolvimento de um enorme mercado digital e a proteção de dados pessoais, gerando reflexos inclusive para aquelas nações que mantém relações comercias com a Europa. Esse diploma é fruto do processo de amadurecimento das experiências no tratamento da matéria no campo legislativo, regulatório e jurisprudencial.[23]

2002/58/CE. *Jornal Oficial*, L 105, 13.4.2006, p. 54-63. Disponível em: https://eur-lex.europa.eu/legal-content/PT/TXT/?uri=CELEX%3A32006L0024.

[20] UNIÃO EUROPEIA. *Tratado de Lisboa*. Versão consolidada. Lisboa: Divisão de Edições da Assembleia da República, 2008. Disponível em: https://www.parlamento.pt/europa/Documents/Tratado_Versao_Consolidada.pdf.

[21] PARLAMENTO EUROPEU. CONSELHO DA UNIÃO EUROPEIA. Carta dos Direitos Fundamentais da União Europeia. (2000/C 364/01). *Jornal Oficial das Comunidades Europeias*, 18.12.2000. Disponível em: http://www.europarl.europa.eu/charter/pdf/text_pt.pdf.

[22] CONSELHO EUROPEU. CONSELHO DA UNIÃO EUROPEIA. *Mercado único digital na Europa*. Disponível em: https://www.consilium.europa.eu/pt/policies/digital-single-market/.

[23] Atente-se para os paradigmáticos acórdãos do Tribunal de Justiça da União Europeia: Digital Rights Ireland, de 2014 – Processos C-293/12 e C-594/12; Google Spain SL e Google Inc, de 2014 (Processo C-131/12); e Maximillian Schrems, de 2015 – Processo C-362/2014. TRIBUNAL DE JUSTIÇA DA UNIÃO EUROPÉIA. Disponível em: https://curia.europa.eu/jcms/jcms/j_6/pt/.

Trata-se do reconhecimento de que a matéria adquire enormes proporções relativas à aspectos econômicos, sociais e culturais.

O RGPD, que entrou em vigor em 25 de maio de 2018, composto por mais de 173 artigos, denota a preocupação do legislador europeu em detalhar o seu conteúdo visando a facilitação de sua aplicação, muito embora esteja prevista uma abertura legislativa e regulamentar para os Estados-Membros aprimorarem a sua aplicação em seus respectivos territórios.[24]

Desta feita, o Regulamento Europeu trata de fixar o âmbito de aplicação material e territorial das regras; fixar definições, princípios e condições para o tratamento das diferentes categorias de dados pessoais; conferir direitos dos titulares de dados pessoais; fixar regras atinentes aos responsáveis pela manipulação e seus subcontratantes; estabelecer regras para a transferência internacional de dados pessoais; fixar mecanismos públicos e administrativos de controle e sanções para a violação de seus preceitos; e normatizar a proteção de dados no âmbito das relações de trabalho.

Em apertadíssima síntese procuraremos apontar os principais aspectos do novel diploma europeu. Inicialmente, como sublinhado anteriormente, atente-se que o objetivo do RGPD é *contribuir para a realização de um espaço de liberdade, segurança e justiça e de uma união económica, para o progresso económico e social, a consolidação e a convergência das economias a nível do mercado interno e para o bem-estar das pessoas singulares.*[25]Com isso, não se trata de proibir as atividades econômicas no mundo digital, muito pelo contrário, trata-se de garantir que essas atividades sejam exercidas tendo como pressuposto o respeito ao direito fundamental à proteção de dados, o que, por consequência, também garante uma leal concorrência entre os agentes econômicos. Como expressa o considerando 7 do RGPD, deverá ser *reforçada a segurança jurídica e a segurança prática para as pessoas singulares, os operadores económicos e as autoridades públicas.*

O diploma em exame estabelece um conceito amplo aos *dados pessoais*[26], que são considerados qualquer informação relativa a uma pessoa singular identificada ou identificável (pessoa singular que possa ser identificada,

[24] À guisa de exemplificação, em Portugal foi editada a Lei nº 58/2019, de 08 de Agosto de 2019, que assegura a execução, na ordem jurídica nacional, do Regulamento (UE) 2016/679, relativo à proteção das pessoas singulares no que diz respeito ao tratamento de dados pessoais e à livre circulação desses dados. Disponível em: https://www.cnpd.pt/.

[25] Considerando 2 do RGPD.

[26] Artigo 4º, 1, do RGPD.

direta ou indiretamente, em especial por referência a um identificador, como por exemplo um nome, um número de identificação, dados de localização, identificadores por via eletrônica ou a um ou mais elementos específicos da identidade física, fisiológica, genética, mental, económica, cultural ou social dessa pessoa singular). A mesma amplitude foi empregada para a conceituação de *tratamento de dados* como *uma operação ou um conjunto de operações efetuadas sobre dados pessoais ou sobre conjuntos de dados pessoais, por meios automatizados ou não automatizados, tais como a recolha, o registo, a organização, a estruturação, a conservação, a adaptação ou alteração, a recuperação, a consulta, a utilização, a divulgação por transmissão, difusão ou qualquer outra forma de disponibilização, a comparação ou interconexão, a limitação, o apagamento ou a destruição*[27]. Com isso percebe-se que o RGPD ampliou de sobremaneira o seu espectro de incidência, afetando atividades profissionais ou comerciais que tenham como pressuposto ou instrumento de desenvolvimento alguma forma de manipulação de dados pessoais.

Atente-se que o RGPD estabeleceu uma categorização de dados pessoais e espectros de proteção diferenciados, conforme se manifeste a expressão da privacidade ou intimidade do sujeito. São o que doutrina denomina de dados pessoais sensíveis (intimidade), ou não sensíveis (privacidade). Por essa razão o Artigo 9º do RGPD estabelece como regra geral que é *proibido o tratamento de dados pessoais* (sensíveis) *que revelem a origem racial ou étnica, as opiniões políticas, as convicções religiosas ou filosóficas, ou a filiação sindical, bem como o tratamento de dados genéticos, dados biométricos para identificar uma pessoa de forma inequívoca, dados relativos à saúde ou dados relativos à vida sexual ou orientação sexual de uma pessoa.* As exceções previstas no número 2 do Artigo 9º implicam um nível de proteção mais rigoroso, e por conseguinte, de maior responsabilização por suas violações.

Outro aspecto relevante é o que se refere ao tratamento lícito[28] de dados pessoais, que somente se dá se o respectivo titular tiver dado o devido consentimento para uma ou mais finalidades específicas, tais como a fase pré-contratual ou de execução de um contrato; para o cumprimento de uma obrigação jurídica a que o responsável pelo tratamento esteja sujeito; para a defesa de interesses vitais do titular dos dados ou de outra pessoa singular; para o exercício de funções de interesse público ou ao exercício da

[27] Artigo 4º do RGPD.
[28] Artigo 6º do RGPG.

autoridade pública de que está investido o responsável pelo tratamento; para efeito dos interesses legítimos prosseguidos pelo responsável pelo tratamento ou por terceiros, exceto se prevalecerem os interesses ou direitos e liberdades fundamentais do titular que exijam a proteção dos dados pessoais, em especial se o titular for uma criança[29], hipótese não aplicável se o tratamento de dados for efetuado por autoridades públicas na prossecução das suas atribuições por via eletrônica.

Assim, o tratamento de dados pessoais só pode se dar de forma lícita, leal e transparente, almejando finalidades determinadas, explícitas e legítimas, não podendo ser tratados posteriormente de uma forma incompatível com essas finalidades. Os dados devem ser adequados, pertinentes e limitados às finalidades pretendidas (minimização de dados) para as quais são tratados, devendo ser mantidos exatos, atualizados, e conservados de uma forma que permita a identificação de seus titulares durante o período necessário para as finalidades para as quais são tratados (limitação de conservação), podendo ser conservados por longos períodos, desde que sejam tratados exclusivamente para fins de arquivo de interesse público, ou para fins de investigação científica, histórica ou para fins estatísticos.

A segurança ganha centralidade no RGPD, visando proteger os dados pessoais de tratamento não autorizado ou ilícito, bem como, de sua perda, destruição ou danificação acidental, com a adoção de medidas técnicas ou organizativas adequadas, razão pela qual prevê-se a responsabilização de todos os corresponsáveis pela manipulação, exigindo-se o registro de todas as atividade de tratamento e gestão de riscos, com a nomeação de um encarregado e a notificação às autoridades competentes sobre eventuais violações.

Para dar efetividade às suas regras, o RGPD estabelece poderosas sanções à sua violação, permitindo que os Estados-membros regulem a matéria sempre para ampliar o espectro de efetividade. É o que dispões o seu Artigo 58, conferindo a cada autoridade de seus Estados-Membros o poder de correção através de advertências, repreensões, determinação para a adoção de procedimentos específicos, retirada de certificações, aplicação de

[29] O Artigo 8º do RGPD exige o consentimento dos pais ou responsáveis para a manipulação de dados pessoais de pessoas menores de 16 anos. De outra parte o regulamento permite que as leis dos estados-membros possam reduzir esse limite, que não pode ser inferior a 13 anos.

vultuosas multas pecuniárias (Artigo 83[30]), e determinação de suspensão do envio de dados para destinatários em países terceiros ou para organizações internacionais.

Por derradeiro, chama-se a atenção para o aspecto da territorialidade que visa proteger os dados pessoais de residentes europeus em qualquer lugar do mundo. O Artigo 3º do RGPD prescreve que o diploma é aplicado ao tratamento de dados de residentes europeus, independentemente de o tratamento ocorrer dentro ou fora da União Europeia. Prevê ainda a sua aplicação quando o responsável pelo tratamento ou subcontratante, não estabelecidos na União, ofertar bens ou serviços na União, ou pretender o controle do comportamento do titular, desde que esse comportamento tenha lugar na União Europeia. Por essas razões todas as pessoas que estabeleçam algum tipo de relação econômica com União Europeia devem necessariamente observar o RGPD. Em consequência desse cenário, têm-se que o mesmo se dá em relação a transferência de dados de pessoas que residem na Europa. É o que determina o Artigo 44 do RGPD, ao prescrever que *qualquer transferência de dados pessoais que sejam ou venham a ser objeto de tratamento após transferência para um país terceiro ou uma organização internacional só é realizada se, sem prejuízo das outras disposições do presente regulamento, as condições estabelecidas no presente capítulo forem respeitadas pelo responsável pelo tratamento e pelo subcontratante, inclusivamente no que diz respeito às transferências ulteriores de dados pessoais do país terceiro ou da organização internacional para outro país terceiro ou outra organização internacional. Todas as disposições do presente capítulo são aplicadas de forma a assegurar que não é comprometido o nível de proteção das pessoas singulares garantido pelo presente regulamento.*

Feita uma rápida análise do RGPD, passemos à nova LGPD brasileira.

3. A *LGPD* BRASILEIRA

Como visto, a LGPD veio integrar o arcabouço legislativo existente até 2018 para a proteção de dados pessoais, reforçando, por conseguinte, a proteção brasileira à privacidade, intimidade, honra, imagem e dignidade da pessoa humana.

Há muito tempo a sociedade brasileira ansiava por um diploma específico na matéria, e a edição do RGPD europeu precipitou a sua aprovação,

[30] Podem variar de 10 milhões de euros ou 2% do faturamento anual global da empresa, a 20 milhões de euros ou 4% do faturamento anual global da empresa.

na medida em que se tornou estratégico e vital para a nossa economia o estabelecimento de níveis de proteção semelhantes ao europeu, de forma a contribuir para a competitividade internacional das empresas brasileiras.

Inicialmente note-se que LGPD entrará em vigor apenas em fevereiro de 2020, justamente para que a sociedade e o mercado brasileiros se adaptem às novas exigências.

Trata-se de uma lei que institui princípios a serem observados na matéria, estipulados no rol exemplificativo do Artigo 6º, e que contempla a figura da boa-fé, delineada e consolidada no direito civil.

Destarte, os princípios expressos na LGPD são: *finalidade* – o tratamento deve ser realizado para propósitos legítimos, específicos, e sem possibilidade de manipulação incompatível com essas finalidades; *adequação* – o tratamento deve ser compatível com as finalidades informadas ao titular; *necessidade* – o tratamento deve ser limitado ao mínimo necessário para a realização das finalidades; *livre acesso* – deve ser garantida aos titulares a consulta facilitada e gratuita sobre a forma e a duração do tratamento, bem como o acesso à integralidade dos seus dados; *qualidade dos dados* – deve ser garantida a exatidão, clareza, relevância e atualização dos dados; *transparência* – deve ser garantida a prestação de informações claras e facilmente acessíveis pelos titulares; *segurança* – deverão ser adotadas medidas técnicas e administrativas aptas a proteger os dados de acessos não autorizados; *prevenção* – deverão ser adotadas medidas para prevenir a ocorrência de danos em virtude do tratamento de dados pessoais; *não discriminação* – impossibilidade de tratamento para fins discriminatórios; *responsabilização e prestação de contas* – demonstração de medidas eficazes para observar e comprovar o cumprimento das normas de proteção de dados pessoais.

Esses princípios orientam toda atividade manipuladora de dados pessoais e se unem ao dever de *privacy by design* e *privacy by default*. *Privacy by design* ou privacidade desde a concepção, é um conceito atinente à engenharia de sistemas, e que leva em conta a privacidade durante todo o processo de construção e execução (adotando por exemplo a pseudonimização e cifragem), respeitando os valores humanos em todo o processo. *Privacy by default* ou proteção por defeito, implica que os manipuladores devem garantir que os dados pessoais sejam tratados com a mais elevada proteção da privacidade (somente dados necessários devem ser tratados por um período de conservação curto e com acessibilidade limitada) para que, por defeito, os dados pessoais não sejam disponibilizados a um número indefinido de pessoas. O RGPD, em seu Artigo 25 positivou e delineou bem esses conceitos, o que não ocorreu com a LGPD. No entanto, a conjugação dos Artigos 6º e 46 da LGPD nos permite inferir que esses princípios/conceitos foram adotados pela nossa lei.

Assim como o RGPD, a nossa lei trata de fixar o âmbito de sua aplicação material e territorial, estabelecendo definições, princípios e condições para o tratamento das diferentes categorias de dados pessoais. Também confere direitos aos titulares de dados pessoais, fixando regras aos responsáveis pela manipulação e seus subcontratantes, e delineando os mecanismos públicos e administrativos de controle e sanções para a violação de seus preceitos.

Ao contrário do RGPD, nossa lei positivou o direito fundamental à autodeterminação informativa (Art. 2º, II), o que em nossa opinião é um aspecto positivo, pois consolida na cultura jurídica pátria esta importante conquista da humanidade frente as novas tecnologias.

A novel lei brasileira de proteção de dados pessoais passa ser a *lei geral* na matéria, que irradia comandos para todas as áreas do direito e deve ser aplicada e interpretada de forma sistemática a partir dos preceitos constitucionais da matéria. Portanto, a LGPD possui um caráter matricial que impactará múltiplos setores da economia e da atividade estatal.

Desta feita, como regra geral, qualquer manipulação, coleta ou processamento de dados pessoais realizada no território nacional, cujos titulares se encontrem no Brasil, estão submetidas à lei brasileira, independentemente da localização ou nacionalidade de quem as manipula. Excetuam-se de sua aplicação a manipulação feita por pessoa natural para fins particulares; realizada para fins jornalísticos ou artísticos ou acadêmicos; realizada para fins de segurança pública, defesa nacional, segurança do Estado ou atividades de investigação e repressão de infrações penais, hipóteses que serão objeto de normas próprias, observados o devido processo legal, os princípios gerais de proteção e os direitos do titular.

A manipulação de dados pessoais de crianças e adolescentes foi contemplada na LGPD, que trata do assunto no Artigo 14, lembrando que nessas hipóteses a lei deve ser aplicada e interpretada em consonância com o Estatuto da Criança e do Adolescente – ECA, e o Código Civil. Ao contrário do RGPD, a nossa lei não fixou a idade limite para que o titular dos dados promova o consentimento de forma autônoma, fixando apenas que o *tratamento de dados pessoais de crianças deverá ser realizado com o consentimento específico e em destaque dado por pelo menos um dos pais ou pelo responsável legal* (§ 1º do Artigo 14). Assim, entendemos que deve ser aplicado Art. 2º do ECA, que considera criança a pessoa até doze anos de idade incompletos.

Na esteira do RGPG, a lei brasileira não se furtou de enfrentar a questão da anomização de dados, ou seja, a utilização de meios técnicos razoáveis e disponíveis no momento do tratamento, por meio dos quais um dado perde a possibilidade de associação, direta ou indireta, a um indivíduo. Como salientado, esses dados não são considerados como pessoais salvo quando o processo de anonimização puder ser revertido, utilizando exclusivamente meios próprios ou mediante esforços razoáveis, considerando-se fatores objetivos, como custo e tempo para reverter o processo de anonimização (pseudoanomização).

Outro aspecto digno de nota é o que se refere à responsabilização civil pela lesão à dados pessoais, matéria tratada de forma bastante similar à disposta pelo Código de Defesa do Consumidor – CDC. Aliás, o texto do novel diploma fez bem em enfatizar que lesões a dados pessoais nas relações de consumo serão apuradas em integração com o CDC (Artigo 45 da LGPD).

Assim, reconhecendo a possibilidade da ocorrência de danos patrimoniais, morais, individuais ou coletivos pelos agentes de tratamento, o Artigo 40 da LGPD estabelece a regra geral de solidariedade entre o controlador e operador quando este descumprir as obrigações da legislação de proteção de dados ou quando ele não tiver seguido as instruções lícitas do controlador. Os controladores também são solidários quando estiverem diretamente envolvidos no tratamento do qual decorreram danos ao titular dos dados. As exceções à essa regra de solidariedade estão dispostas no Artigo 43 da LGPD. São elas: quando o agente de tratamento (controlador ou operador) provar que não realizou o tratamento de dados pessoais que lhes é atribuído; quando provar que, embora tenha realizado o tratamento de dados pessoais que lhe é atribuído, não houve violação à legislação de proteção de dados; ou provar o dano é decorrente de culpa exclusiva do titular dos dados ou de terceiros. À essa sistemática a lei reserva a possibilidade de ação de regresso, e a tutela coletiva em juízo com a aplicação do CDC e da Lei de Ação Civil Pública.

Outra medida semelhante ao preconizado no CDC, é a que prevê a inversão do ônus da prova em favor do titular dos dados, quando for verossímil a alegação, houver hipossuficiência para fins de produção de prova, ou quando a produção de prova pelo titular resultar-lhe excessivamente onerosa.

Ao contrário do RGPD que prevê prazo de 72 horas, a LGPD apenas prevê o dever de o controlador comunicar, em prazo razoável, à Autoridade Nacional e ao titular sobre a ocorrência de incidente de segurança que possa acarretar risco ou dano relevante. Neste ponto falhou a nossa lei pois não há elementos para a definição de prazo razoável, que possivelmente ficará ao encargo de regulamento da Autoridade Nacional. Nesta hipótese, a Autoridade Nacional poderá adotar medidas semelhantes ao *recall* consumerista, como a ampla divulgação do fato em meios de comunicação (hipótese bastante constrangedora para a imagem do controlador), bem como outras medidas que entender necessárias para reverter ou mitigar os efeitos do incidente.

Quanto à transferência internacional de dados pessoais (Artigos 33 ao 36) a lei brasileira seguiu a esteira do RGPD, possibilitando-a apenas para aqueles países ou organizações internacionais que proporcionarem grau de proteção de dados pessoais adequado ao previsto na LGPD ou quando o controlador oferecer e comprovar a conformidade, através de disposições contratuais, normas corporativas, selos, certificados e códigos de conduta regularmente emitidos, com conteúdo definido ou verificado pela Autoridade Nacional.

Outro requisito indispensável para a transferência internacional de dados pessoais é a necessidade de consentimento específico do titular dos dados, que deve se dar em destaque e de forma distinta de outras finalidades.

Por derradeiro, no que se refere às sanções administrativas a LGPD caminhou bem ao fixar grandes montas. Assim, de acordo com cada caso concreto a Autoridade Nacional, após conclusão de procedimento administrativo e garantida a ampla defesa, pode fixar a advertência; multa simples, de até 2% do faturamento da pessoa jurídica de direito privado, grupo ou conglomerado no Brasil no seu último exercício, limitada, no total, a R$ 50.000.000,00 por infração; multa diária; publicização da infração e bloqueio dos dados pessoais a que se refere a infração até a sua regularização.

CONCLUSÕES

Como visto, o mundo digital alcançou um grau de desenvolvimento extraordinário. A crescente dependência tecnológica da humanidade só faz crescer a quantidade e o fluxo de dados pessoais disponíveis para as tecnologias disruptivas. Proteger a privacidade, intimidade, imagem e dados pessoais é uma tarefa indispensável para o necessário equilíbrio no mundo da pós-modernidade.

Por isso, à exemplo do que aconteceu na Europa, a sociedade civil e as empresas brasileiras deverão se adaptar à LGPD, como uma necessidade premente do crescente mundo globalizado da economia digital.

Assim, as empresas deverão instituir ou rever a forma como recolhem, manipulam, armazenam e processam dados pessoais. Essa adaptação é muito valiosa em todos os sentidos, desde a consolidação da confiabilidade dessas empresas perante consumidores e clientes, até a possibilidade de condições igualitárias de concorrência internacional. Nesse sentido, proteção de dados e *compliance* são pressupostos básicos da atividade empresarial no século XXI.

A LGPD em muitos aspectos se aproxima, porque em certa medida foi inspirada, do RGPD europeu. No entanto, no que pese representar um bom começo, pensamos que a novel lei deixou a desejar em muitos aspectos, não regulando ou regulando de maneira insuficiente, matérias como: dados pessoais nas relações de trabalho; no espectro de investigações criminais e infrações administrativas; videovigilância; direito ao esquecimento; biotecnologia; perfirização; subcontratação; aspectos técnicos de segurança, conduta e certificação; cooperação e coerência; liberdade de expressão e informação; documentos públicos; tratamento efetivado por entidades religiosas, entre outras.

É verdade que caberá à doutrina e à jurisprudência superar eventuais lacunas e antinomias decorrentes dessa situação. A própria criação da Autoridade Nacional de Proteção de Dados vinculada à administração direta, junto à Presidência da República, evidencia o mar de dificuldades que surgirão pela frente. Era imperiosa a criação de autarquia especial com mais independência institucional, funcional e financeira, para a adequação de nosso sistema aos padrões internacionais.

Muito possivelmente assistiremos os conflitos de interesses econômicos decorrentes da aplicação da LGPD baterem às portas dos tribunais superiores como ocorreu com o marco civil da internet e as relações em torno do *whatszapp*, que discute os limites da intervenção estatal no desenvolvimento e uso da criptografia. A lei do cadastro positivo é o exemplo mais nítido e flagrante de conflito com a LGPD, sobretudo no que diz respeito ao tema do consentimento do titular dos dados pessoais. Questões como aquelas que envolviam a atividade da *Cambridge Analytica* no processo do

Brexit e nas eleições americanas, começam a ser suscitas no Brasil com as denúncias de proliferação de *fake news* nas eleições presidências de 2018. A influência jurídica americana que trata o tema à luz do direito de propriedade contrasta com a concepção europeia de enquadrar o direito à proteção dos dados pessoais no âmbito dos direitos humanos. A esquizofrenia vivida no mundo jurídico pátrio (*civil law* x common law) influenciará de sobremaneira o futuro da LGPD.

O Brasil passa por uma profunda crise política, econômica, social e institucional poucas vezes visto em nossa história. Autoritarismos de agentes públicos, desrespeito flagrante à ordem constitucional e aos direitos humanos, ódio e intolerância, brotam, noite e dia, nas ruas e principalmente no mundo digital. É nesse cenário que nasce a LGPD. Um bom começo, que poderia ser melhor. Um futuro a ser construído por linhas tortuosas, que exigirá do mundo jurídico muito trabalho e superação para a efetivação da proteção integral dos dados de caráter pessoal no Brasil.

REFERÊNCIAS

BESSA, Leonardo Roscoe. *O consumidor e os bancos de dados de proteção ao crédito*. São Paulo: Revista dos Tribunais, 2003.

BRASIL. Presidência da República. *Lei nº 13.853, de 8 de julho de 2019*. Altera a Lei nº 13.709, de 14 de agosto de 2018, para dispor sobre a proteção de dados pessoais e para criar a Autoridade Nacional de Proteção de Dados; e dá outras providências. Disponível em: http://www.planalto.gov.br/ccivil_03/_ato2019-2022/2019/lei/L13853.htm.

CONSELHO EUROPEU. CONSELHO DA UNIÃO EUROPEIA. *Mercado único digital na Europa*. Disponível em: https://www.consilium.europa.eu/pt/policies/digital-single-market/.

DE CUPIS, Adriano. *Os direitos da personalidade*. Tradução de Adriano Vera Jardim e Antonio MiguelCaeiro. Lisboa: Livraria Morais, 1961.

DINIZ, Maria Helena. *Curso de direito civil brasileiro*. 22. ed. rev. e atual. São Paulo: Saraiva, 2005. v. 1.

EFING, Antônio Carlos. *Bancos de dados e cadastros de consumidores*. São Paulo: Revista dos Tribunais, 2002.

GASIOLA, Gustavo Gil. Criação e desenvolvimento da proteção de dados na Alemanha: a tensão entre a demanda estatal por informações e os limites jurídicos impostos. *Jota*, 29 maio 2019. Disponível em: https://www.jota.info/opiniao-e-analise/artigos/criacao-e-desenvolvimento-da-protecao-de-dados-na-alemanha-29052019.

GONÇALVES, Renato Afonso. *Bancos de dados nas relações de consumo*. São Paulo: Max Limonad, 2002.

JABUR, Gilberto Haddad. *Liberdade de pensamento e direito à vida privada*. São Paulo: Revista dos Tribunais, 2000.

LA LOI «Informatique et Libertés». Loi n° 78-17 du 6 janvier 1978 relative à l'informatique, aux fichiers et aux libertés. Commission Nationale de l'Informatique et des Libertés (CNIL). *CNIL. Protéger les données personnelles, accompagner l'innovation, préserver les libertés individuelles,* 17 juin 2019. Disponível em: https://www.cnil.fr/fr/la-loi-informatique-et-libertes.

MURILLO DE LA CUEVA, Pablo Lucas. *El derecho a la autodeterminación informativa.* Madrid: Tecnos, 1990.

ORGANISATION FOR ECONOMIC CO-OPERATION AND DEVELOPMENT – OECD. *Guidelines on the Protection of Privacy and Transborder Flows of Personal Data.* Paris: 2015. Disponível em: https://www.oecd.org/internet/ieconomy/oecdguidelinesontheprotectionofprivacyandtransborderflowsofpersonaldata.htm.

PARLAMENTO EUROPEU. CONSELHO DA UNIÃO EUROPEIA. Carta dos Direitos Fundamentais da União Europeia. (2000/C 364/01). *Jornal Oficial das Comunidades Europeias,* 18.12.2000. Disponível em: http://www.europarl.europa.eu/charter/pdf/text_pt.pdf.

______. ______. Directiva 2002/58/CE do Parlamento Europeu e do Conselho, de 12 de julho de 2002, relativa ao tratamento de dados pessoais e à protecção da privacidade no sector das comunicações electrónicas (Directiva relativa à privacidade e às comunicações electrónicas). Jornal Oficial, L 201, 31.7.2002, p. 37–47. Disponível em: https://eur-lex.europa.eu/legal-content/PT/TXT/?uri=uriserv:OJ.L_.2002.201.01.0037.01.POR.

______. ______. Directiva 2006/24/CE do Parlamento Europeu e do Conselho, de 15 de março de 2006, relativa à conservação de dados gerados ou tratados no contexto da oferta de serviços de comunicações electrónicas publicamente disponíveis ou de redes públicas de comunicações, e que altera a Directiva 2002/58/CE. Jornal Oficial, L 105, 13.4.2006, p. 54-63. Disponível em: https://eur-lex.europa.eu/legal-content/PT/TXT/?uri=CELEX%3A32006L0024.

______. ______. Directiva 95/46/CE do Parlamento Europeu e do Conselho, de 24 de outubro de 1995, relativa à protecção das pessoas singulares no que diz respeito ao tratamento de dados pessoais e à livre circulação desses dados. Jornal Oficial, L 281 de 23/11/1995 p. 0031–0050. Disponível em: https://eur-lex.europa.eu/legal-content/PT/ALL/?uri=CELEX%3A31995L0046.

______. ______. Directiva 97/66/CE do Parlamento Europeu e do Conselho de 15 de dezembro de 1997 relativa ao tratamento de dados pessoais e à protecção da privacidade no sector das telecomunicações. Jornal Oficial, L 24, 30.1.1998, p. 1–8. Disponível em: https://eur-lex.europa.eu/legal-content/PT/TXT/?uri=CELEX%3A31997L0066.

PORTUGAL. Comissão Nacional de Protecção de Dados. *Convenção para a Protecção das Pessoas Relativamente ao Tratamento Automatizado de Dados de Carácter Pessoal.* Disponível em: https://www.cnpd.pt/bin/legis/internacional/Convencao108.htm.

______. Comissão Nacional de Protecção de Dados. *Regulamento Geral sobre a Proteção de Dados (RGPD).* 25 de maio de 2018. Disponível em: https://www.cnpd.pt/.

QUANTO dinheiro o Facebook ganha com você (e como isso acontece). *BBC News Brasil,* 10 nov. 2016. Disponível em: https://www.bbc.com/portuguese/internacional-37898626.

SILVA, Marco Antonio Marques da. *Cidadania e democracia: instrumentos para a efetivação da dignidade humana.* In: MIRANDA, Jorge; SILVA, Marco Antonio Marques da (Coords.). Tratado luso-brasileiro da dignidade humana. 2. ed. São Paulo: Quartier Latin, 2009.

TRIBUNAL DE JUSTIÇA DA UNIÃO EUROPÉIA. Disponível em: https://curia.europa.eu/jcms/jcms/j_6/pt/.

UNIÃO EUROPEIA. *Tratado de Lisboa*. Versão consolidada. Lisboa: Divisão de Edições da Assembleia da República, 2008. Disponível em: https://www.parlamento.pt/europa/Documents/Tratado_Versao_Consolidada.pdf.

WARREN, Samuel; BRANDEIS, Louis. *El derecho a la intimidad*. Madrid: Civitas, 1995.

WORLD ECONOMIC FORUM – WEF. *Personal data*: the emergence of a new asset class. *World Economic Forum*, May 2011. Disponível em: http://www3.weforum.org/docs/WEF_ITTC_PersonalDataNewAsset_Report_2011.pdf.

AS CONSEQUÊNCIAS DO INADIMPLEMENTO DO DEVER DE CONDUTA E O PODER DO CREDOR

Rosa Maria Barreto Borriello de Andrade Nery*

1. DEVERES DE OBRIGAÇÃO E DEVERES DE PRESTAÇÃO

As novidades do direito contratual, na doutrina nacional e estrangeira, quanto à incidência de cláusulas gerais nos contatos firmados e quanto ao descumprimento de regras de lealdade e de deveres anexos de conduta despertam constantemente a pergunta sobre como se devam processar as consequências desses episódios detectados pelas partes, que não se adequam precisamente à figura do descumprimento do *dever de prestação*, mas, ao mesmo tempo, investem a parte prejudicada do contrato com poderes de interpelar a outra para externar pretensão de conduta que, jurídica– e licitamente entende poder exigir.

Nesse sentido, diante da alegação de descumprimento de um contrato, importa indagar se a falta cometida pela parte que se aponta como inadimplente é atinente a *deveres de prestação* ou a *deveres de obrigação.*

Se o contrato celebrado entre as partes é *bilateral, sinalagmático* e a parte que se aponta como inadimplente não descumpriu *dever de prestação* algum assumido no contrato, não tendo rompido o *sinalagma contratual* do contrato típico celebrado, quanto à reciprocidade e à correspectividade das obrigações assumidas, é necessário um esforço hermenêutico complementar para saber-se qual a consequência da quebra de *dever de obrigação*, que é diferente do *dever de prestação.*

* Professora Livre-Docente de Direito Civil da Faculdade de Direito da PUC-SP

> "O sinalagma genético *significa que, na génese do contrato, a obrigação assumida por uma das partes encontra a sua razão de ser nas obrigações assumidas pela outra.* O sinalagma funcional *significa, por sua vez, que as obrigações de ambos os contraentes permanecem unidas e, nomeadamente, têm de ser cumpridas ao mesmo tempo, visto o cumprimento de cada uma constituir pressuposto do cumprimento da outra".*[1]

Os contratos, conforme comumente têm sido realizados na atualidade, contêm *deveres anexos de conduta* que não estão conectados com o dever de prestação, porque nem todo *dever obrigacional* é *dever de prestação.* Os denominados *deveres de conduta* (em cujo rol se encontram as regras de *compliance*), não são deveres de prestação, embora sejam deveres de obrigação: são deveres obrigacionais secundários, mas não são *deveres de prestação,* principais ou acessórios.

O *dever de prestação* se relaciona com o objeto mediato da obrigação. Neste sentido: "*A análise dualista da relação de obrigação distingue claramente o dever da obrigação. O dever está na obrigação, mas não é toda a obrigação. A relação de obrigação compõe-se de dois liames distintos: o de débito-crédito e o de responsabilidade-garantia. O débito é juridicamente uma situação de dever, ou seja, a vinculação de alguém a determinado comportamento, comissivo ou omissivo, no interesse de outrem*". [2]

E ainda: "O dever de prestar (ou dívida) é a posição jurídica subjetiva *passiva,* isto é, localiza-se no polo passivo da relação jurídica *obrigacional,* em cujo polo ativo encontra-se característica e correspondentemente a posição jurídica subjetiva *ativa,* consistente no *direito a uma prestação* (ou direito de crédito)".[3]

O objeto imediato da obrigação é um fato humano, uma prestação. As Institutas de Justiniano, 3, XIII, § 2 falam da origem das obrigações, que podem nascer de um contrato (*ex contractu*), de um quase contrato (*quasi ex contractu*), de um delito (*ex maleficio*) ou de um quase delito (*quasi ex maleficio*). De um contrato nascem obrigações que se contraem: a) pela coisa (*aut enim re contrahuntur*); b) pelas palavras (*aut verbis*); c) por escrito (*aut literis*); d) pelo consentimento (*aut consensu*).

[1] Inocêncio Galvão Telles. *Manual dos contratos em geral,* 4.ª ed., Coimbra: Coimbra ed., 2002, n. 273, 491.

[2] Fábio Konder Comparato. *Obrigações de meios, de resultado e de garantia,* RT 386/33.

[3] Alcides Tomasetti Jr. *Comentários a Lei de Locação de Imóveis Urbanos,* São Paulo: Saraiva, 1992, coments. Ar. 1.º a 13, pp.4/5.

Prestação é o o *objeto mediato da obrigação*, o conteúdo do vínculo, a prestação devida (*quid debetur*). Em outras palavras, prestação é "*a conduta a que o devedor se encontra adstrito no interesse do credor*".[4] Se as partes não descumpriram *deveres de prestação*, mas ocorreu algum episódio que se pode considerar como "evento" de inadimplemento, é necessário analisar-se qual a qualidade, o alcance e a consequência jurídica desse inadimplemento.

2. DEVER DE CONDUTA – REGRAS DE *COMPLIANCE*: DEVER ANEXO DE PARTES CONTRATUAIS

Se o contrato, além dos *deveres de prestação*, contém também previsão de hipóteses variadas de *deveres anexos de conduta* para cumprimento pelas partes ou por dirigentes das pessoas jurídicas que ocupam os polos da relação obrigacional, diante de anúncio de quebra desses deveres, a parte prejudicada tem direito de efetivamente interpelar a outra para a correção do comportamento e o restabelecimento das obrigações. O inadimplemento, aqui, não seria absoluto, mas *relativo*, comportando, pois, a purga da "mora".

Pode-se dizer que, diante da notícia da ocorrência de fato que mais se assemelha àqueles que se pode classificar como de *responsabilidade delitual*, em que a parte lesada busca reprovar ou castigar – *no plano civilístico e com os meios próprios do direito privado* – a conduta da outra parte, que se aponta como faltosa, é importante considerar que a matéria comporta análise e solução próprias.[5]

A disposição contratual das partes – perfeitamente lícita – de prever em cláusula contratual a conduta não lícita da outra parte como elemento importante de garantia do contrato, todavia, não autoriza resilir o contrato.

Nem tudo que gera obrigação contratual de indenizar decorre de inadimplemento e, bem por isso, nem todo o dever de indenizar por falta contratual justifica a resolução ou a resilição do contrato. Há quem entenda que deveres de lealdade, transparência, informação e cooperação – como espécie desses deveres que regem os atos negociais e que, muitas vezes, ensejam responsabilidade contratual, pré-contratual, ou pós-contratual –, se descumpridos, nem mesmo são considerados como hipóteses de *inadimplemento*.[6]

[4] Inocêncio Galvão Telles. *Direito de Obrigações*, 7.ª ed., Coimbra: Coimbra Editora, 1997, p. 36.

[5] Inocêncio Galvão Telles. *Direito de Obrigações*, 7.ª ed., Coimbra: Coimbra Editora, 1997, p. 387.

[6] Sérgio Cavalieri Filho. *Programa de Responsabilidade Civil*, 8.ª ed., São Paulo: Atlas, 2008, pp. 284-287.

A questão que nos interessa abordar situa-se na exata dimensão das consequências da quebra de deveres contratuais secundários, ou anexos, ou *a latere*, não conectados exata- e diretamente com a *dever de prestação* em si, decorrente do vínculo sinalagmático próprio do contrato, como celebrado, mas pertinente ao comportamento leal das partes no ambiente sócio-político-econômico onde o negócio produz a sua eficácia.

Seja como for, mesmo que se considere que algumas *quebras de obrigação contratual*, mesmo as não inseridas na classificação de *inadimplemento de dever de prestação*, são espécies de inadimplemento contratual e justificariam a resilição do contrato, ainda assim impõem-se algumas observações a essa forma de analisar o fenômeno da quebra de *deveres de conduta*.

Há certos deveres laterais que, se descumpridos, obstaculizam por completo o proveito econômico que o contrato normalmente traria às partes, mas essa realidade **não** se verifica **todas** as vezes em que se levanta a questão da inobservância de deveres laterais, principalmente quando o próprio contrato dá a essas hipóteses soluções que possam corrigir o comportamento desleal, ou coibir práticas sequenciais desastrosas, ou – ainda – por em prática providências que evitem a repercussão que contamine a **economia** do contrato.

Além disso, há deveres anexos que visam especificamente a garantia da economicidade do contrato, sua finalidade e seu escopo, e o atendimento do dever, que se previu relevante, visa **exatamente** a impedir que o descuido da parte ponha a perder o contrato. Nessas hipóteses, o desatendimento do dever de conduta deve ser amparado pela oportunidade de serem desfeitos mal-entendidos, reconsideradas posições, reajustados comportamentos para que, **justamente**, o contrato sobreviva às intempéries, até mesmo, da má conduta das partes ou de seus representantes.

Ou seja: nesses casos, *os deveres laterais apresentam-se como instrumentos* [de reforço] *para que se atinja a plena satisfação dos interesses contratuais*[7] e não como instrumentos utilizáveis para justificar a resolução. O valor a ser garantido, nesses casos, é – justamente – a *manutenção do contrato*.

Além de o Código Civil cuidar de centenas de institutos voltados à harmonia do sistema de direito privado, dispõe, também, sobre temas cen-

[7] Ubirajara Mach de OLIVEIRA. *Quebra positiva do contrato*, in, Gustavo TEPEDINO e Luiz Edson FACHIN. *Doutrinas Essenciais – Obrigações e Contratos*, São Paulo: RT, 2011, p. 839. [sem destaque no original]

trais fundamentais do Direito Empresarial, unificando, por assim dizer, o direito obrigacional e cuidando dos atos e das atividades negociais e empresariais. E o que é mais importante para nossa meditação de agora: estabelece solução para as questões de direito criadas por *situações de fato* e pelo *risco*.

Quanto a essas situações de risco e quanto a esses fatos que podem obstaculizar a marcha do *iter* de execução contratual, os denominados deveres anexos (de que os *deveres de conduta* são espécie), desempenham relevante papel. Como a marca definidora do fenômeno jurídico é também a possibilidade de os mecanismos de controle da proporção do gozo dos bens entre os sujeitos darem-se de forma coercitiva, que garanta efetivamente a segurança das relações, o estudo do fenômeno jurídico não pode desprezar o enfrentamento da natureza jurídica do fenômeno político do **poder**, sem o quê o sistema jurídico perderia seu aspecto mais característico.

Acontece, e isso não pode vir a ser desprezado, que uma ordem moral pode, em certa medida ser aplicada externamente, mesmo sem qualquer referencia metafísica, pois um *sentimento de decência* pode ser revitalizado pela reação negativa do público, através de sanções públicas.[8] Isto é compreensível e salutar.

O que não se pode compreender é que esse *sentimento de decência* seja propulsor de medidas radicais com vistas a por em risco a estrutura de negócio jurídico que se realiza com eficiência, sem comprometimento econômico visível decorrente de condutas que se supôs – unilateralmente – precisar como impróprias.

No aspecto privado, o indivíduo que "não mais ou apenas se sente fracamente ligado à ordem de valores, pode vir a ser alcançado por esse "*sentimento de decência*" e ser movido para a ação correta".[9]

Ora, resta então saber se, no exercício de *posição de parte* em contrato empresarial regularmente celebrado e regularmente executado, poderia o prejudicado a seu talante dar por encerrado, com justa causa, o contrato celebrado, hígido, vigente, eficaz e economicamente equilibrado, lucra-

[8] Ulrich Seibert. *Ethik in der Wirtschaft und die Rolle der Politik*, in Georg Bitter, Marcus Lutter, Hans-Joachim Priester, Wolfgang Schön und Peter Ulmer (editores). *Festschrift für Karsten Schmidt zum 70. Geburtstag*, Köln: Verlag Dr. Otto Schmidt, 2009, p. 1457.

[9] Ulrich Seibert. *Ethik in der Wirtschaft und die Rolle der Politik*, in Georg Bitter, Marcus Lutter, Hans-Joachim Priester, Wolfgang Schön, Peter Ulmer (editores). *Festschrift für Karsten Schmidt zum 70. Geburtstag*, Köln: Verlag Dr. Otto Schmidt, 2009, p. 1458.

tivo para ambas as partes, empresas que não tiveram no episódio qualquer participação.

A parte não terá outra opção senão notificar e tornar a notificar exigindo da outra novas garantias, declarações e posicionamentos empresariais compatíveis com o risco da notícia da quebra dos dever de conduta na economia do contrato e nos limites da pretensão razoável, ou seja, o objetivo da notificação será dar oportunidade à outra de reconduzir-se à compostura esperada.

3. CONSEQUÊNCIA DA QUEBRA DO DEVER DE CONDUTA: RESOLVER, RESILIR OU READEQUAR

Denomina-se resolução a declaração *dirigida à outra parte* [contratante] *de que o contrato concluído com eficácia plena deve ser considerado como não concluído.* [10] Mas mister se faz destacar que *as expressões "'resolução do contrato e' resilição do contrato são elípticas. O que uma e outra atingem é a eficácia do negócio jurídico, não o próprio negócio jurídico".* [11]

Nada obstante há entendimento de que os fenômenos têm diferente "*repercussão, respectivamente, no plano de eficácia* [resilição] *e no plano da existência* [resolução] *dos negócios jurídicos*".[12]

O vocábulo *resolução*, em sentindo amplo, é doutrinariamente utilizado para referir-se à espécie de extinção do *vinculum iuris* obrigacional (contratual) que produz tanto efeito *ex tunc* (resolução, em sentido estrito), quanto efeito *ex nunc* (resilição). A resolução (*lato sensu*) pode resultar tanto da manifestação volitiva dos contratantes quanto da força da lei (*ex lege* – *v.g.* CC 235, 238 e 250).

Em ambos os casos os efeitos produzidos serão os mesmos, ressalvando-se a possibilidade de serem *ex tunc* (resolução) – efeito retroativo que visa a restituição ao *status quo ante*, quando possível – , ou *ex nunc* (resilição) – efeito que se projeta no futuro, resguardando inalterado a situação jurí-

[10] Ludwig ENNECCERUS, Theodor KIPP e Martin WOLF. *Tratado de Derecho Civil*, t. II (*Derecho de Obligaciones*), v. I, Barcelona: Bosch, 1947, tradução de Blas Pérez González e José Alguer, § 38, p. 194.

[11] Francisco Cavalcanti PONTES DE MIRANDA. *Tra*tado de Direito Privado, t. XXV,, São Paulo: Ed. Revista dos Tribunais, 1984, § 3091, 3, 332.

[12] Alcides TOMASETTI JR. *Desfazimento da relação locatícia pelo distrato*, § 1º, item 2, ao art. 9º, in Juarez de OLIVEIRA (coordenador). *Comentários à Lei de Locação de Imóveis Urbano*, coord. Juarez de Oliveira, Saraiva, SP, 1992, p. 127.

dica já atingida mas obstando, da resilição em diante, a produção de efeitos do negócio.

Na resilição, o que determina, isto é, o que faz a resolução operar-se ex nunc, *é ser impossível desconstituir-se o efeito já realizado* (v.g. um contrato de locação em que o locatário já utilizou o bem locado). [13] Quando há efeito resolutivo *ex lege*, por vezes a lei institui alternância entre a resolução e alguma outra medida (v.g. aceitar a coisa deteriorada, com abatimento no preço – CC 235). Nestas hipóteses, embora a resolução *seja op legis, é dependente de manifestação de vontade do contraente.* [14]

Pode haver previsão de resolução ou de resilição tanto de contratos bilaterais como de contratos unilaterais. Quando se trata da resolução ou resilição por inadimplemento, todavia, há necessidade de tratar-se de contrato bilateral uma vez que a sinalagma e a bilateralidade das prestações é pressuposto para sua admissão: *a concepção de dependência das prestações levou à criação da exceção* non adimpleti contractus *ou* non rite adimpleti contractus *e à extinção da dívida em virtude do exercício do direito de resolução.* [15]

Pois bem: a quebra da regra de *complaince* não se reveste, imediatamente, de caráter tal que autorize o manejo do poder de <u>resolver</u> ou <u>resilir</u>, a não ser eu isso esteja clara e expressamente autorizado pelo contrato.

4. OBRIGAÇÃO COMO PROCESSO

A noção de obrigação como totalidade está diretamente relacionada à noção de fim no contrato. "O fim é a prestação que se visa obter através do contrato". [16] As realidades novas da trama da vida jurídica *esmaeceram o dogma da vontade,* como diz Clóvis do Couto e Silva.

Não que a vontade tenha cedido importância para a *concepção objetiva da relação obrigacional,* mas admitiu-se, nessa equação lógica das causas das

[13] Francisco Cavalcanti Pontes de Miranda. *Tratado de Direito Privado,* t. XXV, 3.ª ed., São Paulo: Ed. Revista dos Tribunais, 1984, § 3093, 1, p. 377.

[14] Francisco Cavalcanti Pontes de Miranda. *Tratado de Direito Privado,* t. XXV, 3.ª ed., São Paulo: Ed. Revista dos Tribunais, 1984, § 3087, 1, pp. 310/311.

[15] Francisco Cavalcanti Pontes de Miranda, *Tratado de Direito Privado,* t. XXV, 3.ª ed., São Paulo: Ed. Revista dos Tribunais, 1984, § 3091, 1, 325. V. tb Araken de Assis. *Resolução do Contrato por Inadimplemento,* 3ª ed., São Paulo: Ed. Revista dos Tribunais, 1999, pp. 15/24.

[16] Clóvis Veríssimo do Couto e Silva. *A obrigação como processo,* São Paulo: Bushatsky, 1976, p. 50.

obrigações, um valor *novo e autônomo*,[17] também integrante de sistema mais amplo, que abarca todas as situações jurídicas de direito obrigacional.

Esse *valor autônomo* é a *lealdade*, celebrada de maneira muito clara nos CC 421 e 422: a boa-fé independe, muitas vezes, da vontade do agente e não pode estar reduzida e limitada por ela. "Nem só da vontade, portanto, nascem as obrigacões; ou seja, não apenas dos negócios (unilaterais e bilaterais), ou dos atos, nascem as obrigações. Elas podem nascer, também, dos fatos, moldados com potencialidade jurídica, como, por exemplo, decorre da *boa-fé objetiva* e da *conduta socialmente típica*, ou do *risco*. Quando a vontade é a força motriz da obrigação, a discussão em torno dos *elementos da noção de obrigação* segue uma cadência; quando a obrigação tem como origem um fato, a análise desses mesmos elementos segue outra lógica. Isso vai repercutir vivamente na correta compreensão das questões de *imputação civil subjetiva e objetiva*" .[18]

Na essência da *dever de conduta* não existe uma prestação, mas apenas um eventual obstáculo à marcha natural da obrigação como processo, que precisa e pode ser superada. De modo diverso, a regra que tem de nortear os estudos e interpretações contratuais é o de que a relação obrigacional [e, por via de consequência, também a relação jurídica contratual] é *polarizada* pelo seu *fim* e pelo seu *cumprimento*,[19] Tem-se como *cânone fundamental do direito das obrigações* que as "*obrigações assumidas devem ser* ***fielmente*** *executadas*", exsurgindo, pois, ao credor o ***direito*** *de exigir* [direito à prestação, direito ao cumprimento, direito subjetivo, *poder de exigir*] que a obrigação se cumpra tal como se convencionou.[20]

Clóvis do Couto e Silva identificava que a sequência de deveres de prestação e de conduta durante o *iter* obrigacional fazia com que se pudesse

[17] Clóvis Veríssimo do Couto e Silva. *O princípio da boa-fé no direito brasileiro e português*, In: Marcello Caetano (coord.). *Estudos de direito civil brasileiro e português*: I Jornada Luso-Brasileira, p. 54.

[18] Nelson Nery Junior e Rosa Maria de Andrade Nery. *Instituições de Direito Civil*, v. II (*Obrigações*), São Paulo: Ed. Revista dos Tribunais/Thomson Reuters, 2015, p. 105.

[19] Clóvis Veríssimo do Couto e Silva. *A obrigação como processo*, Rio de Janeiro: FGV, 2007, p. 17: "*O adimplemento atrai e polariza a obrigação. É o seu fim*". No mesmo sentido, João Calvão da Silva. *Cumprimento e sanção pecuniária compulsória*, 4ª ed., Coimbra: Almedina, 2007, § 17, p. 70.

[20] Agostinho Neves de Arruda Alvim. *Da inexecução das obrigações e suas conseqüências*, 4ª ed., São Paulo: Saraiva, 1972, §§ 4º e 5º, p. 5. No mesmo sentido, João Calvão da Silva. *Cumprimento e sanção pecuniária compulsória*, 4ª ed., Coimbra: Almedina, 2007, § 23, pp. 111/112.

antever no cumprimento da obrigação um processo destinado à satisfação dos interesses em jogo.

5. ABUSO DA POSIÇÃO CONTRATUAL

Auferida a ocorrência de conduta violadora de *deveres de obrigação* – no caso específico deste estudo, de *dever de conduta* – , qual a providência que se poderia, então, esperar da outra parte, que se vê em situação de prejuízo, ou de risco de prejuízo, por decorrência dessa falta, ainda que a outra parte não tenha incorrido em inadimplemento de *dever de prestação*?

Imediatamente se tem que aceitar que alguma pretensão a parte sedizente prejudicada tem contra a outra, pois não teria sentido lógico a previsão do dever de conduta como obrigação contratual, sem a existência de poder jurídico correspectivo da outra parte. A primeira expressão desse poder, efetivamente, é o *direito de interpelar* para dar à parte acusada de violação do apontado *dever de conduta* o direito de contrapor-se à assertiva que lhe impõe a pecha de descumpridora de *deveres obrigacionais*.

Num segundo momento, a possibilidade de proporcionar à interpelada o direito de reconduzir-se ao rumo do contrato, e à interpelante o direito de resguardar-se, com novas garantias. Mas, repita-se: o poder de exigir determinado comportamento da outra parte está balizado na economia do contrato, na sua base econômica, na sua estrutura empresarial e, por essas razões, eventual adaptação do contrato que uma parte possa exigir seja realizada, deve ser suportável, proporcional e satisfatória para ambas as partes.

Deve-se lembrar, aqui, como fator de exegese e da disciplina que a doutrina alemã dá para esses casos, uma expressão por ela muito utilizada, para hipóteses em que se indaga sobre as consequências de quebra do *dever de obrigação* (distinto e fora do espectro dos *deveres de prestação*), quebra essa que também autoriza a adaptação do contrato, nos limites dos interesses das partes, que se deve buscar *sempre* preservar: *die Anpassung muß zumutbar sein* (a adaptação precisa ser *razoável*).

Como se verá, a doutrina alemã atingiu um grau maior de teorização desse fenômeno. Em virtude do *princípio da conservação dos contratos*, que só deve ser resolvido em *último caso*, nos termos do que prevê o BGB § 313 III, pois a parte não tem *em princípio* o direito de resolução do contrato por violação dos deveres decorrentes da boa-fé ou de violação de deveres anexos, nos termos do BGB § 324 (*Rücktritt wegen Pflichtverletzung*).

O ponto crucial da questão que nos toca abordar é esse: em virtude do inadimplemento invocado de *deveres de obrigação* (especificamente no caso, de *deveres de conduta*) há ou não dever das partes de renegociar o contrato? Se há dever de renegociar o contrato e uma das partes não quer fazê-lo, mas simplesmente resolver ou resilir o contrato, cabe ao juiz decidir se a pretensão estampada é razoável, suportável para a outra parte, ou abusiva.

No direito alemão, o Código de Processo Civil prevê, especificamente, espécies de pretensões que se viabilizam por meio de ação denominada *Stufenklage* (ZPO § 254). Por esse meio, a parte tem direito de externar uma pretensão resistida e, se ela não vier a ser superada, uma outra pretensão subsequente, mais enérgica e definitiva pode se impor, algo que se assemelharia – quanto à forma de pedir – às nossas ações com pedidos sucessivos (se não isso, aquilo).

Entretanto, quanto à genese do direito que fomenta a *Stufenklage*, trata-se de algo completamente diferente, porque as causas de pedir e os pedidos são diversos, embora tenham relação com a causa inicial e com o agravamento da causa do primeiro pedido, em dois tempos e em duas pretensões diversas, porque não alteradas as condições maléficas que ensejaram o primeiro pedido e que, se tivessem sido superadas, poderiam evitar o segundo pedido, que somente encontra gênese na incapacidade das partes de, por exemplo, renegociar o contrato. A pretensão de resolução, mais radical, seria o segundo pedido, extremo mas, agora necessário, diante do insucesso do primeiro.

A especificidade, portanto, da chamada *Stufenklage* é permitir que a parte possa tornar possível soluções efetivamente mais razoáveis, antes de partir para a pretensão radical, exercendo o direito de ação em *degraus*, para justamente não incorrer em abuso de direito. Isto porque a parte que se vê atormentada por um episódio a respeito do qual não tem a capacidade, ainda, de mesurar os efeitos da informação a que teve acesso, não pode também saber que benefício ou desempenho pode esperar da outra parte. [21]

Pode-se aplicar a doutrina da *Stufenklage* no direito brasileiro, dado que o direito de ação no Brasil não sofre a limitação da tipicidade, tal como ocorria nos períodos das *legis actionis* e do processo *per formulae* do direito

[21] Ulrich FOERSTE. *Comentário à ZPO § 254*, in Hans-Joachim MUSIELAK e Wolfgang VOIT (editores). *Zivilprozessordnung mit Gerichtsverfassungsgesetz*, 14.ª ed., München: Verlag Franz Vahlen, 2017, coments. §§ 253-287 BGB, especialmente coment. § 254, II, 2, p. 254.

processual romano: se a pretensão não tivesse sido prevista expressamente, não se podia deduzi-la em juízo.

O que vigora no Brasil é o *princípio da atipicidade das ações*: tudo o que não for proibido pelo ordenamento o autor pode pedir em juízo. De consequência, fazer pedidos por degraus é perfeitamente admissível segundo o direito brasileiro.

No direito alemão, esse "*degrau*" de pretensões é utilizado também para as hipóteses do BGB §§ 323, 324 e 313, como forma de evitar a resolução e a resilição açodada do contrato, pois o credor deve necessariamente dar outra chance ao protagonista do incumprimento do dever de obrigação,[22] agindo com razoabilidade e não de forma irracional.[23] Não se trata de faculdade ou de liberalidade do credor que se alega prejudicado, mas *dever* de agir decorrente do próprio contrato e ***limitador*** de seu próprio ***poder de conduta***.

Não é inoportuno, ainda, à guisa de complementação, passar em revista as consequências do abuso da posição contratual. Se é certo que a boa-fé objetiva tem, como reconhecido pela doutrina, função criadora de deveres anexos de conduta e ou acessórios à prestação principal,[24] na verdade eles não incidem de forma ilimitada, tampouco deixam de ter, como dissemos, seu contraponto, dentro da lógica e da coerência dos poderes correspectivos, de parte a parte, estabelecidos no contrato.

As *regras de compliance* devem ser vistas de maneira muito específica, como *deveres de conduta*, espécie de *deveres de obrigação* e diferentes dos *deve-*

[22] Dagmar KAISER. *Leistungstörungen* [Quebra da base objetiva do contrato], in J. Von STAUDINGER (fundador). *Kommentar zum Bürgerlichen Gesetzbuch mit Einführungsgesetz und Nebengesetzen, Eckpfleiler des Zivilrechts* [Bearbeitung] *2018*, Berlin: Sellier – de Gruyter, 2018, II, ns. 2 a 4, pp. 416/417.

[23] Helmut GROTHE. *Comentário ao § 324 BGB*, in Heinz Georg BAMBERGER e Herbert ROTH (editores). *Kommentar zum Bürgerlichen Gesetzbuch,* 3.ª Auflage, München: Verlag C.H. Beck, 2012, coments. §§ 320-326 BGB, especialmente coment. § 324 BGB, p. 1677.

[24] Como *cláusula geral*, a boa-fé "não é princípio, tampouco regra de interpretação; é também *norma jurídica*, isto é, *fonte criadora* de direito e de obrigações" (Nelson NERY JUNIOR e Rosa Maria de Andrade NERY. *Código Civil Comentado,* 12ª ed., São Paulo: Ed. Revista dos Tribunais/ Thomson Reuters, 2017, coment. 20 preliminar ao CC 1º, p. 292) [grifado no original]. No mesmo sentido: Gustavo TEPEDINO e Anderson SCHREIBER. *A boa-fé objetiva no Código de Defesa do Consumidor e no Novo Código Civil,* 2.ª ed., Salvador: Ius Podivm, 2009, pp. 238 e 240; Judith MARTINS-COSTA. *As cláusulas gerais como fatores de mobilidade do sistema jurídico,* RT, v. 680, p. 50).

res de prestação. Importante nesses casos que o contrato celebrado preveja uma solução: notificação da parte que se houve com a quebra do *dever de conduta* para que se reposicione em face de suas obrigações, de sorte a resguardar a imagem das contratantes, não escandalizar o mercado, de sorte a justificar-se a mais que esperada e conveniente mantença do negócio, ainda que renegociado ou readaptado. Assim ensina Judith Martins-Costa:

> "Antes de mais, conjuga-se o princípio da boa-fé com *"princípio" de coerência contratual"* (melhor dizendo: a diretriz da coerência), pois atenta contra a boa-fé uma conduta contratual deslealmente contraditória. Serve, também, para fundar a vedação ao abuso, em sentido próprio pois não será conforme à lealdade e à probidade o uso desmedido de poderes contratuais. Finalmente, alia-se o princípio da boa-fé com o *"princípio" da utilidade contratual*, regulando o exercíco do direito formativo extintivo de resolução *lato sensu* por inadimplemento ensejando as figuras do adimplemento substancial e do inadimplemento das obrigações contratuais, temas compoentes dessa Seção".[25]

Desde a formação do vínculo entre as partes e na sequência de como vão surgindo os deveres de prestação, principais e acessórios – que impõem às partes um prestar, de acordo com o que estabelece a lei ou o contrato –, passa a ser delineada no tempo uma sequência ordinatória de condutas que se põem a revelar um fio condutor que, necessariamente, tende a aportar num fim comum, de atendimento das pretensões das partes. Assim considerando, pode-se afirmar que o "processo obrigacional" pressupõe momentos distintos em sua marcha, assim considerados interesses que antecedem à celebração dos contratos, que a doutrina denomina de período pré-contratual e, ainda, atos que se realizam em tempo posterior ao do período negocial, que abarcam deveres que podem surgir, até mesmo em fase pós-contratual (*pós-eficácia das obrigações*).

CONCLUSÕES

O poder de exigir um comportamento da outra parte normalmente esta balizado na economia do contrato, na sua base econômica, na sua estrutura empresarial e, por essas razões, eventual adaptação do contrato que se possa exigir seja feita, diante de episódio que se julga prejudicial ao

[25] Judith Martins-Costa. *A boa-fé no Direito Privado – critérios para sua aplicação*, 2.ª ed., São Paulo: Saraiva, 2018, pp. 670/671.

bom andamento da economia contratual, deve ser suportável, proporcional, satisfatório e coerente para ambas as partes, lembrando-se aqui, como fator de exegese e da disciplina que a doutrina alemã dá para esses casos, uma expressão por ela muito utilizada, para hipóteses em que se indaga sobre as consequências de quebra do *dever de obrigação* (distinto e fora do espectro dos *deveres de prestação*), quebra essa que também autoriza a adaptação do contrato, nos limites dos interesses das partes, que se deve buscar *sempre* preservar: *die Anpassung muß zumutbar sein* (a adaptação precisa ser razoável).

Se é certo que a boa-fé objetiva tem, como reconhecido pela doutrina, função criadora de deveres anexos de conduta e ou acessórios à prestação principal, na verdade eles não incidem de forma ilimitada, tampouco deixam de ter, como dissemos, seu contraponto, dentro da lógica e da coerência dos poderes correspectivos de parte a parte, estabelecidos no contrato. As *regras de compliance* devem ser vistas de maneira muito específica, como *deveres de conduta*, espécie de *deveres de obrigação* e diferentes dos *deveres de prestação.*

A resolução/resilição nesses casos é a última providência, pois o ajuste do contrato e do comportamento das partes é o que se espera razoável e equilibrado para a economia do negócio jurídico celebrado.

REFERÊNCIAS

Alvim. Agostinho Neves de Arruda. *Da inexecução das obrigações e suas conseqüências,* 4ª ed., São Paulo: Saraiva, 1972

Assis, Araken de. *Resolução do Contrato por Inadimplemento,* 3ª ed., São Paulo: Ed. Revista dos Tribunais, 1999

Calvão da Silva, João. *Cumprimento e sanção pecuniária compulsória,* 4ª ed., Coimbra: Almedina, 2007

Cavalieri Filho, Sérgio. *Programa de Responsabilidade Civil,* 8.ª ed., São Paulo: Atlas, 2008

Couto e Silva, Clóvis Veríssimo do. *A obrigação como processo,* Rio de Janeiro: FGV, 2007

Couto e Silva, Clóvis Veríssimo do. *O princípio da boa-fé no direito brasileiro e português,* In: Marcello Caetano (coord.). *Estudos de direito civil brasileiro e português:* I Jornada Luso--Brasileira

Enneccerus, Ludwig, Kipp, Theodor e Wolf, Martin. *Tratado de Derecho Civil,* t. II (*Derecho de Obligaciones*), v. I, Barcelona: Bosch, 1947, tradução de Blas Pérez González e José Alguer

Fachin, Luiz Edson e Tepedino, Gustavo. *Doutrinas Essenciais – Obrigações e Contratos,* São Paulo: RT, 2011

Foerste, Ulrich. *Comentário à ZPO § 254,* in Hans-Joachim Musielak e Wolfgang Voit (editores). *Zivilprozessordnung mit Gerichtsverfassungsgesetz,* 14.ª ed., München: Verlag Franz Vahlen, 2017

Galvão Telles, Inocêncio. *Manual dos contratos em geral,* 4.ª ed., Coimbra: Coimbra ed., 2002

Grothe, Helmut. *Comentário ao § 324 BGB,* in Heinz Georg Bamberger e Herbert Roth (editores). *Kommentar zum Bürgerlichen Gesetzbuch,* 3.ª Auflage, München: Verlag C.H. Beck, 2012

Kaiser, Dagmar. *Leistungstörungen* [Quebra da base objetiva do contrato], in J. Von Staudinger (fundador). *Kommentar zum Bürgerlichen Gesetzbuch mit Einführungsgesetz und Nebengesetzen, Eckpfleiler des Zivilrechts* [Bearbeitung] *2018,* Berlin: Sellier – de Gruyter, 2018

Kipp, Theodor, Enneccerus, Ludwig e Wolf, Martin. *Tratado de Derecho Civil,* t. II (*Derecho de Obligaciones*), v. I, Barcelona: Bosch, 1947, tradução de Blas Pérez González e José Alguer

Konder Comparato, Fábio. *Obrigações de meios, de resultado e de garantia,* RT 386/33

Martins-Costa, Judith. *A boa-fé no Direito Privado – critérios para sua aplicação,* 2.ª ed., São Paulo: Saraiva, 2018

Martins-Costa, Judith. *As cláusulas gerais como fatores de mobilidade do sistema jurídico,* RT, v. 680, p. 50

Nery Junior, Nelson e Nery. Rosa Maria de Andrade. *Código Civil Comentado,* 12ª ed., São Paulo: Ed. Revista dos Tribunais/Thomson Reuters, 2017

Nery Junior, Nelson e Andrade Nery, Rosa Maria de. *Instituições de Direito Civil,* v. II (*Obrigações*), São Paulo: Ed. Revista dos Tribunais/Thomson Reuters, 2015

Nery. Rosa Maria de Andrade e Nery Junior, Nelson. *Código Civil Comentado,* 12ª ed., São Paulo: Ed. Revista dos Tribunais/Thomson Reuters, 2017

Nery, Rosa Maria de Andrade e Nery Junior, Nelson. *Instituições de Direito Civil,* v. II (*Obrigações*), São Paulo: Ed. Revista dos Tribunais/Thomson Reuters, 2015

Oliveira, Ubirajara Mach de. *Quebra positiva do contrato,* in, Gustavo Tepedino e Luiz Edson Fachin. *Doutrinas Essenciais – Obrigações e Contratos,* São Paulo: RT, 2011

Pontes de Miranda, Francisco Cavalcanti, *Tratado de Direito Privado,* t. XXV[3], 3.ª ed., São Paulo: Ed. Revista dos Tribunais, 1984

Schreiber, Anderson e Tepedino, Gustavo. *A boa-fé objetiva no Código de Defesa do Consumidor e no Novo Código Civil,* 2.ª ed., Salvador: Ius Podivm, 2009

Seibert. Ulrich. *Ethik in der Wirtschaft und die Rolle der Politik,* in Bitter, Georg, Lutter, Marcus, Priester, Hans-Joachim, Schön, Wolfgang, Ulmer Peter (editores). *Festschrift für Karsten Schmidt zum 70. Geburtstag,* Köln: Verlag Dr. Otto Schmidt, 2009

Tepedino, Gustavo e Fachin, Luiz Edson. *Doutrinas Essenciais – Obrigações e Contratos,* São Paulo: RT, 2011

Tepedino, Gustavo e Schreiber, Anderson. *A boa-fé objetiva no Código de Defesa do Consumidor e no Novo Código Civil,* 2.ª ed., Salvador: Ius Podivm, 2009

Tomasetti Jr, Alcides. *Desfazimento da relação locatícia pelo distrato,* § 1º, item 2, ao art. 9º, in Juarez de Oliveira (coordenador). *Comentários à Lei de Locação de Imóveis Urbano,* coord. Juarez de Oliveira, Saraiva, SP, 1992

Wolf, Martin, Enneccerus, Ludwig e Kipp, Theodor e. *Tratado de Derecho Civil,* t. II (*Derecho de Obligaciones*), v. I, Barcelona: Bosch, 1947, tradução de Blas Pérez González e José Alguer

DIREITO ADMINISTRATIVO: REAL CONCEITO

SERGIO FERRAZ*

1. FUNÇÃO DO DIREITO ADMINISTRATIVO

O Direito Administrativo tem por objeto nuclear a disciplina jurídica da função administrativa. Se este é o substrato conceitual do seu campo material de incidência, sua finalidade – isto é, o para que ele existe – não pode ser outra coisa senão a contenção do poder estatal. Afinal, sem a existência de um regramento do agir administrativo, exteriorizado em normas positivas, e sem a submissão do aparato estatal a tais normas, a própria existência do Estado de Direito ficaria comprometida, vulnerando-se a liberdade e as demais garantias individuais. Direito Administrativo é, portanto, em brevíssima síntese, *o direito da limitação dos poderes do Estado.* Exatamente por tal razão, é também *o direito da proteção dos indivíduos contra a autoridade.* Dizer uma coisa é dizer a outra.

O Estado moderno é o resultado de uma progressiva concentração de poderes, o que certamente explica o surgimento do Direito Administrativo, ainda no século XIX, e uma verdadeira *hiper-administrativização* da atuação

* Professor Titular de Direito Administrativo da PUC-RJ.
Procurador Aposentado do Estado do Rio de Janeiro.
Membro da Academia Brasileira de Letras Jurídicas.
Foi decano do Conselho Federal da OAB, presidente do Instituto dos Advogados Brasileiros e consultor jurídico do Ministério da Justiça.
Advogado.

estatal nos séculos XX e XXI. "Governos grandes", assinala LAWRENCE FRIEDMAN, "significaram governos cujo trabalho se dividiu entre especialistas e órgãos especializados"[1]. A urbanização crescente tornou necessária, por exemplo, a regulação do direito de construir e a imposição de regras de vizinhança; a instituição de serviços públicos (energia elétrica, gás encanado, telecomunicações etc.) provocou a criação de empresas estatais para a sua prestação ou de regimes contratuais para regular a sua prestação por particulares (concessões e permissões); a imposição de monopólios estatais, justificada sob o reconhecimento de que certas atividades econômicas são de relevância estratégica para a coletividade, impôs a criação de órgãos públicos e empresas estatais para a sua exploração; o incremento da tributação, necessário para financiar as demais atividades, impôs a criação de grandes estruturas administrativas destinadas à fiscalização, lançamento e recebimento de tributos; a necessidade de proteção da ordem pública, sob os aspectos de tranquilidade, salubridade e segurança, impeliu à criação de limitações administrativas (poder de polícia) ao exercício das mais variadas atividades privadas. E como tais breves exemplos, muitos outros. Despiciendo dizer que todos se aplicam ao Brasil, país em que o Estado, mais do que a riqueza ou o conhecimento, é o objeto de cobiça do cidadão mediano, que dele quer fazer parte como servidor ou, mais gravemente, como integrante daquela categoria que RAYMUNDO FAORO, a bom termo, denominou *estamento burocrático*[2].

Consideramos, a partir da experiência do direito administrativo brasileiro sobretudo, que a tendência contínua de expansão do poder estatal é verdadeira. Não se pode negar a contínua e progressiva expansão da ingerência estatal em todos os aspectos da vida comunitária. Esta é a *premissa ontológica* do presente trabalho.

Em segundo lugar, temos que, ao contrário de certas correntes do direito administrativo brasileiro, que tal expansão é nociva e deve ser combatida. A liberdade é um bem, que deve ser prestigiado em sua máxima medida e um Estado com amplos poderes é um mal. E mais: considera-se que, entre duas soluções jurídicas possíveis, o raciocínio do jurista deverá pender para a solução que faça prevalecer a liberdade, por mais que – repise-se – isto

[1] FRIEDMAN, Lawrence M. *A history of American law*. New York: Simon and Schuster, 1973, p. 384. Tradução livre.

[2] Conferir: FAORO, Raymundo. *Os donos do poder*. Globo, Publifolha, SP, 2000.

cause espécie a certas correntes autoritárias de nosso direito administrativo. Esta é a *premissa axiológica* da presente exposição.

Terceiro: como já enunciado, o objeto do Direito Administrativo é a contenção do poder estatal em todas as suas múltiplas manifestações. Sem exceções nem pontos cegos. Com todo o respeito devido a posições divergentes, não se pode compreender o campo do direito administrativo meramente como a fixação formal de um *regime jurídico* peculiar, nem tampouco como a disciplina jurídica das atividades estatais destinadas à "concretização de direitos fundamentais", porque tais definições ou são neutras ou, pior ainda, fortalecedoras de posições que privilegiam a autoridade estatal em detrimento da liberdade. A tarefa do administrativista, e o verdadeiro critério de validade dos seus julgamentos, será, como ressalta EDUARDO GARCÍA DE ENTERRÍA, "a conversão técnica" da liberdade como *mito* "em uma técnica jurídica operante e concreta[3]. Contenção do poder e garantia da liberdade são as *premissas epistemológicas* deste ensaio.

2. DIREITO COMO CONQUISTA CULTURAL

Direito como conquista cultural somente se realiza (e não nos iremos preocupar aqui em definir *Direito*) quando assegura liberdade individual e se vocaciona à concretização da justiça social. Ambas essas metas estão declaradas como *compromisso irrenunciável* constitucional, desde seu luminoso Preâmbulo, compromisso esse repetido em várias outras passagens do Texto Maior (por mero exemplo: art. 3º, I e 5º *caput*). Não obstante essa nota de exigência, a um tempo concreta e difusa na Lei Magna, nem sempre ao estudioso se afigura fácil conceituar e/ou definir esses dois destinos. Um dos objetivos deste segmento é, exatamente, ajudar a superar tais eventuais perplexidades, para sairmos de uma quase intuição relativamente a tais noções, para um nível maior de precisão de ideias.

Há, pois, que buscar, inclusive na linguagem não jurídica, as ideias que se tornem operacionais para os propósitos aqui enunciados, com destaque para a exposição da gênese ideológica do Direito Administrativo brasileiro.

Comecemos por breve incursão pela *justiça social*.

O tema Justiça sempre ocupou espaço central nos estudos filosóficos em geral, e da Filosofia do Direito em particular. Entretanto, não obs-

[3] GARCÍA DE ENTERRÍA, Eduardo. *La lucha contra las inmunidades del poder*. 3 ed. Madrid: Cuadernos Cívitas, 1983, p.15.

tante tão longa dedicação ao problema de sua conceituação, em verdade os efetivos marcos a merecerem destaque, na elaboração do conceito, são poucos, e singularmente distanciados, uns dos outros, por considerável número de séculos.

Assim é que não obstante todo o cuidado aqui revelado não apenas por *Platão*, mas pelos precedentes sofistas, é somente com Aristóteles (sobretudo na "Ética Nicomaniana"), e sua dicotômica sistematização (justiça distributiva e justiça comutativa), que o problema da conceituação de justiça adquire maioridade. Muitos séculos se passarão até que, em pleno medievo, Santo Tomás de Aquino adite, na "Suma", ao binômio aristotélico, a noção de justiça legal. E apenas no século XIX surgirá a discussão da justiça social.

Mas o salto que vai do "a cada um segundo suas obras" (Justiça comutativa) até o "a cada um segundo suas necessidades" (Justiça distributiva) também, em termos de efetiva tentativa de estruturação social, se mede aos séculos. O mesmo se diga para o momento em que se proclama ser dever estatal patrocinar e promover a justiça ("a cada um segundo o atribuído por lei" – Justiça legal), ou para o instante histórico em que a justiça social se afirma como fim a ser necessariamente atingido.

Não é nosso propósito esmiuçar a noção de justiça social. Pretende-se aqui, tão apenas, evidenciar seu sentido de compromisso, com determinada concepção de vida humana, e como o Direito brasileiro, nos exemplos que serão trazidos a exame, não tem contribuído para a concretização desse ideal, não obstante a existência de claríssimas pautas, para que a meta almejada pudesse ser alcançada. Fica também óbvio que não partilhamos do pessimismo do notável Hayek, para quem a justiça social não passa de uma simples miragem ("Direito, Legislação e Liberdade", Ed. Visão, 1985, vol. II).

É verdadeiramente com o magistério católico do final do século XIX que se afirma a temática da justiça social. E os muitos documento com vocação normativa, que tal magistério propiciou, refletem esse direcionamento. Mas longo foi o caminho para se chegar até lá. O mesmo século que viu o luminoso aparecimento, em 1891, da "*Rerum Novarum*", também teve de conviver com a ortodoxia da "*Mirari Vos*" (1832, Gregório XVI), e da "Sillabus" (1864, Pio IX).

A ideia de justiça social obtém sua primeira formulação clara e ordenada no já referido documento papal de Leão XIII. A partir dele, o conceito veio sendo a um tempo enriquecido e depurado, destacadamente no "Quadragésimo Anno" (1931, Pio XI) e nas bulas de João XXII ("*Mater et Magistra*" e "*Pacem in Terris*"). Acreditamos que seu acabamento registra-se na fundamental "*Populorum Progressio*" (Paulo VI, 1967). E que se trata de um compromisso, a "*Laborem Exercens*" (João Paulo II, 1981) o comprova.

A evolução da justiça distributiva à justiça social radica-se, em nosso entendimento, num tópico de perspectiva. Para a justiça distributiva o grande problema humano, e social, atenua-se ou se resolve com uma adequada distribuição dos bens. Para a justiça social o aludido problema se tem, na distribuição das riquezas, um caminho a ser palmilhado, não esgota aqui, entretanto, suas exigências. Para a realização da justiça social é imperioso, ainda, que a sociedade assegure a todos os indivíduos amparo, emprego, assistência, educação, alimentação, lazer, higiene, saúde, segurança. Mas como a chave da justiça social é o trabalho humano ("*Laborem Exercens*", I, 3), imprescindível é que as metas da justiça social sejam atingidas com a colaboração, a coparticipação dos próprios eventuais beneficiários. Pois só assim o benefício social perde a tônica da esmola (que é atentatória à dignidade, exceto quando destinada aos realmente incapazes da coparticipação, única hipótese em que ela é pura caridade), adquirindo a digna natureza de justa recompensa. Ainda com a "*Laborem Exercens*":

> "Não há dúvida alguma, realmente, de que o trabalho humano tem um seu valor ético, o qual, sem meios termos, permanece diretamente ligado ao fato de que aquele que o realiza ser uma pessoa, um sujeito consciente e livre, isto é, um sujeito que decide de si mesmo".
>
> ....
>
> "O trabalho tem como sua característica, antes de mais nada, unir os homens entre si; e nisto consiste sua força social: a força para construir uma comunidade. E no fim de contas, nessa comunidade devem unir-se tanto aqueles que trabalham, como aqueles que dispõem dos meios de produção ou que dos mesmos são proprietários".

Subscrevemos o pensamento de *Soller Miralles* (*La justicia y el orden social*", Mendoza, 1977): *só se alcança justiça na sociedade – e, pois, justiça social – quando se entenda que o indivíduo e sociedade são dois aspectos de uma totalidade concreta*. Os experimentos estatais autocráticos têm ocorrido exatamente quando se projeta a comunidade com esmagamento do indivíduo. A realização do bem comum só se torna viável quando assegurado ao indivíduo ter acesso, e nele participar, ao processo de elaboração do conceito desse bem comum e da forma de produzi-lo, como também atuar na própria implantação do processo escolhido.

E aqui talvez um dos aspectos mais importantes da "*Populorum Progressio*": o desenvolvimento tem de ser uma causa comum, em espírito comunitário (Alceu Amoroso Lima, "Comentários à *Populorum Progressio*", pág. 49). Essa causa comum impõe a rejeição de intervenções estatais abusivas na órbita da realização autônoma do indivíduo, assim como assegura, a este, dizer quais suas necessidades e ditar o caminho para suas respostas (Artur Fridolin Utz, "Ética Social", Barcelona, 1961, pág. 232). Por isso, com letras expressas, a "*Populorum Progressio*" arrolou como uma das aspirações legítimas do homem o "ter maior participação nas responsabilidades" (parágrafo 6º); e em contrapartida, num dos trechos mais discutidos do Documento (parágrafos 30 e 31), afirmou-se, cautelosamente embora, o direito à revolução, quando a aspiração legítima de maiores responsabilidades e de acesso ao processo de gestão social e político é cortada.

Enfim, é inerente à pregação de justiça social o estabelecimento de amplos e permanentes canais de interparticipação nas atividades da Administração Pública e condutas dos administrados. Como preconiza *Tofler*, anunciando a civilização pós-industrial:

> "Esta civilização nova, desafiando a velha, deitará por terra as burocracias, reduzirá o papel do estado-nação e irá gerar economias semi-autônomas num mundo pós-imperialista. Exigirá *governos mais simples*, mais eficazes, e, não obstante, *mais democráticos do que qualquer um dos que atualmente conhecemos*". (A Terceira Onda", 2ª edição, pág. 24: nossos os grifos; grafia do original).

De *Liberdade* aqui não se vai cuidar com extensão maior. Por ora diremos, tão apenas que se revela sua compreensão na dupla dimensão há pouco anunciada: de uma parte, o pleno respeito, de parte da Sociedade e do Estado, à expansão integral das potencialidades individuais, até o limite da não afetação das potencialidades igualmente impostergáveis de nossos copartícipes na aventura da vida; de outra parte, o direito do indivíduo de participar do processo de elaboração dos conceitos de bem pessoal e do bem comum e da forma de produzi-los.

Entretanto, qual a postura do Direito Público brasileiro, em face dessa exigência, de justiça social e de liberdade individual (coparticipação administrativa)? Ao que parece, continuam nossos autores a acreditar que o tema se exaure no controle político, exercido nas ocasiões das eleições. Consequência dessa abstenção científica é o comportamento cada vez mais generalizado, entre nossos homens públicos, de absoluto desprezo pela opinião ou pelos reclamos públicos; e, no plano institucional, a parca rentabilidade da previsão constitucional do direito de representação e de petição.

É evidente, doutra parte, que tal abstenção não é um fenômeno gratuito, ou espontâneo, ou isolado, no contexto de nosso Direito Administrativo. Em realidade, deflui ela do próprio conceito de Direito Administrativo, até há pouco esmagadoramente acolhido entre nossos autores: com pequenas variantes de um para outro, sempre acabava ele por aparecer como ramo do Direito Público dedicado aos princípios e/ou regras que regem a atividade estatal, adotando, cada jurista, para tanto, uma perspectiva anátomo-fisiológica; a estrutura (anatomia) do aparato administrativo, e sua dinâmica (fisiologia), eis os polos da atenção de tais estudiosos.

Já se vai tornando, aos poucos, incontestada a postura em prol da prática participativa do indivíduo, na administração pública, robusta a bibliografia jurídica a respeito. E note-se que não estamos a falar da participação imprescindível ou conveniente, a juízo do próprio Estado (como ocorre, por exemplo, com as contratações administrativas ou nas designações de agentes e servidores públicos), mas sim da que decorre do interesse precípuo do próprio administrado. Tampouco estamos a cuidar dos sistemas, hoje apenas historicamente imagináveis, de democracia direta. Nem ainda dos esquemas de participação política, conquanto aqui houvesse um largo terreno a explorar, inconcluso ainda na experiência jurídica brasileira (os referendos populares, o direito de iniciativa legislativa reconhecido ao cidadão, os plebiscitos, o "recall", etc.). Estamos a referir, isto sim, as novas formas de ingerência da população nos assuntos da administração pública, não apenas controlando a *posteriori* sua execução, mas até pautando aprioristicamente suas opções e a maneira de realizá-las.

A. Gordillo cuida minuciosamente do assunto, em seu conhecido "Planificación, Participación y Libertad en el Proceso de Cambio" (Buenos Aires, 1973, páginas 189/216). E ali aparecem arroladas as comunidades de bases, as associações de bairros ou de moradores, os próprios clubes e sociedades recreativas, e vários modelos, alguns mais formais, outros menos acabados, que têm sido ensaiados.

Advertimos que não usamos lentes panglossianas; e também não omitimos a existência de opositores à pregação participativa. Bem, sabemos que nem todos participariam dos grupos referidos ou a eles análogos. Como também sabemos que, no jogo social, alguns desses grupos serão mais presentes – e, por isso, mais influentes, – que outros. E daí não faltará quem acabe por afirmar que o sistema proposto igualmente careceria de base democrática. A crítica não é nova ou original. Ela foi anteriormente endereçada, por exemplo, à ideia de planejamento. E a réplica será igual àquela cabível quanto às primitivas objeções: os desvios não democráticos, seja do planejamento, seja da participação, têm que ver com o *modus* de executar a ideia, e não com o perfil conteudístico que ela ostenta. O planejamento, ou a participação, sem a observância de certos pressupostos, poderá ser totalitário. Incumbirá, porém, ao jurista, informado da experiência do direito comparado, e comprometido com a realização da justiça social e da liberdade individual, propor os modelos que, afastando os fatores deturpadores, ensejem a chegada à terra prometida. E somente a insistência lúcida e obstinada, do homem do Direito, afastará os escolhos, que não são pequenos. Dentre estes, citamos:

a) as atitudes da Administração Pública, de regra arredia a ouvir sugestões, encastelada que está numa tão messiânica, quanto infundada, crença de infalibilidade;
b) a omissão, a leviandade mesmo, de ponderável parcela da população, pronta a opinar e sugerir apenas no que diga respeito a seu egoístico interesse;
c) certas construções teóricas do Direito Administrativo, bolorentas e enleadas em teias de aranha, mas ainda prevalecentes entre nós. Exemplo? A ampla aceitação da ideia de discricionariedade e de ato discricionário (noção essa por si só também senil e adversa ao administrado);
d) a resistência do administrador em delegar funções e competências, nisso divisando redução de "status";
e) os conceitos de poder da polícia, de executoriedade, de presunção de legalidade e de legitimidade dos atos da Administração.

Referiremos, ainda, mais outra preciosa colaboração da doutrina estrangeira: a exemplar tese de *Romano Bettini*, "La participazione amministrativa" (Giuffrè, Milão, 1973), na qual se demonstra a consolidação, desde 1948, na Itália, da participação do cidadão, na determinação de opções de atuação da atividade administrativa, concernentemente sobretudo a reforma urbana, gestão de serviços sanitários, cogestão de instituições universitárias e autogestão social da radiotelevisão estatal (RAI).

Não omitiremos que vozes, autorizadas também, como a de *Herbert Wilcok* por exemplo, combatem o que denominam "credo participativo" (Hierarchy, human nature and the participative panacea", *in* "Public Administration Review", Washington, janeiro/fevereiro 1969, páginas 53/62). Todavia, ao menos são vozes que de boa-fé experimentaram o alvitre participativo, antes de combatê-lo. E sua oposição funda-se não na desvalia ideológica da opção, mas nas eventuais dificuldades concretas de sua realização.

Concentremos agora nossa atenção, para enfatizar que o autoritarismo está na gênese do Direito Administrativo, numa "questão exemplar", cujo desbaste invalida peremptoriamente a ingenuidade das que vêm, nesse campo do jurismo, uma origem comprometida com os ideais de liberdade e de contenção governamental (inclusive em nosso país). A "questão exemplar" em foco é aquela que envolve os tópicos da discricionariedade, do mérito do ato administrativo e de seu controle jurisdicional.

Entendemos (até hoje) por *mérito* do ato administrativo o resultado da valoração que o agente administrativo elabora, quanto aos dados contingentes, que deverá considerar como pressuposto da atividade administrativa. Nem inovamos no particular: trata-se de formulação consideravelmente próxima da abraçada por *Seabra Fagundes*, em seu clássico "Controle do ato administrativo pelo Poder Judiciário".

Quando se fala sobre mérito do ato administrativo, está presente nessa expressão, toda a gama de elementos contingentes e variáveis, que a atuação administrativa necessariamente tem de enfrentar. Entram, então, na discussão os dados de oportunidade, de conveniência, de escolha dos motivos, de utilidade, de finalidade subjetiva, enfim de móvel psicológico, de meta psicologicamente buscada. Estamos transitando num terreno que nada tem a ver com a positivação jurídica do ato administrativo. Estamos em pleno caminho do psiquismo. Essa é a dificuldade fundamental do tema. O tema do mérito do ato administrativo tem que ver, exatamente, com esses dados contingentes, com esses dados subjetivos, com esses dados psíquicos, intelectivos, que o agente público, necessariamente, tem que cotejar, no momento em que vai produzir um ato administrativo.

Quando em vista de um ato vinculado, o campo para a manifestação intelectiva do agente administrativo se estreita. Mas à medida em que essa faculdade de escolher, de optar, de formular juízos se amplia, à medida em que a própria complexidade da vida social ou do tecnicismo do conhecimento exigido vão lançando, nas mãos do administrador, frações cada vez maiores de poder de escolha e de opção, o problema do mérito se torna cada vez mais agudo, e seus reflexos na prática administrativa se transformam, realmente, num tema da maior relevância.

O problema do mérito está conectado a dois dados fundamentais da atuação administrativa: um, pertinente ao objeto; outro, pertinente à vontade. É nesses dois campos, do objeto e da vontade, que o problema do mérito encontra um cordão umbilical e, a partir dele, é que se vai derramar por várias outras considerações que o tema propõe. Considere-se o seguinte esquema:

<table>
<tr><td rowspan="2">MÉRITO</td><td>Objeto</td><td>Causa
Conteúdo
Adequação</td></tr>
<tr><td>Vontade</td><td>Móvel
Fim</td></tr>
</table>

Esse quadro pretende apresentar um caminho pelo qual percorrerá, necessariamente, a elaboração intelectiva do agente público, quando à vista do exercício das chamadas faculdades discricionárias, na prática do ato administrativo. O tema da desapropriação suscita sugestiva exemplificação. Não só podemos contemplar vários possíveis bens a serem expropriados para uma mesma finalidade, como podemos destinar um imóvel a várias possíveis finalidades expropriatórias. Haverá, pois, uma avaliação meritória, que poderá e deverá ser feita, necessariamente, pelo administrador público. Essa avaliação determinará o conteúdo do ato administrativo. Porém mais: terá que haver uma *relação de adequação* entre a causa e o conteúdo.

Num outro tópico, o da vontade do agente, entram o móvel como pressuposto psíquico da escolha dos caminhos, e o fim subjetivo como a realização última "discricionariamente" buscada pelo administrador na prática do seu ato administrativo.

E agora, a indagação fundamental: o mérito do ato administrativo, por isso que pertinente a elemento subjetivo da sua prática, é passível, ou não, de um pleno controle jurisdicional? É possível controlar a própria legalidade do ato administrativo pelo exame do seu mérito? Ou o mérito do ato administrativo, por isso que lançado, fortemente, no campo do psiquismo, está inteiramente indene de qualquer contraste, de qualquer confronto que pudesse levar a um juízo da legalidade mesma da atuação da administração pública?

Não temos dúvida em afirmar que há muitas hipóteses em que o ato administrativo tem de ser examinado sob o prisma de sua legalidade, com uma inflexão ou uma reflexão sobre o seu mérito, visto este como *elemento intrínseco* da própria concepção de *legalidade*, já que ao administrador se impõe não apenas o *dever* da boa *administração*, mas o IMPERATIVO da *melhor administração*.

Lembraremos, por exemplo, as hipóteses em que o mérito não guarda relação de adequação entre o antessuposto do ato e a sua realização final. Estamos em campo de mérito, e em campo de mérito que pode envolver, até mesmo, o tema da moralidade na atuação administrativa. Lembraríamos ainda outro exemplo: o administrador pode invocar um motivo, ou uma razão meritória, que é simplesmente inexistente, ou falso. Deverá o Poder Judiciário, levado ao exame desse ato administrativo, cruzar os braços, por dizer não poder penetrar no campo do mérito?

Não negamos que numerosa doutrina e jurisprudência brasileira pautam-se por crença diversa da que sustentamos. Frequentemente os tribunais proclamam só lhes caber o exame dos aspectos formais, de legalidade vinculada, do ato administrativo; paradoxal porém que nem doutrina, nem jurisprudência rejeitam as figuras, tão fecundas em direito administrativo, do desvio e do abuso de poder. E como chegar a surpreender uma e outra, sem investigação judicial *plena* do *mérito* do ato administrativo, sobretudo quanto à *relação de adequação* entre os pressupostos do ato e os resultados por ele visados?

Claro que não se advoga que a perquirição judicial chegue ao ponto de impor que o ato administrativo seja refeito de uma determinada maneira que o juiz ordene, *segundo* sua avaliação meritória. Daí a sustentar, como infelizmente se faz muitas vezes, que não possa o judiciário desconstituir o ato administrativo, *para que a própria Administração* pratique um outro, indene de dúvidas, quando seja falsa, errada ou impertinente a avaliação meritória envolvida na espécie, vai abissal diferença. E é na amplitude desse abismo que cada vez mais se alimenta a autocracia estatal, confortada pelas barreiras auto e heterocriadas a que se julga, aqui, com frequência confinado o Poder Judiciário.

Poucos exemplos são mais marcantes, da origem autoritária do Direito Administrativo, quanto aquele que já foi o seu conceito central: discricionariedade. Para elucidar o ponto, suficiente focalizar a moldura histórica de seu surgimento. No momento que o antecede, vigorava a autoridade sem peias, próprio do *absolutismo*. A Revolução Francesa passa como um trator sobre essa arquitetura, embora a rigor, preocupada que estava com a antítese – a negativa radical ao modelo autoritário –, não tenha elaborado outro padrão. Em verdade, instaurava-se, em suposta homenagem ao "primado do povo", o reino da anarquia, de que o Terror de Robespierre seria epítome. Uma vez contudo restaurada a monarquia, novos vetores se afirmam, com destaque aqui para a reconstrução do Direito Administrativo, mas um Direito Administrativo comprometido com o renascimento de poder real, consagrado com a instituição do Contencioso Administrativo e alicerçado em constructos doutrinários autoritários – com especial destaque para a discricionariedade. Só com a evolução histórica de sua existência é que o Contencioso Administrativo francês viria a criar instrumentos valiosíssimos de contenção do poder.

Sem a sanguinolência da história revolucionária francesa, o mesmo clima de poder absolutista presidiu o surgimento, no Brasil, da doutrina administrativa. Nossos primeiros autores e juízes vicejaram numa ambiência constitucional em que o Imperador, além de chefe do executivo, tinha atribuições judiciárias (sobretudo mediante avocatórias) superiores e arbitrava os conflitos institucionais com o uso do Poder Moderador. Nossa gênese prepotente não se amainou com o advento da República. O fim da década de 1930 e a maior parte da década de 1940 foram períodos áureos da glorificação da faculdade (até mesmo, significativamente denominada *poder*) discricionária da Administração (mas havia exceções honrosíssimas encarnadas, por exemplo, por Victor Nunes Leal e Seabra Fagundes). Por evidente, a "Revolução" de 1964 e a Constituição de 1967/1969 não amainaram os ventos da força estatal. Foi somente com a Constituição de 1988 que as vozes liberalizantes da doutrina brasileira, iniciadas a partir da segunda metade do século 20, ganharam acatamento e prestígio. Por isso dizemos sempre que a Constituição de 1988 nada tem de "socializante". Bem antes, ela é (e não só em sua topografia textual, com o deslocamento das garantias individuais para seu início) a Carta do Cidadão, o "Bill of Rights" do Indivíduo Brasileiro, o diploma garantidor da realização de suas potencialidades, na perspectiva de que só há felicidade e liberdades coletivas se, antes destas, se assegura a felicidade e a liberdade do indivíduo (e isso desde seu Preâmbulo mesmo). Nesse contexto, o campo da chamada discricionariedade é mínimo, ínfimo, quase inexistente. O administrador não está liberado para exercer a "boa administração": ele tem o dever, o imperativo, de executar a "melhor" administração. É verdade que tanto a *boa* quanto a *melhor* administração somente recebem tais epítetos porque conformes à lei. São atuações *legais*, mas só é *legítima* a que é melhor. Por isso, o controle jurisdicional pode ser convocado para desconstituir o ato administrativo que, embora *bom*, não seja o *melhor* (sem responsabilização, embora, do agente, já que só é *bom* o que é *legal*).

Vista a questão por tais ângulos, carece de qualquer importância saber em quais dos elementos ou pressupostos do ato reside a possibilidade de exercício discricionário da parte do agente. Discricionariedade autêntica somente existe em situações estritas e estreitamente definidas no sistema: (1) quando a lei expressamente abre margem de opção ao agente, ou (2) quando o estágio de conhecimento, envolvido na escolha a ser feita pelo agente, ainda não indique com clareza qual a *melhor* eleição. E só.

Nesses exemplos, que trouxemos a exame, a atitude dos juristas, em sua maioria, tem ocasionado indiscutível reforço às posições autoritárias da Administração Pública. E, como já antes exposto, autoritarismo e liberdade são conceitos inconformáveis. Acreditamos que por dois caminhos têm os juristas aderido a polaridades desse jaez.

O primeiro deles diz respeito a uma sincera, ou não, adesão científica. De regra vem ela conectada com enfática declaração, à qual, aliás, muito afeitos os partidários do pensamento kelseniano: como cientistas do Direito, assumem uma posição neutra em face das decorrências que sua adesão científica possa favorecer, ou mesmo engendrar.

O segundo deles tem que ver com a notória ineficiência operacional de nossos Poderes Judiciário e Legislativo. E é o mais inaceitável dos prismas condicionadores de um opinamento. A ineficiência em questão pode ser revertida, desde que tais Poderes se apliquem a uma reforma inteiramente oposta às que até aqui vêm sendo ensaiadas. Especificamente quanto ao Judiciário, impõe-se uma reforma que ataque o nó da primeira instância e destine ao Poder recursos compatíveis com suas necessidades. Fazer dessa ineficiência, conjuntural por certo, critério precondicionante da amplitude da competência jurisdicional transforma o problema numa aporia: cada vez mais se reforça o Executivo e com isso cada vez menos se abre campo à correção de rumos. Tomamos emprestada uma passagem de Fábio Konder Comparato (ressalvados alguns anacronismos acidentalmente nela contidos):

> "Por outro lado, parece-me que se impõe a revisão do clássico princípio (na verdade, criação do Estado liberal-capitalista) de que o Poder Judiciário só deve pronunciar suas decisões segundo os critérios da legalidade formal, estando impedido, em razão de uma falsa compreensão do princípio da separação dos Poderes, de julgar segundo a justiça, pura e simplesmente. Em relação aos atos do Executivo, em particular, diz-se que o Judiciário só deve decidir segundo o critério da legalidade e nunca sob o aspecto da conveniência. O julgamento dos atos administrativos, sob esse aspecto, competiria ao outro Poder Político, que é o Legislativo. Ora, essa argumentação se me afigura, no Brasil, inteiramente sofismática. O julgamento político do Executivo, salvo casos raríssimos do *impeachment* do governo, só ocorre em regimes parlamentares. E o impedimento do chefe do Executivo, nas esferas federal e estadual, jamais ocorre no Brasil". ("Segurança e Democracia", *in* "Direito, Cidadania e Participação", 1981, p. 222. Escrito antes, pois, do impedimento do Presidente Collor).

Nossa finalidade, ao trazer à ribalta os exemplos examinados não foi, nem remotamente, o de instituir preocupante maniqueísmo, por força do qual o indivíduo seria o Bem, o Estado, o mal. Não ignoramos que o Estado pode ser virtuoso, e que o indivíduo frequentemente atinge os páramos do comportamento mesquinho. Mas a ciência jurídica não se desenrola em asséptico laboratório ou gabinete, atemporal e a-espacial. Fazemos Direito aqui e agora, não só no mundo de hoje, mas no Brasil de hoje. E nesse mundo e nesse Brasil, sedentos de Justiça e Liberdade, aí não se chega pelo reforço teórico aos comportamentos estatais autocráticos. Tenha-se em mente que figuramos apenas uns poucos exemplos. Tantos mais haveria que estudar! Querem indicação? A legislação brasileira limitativa da responsabilidade estatal por dano nuclear; a legislação que concentra, nas mãos do Executivo, a interdição das atividades industriais insalubres; as aparas legais, doutrinárias e jurisprudenciais apostas à ação popular e às ações diretas de constitucionalidade e de inconstitucionalidade; a tão fantástica, quanto infundada, assertiva de que ao servidor estatutário não se reconhecem direitos adquiridos. O que nos dificulta a percepção exata dessa dodecafônica sinfonia é a falta de distanciamento, por estarmos inteiramente imersos na cacofonia institucional brasileira. Lembramos-nos, a propósito de uma passagem impressionante do escritor romeno, tão precocemente falecido, Max Blecher (em "Acontecimentos na Irrealidade Imediata"). Contemplava ele, demoradamente, telas retratando o rei Carol I e a rainha Elizabete. E algo sempre o intrigava:

> "Esses quadros me intrigaram por muito tempo. O artista parecia muito talentoso, pois os traços eram finos e seguros, embora eu não compreendesse por que ele os executara numa aquarela cinzenta, empalidecida, como se o papel tivesse ficado muito tempo debaixo da água. Um dia, fiz uma descoberta assombrosa: aquilo que eu considerava uma cor apagada não era outra coisa senão um amontoado de letras minúsculas, que só podiam ser decifradas com uma lupa. Em todo o desenho não havia um único sinal de lápis ou pincel; tudo era uma junção de palavras que contavam a história da vida do rei e da rainha. Minha estupefação fez de repente desabar a incompreensão com a qual eu fitava os desenhos. No lugar da minha descrença na arte do desenhista, surgiu uma infinita admiração. Nela, senti a mágoa de não ter observado antes a qualidade essencial do quadro, fazendo crescer em mim, ao mesmo tempo, minha grande insegurança em tudo o que via: já que eu contemplara por tantos anos aqueles desenhos sem descobrir a própria matéria de que eram constituídos, não seria possível que me escapasse, devido a uma miopia semelhante, o significado de todas as coisas ao meu redor, significado esse nelas inscrito, talvez, tão claramente quanto as letras que compunham aqueles quadros?"

Pois nós não temos essas desculpas: olhemos de frente e com desassombro as telas que nossa Constituição debuxa: a imagem que nelas divisamos é a do cidadão brasileiro, do indivíduo senhor de si: mas a figura não é um conjunto de traços de desenho, mas sim um conjunto de duas palavras, que contam nossa história, e que se repetem incessantemente: Direito e Liberdade. Tudo isso compõe, enfim, um cenário no qual nos soa sempre difícil aceitar o caminho que tem levado o jurista a aderir a posturas científicas favorecedoras do autoritarismo estatal – a pretensa neutralidade do conhecimento científico. Ora, pelo menos, desde *Karl Mannheim* que se sabe, à saciedade, não só que todo conhecimento científico é ideológico, mas também que qualquer pretensa neutralidade é sempre um argumento em favor do mais forte.

O triunfo da ideia de liberdade individual pressupõe que se veja, no conceito de *liberdade*, um verdadeiro arquétipo. E *arquétipo* em dupla visão: não só como modelo ou padrão passível de ser reproduzido (Dicionário Houaiss da Língua Portuguesa, p. 293), mas também, e já aqui muito próximo da acepção original junguiana, como conteúdo perene do inconsciente coletivo. E conteúdo ligado à percepção de que apanágio inafastável da personalidade é o livre arbítrio, a escolha, pela vontade, de uma, dentre várias alternativas. Nesse contexto, a liberdade jamais será fruto puro de uma determinação normativa: será emanação da vontade e do arbítrio humanos, autêntico fenômeno da natureza (na qual a vontade e o arbítrio humanos se manifestam e se revelam), ocorrendo tão apenas sua delimitação e sua compatibilização gregária pela via de determinação normativa. Não se trata, pontue-se, de explicar o livre-arbítrio como um ato de fé ou um dogma: ele é conatural à própria existência racional do Homem que, sem ele, sequer esse nome mereceria. E, como tal, o livre-arbítrio dispensa qualquer processo de demonstração racional de sua existência, tal como ocorre com a vida ou o ser. Vida, ser, homem, livre-arbítrio, tudo isso *é*. São *axiomas*. E, porque são, existem, para além de qualquer prova ou demonstração, de resto inúteis e irrelevantes, dão tais realidades palpáveis nascimento ao Direito e suas determinações normativas. Ou seja, a Liberdade não é fruto do Direito. É o Direito que se origina da Liberdade, condicionando, disciplinando e harmonizando o exercício desta. Ela existe seja na sociedade mais sofisticada, seja na mais primitiva, e, até mesmo, numa hipotética sociedade de um só homem (exemplo: Robinson Crusoé, antes da aparição de Sexta-Feira). Não há então, em nosso sentir, como escapar a essa constatação ontológica: a liberdade é um *arquétipo*. Assim é porque está na consciência individual e também no inconsciente coletivo. Existe no mundo real (como força imanente de cada ser), como realidade (e imposição) do mundo fenomênico (que sempre nos íntima a optar entre A e B), sendo apenas por ela própria, *liberdade*, disciplinada e limitada, até como exigência de sobrevivência dos humanos e de suas sociedades. Enfim, como traduziu Sartre, todo ser está condenado a ser livre. Nesse prisma, liberdade é autodeterminação, autocausalidade, condicionada à totalidade a que o homem pertence, totalidade essa que limita e disciplina as escolhas acenadas aprioristicamente pelo livre-arbítrio.

Como corolário do que até aqui posto, pugnamos por uma nova visão do Direito Administrativo que desejamos ver consagrada. Em suma, um

Direito Administrativo pela óptica do indivíduo, com a pessoa como protagonista, atuando o Estado como simples instrumento, utilizado pelo indivíduo, para a concretização das transformações necessárias. E aqui, sim, pretendemos inaugurar a escola brasileira de Direito Administrativo individualista. A visão individualista do Direito Administrativo não constitui egocentrismo (não toma o próprio *eu* como centro de todos os interesses), egoísmo (nela não há amor excessivo a si mesmo), egolatria ou egotismo (tampouco nela existe sentimento excessivo ou idolatria do próprio *eu*). Trata-se, tão apenas, de colocar o indivíduo no centro do sistema social, condutor, fiscalizador e controlador da atividade estatal, definidor da sua esfera de liberdade que só conhece os limites decorrentes da esfera da liberdade alheia e da lei. Daí decorre a superioridade do interesse particular sobre o tão decantado interesse público, cabendo aliás ao indivíduo definir o que é o interesse público, visto este como aquele que se perfaz pelo princípio democrático da maioria. E não da maioria a todo preço, mas da maioria cuja prevalência não suprima ou exclua o interesse individual, impondo-se a utilização das vias compensatórias quando o sacrifício individual se mostrar excessivo. Em casos que tais, o Estado, se posto a agir pelo indivíduo (ou por quem o represente, vocábulo aqui utilizado em lata acepção, não estritamente jurídica pois), pode comparecer como instância dirimente, atuando em prol do interesse individual que deva preponderar. Há que não esquecer: o indivíduo é uma realidade material; a sociedade é uma criação intelectual, partejada pelo indivíduo ou pelo conjunto de indivíduos. Em resumo: a sociedade existe em razão e para o benefício do indivíduo, não sendo aceitável que a criatura suplante sempre o criador.

Esse o Direito Administrativo que desejamos. Esta a Escola de Direito Administrativo Brasileiro que defendemos. Essa a baliza legítima do exercício da função administrativa. Essa a alternativa que brandimos, em oposição à escola positivista de Direito Administrativo.

A ação de cada indivíduo é o elemento essencial e irredutível da transformação social e mesmo da transformação cósmica (é claro, sem olvidar os incontroláveis fenômenos que decorrem das poderosas forças cósmicas). É essa essencialidade, para todos os fins, da ação de cada indivíduo que revela a falácia do positivismo e do monismo (meros postulados metafísicos, até hoje carentes de comprovação científica). Como com integral acerto já destacara Ludwig von Mises ("Ação Humana", 1ª. edição, editora Yale University Press/Instituto Ludwig von Mises, SP, p.69), a cooperação humana e a ação social constituem um caso particular da categoria mais universal da ação humana. É a partir desta que se há de estudar a inevitável interação homem-sociedade, eis que a cooperação social é o grande meio para que o indivíduo atinja todos os seus fins.

Estabelecidas nossas bases do novo pensamento ou escola do Direito Administrativo brasileiro, mais uma interrogação há de ser enfrentada: é correto atribuir ao Direito Administrativo um caráter instrumental ou adjetivo? Para enfrentar a pergunta, insta retomar a clássica distinção entre direito material ou substantivo de um lado, direito adjetivo ou instrumental do outro. Na primeira face da dicotomia comparecem os conjuntos de "normas que regem as relações jurídicas, *definindo a sua matéria*" (grifo nosso. "Dicionário Jurídico", Maria Helena Diniz, volume 2, p. 169). Na segunda face, teríamos o complexo de normas pelo qual se pode fazer valer um direito. Parece-nos que nesse sentido é que Oswaldo Aranha Bandeira de Mello (ver. *cit.*, pp 42/45) fala em natureza adjetiva do Direito Administrativo, eis que nuclearmente composto de regras com o escopo fundamental de tornar operantes as ações estatais disciplinadas no Direito Constitucional.

Mais recentemente lemos atentamente interessante artigo de Leonardo Coelho Ribeiro (RDA, vol. 272, pp. 209 a 249), em que o arguto autor, talvez influenciado sobretudo pela força do princípio constitucional da eficiência, procura ver o Direito Administrativo como uma "caixa de ferramentas" para tornar efetivas as normas e as ações da política e da gestão públicas". Cremos ser importante transcrever um texto do aludido e engenhoso trabalho, que nos parece resumir o pensamento do autor em tela:

> "Com efeito, ferramentas são instrumentos vocacionados a certas finalidades. E apreender o direito administrativo como uma caixa delas é jogar luzes sobre a importância de se desenhar, escolher, combinar, empregar e testar essas ferramentas na persecução do interesse público, aprimorando a gestão pública e seu controle, a partir de juízos de adequação, experiência, e do acompanhamento e avaliação de resultados.
>
> Assim, há considerável utilidade prática em compreender e desenvolver, metaforicamente, o direito administrativo como uma caixa de ferramentas, no atual estado da arte em que se encontra. Especialmente tendo em vista que isso importa, a um só tempo, em:
>
> i. perceber o direito administrativo como uma tecnologia social, que deve cumprir uma função prática e dinâmica, a fim de dar conta de impasses e objetivos concretos;

> ii. caminhar na direção da construção de ideias e modelos jurídicos mais úteis e comprometidos com a realidade e seu contexto de aplicação, colaborando para a conciliação entre teoria e prática;
>
> iii. reforçar a relação de meios e fins que deve orientar a ação administrativa, ilustrando seu compromisso com os resultados concretos de suas reflexões;
>
> iv. não assumir categorias apriorísticas e estáticas, adotando em seu lugar uma abordagem constantemente crítica e flexível que, partindo do desenho das ferramentas, da forma como são utilizadas e da experiência acumulada, possa definir estratégias de ação e medir resultados e consequências daí provenientes;
>
> v. possibilitar o diagnóstico de como de fato funciona certa ferramenta, ou combinação de ferramentas, apurando suas vantagens e desvantagens para, então, formular, manter ou reformular o arranjo jurídico e a ação administrativa; e
>
> vi. experimentar novas ferramentas, de preferência pontualmente, para avaliar sua capacidade de sucesso em seus propósitos e, se assim confirmado, expandir sua incidência.
>
> Desse modo, a abordagem da caixa de ferramentas é uma metáfora que privilegia o instrumentalismo legal enquanto estratégia de direito, para que as ferramentas de direito administrativo melhor sirvam aos fins democraticamente definidos na Constituição, ou pelas maiorias ocasionais, à luz da teoria dos direitos fundamentais". (*op. cit.*, pp. 212/213)

Conquanto consideremos não só inventivo, inteligente e respeitável o esforço do eminente autor, pedimos vênia para esposar entendimento diverso.

Para nós, não é relevante a distinção entre normas substantivas e adjetivas, materiais e instrumentais. Umas e outras têm uma uniformidade nuclear que a ambas informa e particulariza: a coercitividade. Estando desde há muito abandonada a noção de normas constitucionais programáticas, ao menos a nosso ver, tem-se que tanto os preceitos ditos substantivos, como os classificados como adjetivos, não só estipulam e conferem direitos ou deveres, como por si sós asseguram sua incidência e observação. Uns e outros devem: a) cumprir uma função prática e dinâmica, com vistas a suas atuações concretas; b) conciliar teoria e prática, para tanto contemplando suas estratégias de implementação e a análise das pertinentes consequências objetivas; c) prestigiar o princípio da eficiência, destarte inclusive reforçando ou reformulando o preceito, com vistas à melhor aplicação da ação estatal.

Sempre de pé está a máxima de que o Direito existe para resolver os problemas da vida. Por isso o Direito, todo ele, não passa de uma harmônica pletora de regras para prevalência da paz geral. Nessa perspectiva, é com profunda vênia que afirmamos que, embora teoricamente seja possível traçar diferenças entre normas substantivas e normas instrumentais, de restritíssima utilidade objetiva se revela mais essa dicotômica elaboração de escaninhos conceituais. Invocando a sempre lembrada lição de Gordillo, as classificações só têm efetiva justificação científica quando úteis à essência do conhecimento que se pretende abarcar (A. Gordillo, "El acto administrativo", pp. 26/27). Ora, a distinção pretendida, entre normas materiais e instrumentais, é na sua quase totalidade, sem valia, para categorizar "ramos" do Direito. Assim, por exemplo:

a) o Direito Civil, o Direito Penal e o Direito Administrativo, além de preconizarem materialmente (exemplos, respectivamente: elenco das modalidades de aquisição de propriedade; tipificação das condutas criminosas; disciplina dos requisitos da cessão de bens públicos), também estatuem instrumentalmente (exemplo: regramento da prescrição);

b) o Direito Processual, apontado por excelência como um direito adjetivo, também consagra comandos materiais; Direito Processual Civil: a possibilidade de rever/reverter a coisa julgada, mediante ação rescisória; Direito Processual Penal: o mesmo fenômeno, mediante a revisão criminal; Direito Processual Administrativo: os princípios do processo e a decadência da pretensão desconstitutiva da decisão final da Administração.

Atendo-nos unicamente ao Direito Administrativo, diremos, em caráter geral, que substantivas ou materiais são quase todas as suas normas, inclusive no campo processual, somente assumindo caráter adjetivo as atinentes ao *procedimento*. É claro que alguma importância a distinção apresenta, bastando a tanto lembrar que dispor sobre *processo administrativo* é matéria de competência federal, ao passo em que disciplinar o *procedimento* envolve competência concorrente federal, estadual, distrital e municipal (é no procedimento que se encontram as "ferramentas" sobre as quais antes discorremos). Mas isso claramente, a nosso sentir, é insuficiente para categorizar o Direito Administrativo como um direito adjetivo.

Relevante considerar que o próprio Direito Constitucional – é dizer, a Constituição que o conforma – desfruta dessa dupla natureza. Além de, em preceitos substantivos, arquitetar todo o Estado que delineia, o Direito Constitucional também encerra um arcabouço adjetivo, integrado fundamentalmente pelas chamadas ações constitucionais (mandado de segurança, ação civil pública, etc.) e pelas ações de controle ou de efetivação da constitucionalidade (ações diretas de constitucionalidade e de inconstitucionalidade, arguição de descumprimento de preceito fundamental, etc.). E o Direito Administrativo, que nada mais é que a Constituição em movimento, naturalmente goza da mesma natureza dúplice do ramo jurídico de que diretamente emana. Anote-se que as citadas ações constitucionais criadas em 1988, aqui incluídos o mandado de injunção e o *habeas data*, foram desde logo após a promulgação da Constituição ajuizados, antes mesmo das leis reguladoras hoje existentes, com direta remissão ao texto da Lei Maior, o que bem comprova o caráter material e adjetivo de qualquer ramo do Direito.

Por mais generosas ou, ao contrário, restritivas que sejam as Constituições (e as normas infraconstitucionais), há, regendo os seres humanos, uma lei natural (ou, se preferirem, uma norma de Direito Natural), inerente à própria essência de suas existências e firmada no espírito de cada indivíduo. Pouco importa que essa lei natural, que fundamenta os direitos naturais do ser humano, verdadeiramente preexistentes a normatividades jurídicas de qualquer grau, tenham raiz, ou não, num pensamento ou numa crença teísta. De toda sorte, essa preexistência (que, para nós, independe da convicção da existência, ou não, de um Deus, de um Criador) é o próprio fundamento da primazia do individuo, da pessoa humana, que desde o início temos afirmado constituir a base de todo este ramo do jurismo. Também aí é que se assentam duas fundamentais pressuposições do nosso trabalho: a certeza de que o Estado foi criado e existe para *servir* ao indivíduo; a convicção de que o princípio basilar, norteador de qualquer sistema jurídico, é o da dignidade da pessoa humana.

A profissão de fé, acima proclamada, nos vincula obviamente a uma visão jusnaturalista do Direito Administrativo. Explicitando-a: mesmo em face de uma sociedade ainda não dotada de organicidade jurídica (por exemplo, as que emergem de conflitos internos ou guerras externas, as desmanteladas por catastróficos fenômenos da Natureza), têm os seres humanos neles arraigada, em seus espíritos e corações, a consciência de que lhes rege uma lei natural, que rejeita e reprova tudo que é injusto e desonesto, e que obrigatoriamente lhes prescreve a adoção de condutas justas e honestas. Essa lei independe de quaisquer convenções, normas ou aceitações individuais. E assim é a tal ponto que tal lei persiste cogente mesmo que os legisladores decretem sua abolição. É esse escudo natural que permitiu a sobrevivência a Auschwitz e aos terrores do stalinismo, para citarmos apenas alguns interlúdios recentes.

Essa lei natural se alicerça, conforme antes desenhamos, no princípio da dignidade da pessoa. Mas este, não obstante sua fundamentalidade, não é o único princípio de Direito Natural que imanta o Direito Administrativo. Repetindo as iluminadas lições do clássico José Maria Avellar Brotero (Princípios de Direito Natural), à *Dignidade* acrescentaremos a *Liberdade*, a *Igualdade*, a *Propriedade* e a *Segurança*. E lancemos sumárias observações sobre cada uma das pautas axiológicas ora aditadas.

A *Liberdade*, aqui nominada, não é obviamente ilimitada individualmente, eis que não pode deixar de harmonizar-se, em sua inteireza, com a liberdade dos demais indivíduos. E isso por imperativo de um outro princípio: o de *Igualdade*. Se todos são iguais, iguais e harmonizadas hão de ser as liberdades individuais. Somente se pode admitir ter ela individualmente valência absoluta quando cogitamos da liberdade de pensamento, da liberdade de consciência e da liberdade de crença. Como anotou com propriedade Brotero (*op. cit.*, pp. 237 e seguintes), igualdade não implica "nivelidade" (*sic*), isto é, nivelamento absoluto. Estampa-se ela, isso sim, na dependência mútua dos indivíduos e na reciprocidade de suas obrigações.

O princípio da *Propriedade* ancora-se na máxima de que todos têm direito ao uso e gozo dos frutos de seu trabalho honesto; e pois, de defendê-los contra ameaças ou agressões injustas.

Por fim, para Brotero, o princípio da *Segurança* cifra-se no direito de cada um assegurar, por todos os meios justos e honestos possíveis, o seu bem estar. Esse direito não decorre da injustiça ou da violência do eventual agressor mas sim, direta e imediatamente, da obrigação de nossa própria conservação.

Antes aditamos ao elenco de princípios de Direito Natural, de Brotero, o da dignidade da pessoa humana. Agora, em acabamento, destacaremos mais um princípio, de Direito Natural, aditado também, ao conjunto: o da *hierarquia*, consistente em escalonar a realização das expectativas individuais e sociais e a direção da coletividade de forma orgânica dotada de graus de competência. Os seis princípios de Direito Natural, até este ponto brevemente examinados, conformam a compostura do nosso (e novo) Direito Administrativo.

Nosso ponto de partida: a validade da lei humana se confirma quando coincide ela com a lei do direito natural. A adoção expressa por nossa Constituição, dos princípios da moralidade (artigo 37) e da legitimidade (artigo 70), confirma o acerto de nossa assertiva. A lei natural nutre-se dos princípios objetivos ou universais que a razão consegue discernir. E a lei humana, *i.e.*, a lei *humanitas posita*, só valerá se refletir o que estatui a lei natural. Mais enfaticamente ainda: o crivo da validade mora exatamente na concordância entre a razão humana e a razão natural. Ainda no campo da afirmação de nossa tese, registre-se que os princípios de direito natural, que tomamos por espeques de nosso estudo de Direito Administrativo, estão, de há muito, consolidados em regras de Declarações internacionais de direitos humanos (por mero exemplo: a Declaração de Direitos Universais da ONU e o análogo documento do Pacto de San José da Costa Rica). Ora, os positivistas mais empedernidos sabem do valor *constitucional* de tais documentos (CF, art. 5º, § 3º). Em outras palavras: até mesmo o direito positivo consagra a coercitividade do ponto de partida jusnaturalista de nossa concepção de Direito Administrativo.

Retome-se, em arremate: Ciência da Administração e Direito Administrativo, Administração Pública e atuação estatal, tais são rótulos e conceitos que se estruturam em torno de um núcleo que os justifica existencialmente e os alimenta conteudisticamente: a precedência do indivíduo, indivíduo este dotado da dignidade que é inerente a sua própria aparição no mundo, dignidade essa revelada em transcendentais princípios do direito natural, que antecedem seu nascimento e pautam toda sua existência. Com esse patrimônio vivencial cabe ao indivíduo não só exigir do Estado atuações e prestações que se afinem à lei natural, podendo ele (indivíduo) participar das pertinentes decisões administrativas e, ainda, resistir a qualquer imposição em que a lei humana viole (ou omita, o que também é modalidade de violação) a lei de direito natural.

Deflui de tudo quanto antes exposto – e essa a própria razão de ser da presente exposição – que nossa visão de Direito Administrativo envolve inarredavelmente a certeza de que seu conteúdo, nos presentes dias, se transformou enormemente, em face do panorama que a disciplina ostentava até cerca de 40 (quarenta) anos passados. Nem poderia ser de outra forma: *Administração, Direito* e *Sociedade*, no referido período, se transformaram também enormemente. O indivíduo, transcendente que é, não se transformou, mas suas aspirações e objetivos mudaram sensivelmente, adaptando-se às novas condições existenciais. Também por isso suas exigências ao Estado em geral, à Administração Pública em particular, igualmente acusaram modificações sensíveis. E a resposta da Administração, a tais reclamos, impôs a adoção de novas ideias, instrumentos e conceitos, que há poucas épocas alguns sequer existiam. De notar: quer do lado do indivíduo, quer do ângulo da Administração, a realidade não apenas se alterou, mas também se tornou e se vem tornando cada vez mais complexa. Nessa ambiência requer detida reflexão o impacto do vertiginoso progresso da tecnologia e da ciência, com ênfase, neste trabalho, nos campos das comunicações, da mobilidade, da transmissão e da transferência de dados e informações. Tais revoluções no âmbito científico, ao mesmo tempo em que dotaram o indivíduo de meios céleres de expressão de suas ideias e de acesso aos benefícios das invenções e descobertas, também potencialmente restringiram de muito o seu campo de privacidade. Numa proposital simplificação, desenhamos um quadro em que: de um lado o Estado detém um arsenal impressionante de meios e instrumentos não só de realização de suas atividades, mas também de ingerência no espaço de cada indivíduo; do outro lado, o indivíduo singular ou em agrupamentos, dispondo hoje de conhecimentos muito mais amplos, encerra em suas mãos imensos meios de manifestações de vontade e de suas maiores exigências, que muitas vezes assoberbam o Estado (particularmente a Administração) até além de sua capacidade de resposta, quando não mesmo de compreensão do que está a passar.

Com tanto poder e tanta força, colocados nas duas pontas da linha vetorial, ou se parte para o antigo jogo do "cabo de guerra", ou se busca o *consenso*. E aqui reside *uma nuclear* – se não a *primeira* – transformação conteudística do Direito Administrativo. Primeira e irrenunciável. A sociedade, como grupo de indivíduos e expressão da razão natural e da razão humana, quer *participar* da feitura das opções de políticas públicas e de decisões administrativas, para isso contando (e criando, quando necessário) com variadíssimos canais de comunicação, desde as audiências públicas até os ilimitados meios individuais eletrônicos de expressão. A crescente *participação* individual acaba, até por sua impressionante multiplicação personalizada e sua repetição a cada segundo, provocando a formação do *consenso*, como alternativa excelsa para dar às respostas incontornáveis da Administração uma possibilidade *eficiente* de efetivar-se na maior presteza possível. E sublinhe-se: a resposta aparelhada na sequência lógica, acima esquematizada, acaba revestindo-se de maior *legitimidade*, eis que, ao menos em tese, constitui atividade pública, a mais aproximada possível aos anseios do administrado. *Participação, consenso, eficiência, legitimação*: eis aqui os claros, novos e atuais paradigmas do Direito Administrativo (adotamos aqui, sem ressalvas, a douta elaboração sobre *paradigmas*, deduzida pelo jurista Gustavo Binenbojm, em sua relevante "Uma Teoria do Direito Administrativo"). É a administração pública *serviente*, a que antes aludimos. E num tal meio ambiente, temas como o da insindicabilidade do mérito, supremacia do interesse público, indisponibilidade da coisa pública e preponderância da Administração (hierarquicamente superior aos administrados, como queriam alguns), soam como meros ecos, registros históricos, de um Direito Administrativo que *foi*, que não *é* mais. Enfim, estamos a construir uma Administração Pública guiada pelo *princípio da subsidiariedade* (tema ao qual retornaremos em outra obra), por força do qual:

a) a atividade estatal deve, prioritariamente, dirigir-se ao fomento à e incentivo da atividade individual (e/ou das associações de indivíduos), inclusive no que respeitante à dirimência de litígios (esfera na qual incumbe prioritariamente ao setor público estimular a autocomposição) e nos conflitos entre Administração Pública e Administrado (situação em que serão prestigiadas as técnicas de arbitragem, mediação e conciliação);
b) a intervenção do Poder Público (seja em prol do interesse individual, seja em benefício do interesse geral) apenas se justifica quando a própria sociedade se revelar ineficaz para prover seus interesses, ou em face de execução de atribuições que o próprio Direito defira ao Estado.

No âmbito jurídico teórico enunciamos um teorema: o fim da função administrativa é a satisfação do interesse individual, a potencialização e a possibilitação de cada indivíduo desenvolver e concretizar suas aptidões em busca da consecução de seus justos e lícitos anseios. Na fundamentação do "justos" e do "lícitos" invocamos os já apontados princípios de

Direito Natural que fundam, a nosso ver, a *correta* ação humana. E é essa *ação humana*, assim balizada por transcendentais, imanentes, e inerentes ao homem, princípios de Direito Natural, que constitui o *dado irredutível* a que vergada a função administrativa. Essa irredutibilidade da ação humana foi genialmente sumarizada por Ludwig von Mises, em seu clássico "Ação Humana" de que transcrevemos a seguinte lição lapidar:

> "Ação humana é um dos instrumentos que promovem mudança. É um elemento de atividade e transformação cósmica. Portanto, é um tema legítimo de investigação científica. Como – pelo menos nas condições atuais – não pode ser rastreada até suas origens, tem de ser considerada como um dado irredutível e como tal deve ser estudada". (*op. cit.*, p. 43)

De seu turno, sendo o Direito Administrativo a ciência da função administrativa, também em seu conceito a ação humana assume o papel de dado irredutível. Tais irredutibilidades, fundamentais alicerces da inafastável primazia do indivíduo, constituíram-se nos axiomas que fundaram o teorema enunciado no parágrafo anterior. E de tais axiomas naturalmente se deduzem e comprovam a validade e a coerência do teorema/proposição declaratório da asserção de centralidade do indivíduo, como dado irredutível de qualquer sistema jurídico. Assim convictos, podemos desde já, rememorando as temporalmente recuadas aulas de matemática a que fomos expostos na adolescência, apor agora, ao cabo deste primeiro volume, a costumeira chave de encerramento a propósito empregada pelos mestres de nossa juventude: cqd, isto é, como queríamos demonstrar.

CONCLUSÕES

O presente texto constitui apenas um sumário de uma concepção bem mais ampla, que apenas se adéqua, na integralidade de seus pressupostos e decorrências, às dimensões de uma obra de fôlego muito mais amplo. E bem estamos cientes desse desafio. Mais: não nos detivemos na sua percepção. Por isso partimos para o enfrentamento do dilema. Consequência? A elaboração de um Tratado, desígnio aparentemente descabido para os tempos presentes, que exige rapidez e concisão.

Não obstante todas as advertências, à tarefa já nos lançamos: nosso Tratado está em plena elaboração, com o primeiro tomo já entregue ao editor. É claro que tal atitude, para além dos ingentes esforços, físicos e mentais concernentes à elaboração, optamos por nossa exposição pessoal, até mesmo a críticas e incompreensões. A divergência, e até mesmo o eventual ataque argumentativo sem polidez, sempre provocam choques, faíscas e luz. E é de tais choques, faíscas e luzes que nasceu o fogo, elemento que abriu o caminho do Indivíduo, da Idade da Pedra para a Idade da Razão.

INDENIZAÇÃO POR DANO MORAL À LUZ DOS BENS DA PERSONALIDADE NO SISTEMA CIVIL-CONSTITUCIONAL E PROCESSUAL BRASILEIRO NOS CONTRATOS DE PLANOS DE SAÚDE

SERGIO IGLESIAS NUNES DE SOUZA*

INTRODUÇÃO

São de considerável número as ações judiciais que tramitam perante o Poder Judiciário brasileiro em que buscam tutela judicial para a obtenção de tratamento medicamentoso, internação, cirúrgico e médico em que a operadora do Plano de Saúde recusa-se cobrir as despesas, sob o argumento da ausência de previsão contratual ou carência de cobertura ante o tempo de assinatura do contrato, muitas vezes, consideram procedimentos não cobertos embora não sejam de alta complexidade (*v.g.*, a ressonância magnética), dentre outras alegações.

A resistência ou recusa-se dá-se, muitas das vezes, diante da crise econômica nos últimos anos e o número de desempregados que crescem em progressão geométrica em que estes se desligam dos planos médicos. Há a emergente necessidade de uma reestruturação do sistema de tratamento de saúde particular no Brasil e deve-se encontrar uma fórmula a fim de equilibrar os gastos hospitalares condizentes com os valores cobrados pelos

* Doutor e Mestre em Direito pela PUC-SP.
Professor da Faculdade de Direito de São Bernardo do Campo.
Professor convidado da Escola Superior da Advocacia, da Escola Paulista de Direito e da FAAP.
Advogado.

conveniados. Daí porque cresce o número de planos em regime de coparticipação. Há, ainda, escassez ou ausência de recursos financeiros por muitos que, normalmente, não mais se enquadram em planos de convênios médicos coletivos diante de centenas de demissões enquanto eram trabalhadores em empresas de serviços, da indústria ou do comércio. E, a par disso, o sistema é regulado com uma avalanche de normas resolutivas pela ANS – Agência Nacional de Saúde Suplementar (agência reguladora no Brasil) na vã tentativa de manter a existência das operadoras de planos de saúde e, a par disso, proteger o conveniado contra abusos ou ilegalidades, com medidas regulatórias, coercitivas ou sancionatórias contra inúmeras daquelas.

Operadoras de Plano de Saúde passam a recusar muitos tratamentos médicos ou medicamentosos com fundamento em questões contratuais e diante da ausência de uma solução amigável, os conveniados ingressam com ação judicial pleiteando tutela provisória para obterem o tratamento almejado. É fato, inclusive, que há inúmeros julgados que, normalmente, concedem a ordem judicial e, ao final, julgam procedentes os pedidos que determinam a tutela específica a fim de obrigar a operadora de saúde a realizar o tratamento e, ainda, a custear todas as despesas que sejam necessárias ou ressarcir os gastos já efetivados.

Entretanto, algumas decisões judiciais julgam improcedente o pedido por entender que o tratamento médico não poderá ser coberto por determinada operadora de saúde, seja porque não estabelecido contratualmente ou, ainda, conforme o ano da celebração do contrato, por ausência de proteção ou previsão legal. E, neste caso, a tutela antecipatória concedida na fase inicial da ação é, naturalmente, revogada na prolação da sentença.

Durante o período da manutenção da concessão da tutela provisória inúmeras operadoras de planos de saúde não cumprem a medida que, por vezes, perdura durante diversos meses. E, diante da recusa no seu cumprimento, muitos são os conveniados que propõem uma ação de indenização por danos morais ante o período em que, mesmo com ordem judicial concedida, não foi efetivada pelas operadoras de planos de saúde. E tais ações, normalmente, são propostas quando ainda não transitada em julgado a decisão judicial da ação anterior que visava a cobertura dos gastos pelo plano celebrado.

Neste cenário, há julgados entendendo que haveria que ser suspensa a ação indenizatória por tratar-se de questão prejudicial quanto ao mérito ou, ainda, condicionado o resultado da segunda ação à efetiva procedência ou não do direito material de cobertura das despesas do tratamento de saúde ou medicamentoso conforme o plano ajustado.

Desse modo, é imperiosa uma reflexão à luz do direito civil-constitucional diante da necessidade de proteção e tutela do Estado, aqui, especialmente do Poder Judiciário dos possíveis danos morais que dizem respeito aos bens da personalidade que foram violados, sem prejuízo, é claro, da breve análise paralela com o sistema processual brasileiro vigente, à luz do Código de Processo Civil de 2015, instituído pela Lei 13.105/15.

1. A VIDA HUMANA E A SAÚDE COMO BENS DA PERSONALIDADE OBJETO DE PROTEÇÃO NOS CONTRATOS DE PLANOS DE SAÚDE

Os contratos de planos de saúde têm por objeto a manutenção e o tratamento de saúde do seu conveniado e, portanto, tem por objeto a preservação e proteção da vida e da saúde mediante o pagamento de um respectivo valor mensal. Quem celebra um plano de saúde, individual ou coletivo, tem por finalidade, ainda, a segurança de que, em havendo um sinistro médico, isto é, sobrevindo uma complicação de saúde ou grave doença, terá a cobertura de todos os gastos pela operadora de saúde, incluído tratamentos, internações, cirurgias, custos com próteses de qualidade, etc.. Neste sentido, a finalidade do contrato de cobertura do plano de saúde visa proteger a saúde e o bem estar do conveniado e, ao mesmo tempo, trazer segurança jurídica à proteção desses interesses.

É aceito em nosso ordenamento jurídico que certos bens da personalidade sejam objeto de contrato, tal como a imagem ou a integridade física quando o objeto do contrato é preservá-la. Na hipótese em tela, o objeto dos contratos de planos de saúde é preservar o conveniado que deverá em toda e qualquer interpretação dos efeitos atender a razão e os seus limites conforme o princípio da função social dos contratos (CC, art. 421).

A funcionalidade social dos contratos de planos de saúde é no sentido de garantir que parte da população tenha um tratamento de saúde eficiente, haja vista a insuficiência do tratamento público pelo SUS – Sistema Único de Saúde. Recentemente, o art. 421 do CC/02 sofreu alteração através da Medida Provisória 881 de 30 de abril de 2019, que assim reza:

> Art. 421. A liberdade de contratar será exercida em razão e nos limites da função social do contrato, observado o disposto na Declaração de Direitos de Liberdade Econômica.

Parágrafo único. Nas relações contratuais privadas, prevalecerá o princípio da intervenção mínima do Estado, por qualquer dos seus poderes, e a revisão contratual determinada de forma externa às partes será excepcional.

Não obstante tratar-se de uma Medida Provisória, desde já, convém pontuar que havendo conversão em lei, a disposição que determina o princípio da intervenção mínima do Estado, por qualquer dos seus poderes, incluído, portanto, o Poder Judiciário, não afasta a possibilidade de tutela protetiva dos bens da personalidade quando regidas em contrato.

No caso de contratos de planos de saúde ainda que, em tese, deveras não haja o direito à cobertura de algum tipo de tratamento médico, não se deve afastar a imperiosa intervenção Estatal, já que bens da personalidade merecem proteção excepcional à luz do direito civil e do direito constitucional.

A tutela dos direitos da personalidade no que tange à integridade vida e a saúde, ensina Rabindranath Valentim Aleixo Capelo de Sousa (1995, p. 211), que "Também o direito toma o corpo humano como bem juridicamente tutelado para certos efeitos, autonomizando-o do conjunto da personalidade humana", com escólio da lição de Heinrich Hubmann. Segue aquele autor ao pontuar em relação ao direito lusitano que "Desde logo, no n. 1 do art. 25º da Constituição considera-se inviolável a integridade física dos cidadãos e como tal sujeita de modo muito particular ao regime dos direitos, liberdades e garantias fundamentais".

Deve incidir no direito brasileiro essa mesma interpretação civil-constitucional.

A Constituição da República Federativa do Brasil de 1988 tem como seu fundamento a dignidade da pessoa humana (CRFB, art. 1º, inciso III), e são invioláveis o direito à vida (CRFB, art. 5º, *caput*). A inviolabilidade deve se compreender pelo direito à integridade pessoal de estar organicamente ligado à pessoa enquanto tal, isto é, tal direito não pode ser afetado nem mesmo pela declaração de estado de sítio ou de emergência, baseado na ideia de solidariedade social, cuja envergadura protetiva jurídica deve ser maior em relação a outros interesses que estejam na órbita patrimonial. E, portanto, deve ser assegurado o direito de indenização do lesado quando aquela não é satisfeita ou atendida a quem incumbia satisfazer ou cumprir, seja por lei, seja por ordem judicial, ainda que em sede de tutela provisória.

A tutela constitucional do Estado do direito à integridade física e à saúde é medida que se impõe como um dever-poder do Estado-Juiz. Os direitos privados reconhecidos também em nível constitucional, logo na sua origem após a Segunda Guerra Mundial foram relacionadas à vida privada, a família, o domicílio, dentre outros, aplicando-se, sensivelmente, o rol contemplado na Constituição de 1967 no texto de 1988, centrado em "direitos à vida, liberdade, à segurança e à propriedade" (Bittar, 1995, p. 56).

A tutela geral da personalidade humana ingressou no direito brasileiro através da *iniura* e da respectiva *actio iniurarium* que se constituía em uma cláusula geral de proteção da personalidade, oriunda das ordenações, vigendo de 1531 às vésperas da vigência desde o Código Civil de 1916 (SZANIAWASKI, 2005, p. 134) e, agora, à luz do Código Civil de 2002.

No âmbito do Direito Civil tem-se diversas disposições de proteção e tutela da vida e é estabelecida a intransmissibilidade e irrenunciabilidade, não podendo o seu exercício sofrer uma limitação voluntária (CC, art. 11, 13, 14, 15). O Código Civil de 2002 ao estabelecer diversos dispositivos relativos ao direito à vida tem na sua *ratio legis*, em sentido amplo, a defesa, proteção e preservação da personalidade física que abrange diretamente a tutela do corpo humano em toda a sua extensão e, por conseguinte, não pode sofrer qualquer limitação por lei posterior ou judicial.

Apesar da grande importância dos direitos da personalidade, mesmo tendo dedicado a eles um capítulo, pouco desenvolveu o Código Civil de 2002 sobre essa relevante temática, embora, com o objetivo primordial de preservar o respeito à pessoa e aos direitos protegidos constitucionalmente, não assumiu o risco de uma enumeração taxativa prevendo em poucas normas a proteção de certos direitos inerentes ao ser humano, talvez para que haja, posteriormente, desenvolvimento jurisprudencial e doutrinário e regulamentação por normas especiais, conforme pontifica Maria Helena Diniz (Diniz, p. 139).

Desse modo, à luz da melhor interpretação à proteção dos bens da personalidade, não se admitiria o exercício protetivo buscado pelo contrato de plano de saúde sob uma limitação voluntária do próprio conveniado, isto é, não abranger certos tratamentos de saúde, internações, cirurgias, quando sejam necessárias, ao fim teleológico e social em que se busca tais contratos: a proteção e preservação da vida e da saúde. A incidência de limitação e o afastamento de tratamento médico configura a própria violação a tais bens da personalidade. E, neste sentido, tem-se um tratamento excepcional aos bens da personalidade, autorizativo da intervenção do Estado-Juiz, cuja intervenção mínima do Estado se faz necessária para a preservação da vida e da saúde do contratante de adesão.

A questão da viabilidade econômica dos planos de saúde e a ponderação do custo do direito exercido deve ser evoluído no âmbito legislativo de regulação positiva de mercado pelo Estado com a abertura de maiores oportunidades de criação de novos convênios, tais como incentivos tributários ou favorecimento de seus participantes ou parceiros, com incentivo, igualmente, ao regime da coparticipação. A liberdade de criação de planos por novas operadoras, embora com fiscalização necessária pela ANS impõe a livre concorrência e o incentivo dessa atividade econômica, sem olvidar da importância e necessidade da tutela do bem extrapatrimonial envolvido nos contratos de planos de saúde.

2. A TUTELA PROVISÓRIA E A IMPOSIÇÃO PELO SEU CUMPRIMENTO E A POSSIBILIDADE DE INDENIZAÇÃO

A tutela provisória pode fundamentar-se em urgência ou evidência (CPC, art. 294). A tutela provisória de urgência, cautelar ou antecipada, pode ser concedida em caráter antecedente ou incidental (CPC, art. 294, par. único). A tutela provisória conserva sua eficácia na pendência do processo, mas pode, a qualquer tempo, ser revogada ou modificada (CPC, art. 296, *caput*). E, ainda, é consabido que a tutela de urgência deve ser proferida quando há perigo de dano ou risco ao resultado útil do processo, evidenciado pela probabilidade do direito envolvido (CPC, art. 300) que, normalmente, nas hipóteses de tratamento de saúde, deve e pode ser dispensada a caução ao economicamente hipossuficiente se não puder oferecê-la.

Nas hipóteses de pedido de tutela provisória para cobertura de determinado tratamento médico ou hospitalar esta se baseia na urgência ante o perigo de dano a parte autora e risco ao resultado útil do processo e, ainda, porque evidenciado pela probabilidade do direito envolvido.

A decisão que concede a tutela não fará coisa julgada, mas há a estabilidade dos respectivos efeitos que somente será afastada por decisão que a revir, reformar ou invalidar, proferida em ação ajuizada por uma das partes (CPC, art. 304, par. 6º do CPC/15). Desse modo, a produção de efeitos está atrelada à estabilidade da relação jurídica e perduram os seus efeitos e sua incidência durante o período concedido. Somente após a modificação, com reforma ou invalidação, é que cessam os efeitos da tutela anteriormente concedida.

Caso, igualmente, a decisão de mérito seja desfavorável a parte autora responde pelo prejuízo que a efetivação da tutela de urgência possa causar à parte adversa (CPC, art. 302, inciso I) ou, ainda, *v.g.*, se a parte falecer e prosseguir no recebimento dos benefícios concedidos na tutela antecipatória (CPC, art. 302, inciso III). Tais hipóteses autorizariam, em tese, que a operadora do plano de saúde fosse indenizada pelo prejuízo da efetivação da tutela com as despesas que custeou, sem prejuízo de indenização a ser fixada da reparação por dano processual. E, neste caso, a indenização deverá ser liquidada nos próprios autos em que a medida tiver sido concedida, sempre que possível.

Dessa forma, estabeleceu o vigente Código de Processo Civil o direito ao ressarcimento aplicável às operadoras de planos de convênio médico quando a tutela provisória é revogada.

É, a seguir, a linha de interpretação que, segundo o nosso pensar, deve conduzir-se o juiz de Direito. Uma vez concedida a tutela provisória, seja pela urgência ou evidência, durante o período em que não é revogada a ordem judicial *conserva a sua eficácia* (CPC, art. 296), logo, produz todos os efeitos necessários à obtenção do resultado provisório almejado.

A medida concedida a título cautelar não é, *a priori*, provisória, mas tem caráter temporário, isto é, não sendo apta a converter-se em situação consolidada pelo advento da tutela definitiva. Neste prisma, provisória, propriamente, seria apenas a antecipação dos efeitos da tutela. Se se usa a expressão "provisório" como aquilo que pode tornar-se "definitivo", restringe-se, de fato, o termo à tutela antecipada (Araken de Assis, 2000, p. 33). Nesta esteira, ante a própria natureza jurídica que é a tutela antecipada ela não se condiciona ao provimento meritório do pleito de cobertura por um contrato de plano de saúde, posto que independe do seu resultado final.

Em contrapartida, impõe-se o seu cumprimento imediato, uma vez citada e intimada a operadora do plano de saúde. Isso porque, agora sob à luz do direito civil e constitucional, os direitos da personalidade merecem proteção incondicional e inviolável e, justamente por isso, seriam irrenunciáveis, sofrendo uma auto limitação contratual da própria vontade. A vontade nada pode quanto a diminuir ou a aumentar a personalidade. (Pontes de Miranda, 2000, p. 40). E, por derradeiro, nem mesmo decisão judicial poderia condicionar efeitos preventivos ou indenizatórios ante o descumprimento da medida jurisdicional.

Durante o tempo em que a lei adjetiva determina a sua eficácia, se descumprida pela operadora de saúde tem-se o descumprimento processual por disposição legal (CPC, art. 296). Não se condiciona o descumprimento unilateral da operadora da ordem judicial à possibilidade razoável da revogação desta no mérito final, já que essa interpretação é contrária àquela dada (ainda que provisória) pelo próprio Estado-Juiz. Caberá à operadora cumprir a determinação judicial ressalvada a possibilidade posterior de eventual indenização, quando o mérito, somente sob o crivo da coisa julgada, resultar na improcedência do pedido de cobertura pelo plano de saúde a determinado tratamento médico, medicamentoso ou cirúrgico.

Enquanto pendente a ação que objetiva a cobertura pelo plano de saúde, deve prosseguir o regular andamento da ação indenizatória limitada ao período pela qual a operadora de saúde descumpriu a ordem anteriormente concedida.

A suspensão da ação indenizatória ante a pendência do resultado meritório não transitado em julgado do pleito de cobertura sob o argumento de incidência de questão prejudicial não tem sustentação à luz do CPC/15, bem como do Código Civil de 2002. Vejamos. Suspende-se o processo quando a sentença de mérito depender do julgamento de outra causa ou da declaração de existência ou de inexistência da relação jurídica que constitua o objeto principal de outro processo pendente (CPC, art. 313, V, alínea "a").

A questão prejudicial referida é uma prejudicialidade externa à causa, mas a ser decidida em julgamento de pedido em outro processo, que não tramite perante o juízo cível ou penal. O desatendimento da ordem judicial liminarmente enquanto não revogada não caracteriza ou guarda relação de dependência quanto ao mérito do direito buscado pela parte autora quanto ao tratamento médico. Isso porque, justamente, trata-se de uma tutela provisória concedida que pode, a qualquer tempo, ser revogada, modificada ou invalidada. Normalmente, ocorre no momento da prolação da sentença de mérito após a devida instrução e maturação do juízo de convicção do magistrado.

A eficácia da tutela antecipada concedida e descumprida permanece em relação ao período de sua não revogação e é integral, portanto, impõe-se que o descumprimento permita à parte autora, em tese, uma indenização por dano moral pela integridade física e a saúde desprotegida do período concessivo e, ainda, indenização por dano processual.

É dever das partes, de seus procuradores e de todos aqueles que de qualquer forma participem do processo cumprir com exatidão as decisões jurisdicionais, de natureza provisória ou final, e não criar embaraços à sua efetivação (CPC, art. 77, inciso IV) e, a par disso, o seu descumprimento caracterizará ato atentatório à dignidade da justiça mediante prévia advertência que deverá ser antecipadamente inserida no ato da prolação da tutela antecipada pelo magistrado (CPC, art. 77, par. 1º). Por isso, resta indubitável que, a par da indenização por dano moral, responderá por dano processual e possível incidência da litigância de má-fé, já que caracteriza resistência injustificada ao andamento do processo (CPC, art. 80, inciso IV), bem como ato atentatório à dignidade da Justiça e, por conseguinte, do Poder Judiciário (CPC, art. 80, inciso IV, par. 2º), possibilitando multa de até vinte por cento do valor da causa, de acordo com a gravidade da conduta que, "in casu", compromete a integridade física e a saúde da parte autora que pretenda o tratamento médico.

Do mesmo modo que o CPC/15 permite a possibilidade de indenização em favor da parte quando a tutela provisória é revogada, assegurando-lhe o direito à indenização, à luz do princípio da isonomia e da igualdade, também cabe indenização pelo período em que a parte autora foi desatendida quanto ao tratamento medicamentoso, internação ou cirúrgico sob o comando de ordem judicial antecipada urgente ou de evidência.

O descumprimento da ordem judicial da tutela somente afastará a responsabilidade da operadora do plano de saúde uma vez evidenciado após a instrução regular do processo na ação judicial um caso fortuito externo ou força maior que justificasse o seu descumprimento ou, ainda, algum vício de ordem processual, *v. g.*, a não efetivação da citação (nulidade) e intimação da referida ordem por não ter sido expedido o mandado de citação/intimação pelo cartório ou, ainda, que não criou embaraços à sua efetivação.

É necessário pontuar-se que o entendimento de que descabe indenização pelo período em que perdurava e era eficaz a ordem judicial liminar e foi descumprida pela operadora do plano de saúde gerará insegurança jurídica e incentivará o descumprimento de futuras determinações provisórias por aquelas, se, muitas das vezes, houver o convencimento unilateral da improcedência final do pedido de cobertura ao tratamento ou, ainda que não haja, não haveria qualquer consequência jurídica pelo descumprimento da ordem judicial.

A melhor interpretação para a solução de tais questões devem ser analisadas não só à luz do interesse individual das partes envolvidas, mas também à luz da *phronesis* (sabedoria prática), a fim de *descoisificar* o ser humano e perceber o que é saudável, bom ou mal, ver o presente e o futuro, considerando esse fato novo dentro do contexto social.

É natural concluir que se o enfrentamento da ordem judicial liminarmente no período não lhe gerar qualquer responsabilidade civil por danos morais, ainda que somente no período enquanto era eficaz a ordem, ou, ainda, os juízes de direito inserirem como questão prejudicial de mérito da ação indenizatória enquanto pendente o resultado final do processo ter-se-á gravíssimas consequências à sociedade, mormente, quando é de pleno conhecimento os precedentes judiciais de primeira e segunda instância ante o amplo acesso à informação trazidos pelos Tribunais de todo País ante às facilidades das pesquisas virtuais da jurisprudência.

Neste passo, o descumprimento da ordem judicial será estimulado e, obviamente, torna-se sem eficácia a concessão da ordem judicial, quando o próprio ordenamento processual brasileiro determina a eficácia da ordem no período em que foi mantida.

O direito à vida e à saúde não pode ser restringido ou sequer suspenso, nem mesmo por lei ordinária ou constitucional. Esse é o ensinamento no direito português também de Rabindranath V. A. Capelo de Sousa (1995, p. 208 e 210): "No nosso ordenamento jurídico, o direito à vida não pode ser restringido ou sequer suspenso, nem mesmo por lei ordinária ou constitucional e a própria Constituição, no seu art. 24, n. 2, determina que em caso algum haverá pena de morte. O único limite jurídico ao direito à vida humana pós-natal, em que esta poderá ser sacrificada licitamente, situa-se ainda na área da tutela da vida ou de interesses pessoais aproximados, agora de outrem, pois emerge, nos termos dos art. 337 do Código Civil e 32º do Código Penal, da ocorrência de legítima defesa, que então apenas tem lugar quando estiver em causa a defesa da vida ou de bem pessoal não manifestamente inferior da vítima ou terceiro.... Da violação do bem da vida resultam quer danos patrimoniais indirectos quer danos não patrimoniais, inclusive o dano da perda de vida sofrido pela vítima, que são indemnizáveis".

Entre nós, leciona Maria Helena Diniz que direito da personalidade é um direito subjetivo de exigir um comportamento negativo de todos, protegendo um bem próprio, valendo-se de ação judicial (Diniz, 2011, p. 136).

Destaca-se que a integridade física supõe que o objeto seja essa integridade, o ser inatingido, e não a propriedade do corpo. Se o dano ao corpo se há de ressarcir em valor patrimonial é porque ocorre a irreparabilidade integral no corpo mesmo (Pontes de Miranda, 2000, p. 43).

Neste passo, não se pode olvidar que a melhor tutela dos direitos da personalidade é a preventiva e inibitória, mas também a indenizatória, posto que, ao se suspender o andamento da ação reparatória e/ou não se indenizar a vítima pelo descumprimento da ordem judicial antecipada, instiga-se, de sobremaneira, ao descumprimento de inúmeros futuros casos judiciais, colocando em risco a integridade física, a saúde e a segurança jurídica. O Poder Judiciário deve coibir, estimular e efetivar o cumprimento das ordens judiciais de natureza provisória, ainda que sejam de caráter indenizatório e sancionatório e não o contrário.

CONCLUSÕES

Nas ações em que se concede a tutela antecipatória para a cobertura de tratamento médico de qualquer natureza, medicamentoso, internação, cirúrgico ou, ainda, custeio e fornecimento de próteses e similares, descabe a recusa do seu cumprimento pela operadora do plano de saúde enquanto aquela for eficaz e não revogada.

Ainda que a sentença de mérito decida pela improcedência do pedido de cobertura pelo plano de saúde ao tratamento buscado pela parte autora, no âmbito do processo civil, a par do descumprimento da ordem judicial implica na possibilidade de responsabilidade civil por danos aos bens da personalidade da integridade física e da saúde do conveniado.

A decisão final de mérito, ainda que pendente a coisa julgada, permite, por si só, a propositura de ação de indenização que não pode ser suspensa ou condicionada ao resultado final de mérito da ação anterior, posto que não se vislumbra questão prejudicial que impossibilite o julgamento de mérito, já que é causa interna ao processo.

Ademais, a análise do juiz para a fixação do *quantum* indenizatório deve-se limitar ao período em que a ordem judicial foi concedida e era eficaz e, apesar disso, houve a recusa ou o não cumprimento pela operadora do plano de saúde da ordem judicial. Neste sentido, é ônus processual da operadora de saúde comprovar causas que justificassem o descumprimento da ordem por caso fortuito externo ou força maior (evento da natureza, como a morte já consumada do paciente) ou, ainda, o não recebimento da intimação, não expedição do mandado por erro de cartório, etc.

Questão prejudicial configura aquela em que impede o julgamento de mérito do direito, *in casu*, da cobertura pelo tratamento médico. A análise dos fatores que ensejaram o descumprimento da ordem judicial do período em que era eficaz a ordem não autoriza a suspensão do andamento do processo ou, até mesmo, a improcedência do pleito indenizatório, isso porque, a eficácia da tutela provisória é *ex nunc* desde a sua concessão e não é, portanto, *ex tunc* da decisão de mérito final.

Sob a perspectiva do direito civil, os bens da personalidade são objeto dos contratos do plano de saúde e, por conseguinte, não se condicionam ao provimento final uma vez anteriormente concedida a ordem judicial provisória.

Daí a possibilidade não só de indenização por dano moral, como também deverá haver a indenização por dano processual e, ainda, é possível a cumulação com sanção por multa por litigância de má-fé, a depender da comprovação do não cumprimento com a exatidão necessária da decisão jurisdicional de natureza provisória. Salutar, pois, que seja motivado o *quantum* indenizatório ante a gravidade da conduta, haja vista tratar-se da integridade física e da saúde da parte demandante, bens que são atrelados à dignidade da pessoa humana (CRFB, art. 1º, inciso III).

O Estado-Juiz deve impor-se perante o jurisdicionado à luz do Código Civil de 2002, Código de Processo Civil de 2015 e da CRFB/88, e não deve criar obstáculo à efetivação de suas próprias decisões judiciais, ainda que sejam de natureza provisória, tampouco condicioná-las a questões de ordem processual, na medida em que a tutela geral da personalidade é geral, ampla e inviolável. E, ainda, porque não se trata, como visto, de questão prejudicial, à luz da legislação adjetiva.

Deve-se, sobretudo, sopesar o alto nível de insegurança jurídica e o estímulo de descumprimento de tutelas antecipatórias diante da ausência de qualquer consequência jurídica diante de futuras demandas judiciais que busquem a tutela provisória e sejam recusadas ou descumpridas por operadoras de planos de saúde.

Por essa razão, bise-se, a melhor interpretação para a solução de tais questões devem ser analisadas não só à luz do interesse individual das partes envolvidas, mas também à luz da *phronesis* (sabedoria prática), a fim de *descoisificar* o ser humano e perceber o que é saudável, bom ou mal, ver o presente e o futuro, considerando esse fato novo dentro do contexto social, à luz da tecnicidade da natureza jurídica dos bens da personalidade, mas também do sistema constitucional e processual civil brasileiro que, na sua essência, buscou maior celeridade, segurança jurídica e eficácia no cumprimento das decisões jurisdicionais, incluídas, naturalmente, as de natureza provisória.

E, por isso, merecem indenização por dano moral o descumprimento da tutela provisória pelo período de sua eficácia. Retirar a possibilidade de indenização ou suspender o andamento da ação resulta na retirada da eficácia indenizatória que deve incidir a proteção dos bens da personalidade e, ainda, haverá estímulo para a parte descumprir, sem justificativa legal, o mandamento judicial.

REFERÊNCIAS

Assis, Araken de. *Fungibilidade das medidas inominadas cautelares e satisfativas,* Revista do Processo, v. 100, 2000.

Bittar, Carlos Alberto. *Os direitos da personalidade,* 2. ed., Rio de Janeiro: Forense, 1995.

Diniz, Maria Helena. *Curso de Direito Civil brasileiro,* 28ª Ed., v. 01, São Paulo; Saraiva, 2011.

Miranda, Pontes de. *Tratado de direito privado.* v. 07, Campinas: Bookseller, 2000.

Szaniawaski, Elimar. *Direitos de personalidade e sua tutela,* 2. ed., São Paulo: Editora Revista dos Tribunais, 2005.

FUNDAMENTOS PARA A EMERGÊNCIA DO DIREITO INTERNACIONAL DAS CATÁSTROFES

Sidney Guerra*
Felipe Chiarello de Souza Pinto**

INTRODUÇÃO[1]

Ao se pensar nas catástrofes, as primeiras ideias que se apresentam relacionam-se aos cenários de erupções vulcânicas, sismos e maremotos, grandes

* Pós-Doutor em Direitos Humanos pela Universidade de Coimbra.
Pós-Doutor pelo Programa Avançado em Cultura Contemporânea da Universidade Federal do Rio de Janeiro.
Pós-Doutorando em *Environmental International Law* pela Universidade Presbiteriana Mackenzie.
Doutor e Mestre em Direito pela Universidade Gama Filho.
Professor Associado da Universidade Federal do Rio de Janeiro.
Professor Titular da Universidade do Grande Rio.
Professor Adjunto da Faculdade Presbiteriana Mackenzie-Rio.
Visiting Researcher pela Stetson University Law School.
Secretário Municipal de Administração de Duque de Caxias – RJ (2013 -2016).
Advogado.
** Doutor e Mestre em Direito pela PUC-SP.
Membro do Conselho Técnico Científico, do Conselho Superior e do Comitê da Área do Direito da CAPES-MEC.
Diretor da Faculdade de Direito da Universidade Presbiteriana Mackenzie.
Professor do Programa de Mestrado e Doutorado em Direito Político e Econômico da Universidade Presbiteriana Mackenzie.
Membro da Comissão de Revisão da Matriz Curricular da Graduação em Direito no Brasil (Convidado Externo CNE).
Membro do Comitê da Área do Direito no Programa SciELO/ FAPESP.
Membro do Conselho Editorial da Revista da Procuradoria-Geral do Banco Central.
Membro Titular da Academia Paulista de Letras Jurídicas.
Parecerista na Área do Direito da CAPES-MEC.
Secretário Adjunto do CONPEDI.

[1] O presente artigo compõe uma parte do estudo, em nível de Pós-Doutoramento, desenvolvido pelo Prof. Dr. Sidney Guerra e supervisionado pelo Prof. Dr. Felipe Chiarello, junto ao Programa de Pós-Graduação em Direito – Universidade Presbiteriana Mackenzie-SP.

inundações à escala regional ou devastações provocadas por furacões, isto é, imagens de destruição de ambientes humanos por fenômenos geológicos ou atmosféricos súbitos e extremos. Entretanto, há várias catástrofes que são produzidas por ações desenvolvidas pela espécie humana (antrópicas); muitas delas, inclusive decorrentes de conflitos[2] armados[3]. Elas tocam diretamente vários aspectos do direito internacional, em especial nos campos relativos ao direito ambiental, direitos humanos, direito humanitário, direito econômico e direito ao desenvolvimento. É bem verdade que existem diversas normas internacionais nas áreas anteriormente indicadas, sendo certo que algumas tangenciam o objeto deste estudo.

Porém, mesmo as que se relacionam com as catástrofes, nota-se que as mesmas são contempladas de maneira fragmentada, ou seja, não se apresentam como um todo harmônico que seja capaz de impedir/minimizar a catástrofe (garantia de mecanismos/instrumentos preventivos); de proteção dos direitos inerentes à pessoa humana; a correspondente assistência das vítimas de catástrofes; e em última instância, o auxílio para a recomposição do Estado afetado quando da eclosão da catástrofe natural.

Neste sentido é que se propõe apresentar alguns aspectos que justificam a *novel* construção do *Direito Internacional das Catástrofes.* O tema reveste-se de complexidade, ineditismo e ainda pela escassez de bibliografia[4],

[2] Interessante o projeto desenvolvido por organismos não governamentais e pela Cruz Vermelha em relação as catástrofes e aos conflitos, conforme estudo de Birch, Marion; Miller, Simon. Humanitarian assistance: standards, skills, training, and experience. *ABC of conflict and disaster.* Disponível em http://smhis.kmu.ac.ir/Images/UserUpload/Document/SMHIS/modiriat%20colg/%D8%B3%D9%84%D8%A7%D9%85%D8%AA%20%D8%AF%D8%B1%20%D8%A8%D9%84%D8%A7%DB%8C%D8%A7/ABC%20of%20Conflict%20and%20Disaster.pdf. Acesso em 23 de julho de 2017, p. 1: "Those affected by catastrophe and conflicts often lose basic human rights. Recognising this, a group of humanitarian non-governmental organisations and the Red Cross movement launched the Sphere Project in 1997. The aim of this project was to improve the quality of assistance and enhance the accountability of the humanitarian system in disaster response by developing a set of universal minimum standards in core areas and a humanitarian charter. The charter, based on international treaties and conventions, emphasises the right of people affected by disaster to life with dignity. It identifies the protection of this right as a quality measure of humanitarian work and one for which humanitarian actors bear responsibilities.

[3] Neste sentido Proner, Carol; Guerra, Sidney. *Direito internacional humanitário e a proteção internacional do indivíduo.* Porto Alegre: Sérgio Antonio Fabris Editor, 2008.

[4] O *Direito internacional das catástrofes* apresenta aspectos que envolvem diversas especialidades do direito internacional público, como por exemplo, ambiental, humanos, humanitário,

sendo neste estudo expendidas considerações sobre catástrofes naturais. As catástrofes produzem severos prejuízos para a humanidade, sendo necessário que alguns postulados do Direito Internacional sejam compatibilizados em face dos diversos problemas que tocam a matéria.

1. CATÁSTROFE NATURAL NO SISTEMA INTERNACIONAL

As catástrofes produzem severos prejuízos para a pessoa humana e também para o meio ambiente[5]. A doutrina[6] tem apresentado rol alargado em relação as catástrofes naturais, posto que os elementos da natureza não esgotam o referido elenco na medida em que "uma seca prolongada constitui uma catástrofe natural; uma epidemia como a SIDA também integra o conceito; a eventual extinção das abelhas poderá identicamente ser aí reconduzida."

econômico, desenvolvimento, além de outros. Neste estudo serão expendidas considerações gerais sobre a *novel* especialidade do Direito Internacional, fruto de pesquisas desenvolvidas no âmbito do PPGD Mackenzie-SP em nível de pós-doutoramento.

[5] Nesta direção, Derani, Cristiane; Vieira, Ligia Ribeiro. Os direitos humanos e a emergência das catástrofes ambientais: uma relação necessária. *Veredas do Direito*. Belo Horizonte, v.11.n.22, p.143-174. Julho/Dezembro de 2014, p. 164: As catástrofes ambientais, com todas as suas facetas, representam aos Direitos Humanos, principalmente das populações que são mais afetadas pelas calamidades. Esses desastres não só afetam a sobrevivência desses grupos humanos e da sociedade como um todo, como a sua segurança, o seu desenvolvimento e a preservação dos recursos naturais, culturais e ambientais existentes. Contudo, o Direito das Catástrofes pode ser considerado um direito decorrente de uma preocupação internacional recente."

[6] Gomes, Carla Amado. A gestão do risco de catástrofe natural: uma introdução na perspectiva do Direito Internacional. *Direito das Catástrofes Naturais*. Coimbra: Almedina, 2012, p. 4: "Uma catástrofe natural raramente o é, exclusivamente. Isto porque a causa natural pode ser potenciada por uma causa humana, normalmente traduzida ou na inibição de atitudes preventivas (sismo que destrói uma cidade cujos edifícios não revestiam a mínima qualidade construtiva), ou na inépcia de resposta no plano da mitigação de efeitos (vírus que dizima milhares de pessoas por atraso na administração de vacina). Numa outra variante, uma causa natural pode gerar uma catástrofe natural a qual, induzida através de meios técnicos, se transforma numa calamidade de proporções imensas: (o exemplo da globalização da SIDA através de transfusões sanguíneas, caracterizando um fenómeno epidemiológico que se agigantou a catástrofe tecnológica). Um outro exemplo, meramente hipotético, seria o de ingestão maciça de um vegetal transgénico que viesse a provocar mutações genéticas prejudiciais ao ser humano. Acrescem as situações em que a causa natural desencadeia um acidente industrial (fugas radioactivas na central nuclear de Fukushima, na sequência do maremoto) e/ou agrava as suas consequências (correntes marítimas especialmente fortes que espalham maré negra)."

Nesta esteira, surge a questão de como deve ser identificada uma catástrofe natural e como caracterizá-la? Perante esta multiplicação de hipóteses, a questão que emerge é a da eleição dos critérios de qualificação de uma manifestação da natureza como uma "catástrofe natural"[7]. Feito isso, deve ocorrer a gestão do risco da catástrofe.

Com efeito, a crise que hoje se faz sentir de maneira cada vez mais intensa no mundo, como consequência do modelo de crescimento econômico e demográfico implementado durante o curso do século XX, começa a oferecer sinais claros de que se ultrapassou os limites de suportabilidade natural do planeta. Por isso, a necessidade de ações estratégicas no sentido de reduzir os riscos ambientais, no complexo equilíbrio com os interesses e misteres econômicos, exigem estudos e conhecimentos multi e transdisciplinares, assim como o estabelecimento de políticas públicas ativas orientadas à solução de macroproblemas que nem sempre se apresentam com a mesma dimensão.

Indubitavelmente que as ações antrópicas, bem como as mudanças perpetradas na sociedade desde a Revolução Industrial, tem produzido severos prejuízos para o ambiente e, consequentemente para a humanidade, principalmente quando se apresentam como elemento impulsionador dos desastres, sendo necessário incrementar o gerenciamento dos riscos das catástrofes naturais com o intuito de minimizar os efeitos nocivos de sua ocorrência. A necessidade de se gerir o risco de catástrofe natural afigura-se, num primeiro relance, como afirma Carla Gomes, "como um objetivo paradoxal, pois a catástrofe é sinônimo de fatalidade, de destino inexorável; no entanto, a gestão do risco envolve a não incidência, bem como que os efeitos sejam minimizados."[8] Ocorre que as atividades humanas possuem um significante impacto global sobre o clima e os ecossistemas da Terra, conforme atestado no relatório do IPCC de 2013-2014, de modo que cabe fazer a relação do agravamento dos desastres naturais por ações antrópicas. Nesse sentido, Derani robustece a ideia:

[7] Idem: "Perante estas catástrofes "sinergéticas" bem assim como em algumas situações de catástrofes complexas em virtude do entrecruzamento de factores naturais e humanos (normalmente, omissões) – a questão da imputação ganha relevo, pois extravasa-se o patamar da inevitabilidade. A complexidade (no sentido de concausalidade) dos fenómenos catastróficos parece, assim, ser uma nota dominante, agudizando tanto o problema da caracterização como o da imputação de responsabilidades."

[8] Ib idem.

> "Assim, perigos que fazem parte da natureza convertem-se em desastres devido a este tipo de atividade ou inatividade, por exemplo: inundações graves, por diversas vezes, são agravadas pelo desmatamento, urbanização, assoreamento e construções nas planícies aluviais, ou a destruição das defesas naturais do meio ambiente como pântanos costeiros pode se tornar responsável pelos severos danos causados por ciclones tropicais, além de perda da biodiversidade e graves danos ecológicos."[9]

De fato, são muitos os problemas advindos de catástrofes naturais: cidades inteiras destruídas; Estados em situação de calamidade pública; grande número de refugiados; proliferação de doenças; falta de abastecimento de água e alimentos; diversos transtornos de natureza econômica, política e social, com os correspondentes desdobramentos no sistema internacional.

Nesta esteira, sensível aos problemas dos riscos e das catástrofes ambientais, a Organização das Nações Unidas tratou da matéria por meio das Resoluções da Assembleia Geral da ONU n. 43/202, de 20 de Dezembro de 1988, n. 44/236, de 22 de Dezembro de 1989, e estabeleceu que a década de 1990 seria a "Década Internacional para a redução das catástrofes naturais". A partir daí, a gestão dos riscos de catástrofes naturais começou por revestir uma dimensão puramente emergencial e humanitária para progressivamente evoluir para contextualização socioeconômica, cuja metodologia alicerçou-se nos princípios do Direito Internacional Ambiental, na gestão do risco de catástrofe, tanto natural como industrial, cujo objetivo maior está centrado na proteção da pessoa humana.

Sem embargo, a atribuição do caráter jurídico às catástrofes foi um trabalho realizado inicialmente pela Comissão de Direito Internacional, com o claro intuito de promover esforços em favor da proteção humana em casos de eventos extremos.[10] Todavia, a falta de efetiva regulamentação do Direito Internacional Ambiental, somado a comportamentos nocivos adotados por diversos atores internacionais, tem possibilitado a eclosão de grandes catástrofes naturais. É bem verdade que estas discussões no cenário internacional são complexas. Ademais, além dos problemas indicados

[9] DERANI, Cristiane; VIEIRA, Ligia Ribeiro, op. cit., p. 147

[10] Idem, p. 146: A definição surgida foi a seguinte: Se entende por catástrofe uma calamidade ou uma série de eventos que provocam perdas massivas de vidas humanas, grave sofrimento humano, danos materiais, ou ambientais de grande amplitude, perturbando assim, gravemente, o funcionamento da sociedade.

anteriormente, há muitos entraves para que os resultados se apresentem de maneira exitosa, principalmente quando Estados poderosos, como os Estados Unidos e a China, adotam posturas refratárias nesta matéria.

Além das normas internacionais de proteção do meio ambiente, dos direitos humanos, do desenvolvimento e outras, necessária a emergência do *direito internacional das catástrofes*, não apenas por se tratar de um ramo novo, mas para que sejam criados ou articulados os correspondentes instrumentos, órgãos, definidos os contornos de atuação não apenas na gestão do risco, mas na proteção dos direitos da pessoa humana e no fomento e reconstrução de áreas afetadas.

2. O DIREITO INTERNACIONAL DAS CATÁSTROFES: BREVES COMENTÁRIOS

Na década de 90, conhecida como a Década Internacional para a redução dos desastres naturais, algumas medidas foram propostas pelas Nações Unidas para minimizar os problemas relativos aos desastres naturais. Por meio da Resolução 44/236, a ONU elaborou quadro propositivo com cinco domínios, a saber:

a) O apelo à cooperação internacional para reduzir os efeitos das catástrofes naturais nos planos da perda de vidas, destruição de bens e prejuízos econômico-sociais, através do incremento da capacidade de resposta nacional, do investimento na investigação científica e no progresso tecnológico, do intercâmbio de informação e do desenvolvimento de medidas de avaliação, detecção, prevenção e mitigação de desastres naturais por meio do apoio a programas de assistência técnica, de transferência de tecnologia e de formação de pessoal, sobretudo nos Estados menos desenvolvidos;

b) A exortação dos Estados à elaboração de programas de mitigação dos efeitos de desastres naturais, à criação de comitês de coordenação entre a Administração e a comunidade científica com vista ao tratamento de informação, à divulgação de informação preventiva e formativa pela população, ao reforço e criação de estruturas essenciais à gestão da assistência sanitária e alimentar à população, bem assim como a sensibilização de organizações internacionais, organizações não governamentais, empresas e outras entidades para a questão da prevenção de catástrofes naturais;

c) A acomodação dos objetivos da Década Internacional no sistema da ONU, através do Secretário-Geral da ONU e de vários comités regionais, com destaque para um Comité Técnico-Científico para a Década Internacional, a constituir por 20/25 reputados especialistas internacionais escolhidos com observância de um princípio de equitativa representatividade geográfica com vista à identificação de problemas e lacunas de conhecimento na matéria da prevenção de catástrofes e avaliação das atividades levadas a cabo durante os anos 1990;
d) A criação de um Fundo de apoio à Década Internacional; e
e) A previsão da revisão da Estratégia, em meados da Década, pelo Conselho Económico e Social, com a apresentação de conclusões à Assembleia Geral da ONU.

A Resolução 46/182 corrobora a ideia acima esposada e apresenta outros aspectos interessantes, tais como:

a) A assistência humanitária em situação de catástrofe natural deve subordinar-se aos princípios da humanidade, neutralidade e imparcialidade;
b) A assistência humanitária deve ser prestada no respeito pelo princípio da integridade territorial do (s) Estado(s) afetado(s) e, em regra, com base num pedido deste(s);
c) Os Estados vizinhos do Estado afetado são instados a participar mais ativamente possível no auxílio, facilitando o acesso dos meios de ajuda através do seu território;
d) O esforço de incremento de resposta rápida e efetiva deve ser realizado junto dos Estados em desenvolvimento, reforçando as suas estruturas locais e regionais de resposta a emergências;
e) A criação de sistemas de detecção precoce através da cooperação entre Estados, Organizações não governamentais e a estrutura da ONU, com vista à disseminação rápida e irrestrita por todos os Estados, sobretudo pelos mais susceptíveis de sofrer os maiores impactos;
f) A constituição do Fundo de apoio imediato a catástrofes naturais, sob direta tutela do Secretário Geral da ONU, com uma base de 50 milhões de dólares, a financiar por contribuições voluntárias;

g) A criação de um registro central de valências, relativo à identificação de especialistas em catástrofes, de material de apoio e de equipamentos disponíveis, junto do sistema da ONU, em coordenação com Estados, Organizações Internacionais e Organizações não governamentais;

h) O estabelecimento de um período máximo de uma semana para a organização de auxílio coordenado a um Estado afetado por uma catástrofe natural, em articulação com este;

i) A criação do escritório de auxílio humanitário, presidido por um funcionário superior sob direção do Secretário-Geral da ONU, com competências ao nível do processamento e retransmissão da informação, de coordenação da prestação da ajuda, nomeadamente porfiando pela obtenção do consentimento de todas as partes envolvidas, de monitorização da transição da fase da assistência para a fase da reabilitação, de realização de um relatório anual para o Secretário-Geral sobre assistência humanitária e verbas do Fundo utilizadas, a submeter à Assembleia Geral através do Conselho Económico e Social;

j) A criação de um Comité Permanente de Coordenação articulando constantemente o Emergency Relief Coordinator, a Cruz Vermelha e a Organização Internacional das Migrações, bem assim como outras organizações não governamentais com atuação relevante nas áreas de incidência das catástrofes, num sistema de colaboração *ad hoc*;

l) A afirmação de uma lógica de continuidade na prestação da ajuda e não apenas de socorro imediato às populações afetadas.

Sem embargo, embora as Nações Unidas tenham nominado a década de 90 como sendo aquela dedicada a redução dos desastres naturais, Cristiane Derani, valendo-se dos ensinamentos de Madan Kumar Jah, afirma que o período deveria ser apropriadamente classificado como "a década dos desastres naturais", pois a ocorrência de terremotos, enchentes, deslizamentos de terra e secas batia o seu recorde e enfatiza que:

> "As perdas provenientes das calamidades ambientais neste período excederam os danos contabilizados nas últimas quatro décadas. O padrão do alto risco de ocorrência de catástrofes continuou a assolar o século XXI. O aumento da população, a rápida urbanização, o desenvolvimento técnico-

> -econômico, resultaram em uma insustentabilidade generalizada, grande parte responsável pelo acontecimento das calamidades ambientais. Soma-se a isso, a emergência das mudanças climáticas, a cada ano mais sentidas, que contribuem para aumentar o domínio e o custo das catástrofes, em termos de frequência, escala e severidade. Diante disso, no ano de 2001 a ONU cria um Escritório responsável pela redução do risco de desastres (UNISDR), a partir da adoção da "Estratégia para a redução de desastres" no ano de 1999, construída com base na experiência advinda da anteriormente mencionada de diminuição de calamidades." [11]

O Escritório das Nações Unidas para a Redução do Risco de Desastres (UNISDR) tem como finalidade precípua, conforme estabelece a resolução da Assembleia Geral das Nações Unidas 56/195, "servir como o ponto focal do Sistema das Nações Unidas para coordenar atividades de redução do risco de desastres e assegurar sinergias entre as atividades de redução do risco de desastres de organizações do Sistema das Nações Unidas e organizações regionais nos campos socioeconômico e humanitário" [12]

De fato, o mundo teve a oportunidade de assistir diversas catástrofes no período acima indicado, com todos os desdobramentos advindos das mesmas. Mesmo com o avanço da tecnologia, a sociedade internacional não tem conseguido impedir a eclosão de eventos de tamanha magnitude. Ao contrário, o desenvolvimento econômico e tecnológico tem muitas vezes acentuado os problemas ambientais e, em larga medida, as catástrofes naturais. [13]

Neste cenário de eclosão das catástrofes naturais, a Organização das Nações Unidas, a partir dos trabalhos do UNISDR, e tendo como pano de fundo o terremoto e tsunami que assolaram a região da Indonésia, Sri Lanka e Tailândia em dezembro de 2004, realizou no ano de 2005, encontro na cidade de Kobe, Hyogo, no Japão, intitulado "Conferência para a Redução de Desastres, cuja estratégia era de refletir uma mudança no alcance de respostas e tentativas de redução dos desastres, visando promover uma "cultura de prevenção" ao invés de uma cultura somente baseada na reação pós-desastre.[14]

[11] DERANI, Cristiane; VIEIRA, Ligia Ribeiro, op. cit., p.153

[12] Disponível em https://nacoesunidas.org/agencia/unisdr/

[13] Neste sentido vide GUERRA, Sidney. *Curso de direito internacional público.* 12.ed. São Paulo: Saraiva, 2019.

[14] DERANI, Cristiane; VIEIRA, Ligia Ribeiro, op. cit., p.153

A Conferência para a Redução de Desastres, de Hyogo[15], elegeu cinco áreas de intervenção para o decênio 2005/2015, a saber:

a) Enquadramento jurídico da prevenção de catástrofes no plano organizacional, legal e político

Aponta para a necessidade de criação de plataformas nacionais de redução dos riscos naturais, associando e articulando todos os níveis de administração com a sociedade civil, bem assim como alertando para o imperativo de integração da prevenção do risco em políticas de desenvolvimento local e regional e no planejamento territorial;

b) Avaliação, gestão, monitorização e alerta precoce de riscos naturais

Reitera os princípios desenvolvidos em Yokohama e na sequência: mapear o risco, comunicar o risco a populações e Governos, sistematizar a informação sobre riscos e manter sistemas de alerta precoce com base na melhor tecnologia disponível – observação *in situ* e através de satélite, tecnologia espacial, controlo remoto, sistemas de informação geográfica, modelos e previsões de eventos extremos e efeitos climatéricos, ferramentas comunicacionais e estudos de custo-benefício de avaliações de risco e de sistemas de alerta precoce;

[15] Como resultado desse encontro, adotou-se a "Declaração de Hyogo" e a "Convenção-quadro de Ação de Hyogo 2005-2015: construindo a resiliência das nações e comunidades às catástrofes". Documento, esse, que tem como objetivo reduzir as perdas humanas, sociais e econômicas provocadas pelos desastres, por meio da cooperação, solidariedade e parceria internacional, e reafirmar o papel vital do sistema ONU na prevenção e redução de catástrofes. Ressalta-se que esses são os documentos internacionais que representam a base da gestão das catástrofes, contudo não são considerados juridicamente vinculantes. A opção, no plano internacional, foi a de tratar o problema sob a forma de diretrizes, e de uma política comum a ser adotada pelos países em suas legislações internas, de acordo com a realidade de cada um, ao invés de impor obrigações por meio de normas constringentes. Diante disso, apesar da preocupação com a redução do risco de desastres ter sido incluída na agenda da comunidade internacional, o que se pode inferir é que o número reduzido de acordos e convenções concernentes às catástrofes ambientais demonstra um interesse ainda não fortificado pelos Estados para tratar dessa temática. Problema agravado pelo fato da difícil entrada de acordo entre uma totalidade de países para adotar obrigações vinculantes a nível universal. Disponível em https://www.unric.org/pt/novedades-desenvolvimento-economico-e-social/11337.

c) Investigação científica e educação
Em que se apela ao envolvimento da população nas iniciativas de comunicação do risco de catástrofe, quer no sentido da criação de resiliência, quer no sentido de partilha de experiências com os técnicos com vista ao aproveitamento de saberes tradicionais. Sublinha ainda a necessidade de integração de disciplinas de formação para a prevenção nos currículos escolares, aproveitando a sinergia com a Década Internacional da ONU da Educação para o Desenvolvimento sustentável (2005-2015);

d) Redução de fatores de potenciação do risco natural
Cujas bases estão assentadas numa lógica de articulação da prevenção de catástrofes naturais com três eixos fundamentais: a proteção do ambiente, sobretudo no plano da gestão adequada da biodiversidade e da antecipação de alterações climáticas; políticas setoriais como a saúde, a educação, o apoio aos desfavorecidos, setores e categorias onde as catástrofes podem provocar efeitos multiplicadores; política de ordenamento do território, quer do ponto de vista da localização de infraestruturas vitais longe de zonas identificadas como de risco, quer do ponto de vista da contenção de megalópoles e da desruralização, e com a política de urbanismo, introduzindo códigos de boas práticas de construção e reconstrução que tornem as edificações mais resistentes a eventos naturais extremos;

e) Prontidão para a resposta emergencial e reforço da capacidade de recuperação que se propõe a reduzir a vulnerabilidade e cultivar a resiliência
Estes são, sinteticamente, os dois eixos da gestão das catástrofes naturais.

Além disso, evidencia-se ainda no sistema internacional a tentativa de se promover uma espécie de codificação do direito dos desastres no âmbito da Comissão de Direito Internacional das Nações Unidas, cujos trabalhos iniciaram no ano de 2006. O objetivo do projeto é de propor uma norma vinculante aos Estados por meio de uma abordagem inspirada no direito humanitário e nos direitos humanos. Todavia, até o presente momento, o mesmo não seguiu à frente e não foi estabelecido quais os direitos humanos deverão ser garantidos em caso de catástrofes.

Existe também no plano internacional, a preocupação fundamental de serem coordenados esforços de natureza preventiva e reativa, posto que se reveste de imediatismo emergencial e aposta no longo prazo, com criação de estruturas de prevenção, mas também de reação e recuperação eficazes, por meio de ações articuladas, interna e externamente e em permanente articulação com as populações, na divulgação de informação e implementação de estratégias de resposta pronta.

CONCLUSÕES

Apesar da relevância da eclosão de sucessivas catástrofes, que produzem resultados nocivos para os Estados, para o meio ambiente, para os indivíduos e todos os demais atores que habitam o planeta, tem faltado vontade política de transformar em *hard law* as estratégias *soft*[16], e de erigir uma estrutura supranacional, de nível mundial[17], para fazer face à gestão do risco de eventos extremos, assegurando resposta pronta, material e financeira em situações como estas. A título exemplificativo podem ser citadas grandes catástrofes naturais, como o terremoto no Haiti[18], no ano de 2010; o gigantesco Tsunami no Japão[19], no ano de 2011, cujo terremoto

[16] Na mesma direção DERANI, Cristiane; VIEIRA, Ligia Ribeiro, op. cit., p.155: "Ressalta-se que esses são os documentos internacionais que representam a base da gestão das catástrofes, contudo não são considerados juridicamente vinculantes. A opção, no plano internacional, foi a de tratar o problema sob a forma de diretrizes, e de uma política comum a ser adotada pelos países em suas legislações internas, de acordo com a realidade de cada um, ao invés de impor obrigações por meio de normas constringentes. Diante disso, apesar da preocupação com a redução do risco de desastres ter sido incluída na agenda da comunidade internacional, o que se pode inferir é que o número reduzido de acordos e convenções concernentes às catástrofes ambientais demonstra um interesse ainda não fortificado pelos Estados para tratar dessa temática. Problema agravado pelo fato da difícil entrada de acordo entre uma totalidade de países para adotar obrigações vinculantes a nível universal."

[17] Vide GUERRA, Sidney. *Curso de direito internacional público*, cap. VIII.

[18] O Haiti é um país localizado na América Central, sua extensão territorial é de 27.750 quilômetros quadrados, totaliza em seu território mais de 10 milhões de habitantes. Marcada por uma série de governos ditatoriais e golpes de estado, a população haitiana presencia uma guerra civil e muitos problemas socioeconômicos. O Haiti é o país economicamente mais pobre da América, seu Índice de Desenvolvimento Humano é de 0,404 (baixo); aproximadamente 60% da população é subnutrida e mais da metade vive abaixo da linha de pobreza, ou seja, com menos de 1,25 dólar por dia. Além de todos esses fatores, o país passou por outra tragédia, dessa vez de ordem natural. No dia 12 de janeiro de 2010, um terremoto de magnitude 7,0 na escala Richter atingiu o país, provocando uma série de feridos, desabrigados e mortes. Diversos edifícios desabaram, inclusive o palácio presidencial da capital Porto Príncipe. *Disponível em http://brasilescola.uol.com.br/geografia/o-terremoto-no-haiti.htm.*

[19] O tsunami que devastou a costa nordeste do Japão, gerado pelo violento sismo de 11 de Março, atingiu uma altura de 23 metros, indica um estudo divulgado pelo diário japonês "Yomiuri

de magnitude 9 desencadeou ondas gigantescas na costa e transformou cidades em pilhas de destroços e desencadeou o pior acidente nuclear desde Chernobyl, em 1986; e o grande incêndio em Portugal[20], no dia 17 de junho de 2017.

Imperiosa, portanto, a necessidade de pensar e construir uma nova especialidade do Direito Internacional Público: o *Direito Internacional das Catástrofes,* que irá transitar no campo da proteção internacional dos direitos humanos e do meio ambiente, cujo ponto principal recairá na proposição e/ou no aprimoramento de normas internacionais, bem como no desenvolvimento de políticas públicas para assistência às vítimas de catástrofes ambientais e humanitárias.

Neste estudo, que ganhou relevo as catástrofes naturais pelos motivos anteriormente explicitados, evidencia-se que a proteção do meio ambiente está intimamente ligada à proteção da pessoa humana, na medida em que não se pode imaginar o exercício dos direitos humanos sem que exista um ambiente sadio e propício ao bem-estar para o desenvolvimento pleno e digno para todos.[21]

O vínculo entre meio ambiente e os direitos humanos está demonstrado pelo fato de que ocorrendo degradação ambiental podem ser agravadas violações aos direitos humanos, e, por outro lado, as violações de direitos humanos[22] podem levar à degradação ambiental ou tornar mais difícil a

Shimbun". Disponível em http://www.jn.pt/mundo/dossiers/terramoto-no-japao/interior/tsunami-no-japao-atingiu-23-metros-1809576.html.

[20] O incêndio florestal que atingiu Pedrogão Grande, na região de Leiria, no centro de Portugal teve como resultado a morte de 64 pessoas e mais de 150 feridos. O incêndio é considerado uma das maiores tragédias dos últimos 50 anos no país e destruiu mais de 26.000 hectares de florestas.

[21] TRINDADE, Antônio Augusto Cançado. *Direitos humanos e meio ambiente.* Porto Alegre: Sérgio Fabris, 1993, p., p. 35: "Existe uma relação íntima entre desenvolvimento e meio ambiente, desenvolvimento e direitos humanos e meio ambiente e direitos humanos. Possíveis vínculos podem ser encontrados, tais como o direito à vida e à saúde na sua maior dimensão que requerem ações negativas e positivas por parte dos Estados. Em realidade, a maioria dos direitos econômicos, sociais e culturais e os direitos civis e políticos mais básicos demonstram esta íntima relação. Ao final, há um paralelo entre a evolução da proteção dos direitos humanos e da proteção do meio ambiente, tendo ambas passado por um processo de internacionalização e de globalização"

[22] SHAW, Malcolm N. *International law.* 6. ed. Cambridge: Cambridge University Press, 2008, p. 848, destaca o ano de 1994, como se vê: "In 1994, the final report of Human Rights and the Environment was delivered to the UN Sub-Comission on Prevention of Discrimination

proteção do meio ambiente, especialmente em um cenário de grandes desastres ambientais.[23]

Com efeito, quando ocorrem grandes tragédias ambientais em que o Estado nacional apresenta limitações para sanar as dificuldades existentes, e carece de auxílios advindos da sociedade internacional, se evidencia, muitas vezes, grandes entraves para que a assistência seja efetivada, a exemplo do terremoto seguido de *tsunami* no Japão[24], no ano de 2011, onde

and Protection of Minorities. The Report contains a set of Draft Principles of Human Rights and the Environment, which includes the notion that 'human rights, an ecologically sound environment, sustainable development and peace are interdependent and indivisible' and that all persons have the right to be a secure, healthy and ecologically sound environment. This right and other human rights, including civil, cultural, economic, political and social rights, are universal, interdependent and indivisible".

[23] TRINDADE, Antônio Augusto Cançado. *Direitos humanos e meio ambiente*. Porto Alegre: Sérgio Fabris, 1993, p. 23: "a proteção dos direitos humanos e a proteção do meio ambiente, juntamente com os temas do desenvolvimento humano (e a luta pela erradicação da pobreza extrema), constituem as grandes prioridades da agenda internacional contemporânea. Requerem do direito internacional público, em processo de contínua expansão, soluções aos problemas globais que apresentam, além de um enriquecimento conceitual para fazer face às realidades dos novos tempos. Impõe-se seja dado em particular à questão da relação entre a proteção dos direitos humanos e a proteção ambiental um tratamento sistematizado, dada a sua transcendental importância em nossos dias. Embora tenham os domínios da proteção do ser humano e da proteção ambiental sido tratados até o presente separadamente, é necessário buscar maior aproximação entre eles, porquanto correspondem aos principais desafios de nosso tempo, a afetarem em última análise os rumos e destinos do gênero humano."

[24] Nesta esteira, Carla Gomes assentou que "é cabível fazer-se a distinção entre um desastre natural, que convoca estritamente os meios de resposta nacionais e cujos efeitos físicos se confinam a um território estadual, e uma catástrofe natural, cuja magnitude obriga o Estado lesado a solicitar o auxílio da comunidade internacional (caso do sismo + maremoto ocorrido em Março de 2011 no Japão, que forçou um Estado especialmente preparado para lidar com esse tipo de eventos a solicitar ajuda internacional no plano das equipas de busca e resgate). Os termos andam, todavia, habitualmente equiparados, registando-se que nos documentos internacionais é sobretudo usado o termo "desastre" na acepção de catástrofe. A dimensão essencialmente internacional das catástrofes levou o Centre for Research on the Epidemiology of Disasters (agência da ONU) a definir desastre (tecnológico ou natural) como "situation or event, which overwhelms local capacity, necessitating a request to national or international level for external assistance; an unforeseen and often sudden event that causes great damage, destruction and human suffering" Os critérios de lesividade que integram o evento na categoria de catástrofe são, cumulativamente: – 10 ou mais mortes humanas (efectivas e presumidas); – pelo menos 100 pessoas atingidas (necessitando de comida, água, cuidados básicos e sanitários; desalojados e feridos); – ter sido declarado o estado de emergência; – ter havido um pedido de ajuda externa. Estritamente no tocante a catástrofes naturais, o Centre

várias cidades e regiões do país foram destruídas; embora tenham sido anunciados pelos meios midiáticos o auxílio humanitário e financeiro de países ocidentais, foram poucos os que se dispuseram a ajudar.

Neste campo de ideias, necessário que as normas existentes de proteção ao meio ambiente e dos direitos humanos no sistema internacional sejam expandidas e trabalhadas de maneira articulada para a formulação do novo *direito internacional das catástrofes*, cujo objetivo principal estará pautado na gestão dos riscos e consequentemente na disposição de um ambiente ecologicamente equilibrado, de forma a minimizar a incidência de catástrofes naturais, com o claro intuito de reduzir as vulnerabilidades ambientais e sociais. O desenvolvimento de mecanismos de prevenção, proteção e recomposição, quando da eclosão de catástrofes naturais, são importantes na consecução dos objetivos a serem alcançados.

Por fim, não se pode olvidar que o modelo para produção de resultados efetivos na "construção" desse direito (o *direito internacional das catástrofes*), com o intuito de minimizar os riscos das catástrofes naturais, pressupõe a criação de novas normas jurídicas quanto ao tratamento dispensado às vítimas das catástrofes naturais para que sejam estabelecidas em forma de ajuda humanitária, refúgio seguro em Estados vizinhos e assistência financeira às regiões atingidas.

REFERÊNCIAS

ARÉCHAGA, Jiménez. *Derecho internacional público.* Tomo II. Montevidéo: Fundación de Cultura Universitaria, 1995.

BIRCH, Marion; MILLER, Simon. Humanitarian assistance: standards, skills, training, and experience. *ABC of conflict and disaster.* Disponível em http://smhis.kmu.ac.ir/Images/UserUpload/Document/SMHIS/modiriat%20colg/%D8%B3%D9%84%D8%A7%D9%85%D8%AA%20%D8%AF%D8%B1%20%D8%A8%D9%84%D8%A7%DB%8C%D8%A7/ABC%20of%20Conflict%20and%20Disaster.pdf. Acesso em 23 de julho de 2017.

BROWLIE, Ian. *Princípios de direito internacional público.* Lisboa: Fundação Calouste Gulbenkian, 1997.

DERANI, Cristiane; VIEIRA, Ligia Ribeiro. Os direitos humanos e a emergência das catástrofes ambientais: uma relação necessária. *Veredas do Direito.* Belo Horizonte, v.11.n.22, p.143-174. Julho/Dezembro de 2014.

for Research on the Epidemiology of Disasters considera três tipos de eventos: hidrometereológicos (cheias, tempestades, secas, desabamentos de terras, avalanches); geofísicos (sismos, maremotos e erupções vulcânicas); e biológicos (epidemias e pragas de insectos) – classificação que, decerto, tem meros propósitos descritivos."

DINH, Nguyen Quoc; DAILLIER, Patrick; PELLET, Alain. *Direito internacional púbico.* 2ed. Lisboa: Fundação Calouste Gulbenkian, 2003.

GOMES, Carla Amado. A gestão do risco de catástrofe natural: uma introdução na perspectiva do Direito Internacional. *Direito das Catástrofes Naturais.* Coimbra: Almedina, 2012.

GUERRA, Sidney. *Curso de direito internacional público.* 12.ed. São Paulo: Saraiva, 2019.

GUERRA, Sidney. *Direitos humanos: curso elementar.* 5. ed. São Paulo: Saraiva, 2017.

GUERRA, Sidney. *Direito internacional ambiental.* Rio de Janeiro: Freitas Bastos, 2006.

GUERRA, Sidney; GUERRA, Sérgio. *Curso de direito ambiental.* 2.ed. São Paulo: Atlas, 2014.

PRONER, Carol; GUERRA, Sidney. *Direito internacional humanitário e a proteção internacional do indivíduo.* Porto Alegre: Sérgio Antonio Fabris Editor, 2008.

REDMOND, Anthony D. Natural disasters. *ABC of conflict and disaster.* Disponível em http://smhis.kmu.ac.ir/Images/UserUpload/Document/SMHIS/modiriat%20colg/%D8%B3%D9%84%D8%A7%D9%85%D8%AA%20%D8%AF%D8%B1%20%D8%A8%D9%84%D8%A7%DB%8C%D8%A7/ABC%20of%20Conflict%20and%20Disaster.pdf . Acesso em 23 de julho de 2017.

SHAW, Malcolm N. *International law.* 6. ed. Cambridge: Cambridge University Press, 2008.

TRINDADE, Antônio Augusto Cançado. *Direitos humanos e meio ambiente.* Porto Alegre: Sérgio Fabris, 1993.

A EVOLUÇÃO DO REGIME DA SEPARAÇÃO OBRIGATÓRIA DE BENS NO ORDENAMENTO JURÍDICO BRASILEIRO

Yara Diwonko*

INTRODUÇÃO

O direito de família tem passado por profundas alterações no decorrer das últimas décadas. A velocidade com que a sociedade propõe novos desafios é descompassada com a produção legislativa ou acadêmica. O recorte aqui exposto analisa apenas a evolução do regime da separação absoluta de bens e está longe de exaurir o tema. Os regimes de bens possuem uma certa estabilidade frente a todas as mudanças ocorridas em âmbito familiar. Ele funciona como uma lei *inter partes* de efeitos *erga ormnes* vinculada à instituição do casamento. Assim, o que os cônjuges determinam no momento do casamento com relação a seus bens presentes e futuros, vigerá para todos os negócios jurídicos contratados com terceiros.

Essa referida estabilidade advém da cultura do povo brasileiro que entende os negócios patrimoniais como mais burocráticos e tende a proteger os bens acima de qualquer relação inter pessoal. Posto isso, anda bem aquele que ao estudar o direito civil brasileiro no tocante ao direito de família está atento a essas mudanças comportamentais acerca do conceito de família e seus reflexos patrimoniais, de parentesco, de afinidade, entre outros.

* Doutora e Mestre em Direito Civil Comparado pela PUC-SP.
Bacharel em Direito pela Faculdade de Direito de São Bernardo do Campo.
Mediadora judicial.

1. REGIMES EXISTENTES NO SISTEMA PÁTRIO

A união promovida pelo casamento traz em sua face externa a convivência entre o homem e a mulher no intuito de procriarem e terem uma vida em comum (efeitos pessoais). Intrinsecamente, todavia, o labor habitual promove a acumulação de riquezas. A promoção do auxílio material entre os cônjuges também é uma forma de união, mais propriamente, na medida da percepção de bens realizada por cada um, a família é mantida (efeitos patrimoniais). O reflexo patrimonial deve ser convencionado antes mesmo do casamento. É certo que durante o casamento a família estará mais envolvida no sustento e na guarda de cada um dos seus membros. Porém, existindo eventual desgaste culminando na separação ou em caso de morte de um dos cônjuges, o regime de bens escolhido a princípio faz valer suas regras determinando o destino dos bens móveis e imóveis.

Na terra das emoções, o regime de bens é a razão, convencionado pelas partes ou imposto pela lei, que supre maiores raciocínios em momentos delicados do desatino humano. Doutrinariamente, regime de bens, nas lições de Silvio de Salvo Venosa[1], "constitui a modalidade de sistema jurídico que rege as relações patrimoniais derivadas do casamento"; para Washington de Barros Monteiro[2], "é o complexo de normas que disciplinam as relações econômicas entre marido e mulher, durante o casamento"; Maria Helena Diniz[3] conceitua como "conjunto de normas aplicáveis às relações e interesses econômicos resultantes do casamento"; Pontes de Miranda[4] escreve que "regime de bens é o conjunto de regras, mais ou menos orgânico, que estabelece para certos bens, ou para os bens subjetivamente caracterizados, *sistema de destinação* e de *efeitos*"; Clóvis Beviláqua[5], "conjunto dos princípios jurídicos, que regulam as relações econômicas dos cônjuges"; Carvalho Santos[6], "regulamenta-

[1] Venosa, Sílvio de Salvo. *Direito civil.* 5a. Edição, São Paulo: Atlas, 2005, p. 338.

[2] Monteiro, Washingtong de Barros. *Curso de direito civil.* São Paulo: Saraiva, 2004, p. 183.

[3] Diniz, Maria Helena. *Curso de direito civil brasileiro.* 23a. Edição, São Paulo: Editora Saraiva, 2009, p. 152.

[4] Pontes de Miranda, Francisco Cavalcanti. *Tratado de direito privado.* Rio de Janeiro: Editor Borsoi, 1972, p. 207.

[5] Beviláqua, Clóvis. Clássicos da literatura jurídica: *Teoria geral de direito civil.* São Paulo: Malheiros, 2003, p. 171.

[6] Carvalho Santos, João Manuel de. *Código civil brasileiro interpretado.* vol. V, 12ª. ed., Rio de Janeiro: Freitas Bastos, 1981, p. 5.

ção dos interêsses dos cônjuges, que a lei prevê"; JOSSERAND[7], "estatuto que rege os interesses pecuniários dos esposos".

O legislador não poderia permanecer inerte frente a necessidade de escolha de um regime de bens. "Não se pode, em verdade, conceber um casamento sem regime de bens, mesmo nos países de economia socialista, e ainda que os cônjuges conservassem seus patrimônios totalmente estanques e sem encargos matrimoniais, pois a lei que o estabelecesse estaria instituindo dessa maneira um regime de bens."[8]

Assim, para as pessoas mais desinteressadas ou menos esclarecidas, uma fórmula geral foi decidida e é posta em uso. Esse sistema de regime legal é bastante antigo. Em cada país o desenvolvimento legislativo procedeu de forma diversa, não havendo padrões nem orientações coletivas, tudo dependeu da cultura e dos costumes locais.

Dessa forma, "no Direito Romano, vigorava o princípio da absorção: o patrimônio da mulher era absorvido pelo marido, que se tornava o único proprietário e administrador, tratava-se de conseqüência do casamento *cum manu*. Como a mulher ficava sujeita ao poder do *pater familias*, assim também ficavam seus bens. O antigo direito saxão também estabelecera uma unidade patrimonial entre os esposos e foi aplicado igualmente nos Estados Unidos até meados do século XIX, sendo substituído pelo regime de separação, como conseqüência da emancipação da mulher. A legislação comparada toma os mais diversos rumos nessa matéria, não se divisando tendência de uniformidade, como ocorre em inúmeros outros institutos jurídicos. Cada país apresenta matiz próprio, porque o regime de bens conjugais depende dos costumes e das necessidades sociais locais."[9]

A Lei n. 6.515, de 26 de dezembro de 1977, modificou o regime legal ou comum no Brasil, que até então era o da comunhão universal. A opção por esse regime motivou-se em fatos históricos, uma vez que "o regime da comunhão, nascido entre os povos germânicos, espalhou-se pela Europa, através de incursões dos suevos e outros bárbaros, implantando-se assim em Portugal, de onde se trasladou para o Brasil, com as Ordenações do Reino. As Ordenações consagravam tal regime *segundo o costume do reino* e consis-

[7] JOSSERAND, Louis. *Derecho civil.* Buenos Aires: Editores Bosch, 1951, p. 3.

[8] PEREIRA, Caio Mário da Silva. *Instituições de direito civil.* Rio de Janeiro: Editora Forense, 2006, p. 187.

[9] VENOSA, Sílvio de Salvo. *Direito civil*, cit., p. 338.

tente na *carta de ametade*"[10] e em princípios morais, pois "a fusão de almas e de afetos, segundo a concepção da época, deveria seguir-se, no plano material, a fusão dos patrimônios: casem-se as pessoas e também as fortunas"[11].

No direito brasileiro, o Código Civil explicitamente tornou lícito aos nubentes estipular tudo que lhes aprouvesse sobre seus bens, desde que antes de celebrado o casamento[12], pela via do pacto antenupcial. Quatro eram as possibilidades no Código Civil de 1916: comunhão universal (artigos 262 a 268), comunhão parcial (artigos 269 a 275), separação total (artigos 276 e 277) e dotal (artigos 278 a 311).

O regime legal era o da comunhão universal que perdurou até o advento da Lei do Divórcio (n. 6.515/ 77). A alteração elegeu o regime da comunhão parcial como orientação legal para ser o regime subsidiário. Baseou-se no conceito de que a maioria dos nubentes são jovens e não possuem qualquer patrimônio adquirido por mérito próprio no momento do casamento, havendo um esforço mútuo para a prosperidade familiar. O Código Civil de 2002, em vigor até os dias de hoje, adotou o regime legal de comunhão parcial de bens nos artigos 1658 a 1666. No entanto promoveu outras alterações no instituto do regime de bens, prevendo como regimes-tipo os seguintes: comunhão universal (artigos 1667 a 1671), participação final nos aquestos (artigos 1672 a 1686) e separação total (artigos 1687 e 1688).

Na verdade, essas são opções prontas que a lei coloca à disposição dos nubentes, contudo, nada impede a mescla dos regimes ou até mesmo a criação de um totalmente novo, desde que amparado na lei. Outrossim, "podem os contraentes, destarte, adotar um dos quatro tipos previstos em lei, como combiná-los entre si, compondo assim regime misto, desde que suas disposições não se tornem incompatíveis. Podem ainda adotar o regime, mencionando-o apenas pela rubrica (comunhão parcial, comunhão universal, participação final nos aquestos ou separação), pelos artigos de lei que os disciplinam, e, ainda, pelos preceitos concretos que os regem, sem descer à sua denominação especial ou à indicação dos dispositivos legais."[13]

Essa proposta também é a do Código Civil Português no artigo 1698. Assim, "os esposos podem fixar livremente, em convenção antenupcial, o

[10] MONTEIRO, Washingtong de Barros. *Curso de direito civil*, cit., p. 191.

[11] MONTEIRO, Washingtong de Barros. *Curso de direito civil*, cit., p. 191.

[12] Conforme Lei nº 10.406, de 10 de janeiro de 2002, art. 1639 e Lei nº. 3.071, de 1º. de janeiro de 1916, artigo 256.

[13] MONTEIRO, Washingtong de Barros. *Curso de direito civil*, cit., p. 184.

regime de bens do casamento, quer escolhendo um dos regimes previstos neste código, quer estipulando o que a esse respeito lhes aprouver, dentro dos limites da lei"[14].

Conhecidos os quatro regimes de bens estabelecidos pela lei brasileira é possível fazer o seguinte questionamento: será que todos os regimes dão liberdade as partes para os escolherem? E a resposta é não, pois o regime da separação absoluta tem caráter dúplice, podendo ser tanto convencional, como impositivo pela lei. Nesse ponto vale fazer uma análise mais apurada do assunto para saber em quais casos o regime da separação legal será aplicado.

1.1. DO REGIME DA SEPARAÇÃO DE BENS

1.1.1. *ORIGENS HISTÓRICAS*

O direito brasileiro sempre tratou do regime da separação de bens de duas formas, uma *convencional*, quando estipulada pelos nubentes e outra, *legal* ou *obrigatória*, quando derivada de imposição legal. No direito anterior, o Decreto n. 181, de 24 de janeiro de 1890[15], previa em seu artigo 89 o que se convencionou chamar de *separação pura*, isto é, aquela que resultava de acordo entre os cônjuges e consistia na segregação completa dos bens anteriores e posteriores ao casamento. Era os primórdios da separação convencional. Contraposta a essa existia a *separação restrita ou simples*, prevista no artigo 258 do Código Civil de 1916, resultado da incomunicabilidade de todos os direitos e obrigações pertencentes a cada um dos cônjuges anteriores ao casamento, comunicando-se os frutos e rendimentos deles provenientes, bem como, os bens adquiridos na constância do casamento. Dele originou-se a comunhão parcial de bens.

O livro Direito Civil de Louis Josserand[16] explica que o regime sem comunhão era raramente estipulado nos anos 1898, mesmo tendo sido adotado pelo direito em 1694 conforme registros históricos achados. O motivo

[14] Código Civil português, SECÇÃO III (Convenções antenupciais), ARTIGO 1698 (Liberdade de convenção).

[15] Decreto n. 181, de 24 de janeiro de 1890, artigo 89. "Os conjuges divorciados podem reconciliar-se em qualquer tempo, mas não restabelecer o regimen dos bens, que, uma vez partilhados, serão administrados e alienados sem dependencia de autorização do marido, ou outorga da mulher." A *separação pura* era considerada o regime de bens dos cônjuges que desquitavam e se reconciliavam.

[16] Josserand, Louis. *Derecho civil*. cit., p. 371.

para essa rejeição era o fato de não haver comunidade entre os bens dos esposos e o marido manter a administração e o gozo de todos os bens.

> *"Pero se le puede hacer el reproche de que sacrifica los interesses de la mujer a los del marido en cuanto atribuyea éste todas las adquisiciones por él realizadas, aunque lo sean con los productos de los bienes de la mujer; hay en esto una desigualdad que se corrige, en Suiza y en Alemania, con la concessión de una vocación sucesoria a la mujer en plena propriedad y garantizada con una reserva, así como también por la extensión dada a la teoría de los bienes reservados; fuera de estos temperamentos, el régimen sin comunidad es susceptible de conducir a resultados poco justificables, que cuadran mal con la idea de una colaboración conyugal."*[17]

Essa forma de regime sem comunidade era o embrião do que veio a ser no futuro a separação de bens. Hoje não se cogita interferência de qualquer das partes sobre o monte individual de bens particulares. Cada cônjuge é absolutamente livre para gerir e administrar seus bens e rendimentos.

Contudo, por muito tempo esse pensamento não foi pacífico. Dentre os defensores do regime da separação de bens Bridel evoca o regime da separação como sendo o único em harmonia com a essência do casamento.

> *"La séparation de biens est sans contredit le régime le plus simple et le plus clair pour les diverses parties en cause: pour les époux, comme pour les tiers. C'est aussi le régime le plus juste, le seul qui tienne réellement compte des droits de la femme."*[18]

De outro lado, Planiol[19] rebate que o regime da separação de bens não seria natural ao casamento, pois não faria sentido duas pessoas quererem comunhão de vida e terem quanto aos bens interesses distintos.

17 "Se pode fazer a crítica de que são sacrificados os interesses da mulher para o marido enquanto atribui a este todas as aquisições realizadas, ainda que o sejam com os produtos dos bens da mulher; Há nisso uma desigualdade que é corrigida na Suíça e na Alemanha, com a concessão de uma vocação sucessória à mulher em plena propriedade e garantida com uma reserva, assim como também pela extensão dada à teoria dos bens reservados; fora dessas hipóteses, o regime sem comunidade é susceptível de conduzir a resultados pouco justificáveis, que se encaixam mal com a ideia de uma colaboração conjugal". (tradução livre)

18 Bridel, Louis. *Droit des femmes et le mariage.* Paris: Félix Alcan Éditeur, 1893, p. 80. "A separação de bens é sem dúvida o regime mais simples e mais claro para as várias partes envolvidas: para os cônjuges, como para terceiros. É também o regime mais justo, o único que realmente leva em conta direitos das mulheres." (tradução livre)

19 Planiol, Marcel; Ripert, Georges et Boulanger, Jean. *Traité élémentaire de droit civil.* Paris: Libraire de droit et de jurisprudence, 1950, p. 67.

No direito nacional, Barros Monteiro posicionava-se defendendo o regime ao advertir que "à época em que as mulheres dedicavam-se exclusivamente às tarefas domésticas, a separação prejudicava a mulher, sobretudo nas classes menos favorecidas. (...) No entanto, em nossos dias, esse regime já não tem o preconceito de outrora, especialmente em razão da evolução dos costumes e da atividade laborativa e lucrativa da mulher casada. Hoje, as pessoas que se casam, principalmente quando ambos exercem profissão fora do lar, querem que os afetos não se confundam com os bens materiais, até mesmo para que a harmonia seja fundada em bases reais, sem qualquer interesse de ordem patrimonial."[20]

Na sociedade moderna não há que se imaginar ingerência de qualquer dos cônjuges no patrimônio do outro quando se opta pelo regime da separação de bens ou quando por alguma causa legal se é impelido ao regime da separação obrigatória. Os dois casos quedam interferência e ao menos que se prove locupletamento ilícito de uma das partes, o patrimônio pertencerá àquele cujo o qual figura o nome no registro imobiliário.

1.1.2. *ESPÉCIES*

As próximas linhas destinam-se a uma digressão dos regimes de comunhão para a separação de bens de acordo com o previsto no Código Civil brasileiro de 1916. Assim, primeiro será analisado o artigo 269, conforme segue:

> Art. 269. No regime de comunhão limitada ou parcial, excluem-se da comunhão:
>
> I – Os bens que cada cônjuge possuir ao casar, e os que lhe sobrevierem, na constância do matrimônio por doação ou por sucessão;
>
> II – Os adquiridos com valores exclusivamente pertencentes a um dos cônjuges em sub-rogação dos bens particulares;
>
> III – Os rendimentos de bens de filhos anteriores ao matrimônio, a que tenha direito qualquer dos cônjuges em consequência do pátrio poder;
>
> IV – Os demais bens que se consideram também excluídos da comunhão universal.

Esse é o regime da comunhão parcial de bens por excelência. Ele prevê a separação, ou não comunicação, dos bens particulares anteriores ao casa-

[20] Monteiro, Washington de Barros. *Curso de direito civil*. cit., p. 315.

mento, bem como de todos recebidos a título gratuito e a comunhão dos bens adquiridos onerosamente na constância do casamento. Esse artigo deu origem a redação prevista no artigo 1.658 e seguintes do *novel* Código Civil. Nesse regime existem três massas de bens compostas pelos bens comuns, pelos bens pessoais do marido e pelos bens pessoais da esposa. Assim sendo, em caso de dissolução do vínculo conjugal serão partilhados apenas os bens comuns.

O regime da separação obrigatória de bens foi regulado no direito nacional pelo artigo 258 do diploma legal de 1916. As mudanças na sociedade da época, com um maior empoderamento das mulheres e a previsão da figura do divórcio, foram fundamentais para a alteração da redação pela Lei n. 6.515, de 1977, gerando enorme confusão ao aplicar as regras da comunhão parcial.

(primeira redação)

Art. 258. Não havendo convenção, ou sendo nula, vigorará, quanto aos bens, entre os cônjuges, o regime da comunhão universal.

Parágrafo único. É, porém, **obrigatório o da separação de bens** no casamento: (grifo nosso)

Após a alteração pela Lei do divórcio, embora o regime contido nesse artigo fosse o da comunhão parcial, sua aplicação era dada como a do regime da separação obrigatória. Vide abaixo:

(redação após alteração)

Art. 258 – Não havendo convenção, ou sendo nula, vigorará, quanto aos bens entre os cônjuges, o **regime de comunhão parcial**.

I. Das pessoas que o celebrarem com infração do estatuto no art. 183, nºs XI a XVI (art. 216).

II. Do maior de sessenta e da maior de cinquenta anos.

III. Do orfão de pai e mãe, embora case, nos termos do art. 183, nº XI, com o consentimento do tutor, ou curador.

IV. E de todos os que dependerem, para casar, de autorização judicial (arts. 183, nº XI, 384, nº III, 426, nº I, e 453).

Veja que esse artigo em muito se assemelha com o previsto no Código Civil de 2002, no que toca ao regime obrigatório da separação de bens.

Art. 1.641. É obrigatório o regime da separação de bens no casamento:

I – das pessoas que o contraírem com inobservância das causas suspensivas da celebração do casamento;

II – da pessoa maior de 70 (setenta) anos;

III – de todos os que dependerem, para casar, de suprimento judicial.

Havia grande discussão a época quanto a aplicação das regras do regime da comunhão parcial para aqueles que se casavam sob os ditames da separação obrigatória de bens, principalmente sobre os limites do que se comunicaria ou não. Assim, esclarece Pontes de Miranda:

"O regime sòmente é o da separação dos bens trazidos e dos aqüestos quando se diz expressamente isso, e. g., quando se emprega o adjetivo "absoluta" proposto a "separação de bens". Fora daí, incide o art. 259."[21]

E, ainda:

"Quem diz adotar o regime da separação, adota o da separação absoluta, e não o da limitada, a que o Código Civil se reporta, *se bem que o permita*."[22]

Nos termos do artigo 259, do Código Civil de 1916, "Embora o regime não seja o da comunhão de bens, prevalecerão, no silêncio do contrato, os princípios dela, quanto à comunicação dos adquiridos na constância do casamento." Isso implica dizer que a falta de menção expressa sobre separação dos bens adquiridos onerosamente na constância do casamento operaria a comunicação dos mesmos. Esse posicionamento já não mais vigora em nosso ordenamento.

Verifica-se então que apenas o artigo 276 da lei civil de 1916 tratava da separação convencional de bens da forma como é conhecida hoje, ou seja, escolhida por livre vontade dos nubentes, sem qualquer imposição legal.

Art. 276. Quando os contraentes casarem, estipulando separação de bens, permanecerão os de cada cônjuge sob a administração exclusiva dele, que os poderá livremente alienar, se forem móveis (arts. 235, nº I, 242, nº II, e 310).

[21] Pontes de Miranda, Francisco Cavalcanti. *Tratado de direito privado,* cit.,, p. 346.

[22] Pontes de Miranda, Francisco Cavalcanti. *Tratado de direito privado,* cit.,, p. 348.

O regime da separação de bens constitui-se pela total independência dos cônjuges na administração, aquisição ou venda de seus bens. Dispõe o artigo 1.687, do Código Civil de 2002, "Estipulada a separação de bens, estes permanecerão sob a administração exclusiva de cada um dos cônjuges, que os poderá livremente alienar ou gravar de ônus real." O presente Código foi bastante franco na separação dos patrimônios ao inverso do Código Civil de 1916, que previa em alguns casos união dos bens aquestos.

Atualmente, o regime da separação de bens exclui da comunhão todos os bens presentes e futuros. É certo que, conforme redação do artigo 1.688, do atual Código Civil[23], ambos estão compelidos, na proporção de suas rendas, a manter o lar conjugal e a responder pelas dívidas dalí advindas.

1.1.3. *SEPARAÇÃO OBRIGATÓRIA DE BENS MODERNAMENTE*

O regime da separação total também é conhecido por separação pura e o da comunhão parcial por separação mitigada, "Cumpre, entretanto, destacar na categoria legal, o que impõe aos cônjuges com caráter de obrigatoriedade. É a separação, quando determinada como medida defensiva dos interesses dos cônjuges, ou aos que se casam infringindo certos impedimentos matrimoniais (art. 183, n. XI e XVI, de 1916). Nos casos de "separação compulsória" ou "obrigatória" (art. 1.641, de 2002) nega-se aos nubentes a faculdade de optarem, constrangidos que ficam a aceitar as regras pertinentes a esta. E, mais do que isto, considerar-se-á como não escrita qualquer estipulação ou convenção contrária aos princípios que a regem. Não se pode negar ao regime de bens o seus caráter jurídico institucional."[24]

Nessa senda, a origem da separação de bens pode ser convencional ou legal. A primeira ocorre por livre disposição das partes na forma de uma pacto antenupcial. A separação obrigatória baseia-se na imposição legislativa. As hipóteses previstas no artigo 1.641, do Código Civil, são o que norteiam a coerção legal. Assim, é obrigatório o casamento pelo regime da separação legal de bens:

> "I – das pessoas que o contraírem com inobservância das causas suspensivas da celebração do casamento;"

[23] Lei nº 10.406, de 10 de janeiro de 2002, artigo 1688 – "Ambos os cônjuges são obrigados a contribuir para as despesas do casal na proporção dos rendimentos de seu trabalho e de seus bens, salvo estipulação em contrário no pacto antenupcial".

[24] PLANIOL, Marcel; RIPERT, Georges et BOULANGER, Jean. *Traité élémentaire de droit civil.* cit., p. 4.

As causas suspensivas são hipóteses que visam prevenir a confusão patrimonial e a confusão de sangue. O artigo 1.523, do Código Civil, enuncia em seus incisos os casos em que deverá ser aplicado o regime da separação obrigatória de bens:

> "Art. 1.523. Não devem casar:
>
> I – o viúvo ou a viúva que tiver filho do cônjuge falecido, enquanto não fizer inventário dos bens do casal e der partilha aos herdeiros;
>
> II – a viúva, ou a mulher cujo casamento se desfez por ser nulo ou ter sido anulado, até dez meses depois do começo da viuvez, ou da dissolução da sociedade conjugal;
>
> III – o divorciado, enquanto não houver sido homologada ou decidida a partilha dos bens do casal;
>
> IV – o tutor ou o curador e os seus descendentes, ascendentes, irmãos, cunhados ou sobrinhos, com a pessoa tutelada ou curatelada, enquanto não cessar a tutela ou curatela, e não estiverem saldadas as respectivas contas."

É curioso notar que todas essas são causas transitórias, ou seja, "é permitido aos nubentes solicitar ao juiz que não lhes sejam aplicadas as causas suspensivas previstas nos incisos I, III e IV deste artigo, provando-se a inexistência de prejuízo, respectivamente, para o herdeiro, para o ex-cônjuge e para a pessoa tutelada ou curatelada; no caso do inciso II, a nubente deverá provar nascimento de filho, ou inexistência de gravidez, na fluência do prazo."[25] Assim, após o inventário e partilha no caso do inciso I, após a partilha de bens do divórcio no caso do inciso III, após serem saldadas as contas do tutor ou curador no caso do inciso IV, e por fim, após prova de nascimento de filho ou inexistência de gravidez no caso do inciso II, os nubentes estarão livre para casar em qualquer regime de bens, sem reaírem na imposição legal da separação obrigatória.

> "II – da pessoa maior de 70 (setenta) anos;"

No Código Civil anterior o limite de idade era diferente para homens e mulheres. Dizia a lei, o casamento terá imposição de regime obrigatório para proteção dos bens "II. Do maior de sessenta e da maior de cinquenta anos". Essa divergência etária feriu diretamente a Constituição Federal de 1988 que prega a igualdade entre homens e mulheres, "I – homens e mulhe-

[25] Código Civil brasileiro, artigo 1523, parágrafo único.

res são iguais em direitos e obrigações, nos termos desta Constituição"[26], e ainda, "Art. 226. A família, base da sociedade, tem especial proteção do Estado.§ 5º Os direitos e deveres referentes à sociedade conjugal são exercidos igualmente pelo homem e pela mulher."

Dessa forma, a Lei nº 12.344, de 2010 alterou a redação do inciso II do art. 1.641 do Código Civil, para aumentar para 70 (setenta) anos a idade a partir da qual se torna obrigatório o regime da separação de bens no casamento.

> "III – de todos os que dependerem, para casar, de suprimento judicial."

A idade núbil para o casamento é de 16 anos, isto é, aqueles que ainda não alcançaram essa idade não poderão se casar por expressa determinação da Lei nº 13.811, de 12 de março de 2019 que alterou o artigo 1.520 do Código Civil de 2002.

A redação original dizia:

> Art. 1.520. "Excepcionalmente, será permitido o casamento de quem ainda não alcançou a idade núbil (art. 1517), para evitar imposição ou cumprimento de pena criminal ou em caso de gravidez."

A redação alterada prescreve:

> "Art. 1.520. Não será permitido, em qualquer caso, o casamento de quem não atingiu a idade núbil, observado o disposto no art. 1.517 deste Código."

Essa mudança de postura foi, na verdade, uma correção para que o Brasil se adequasse aos vários tratados internacionais sobre proibição do casamento infantil. Os críticos à mudança escrevem que como na ordem interna há um esforço da jurisprudência em promover a União Estável[27] ao mesmo status do Casamento, as crianças e adolescentes abaixo de 16 anos ainda estariam sujeitas a uniões não queridas por elas.

Quanto aos que possuem entre 16 a 18 anos, o casamento só poderá ser realizado com autorização de ambos os pais ou de seus representantes legais, em cumprimento do que diz o artigo 1.517, do Código Civil de

[26] Constituição Federal brasileira de 1988, artigo 5º, I.

[27] Código Civil brasileiro, artigo 1.723. "É reconhecida como entidade familiar a união estável entre o homem e a mulher, configurada na convivência pública, contínua e duradoura e estabelecida com o objetivo de constituição de família."

2002[28]. Contudo, havendo divergência dos pais sobre a realização do casamento, exercício direto do poder familiar, aplica-se o artigo 1.631, parágrafo único, do atual Código Civil[29] que remete a decisão a um juiz para fazer o *suprimento da vontade.*

Dessa forma, apenas no caso dos nubentes possuírem entre 16 e 18 anos, estarão eles compelidos ao regime da separação obrigatória de bens caso optem por se casarem.

Novamente pode ser vista uma causa transitória da aplicação da imposição legal, pois todos os motivos ensejadores do regime legal estão pautados na idade insuficiente para tomada de decisões de maneira independente.

Portanto, após os 18 anos, atingida a maioridade civil, podem os cônjuges solicitarem alteração do regime de bens conforme reza o artigo 1639, §2º, do Código Civil, "É admissível alteração do regime de bens, mediante autorização judicial em pedido motivado de ambos os cônjuges, apurada a procedência das razões invocadas e ressalvados os direitos de terceiros." Eliminada a causa que originou a incidência do regime restritivo, nada obsta que a sanção seja levantada.

1.1.4. *SÚMULA 377/STF*

Caso algum dos cônjuges discutisse a sua participação no esforço mútuo para a compra de bens adquiridos na constância do regime da separação legal, haveria a apreciação judicial para atribuir metade do patrimônio ao cônjuge requerente. Esse entendimento baseava-se na Súmula 377 do Supremo Tribunal Federal, que dispunha: "no regime de separação legal de bens, comunicam-se os adquiridos na constância do casamento".

Hoje, todavia, com a entrada em vigor do Código Civil de 2002 e a não recepção do artigo 259, do Código Civil de 1916[30], embasador de tal

[28] Código Civil brasileiro, artigo 1.517. "O homem e a mulher com dezesseis anos podem casar, exigindo-se autorização de ambos os pais, ou de seus representantes legais, enquanto não atingida a maioridade civil. Parágrafo único. Se houver divergência entre os pais, aplica-se o disposto no parágrafo único do art. 1.631."

[29] Código Civil brasileiro, artigo 1.631. "Durante o casamento e a união estável, compete o poder familiar aos pais; na falta ou impedimento de um deles, o outro o exercerá com exclusividade. Parágrafo único. Divergindo os pais quanto ao exercício do poder familiar, é assegurado a qualquer deles recorrer ao juiz para solução do desacordo."

[30] Código Civil brasileiro de 1916, artigo 259, "Embora o regime não seja o da comunhão de bens, prevalecerão, no silêncio do contrato, os princípios dela, quanto à comunicação dos adquiridos na constância do casamento."

Súmula, a única maneira de comunicação dos patrimônios nesse regime é por prova inexorável da contribuição para a aquisição do bem, por força da aplicação do princípio da vedação do enriquecimento ilícito.

Os tribunais ainda hoje referem-se à Súmula 377 quando querem evitar esse ganho desproporcial e sem razoabilidade por um dos cônjuges. Nesse sentido, TJ-SP - APL: 9147456542007826 SP 9147456-54.2007.8.26.0000, Relator: Antonio Vilenilson, Data de Julgamento: 26/04/2011, 9ª Câmara de Direito Privado, Data de Publicação: 26/04/2011, "Aplicar a Súmula 377 do STF ao caso é considerar e prestigiar a vida em comum, a solidariedade que manteve o casal unido por mais de vinte anos, propiciando êxito pessoal e profissional aos membros da família, além de coibir o enriquecimento ilícito de um dos cônjuges."

A justiça da decisão está fundamentada em rechaçar o enriquecimento sem causa e não na aplicação pura e simples de uma Súmula que não teve seu amparo legal recepcionado pela legislação civil em vigor.

Salvo *data maxima venia*, nos parece errônea interpretação como a feita pelo STJ AgRg no REsp 1008684/RJ, Rel. Ministro Antonio Carlos Ferreira, j. em 24/04/2012, "A partilha dos bens adquiridos na constância da sociedade conjugal, erigida sob a forma de separação legal de bens (art. 238, parágrafo único, I, do CC/1916), não exige a comprovação ou demonstração de comunhão de esforços na formação desse patrimônio, a qual é presumida, à luz do entendimento cristalizado na Súmula n. 377/STF. Precedentes do STJ."

Caso o legislador quisesse que os aquestos na separação obrigatória se comunicassem independente de raciocínio jurídico, estaria plasmado na redação do artigo 1.641 do Código Civil atual ou em qualquer outra lei esparsa esse pensamento. Mas não, a interpretação que deve ser realiza é a sistemática ao buscar o conceito de enriquecimento sem causa do artigo 884 do Código Civil[31] e aplicá-lo a todas as relações *intra* e *extra* família.

O regime da participação final nos aquestos, previsto entre os artigos 1.672 a 1.686, introduzido no direito brasileiro pelo Código Civil de 2002, faz referência exata a essa modalidade de regulação patrimonial que o Excelentíssimo Ministro Relator Antonio Carlos Ferreira determinou

[31] Código Civil brasileiro, artigo 884. "Aquele que, sem justa causa, se enriquecer à custa de outrem, será obrigado a restituir o indevidamente auferido, feita a atualização dos valores monetários."

naquele Recurso Especial. Os regimes de bens dividem-se em regimes de comunão e regimes de separação de bens. A participação final nos aquestos, todavia, constitui-se por um regime híbrido, onde durante o casamento vigora uma espécie de separação de bens e findada a união utiliza-se da comunhão parcial para distribuição dos haveres.

> "Artigo 1672: "No regime de participação final nos aquestos, cada cônjuge possui patrimônio próprio, consoante disposto no artigo seguinte, e lhe cabe, à época da dissolução da sociedade conjugal, direito à metade dos bens adquiridos pelo casal, a título oneroso, na constância do casamento."

Portanto, atualmente, algumas disposições do diploma de 1916 ainda são aplicadas em desobediência ao princípio da irretroatividade das leis e em consequência da necessidade de disciplinar relações surgidas na época da vigência do Código Beviláqua. Contudo, a regra legal do direito presente deve ser obedecida, e nesta não há espaço para a aplicação da Súmula 377.

CONCLUSÕES

Diante do apresentado é possível perceber que a liberdade de escolha do regime matrimonial por vezes é retirada da esfera de direitos dos nubentes. O que a princípio pode parecer uma proteção para momentos de fragilidade (I-casamento sob a égide de causas suspensivas, II-casamento de maior de 70 anos, III-casamento de pessoas entre 16 e 18 anos), na verdade é uma mitigação de direitos.

A possibilidade de alteração do regime de bens para os incisos I e III, do artigo 1.641, do Código Civil de 2002, não aparece para o inciso II que trata do casamento de pessoa maior de 70 anos. No Brasil, apesar do Supremo Tribunal Federal aprovar a aposentadoria compulsória para eles próprios aos 75 anos, o entendimento fixado na lei é no sentido de que a pessoa que chega aos 70 anos não possui discernimento para escolher seu regime matrimonial. Isso é bastante contraditório.

Ainda sobre as hipóteses de casamento incorrendo em causa suspensiva e casamento por pessoas menores de 18 anos, mas em idade núbil, essa imposição de regime, mesmo que com a possibilidade de alteração posterior, acaba por ferir direitos, uma vez que a grande maioria dos casais não têm o ânimo de realizarem a conversão do regime de bens após a solução do motivo ensejador e permanecem com a separação dos patrimônios imposta legalmente. O direito de família, mesmo sendo muito dinâmico, ainda peca em variados aspectos. Cabe a doutrina trazer à tona esses pontos para discussão e a jurisprudência corrigir no caso concreto as disparidades que a lei as vezes causa.

REFERÊNCIAS

BEVILÁQUA, Clóvis. Clássicos da literatura jurídica: *Teoria geral de direito civil.* São Paulo: Malheiros, 2003.

BRASIL. Constituição da República Federativa do Brasil de 1988.

BRASIL. Lei n. 10.406, de 10 de janeiro de 2002. (Código Civil atual)

BRASIL. Lei n. 3.071, de 1º de janeiro de 1916. (Código Civil antigo)

BRASIL. Decreto n. 181, de 24 de janeiro de 1890.

BRIDEL, Louis. *Droit des femmes et le mariage.* Paris: Félix Alcan Éditeur, 1893.

CARVALHO SANTOS, João Manuel de. *Código civil brasileiro interpretado.* vol. V, 12ª. ed., Rio de Janeiro: Freitas Bastos, 1981

DINIZ, Maria Helena. *Curso de direito civil brasileiro.* 23a. Edição, São Paulo: Editora Saraiva, 2009.

JOSSERAND, Louis. *Derecho civil.* Buenos Aires: Editores Bosch, 1951.

MONTEIRO, Washingtong de Barros. *Curso de direito civil.* São Paulo: Saraiva, 2004.

PEREIRA, Caio Mário da Silva. *Instituições de direito civil.* Rio de Janeiro: Editora Forense, 2006.

PLANIOL, Marcel; RIPERT, Georges et BOULANGER, Jean. *Traité élémentaire de droit civil.* Paris: Libraire de droit et de jurisprudence, 1950.

PONTES DE MIRANDA, Francisco Cavalcanti. *Tratado de direito privado.* Rio de Janeiro: Editor Borsoi, 1972.

PORTUGAL. Decreto-Lei n. 47.344, de 25 de Novembro de 1966. (Código Civil)

VENOSA, Sílvio de Salvo. *Direito civil.* 5a. Edição, São Paulo: Atlas, 2005.